POR AMOR,
SOMOS MAIS FORTES

AMÉRICO SIMÕES
GARRIDO FILHO
DITADO POR CLARA

POR AMOR,
SOMOS MAIS FORTES

Barbara

Revisão: Sumico Yamada Okada
Revisão de conteúdo: Antonina Barbosa
Capa e diagramação: Meco Simões Garrido
Foto capa: LatinStock

Dados Internacionais de Catalogação na Publicação (CIP)
(Câmara Brasileira do Livro, SP, Brasil)

Garrido Filho, Américo Simões
Por amor, somos mais fortes/ Américo Simões. - São Paulo: Barbara Editora, 2016.
ISBN: 978-85-99039-80-9
1. Espiritismo 2. Romance espírita 3. Autoajuda I.Título.
08-0616   CDD-133.93

Índices para catálogo sistemático:
1. Romances espíritas: Espiritismo   133.93

BARBARA EDITORA
Rua Primeiro de Janeiro, 396 – 81
Vila Clementino – São Paulo – SP – CEP 04044-060
Tel.: (11) 26158082
E-mail: editorabarbara@gmail.com
www.barbaraeditora.com.br

    Todos os direitos reservados.
    Nenhuma parte desta obra pode ser reproduzida ou transmitida por qualquer forma e/ou quaisquer meios (eletrônico ou mecânico, incluindo fotocópia e gravação) ou arquivada em qualquer sistema de banco de dados sem permissão expressa da Editora (lei n° 5.988, de 14/12/73).

    Essa é uma obra de ficção baseada em fatos reais. Quaisquer opiniões ou pontos de vista expressos pelos personagens são características da personalidade de cada um e não necessariamente representam as opiniões e pontos de vista do autor, da Barbara Editora, sua matriz, funcionários ou qualquer uma das empresas filiadas.

    Compre em lugar de fotocopiar. Cada real que você dá por um livro recompensa seus autores e os convida a produzir mais sobre o tema; incentiva seus editores a encomendar, traduzir e publicar outras obras sobre o assunto; e paga aos livreiros por estocar e levar até você livros para a sua informação e o seu entretenimento. Cada real que você dá pela fotocópia não autorizada de um livro financia um crime e ajuda a matar a produção intelectual em todo o mundo.
    O direito autoral deste livro e dos demais do autor, patrocina projetos sociais e artísticos em prol do crescimento artístico e cultural de cada semelhante. Em nome de todos que são agraciados por tudo isso, o nosso muito obrigado.

PRIMEIRA FASE

Capítulo 1

Campinas, interior de São Paulo, outubro de 1929

Hélder Machado sempre viveu com muito conforto. Seu falecido pai, o bastante conhecido Otávio Machado conseguiu juntar muito dinheiro com o auge do café no Brasil, o que fez com que seus filhos, Hélder e Cecília, gozassem de grande fartura. Quando o pai adoeceu, Hélder assumiu seus negócios de livre e espontânea vontade, tornando-se um homem sempre disposto para o trabalho, usando sua força interna e externa para prosperar. Dedicava a mesma energia que aplicava ao ofício a tudo mais que fazia, pois gostava de fazer tudo bem feito. Era da opinião de que não há nada mais confortador para uma pessoa do que saber que faz um trabalho de primeira, com amor e dedicação.

Foi grande orgulho para seu pai e, certamente seria para o avô, se estivesse vivo para presenciar seus feitos.

Casara-se com Augusta Bonini, de família simples e trabalhadora. Aconteceu poucos meses depois de eles se conhecerem, simplesmente porque viram um no outro o grande amor de suas vidas. A pessoa certa para viverem lado a lado até que a morte os separasse.

Fora e dentro de casa, Hélder tratava a esposa com carinho e respeito. Tiveram apenas um filho que morreu logo após o nascimento. Ainda que traumatizada, Augusta engravidou novamente, no entanto a criança nasceu morta, outro baque. O casal superou mais esse triste acontecimento, apoiando-se um no outro. Foi nesta ocasião que ambos decidiram, para se alegrarem, que se tudo desse certo, após os cinquenta anos, viajariam pelo menos umas seis vezes por ano, para que pudessem conhecer o mundo, se não todo, pelo menos boa parte dele.

Augusta tinha por Hélder verdadeira adoração. Ela se preocupava com ele mais do que consigo mesma. Quando ele se aborrecia com algo, ela simplesmente o fazia relaxar com uma palavra amiga e um afago. Ela o adorava e ele sabia disso, a recíproca também era verdadeira. Tanto que ele estava sempre disposto a ouvir tudo o que ela tinha a lhe contar e, depois da narrativa, ele olhava bem nos olhos dela e dizia: "Eu te amo, querida!". Ao que ela respondia, sorrindo e apaixonadamente: "Eu também, meu amor!".

O casal vivia numa aconchegante casa na parte central da cidade, a apenas uma quadra da matriz, cercada por uma bela praça onde os jovens na flor da idade faziam o costumeiro *footing*. Havia uma sala ampla com um estofado revestido em couro legítimo, móveis finos e de muito bom gosto, janelas cobertas por graciosas cortinas estampadas em cores alegres e pelos vasos espalhados pela casa, flores frescas, perfumadas e arrumadas artisticamente para embelezar ainda mais o ambiente.

A casa, em geral, era o que uma família de classe média alta podia ter de melhor em luxo e conforto no Brasil do começo do século vinte. Época em que os brasileiros, nas noites de verão, principalmente, arrastavam suas cadeiras para a calçada em frente as suas moradas, porque ali era menos abafado, e ficavam a jogar conversa fora, contando as últimas fofocas ou rememorando as velhas quando não havia nenhuma nova para entretê-los. Para ter assunto, muitos aumentavam o que ouviram ou criavam boatos mentirosos. Algumas mulheres tricotavam enquanto os homens enrolavam cigarrinhos de palha para intoxicar seus pulmões.

A televisão ainda não existia e o rádio ainda estava se popularizando no país. Entretenimento mesmo, só por meio da prosa, dos poucos jornais e periódicos, livros e as festas tradicionais que aconteciam nas cidades.

Na tarde de quinta-feira, 17 de janeiro de 1929, Augusta Bonini se encontrava sentada no sofá de três lugares que havia na sala de estar de sua aconchegante residência. Um estofado macio e repousante para os músculos.

Senhora de não mais que um metro e sessenta e cinco de altura, um pouquinho acima do peso, por isso andava sempre tentando recuperar o peso ideal. Os cabelos numa tonalidade castanho eram bonitos e atraentes tais quais seus olhos. Por ser, indiscutivelmente, uma mulher muito afeiçoada ao lar, a casa estava sempre impecavelmente organizada e limpa.

Todavia, na tarde em questão, Augusta estava alheia a tudo mais a sua volta. Por mais que tentasse, não conseguia deixar de pensar naquilo que sacudira seus miolos minutos antes: uma carta anônima. Propriamente falando: um bilhete anônimo. Apanhando novamente de dentro da bolsa o que fora deixado no meio de sua correspondência, na caixinha do correio em frente a sua residência, ela releu palavra por palavra do que havia sido escrito ali.

– Não pode ser... Não pode... – repetiu ela, franzindo o sobrolho em desagrado.

Minutos depois, Marilza, a senhora que trabalhava como doméstica na casa, há quase dez anos, abriu a porta da sala e disse:

– Dona Augusta, Dona Angelina acaba de chegar!

Augusta Machado ergueu as sobrancelhas e seu rosto afilado e entristecido mudou de expressão. Certo alívio transpareceu nele então.

– Peça a ela que entre, por favor!

Meio minuto depois, Angelina Gasparotto entrava no aposento.

– Ah, minha amiga, que bom que você veio! – exclamou Augusta, radiante.

– Vim o mais rápido que pude, querida – respondeu a mulher de porte elegante, cabelos negros e ondulados até os ombros e olhos tão negros quanto as penas de um corvo. – O menino pelo qual você me mandou o recado, disse que você estava tão aflita para me falar que cheguei a pensar que estivesse morrendo. Por isso, larguei tudo o que eu estava fazendo e corri para cá. O que houve?

– Sente-se, meu bem, por favor.

Angelina Gasparotto fez o que a dona da casa lhe pediu. Ocupou uma das poltronas confortáveis, também revestidas em couro que ficava de frente para o sofá onde Augusta estava sentada.

– Angelina, querida... – começou Augusta, voltando a transparecer aflição.

– O que houve, minha amiga? Diga logo, não me deixe mais em

suspense.

— Aconteceu uma coisa terrível, Angelina. Terrível!

Antes de continuar, Augusta olhou para a porta que dava acesso à copa, para ter a certeza de que Marilza não estava ali para ouvir o que ela tinha a contar para sua melhor amiga. Só então estendeu-lhe a carta anônima que recebera naquela tarde.

— Leia, por favor, minha amiga... Por favor!

Angelina pegou a carta como se pegasse algo frágil prestes a se desmantelar.

— O que é isso? — empertigou-se, olhando muito desconfiada para o envelope.

— Recebi hoje — respondeu Augusta num estado lastimável. — Trata-se de algo muito sério ou uma brincadeira de muito mau gosto.

A mulher a sua frente voltou os olhos para a carta em sua mão e, por diversas vezes, hesitou antes de lê-la. A carta dizia simplesmente: "Abra os olhos, Augusta Bonini, você está sendo traída. Quem avisa amigo é!".

— É só isso que diz?

— Sim!

— Ora, Augusta, isso aqui não passa de uma brincadeira maldosa de alguma invejosa. Não acredito que você tenha se preocupado com uma coisa dessas. Isso aqui é coisa de quem não tem o que fazer. Esqueça essa bobagem.

— Você acha mesmo?

— É claro que sim! Você e o Hélder são um casal de provocar inveja às pessoas. Esta carta só pode ser obra de alguma solteirona recalcada e de mau caráter, que quer pôr minhocas na sua cabeça para complicar a relação de vocês.

Por sobre a mesinha de centro, Augusta Bonini esticou o pescoço e perguntou, abaixando a voz, como se estivesse compartilhando um grande segredo com ela:

— Você acha mesmo?

A resposta de Angelina soou novamente direta e positiva:

— Sim, minha querida, pode acreditar! Este bilhete não passa de uma mentira deslavada para destruir sua paz, o que de fato aconteceu exatamente como a pessoa que o escreveu queria que acontecesse. Agora levante-se, vamos sair, fazer alguma coisa que a alegre. Que a faça esquecer essa bobagem. Você...

Augusta interrompeu suas palavras:

– Você, por acaso, não está me dizendo tudo isso só para me poupar, está, Angelina?

Um rápido sorriso brilhou no rosto exuberante de Angelina Gasparotto:

– Ora, minha querida, você sabe que eu jamais mentiria para você. Somos amigas há tanto tempo...

– Desde garotinhas – lembrou Augusta com simpatia.

– Pois é, portanto...

Augusta procurou sorrir, um sorriso trêmulo, de profunda insegurança, e silenciou-se.

– O que foi, Augusta? – estranhou Angelina ao ver a amiga, estudando seu rosto longo e exuberante. – Por que está me olhando assim?

– Porque algo me diz que você está mentindo.

– Eu?!

Angelina avermelhou-se até a raiz dos cabelos.

– Você mesma! Para mim, você sabe que o Hélder está me traindo e não quer me contar. Para não me aborrecer. Confessa!

– Ora...

Havia agora uma sombra de inquietação no rosto de Angelina Gasparotto.

– Está bem – disse ela, finalmente. – Confesso que já ouvi um burburinho na cidade a respeito disso, digo, de que Hélder está traindo você, mas não acreditei. Se formos dar ouvidos a tudo que falam de nós nesta cidade, estaremos perdidas. Muitos moradores, por não terem o que fazer para entreter seu tempo ocioso, criam mexericos. Minha amiga, tudo o que eles querem e, você sabe bem disso, é levantar poeira em terrenos pacíficos.

– Então você já tinha ouvido falar a respeito e nada me disse?!

– Para não aborrecê-la, Augusta! Para que se importunar com um falatório desses, fruto de gente que diz o que diz por não ter nada a dizer?

– E se for verdade?

– Não é! Ponho a minha mão no fogo pelo Hélder.

– Eu sempre pensei assim e, no entanto, agora...

– Vamos lá, Augusta, esqueça esta história, uma bobagem dessas só vai servir para destruir a paz conjugal entre você e seu marido.

Augusta avaliou o conselho por um minuto, mas não sossegou. Disse:

– Se eu quiser recuperar minha paz mental, Angelina, preciso tirar essa história a limpo!

– Como você é teimosa, Augusta.

– Teimosa ou perspicaz?

Angelina não respondeu, apenas disse:

– Se é isso mesmo o que você quer... Mas vai perder seu tempo, estará procurando pelo em ovo. Depois não diga que eu não a avisei.

– Uma vez plantada a semente da dúvida – comentou Augusta Bonini num tom desolado –, impossível se livrar dela.

Um brilho estranho acendeu e se apagou nos olhos de Angelina Gasparotto a seguir.

Nos dias que se passaram, Augusta Bonini continuou tratando o marido com a mesma bondade e dedicação de sempre. Não queria, de forma alguma, que ele suspeitasse que ela sabia a respeito do boato de que ele tinha uma amante.

Hélder Machado, por sua vez, continuava o de sempre com a esposa: tratando-a com o mesmo carinho e dedicação. Sempre disposto a ouvi-la...

Nada nele havia mudado nos últimos tempos, exceto a hora de ele voltar pra casa depois do trabalho. Por muitas vezes chegava tarde, por volta das vinte e uma horas, alegando ter ficado por mais tempo na empresa para dirimir problemas ou fazer reuniões.

Ela nunca estranhara seus atrasos até o recebimento da carta. Refletindo melhor a respeito, concluiu que poderia verificar se o que ele dizia era mesmo verdade. Chegaria de surpresa na empresa, após o expediente, e daria um flagrante nele com a amante, caso ela realmente existisse e, com isso, acabaria de uma vez por todas com a pouca vergonha entre os dois.

Teria ela coragem suficiente para fazer aquilo? Ou viver sob a sombra de uma dúvida era menos dolorido do que viver com a certeza de que o homem que tanto amava a traía com outra?

Se aquilo fosse realmente verdade, perguntou-se Augusta mais uma vez: como seria a tal amante? Quantos anos teria? De que classe social pertenceria? Seria jovem? Com certeza, e com a metade da idade dela. Sempre ouvira dizer que quando um homem casado arranja uma amante, esta tem pelo menos a metade da idade da esposa.

Onde a teria conhecido, no trabalho? Seria Hortência sua secretaria de anos? Não, não podia ser. Era casada, com filhos e tão velha quanto ela. Por outro lado, poderia ser, sim. Muitas mulheres casadas e com filhos, tornam-se amantes, principalmente se o homem for endinheirado.

Nos mesmos dias que se seguiram, Augusta aguardou ansiosa por Angelina Gasparotto, esperançosa de que ela finalmente houvesse descoberto algo de concreto a respeito de Hélder e sua suposta amante. Infelizmente, Angelina não lhe trazia novidade alguma, o que deixava Augusta ainda mais desapontada e ansiosa.

Foi numa quarta-feira, pela manhã, quando as duas amigas caminhavam por uma das avenidas principais da cidade que Augusta comentou com Angelina:

— De repente, parece-me que todo mundo me olha dizendo, baixinho: "Lá vai a tonta, tão tonta que não percebe que o marido a trai bem debaixo dos seus olhos!"

— Deixa disso, Augusta! — repreendeu Angelina, dando os primeiros sinais de que não suportava mais ouvir a amiga falar naquilo.

— Você anda impaciente comigo, Angelina.

— É que não aguento mais ouvi-la tocar nesse assunto.

— Se estivesse no meu lugar...

Angelina parou de súbito. Uma interrogação dolorosa assomou a seus olhos, que fitavam um ponto distante da rua.

— O que foi? — assustou-se Augusta, olhando apreensiva para o rosto da amiga.

Angelina engoliu em seco, parecendo incerta quanto ao que responder. Só então, Augusta olhou na mesma direção que ela, um ponto não muito distante de onde as duas se encontravam e avistou Hélder, conversando com uma mulher de não mais que trinta anos de idade. Não tinha um rosto atraente, mas o fascínio com que Hélder olhava para ela, foi o suficiente para Augusta ter a certeza de que aquela era a amante do marido.

– É ela! – exclamou Augusta, boquiaberta.

Angelina pegou no seu braço e fez menção de levá-la dali, para um outro canto.

– Largue-me, Angelina!

Angelina não lhe obedeceu, permaneceu insistindo em fazer com que a amiga tomasse outro rumo.

– Vamos, Angelina, fale! É ela, não é? A vagabunda com quem meu marido vem saindo? Você sabe, não sabe?

As pálpebras de Angelina tremeram e semicerraram-se, ao encontrarem novamente o olhar insistente e ansioso de Augusta Bonini.

– Diga-me, Angelina, por favor! Você é a minha melhor amiga, a única em quem confio plenamente.

Angelina tentou mais uma vez contornar a situação:

– A moça não passa de uma pobretona, Augusta... Se Hélder sai com ela é só por diversão, nada mais. Jamais vai trocar você por ela!

– Então é ela!

Angelina, sentindo-se pressionada acabou admitindo que "sim":

– É ela sim, Augusta! Pronto, agora está contente? Não lhe disse antes para poupá-la. Mas saiba que Hélder tem bom senso, jamais trocará você por uma qualquer. Fique tranquila.

– Ficar tranquila?! – Os olhos de Augusta se avermelharam ainda mais de ódio e decepção. – Veja! O safado está dando dinheiro para ela. E não deve ser pouco.

– É só o que interessa para esse tipo de mulher, Augusta. Não acha que ela se deita com ele por amor, acha? É só por interesse, *filha*. Só por dinheiro!

Silenciosamente, Augusta virou-se e seguiu na direção contrária, memorizando o rosto da "amante" do marido o qual, por sorte, não era difícil esquecer.

Então, um som, parecendo um leve riso fantasmagórico ecoou de seus lábios. Palavras quase inaudíveis soaram a seguir, assustando Angelina Gasparotto que preferiu se manter calada diante da reação da amiga, por achar que seria o melhor a se fazer, pelo menos naquele momento.

Capítulo 2

Dias depois, Augusta Bonini se encontrava na periferia da cidade, junto ao portão de uma casa muito humilde, conversando com um homem grandalhão, com ares de coruja.

– Compreendeu mesmo o que eu quero que faça? – perguntou ela, após repetir pela quarta vez o que estava pagando para ele fazer contra a suposta amante do marido.

O sujeito, com ar sério e compenetrado, respondeu:

– Sim, senhora. A madame pode *ficá* tranquila. Essa *tar* de Ofélia vai ter o que merece. Surra em *muié*, é comigo *mémo*.

Augusta sentiu-se enojada com a afirmação.

– E o dinheiro, quando recebo? – tornou o sujeito.

– Só depois do trabalho realizado.

O homem assentiu com o seu terrível ar de coruja e Augusta, sorrindo, declarou-se satisfeita. Estava já de partida quando sentiu um súbito peso na consciência.

– Se lhe interessa saber, saiba que eu sempre fui uma mulher que teve muita pena das pessoas. No entanto, de que vale sentir pena e ajudar quem precisa, se as pessoas não têm pena de nós, não é mesmo?

Com passadas largas e elegantes, Augusta voltou para o carro de praça que a levara até ali e a aguardava, e partiu sob os olhos atentos do sujeito de ares de coruja que em seguida voltou para dentro da sua humilde casa, ou propriamente dizendo: um casebre.

Para descobrir tudo a respeito da suposta amante de Hélder, Augusta havia voltado até o local onde vira os dois juntos, conversando, e perguntou a respeito da mulher nas lojas ali perto. Com a desculpa de que queria contratá-la para limpar sua casa, conseguiu descobrir seu endereço e as particularidades sobre a sua vida.

A mulher chamava-se Ofélia dos Reis, 28 anos, e trabalhava como faxineira em algumas lojas da cidade. Tinha dois filhos e fora abandonada pelo marido assim que o segundo nasceu. Morava com as crianças no subúrbio da cidade. Augusta ainda se mantinha pasma com tudo aquilo, jamais pensou que Hélder se envolveria com uma pobretona que usava vestidos e perfume de quinta categoria, o melhor que a pobreza podia comprar.

Angelina fora com ela, de companhia, investigar a vida da fulana. Por mais que tivesse se recusado a tomar parte naquilo, Augusta não permitiu que sua melhor amiga a deixasse só num momento tão importante de sua vida como aquele.

Foi a própria Angelina, inclusive, quem sugeriu a Augusta que contratasse um brutamontes para dar uma surra na mulher, por ter ousado se tornar amante de Hélder. A princípio, a sugestão assustou Augusta que não queria chegar àquele ponto, mas depois, refletindo melhor, concluiu que uma surra seria bem merecida por aquela que pretendia lhe roubar o marido.

Por volta das nove da noite do dia seguinte, Ofélia dos Reis voltava para sua casa após completar a segunda faxina do dia. Vinha fazendo duas diariamente para ganhar o suficiente para pagar, pelo menos, as suas despesas básicas e as dos filhos.

As estrelas brilhavam acima da cidade e o ar agora estava frio e revigorante. Embora os postes estivessem todos acesos, a luz era bloqueada pela copa das árvores, deixando a rua praticamente na penumbra.

Uma brisa fria começou a soprar, provocando um arrepio esquisito em Ofélia. Ao ouvir passos atrás de si, virou-se para ver quem era. Estremeceu, ao avistar um brutamontes, mal-encarado, vindo na sua direção. A visão a deixou imediatamente em alerta. Ficou tão nervosa que perdeu um passo, depois outro e, por pouco não foi ao chão. Quando endireitou o corpo, assustou-se ao se ver bem de frente ao sujeito grandalhão com ares de coruja.

– Ofélia dos Reis? – perguntou ele em tom frio e positivo.

– S-sim... – a voz da mulher fraquejou.

Ele sorriu, mas não foi um sorriso agradável. Parecia um tigre, mostrando os dentes.

– O que quer comigo?

O homem respondeu rapidamente com um traço de veneno na voz:

– Tenho um recado para você: "Pare de andar com homem casado!".

– E-eu?! – gaguejou ela, denotando admiração. – Não ando com homem casado algum! Sou uma mulher de respeito, ouviu?

O brutamontes soltou um risinho cacarejado e, subitamente, segurando Ofélia pelo braço, guiou-a até junto do muro e começou a esbofeteá-la. Tudo aconteceu tão repentinamente que ela não teve tempo de se defender, tampouco gritar por ajuda. O mundo para ela, naquele instante, pareceu explodir em milhares de centelhas.

Ele só parou quando percebeu que mais um golpe mataria a mulher e, assim, afastou-se do corpo caído ao chão, ensanguentado, quase sem vida. Ofélia ficou ali, estirada sobre a calçada, como uma boneca de pano, toda desmantelada.

Nesse ínterim, de tanta ansiedade por saber se seus planos haviam dado certo, Augusta Bonini Machado nem se deu conta de que o marido estava mais uma vez atrasado para voltar a casa e, dessa vez, não ligara para explicar o motivo como geralmente fazia.

A inquietação a fez novamente dar um trato na aparência em frente ao espelho da penteadeira. Passou um pente nos cabelos, retocou os lábios com batom e foi para a cozinha providenciar o jantar. Ao notar as horas, espantou-se. Duvidou que o relógio estivesse marcando a hora certa. Foi até a sala para confirmar no relógio de pêndulo que havia ali.

– Vinte e duas horas, confere! – disse para si mesma. – Hélder nunca se atrasou tanto.

Teria ele ligado enquanto ela tomava seu banho e, por isso, não ouvira o telefone tocar? Poderia. Mesmo assim, ela se manteve tensa, com a crescente sensação de que algo de ruim poderia ter-lhe acontecido.

Foi um homem de meia-idade, com cabelos grisalhos e rosto corado, que encontrou Ofélia dos Reis desfalecida na calçada. Ajoelhou-se diante do corpo da mulher e a examinou, tomando-lhe o pulso.

– O pulso está enfraquecendo com rapidez – comentou, sacudindo a cabeça com desagrado. – Desse modo não vai viver por muito tempo. É melhor eu chamar uma ambulância.

Nem bem fechou os lábios, um rapaz que voltava do trabalho para casa, de bicicleta, parou para ver o que havia acontecido. Logo parou outro e um deles reconheceu a vítima porque morava na mesma rua que ela. Um vizinho apareceu e se prontificou a ir buscar água para Ofélia enquanto o rapaz da bicicleta partiu em direção a Santa Casa, em busca de uma ambulância.

Em 1929, telefone em casa era algo raro de se ter, uma vez que somente os ricos dispunham de tal facilidade na época. Especialmente nas cidades interioranas do país.

Enquanto isso, Augusta Bonini Machado se mantinha em pé diante da janela que dava para frente da sua casa, aguardando pela chegada do marido. Diversas imagens cruzavam desordenadamente o seu espírito. À uma hora daquelas o homem contratado por ela já havia dado a surra merecida na amante do marido. Porém, teria ele pegado a imoral com Hélder que, ao tentar defendê-la, levara alguns socos também? Isso explicaria o seu atraso.

Antes que pudesse chegar a uma conclusão, ouviu o portão da garagem sendo aberto, Hélder chegara. Que bom, que alívio! Ela correu até o console onde se ajeitou novamente em frente ao espelho e foi recebê-lo à porta.

– Hélder, meu querido, você demorou. Eu estava preocupada.

– Negócios, meu bem... Negócios – respondeu ele, beijando de leve os lábios dela.

Pela primeira vez ela sentiu perfume de mulher exalando dele. O que a fez imediatamente pensar em perguntar a respeito, mas calou-se, ao perceber que de nada adiantaria. Ele certamente negaria e depois da surra que a bendita levara naquela noite, os dois não mais se encontrariam.

Logo após Hélder trocar de roupa, Augusta lhe serviu o jantar.

– Não gosto que jante tarde da noite – disse ela no seu tom amável de sempre. – Jantar a essa hora provoca pesadelos.

– São os ossos do ofício, minha querida. Ossos do ofício – respondeu ele com uma expressão ansiosa, transparecendo em seus olhos claros. Uma expressão que não se coadunava com o seu espírito tranquilo de sempre.

Apesar de ele brincar, rir e desfiar histórias, mostrando-se o mesmo de todo dia, havia algo de anormal nele naquela noite, sua voz também estava diferente, havia um quê de constrangimento, observou ela. Era como se sua mente estivesse em alvoroço. Mas alvoroço por quê? Estaria ele já a par do que havia acontecido à amante? Da surra que ela pagara para lhe dar? Estaria ele sofrendo por ela?

Os pensamentos que transitavam por sua mente foram interrompidos por Hélder, que falou, num tom completamente diferente desta vez:

– Acho melhor irmos dormir.

Ele se levantou, bocejou e perguntou:

– Você não vem?

– Vou sim, querido. Daqui a um minutinho.

– Está tão calada esta noite. Aconteceu alguma coisa? Algo que a preocupa?

– Não, pelo contrário, Hélder, hoje estou me sentindo feliz. Feliz como há muito não me sentia.

– Que bom! Boa noite, querida.

Ele se curvou e a beijou. Assim ela pôde sentir novamente e, com mais precisão, o perfume da amante que ficara em sua pele, após mais um encontro naquele dia.

Assim que ele deixou o aposento, ela voltou a se concentrar em seus pensamentos, sentindo mais uma vez o doce sabor da vitória. Hélder, por sua vez também ficou a pensar no estranho comportamento da esposa, algo injustificável para ele.

Enquanto isso, noutro extremo da cidade, Ofélia dos Reis chegava a Santa Casa e era socorrida pelos médicos e enfermeiros de plantão.

Nos dias que se seguiram, Augusta Bonini Machado se sentia tão bem pelo que havia feito a suposta amante do marido, que decidiu fazer uma visita surpresa a sua prima que residia em Araraquara. Não havia mais porquê se preocupar, uma vez que a tal mulher certamente não ousaria mais se envolver com Hélder. Mesmo porque estaria acamada por semanas.

A viagem de trem foi ótima e a descoberta de que a prima estava bem de saúde a alegrou imensamente. Porém, a prima estava de partida para a cidade de São José do Rio Preto, onde residia sua filha que estava prestes a dar à luz ao seu primeiro bebê e contava com a mãe na sua casa para ajudá-la a cuidar do recém-nascido.

Logicamente que a prima pediu inúmeras desculpas à Augusta e pensou até em adiar a viagem, mas Augusta se opôs terminantemente à ideia, voltaria noutra ocasião. Não lhes faltaria oportunidade para uma nova visita. A prima também a convidou para ir junto com ela para Rio Preto, mas Augusta sabia que aquela também não era a melhor ocasião para se manter uma visita dentro de casa.

Assim, Augusta voltou para a casa dois dias antes do previsto. Durante a viagem de trem, seguiu pensando na vida. Relembrando os bons momentos ao lado do marido, e os muitos mais que teria depois de ter dado uma lição em sua amante.

A essas alturas, Hélder já deveria estar a par do que acontecera a Ofélia e deduzido que fora ela a mandante daquilo. Com isso, afastar-se-ia dela, terminantemente, para evitar sua ira, poupar a mulher de novas vinganças de sua parte. Augusta estava realmente decidida a repetir a dose, caso Ofélia não se afastasse de Hélder e faria o mesmo, quantas vezes fosse preciso, para afastar qualquer outra que se atrevesse a se envolver com ele. Fosse quem fosse, haveria de pagar caro por tal ousadia.

Hélder... Ela adorava Hélder. Era louca por ele, capaz de tudo por ele. Só quem amasse tanto e verdadeiramente poderia compreender seus sentimentos por ele, o homem por quem se apaixonara à primeira vista e transformara seus dias em pura alegria, desde que começaram a namorar. Ela vivia por Hélder Machado, respirava por ele, sonhava por ele.

Da estação ferroviária, Augusta seguiu diretamente para sua casa. Quando lá, entrou calmamente com a chave que sempre carregava na bolsa. Era fim de tarde, à *boca da noite*, como dizem os poetas. A casa estava silenciosa, nem um sinal da presença do marido.

Ela suspirou, ao sentir uma estranha inquietação. Por um minuto, o silêncio com quem sempre se dera bem, incomodou-a. Por quê?, perguntou-se imediatamente. Nunca sentira aquilo antes. Estranho, muito estranho. Ela colocou a bolsa sobre a mesa da cozinha e foi se servir de um copo d'água. Foi quando ouviu o primeiro zum-zum-zum. Teria vindo da rua ou das dependências da casa? Da rua certamente, na casa não havia ninguém, pelo menos aparentemente.

Ela engoliu a água com os ouvidos atentos, curiosa para que o burburinho soasse novamente para poder localizar sua procedência. Aconteceu! Ele se repetiu e ela logo percebeu que vinha mesmo de dentro da casa. Ladrões, pensou. Seriam larápios? Imediatamente pegou um rolo de madeira, tradicional, para amassar pão e seguiu com ele para a sala.

Novamente o burburinho se repetiu e, dessa vez, ela teve a certeza de que vinha da direção dos quartos. Com passos flutuantes, Augusta se encaminhou para lá e gelou, ao perceber que vinha de dentro do seu quarto. A voz do marido soou então alta e brincalhona.

Hélder estava ali e havia alguém com ele, uma mulher, sim, outra. A amante não poderia ser, levara uma surra para não se recuperar por pelo menos um mês. Se não era ela, quem seria a mulher com quem Hélder estava se aventurando daquela vez?

Ela caminhou a passos concentrados até lá, segurando firmemente o rolo de amassar pão.

O marido estava entrelaçado à amante na cama de casal que ela cuidava com tanto carinho. Trocando diariamente os lençóis e as fronhas para estarem sempre perfumadas, tirando o pó dos móveis e lustrando o chão para que tudo ficasse sempre brilhando. O quarto para ela era como um santuário, um lugar de respeito, um local que jamais poderia ser usufruído por uma amante, uma mulher qualquer, uma intrusa e indecente.

Ela deu mais um passo, dois e seu rosto contraiu-se de choque e terror. O mesmo que se estampou na face de Hélder Machado.

Capítulo 3

– Augusta?!!! – exclamou Hélder visivelmente chocado com a aparição repentina da esposa.

Um ligeiro ar de espanto passou pelo rosto franco de Angelina Gasparotto, a mulher entrelaçada ao amante. Foi breve, depois, não demonstrou nenhuma emoção em especial. Parecia encarar tudo com a maior naturalidade possível.

De repente, Augusta queria fazer tantas perguntas de uma só vez, que não sabia por onde começar.

A rígida expressão de terror ficou por quase um minuto em seu rosto, que depois se descontraiu, tornou a se enrijecer, desta vez, como uma criança espantada prestes a se desmanchar em lágrimas.

De repente, todas as emoções desapareceram como que apagadas por uma esponja e, voltando-se para o marido, ela perguntou com voz de quem não quer saber a verdade, que é preferível uma mentira a ela:

– Hélder, o que está acontecendo aqui?

O homem por trás do lençol franziu ligeiramente a testa e tentou, mas não conseguiu, responder. Augusta levantou a voz:

– Eu lhe fiz uma pergunta, Hélder!

O marido continuou sem palavras. Sua expressão tornou-se ainda mais apreensiva.

– Como pode? Na minha própria cama? Nossa cama?!

Hélder tentou responder, mas as palavras ainda lhe faltavam. Angelina achou por bem responder por ele.

– Aconteceu, Augusta... – falou ela com fria superioridade.

– Aconteceu?! C-como assim, aconteceu?!

Angelina Gasparotto sorriu como um gato satisfeito.

– Ora, querida... – murmurou ela, ampliando seu sorriso de satisfação.

– Você, minha melhor amiga... com o meu marido...

Angelina interrompeu-a bruscamente:

– Eu mesma e daí, Augusta? Algum problema?!

– Eu sempre a considerei minha melhor amiga. Minha confidente... Eu confiava em você.

– E desde quando mulher pode confiar numa outra? Ainda que essa seja sua melhor amiga?!

Angelina Gasparotto emitiu novamente seu sinistro sorriso de gato e o clima pesou ainda mais no recinto. Quando Augusta conseguiu novamente falar, sua voz soou rouca e fanha:

– Aquela moça, aquela moça que você me mostrou na rua, conversando com o Hélder... Você afirmou que ela era amante dele!

Angelina assentiu com um movimento de cabeça.

– Disse aquilo para ver se você parava de me importunar com essa história. Não aguentava mais ouvir você falando o tempo sobre esse assunto.

– Mesmo você sabendo que ela não era a amante dele, você concordou com os meus planos de vingança. Permitiu que eu contratasse aquele homem, indicação sua, por sinal, para dar uma surra nela. Naquela pobre coitada!

– Pobre é para essas coisas, Augusta! Para pagar pelos podres dos ricos! Não sabia? Pensei que soubesse.

– Você não é rica, Angelina.

– Não era, meu bem, agora sou!

E enlaçando Hélder, a megera completou:

– Assim que eu me casar com Hélder Machado serei da alta roda! Farei finalmente parte da alta sociedade! Fala para ela, Hélder, fala!

O rosto do homem tornou-se novamente vermelho, enquanto ele procurava mais uma vez, evitar os olhos da esposa. Foi então que Angelina, subitamente, começou a bater levemente com os dedos no criado-mudo, enquanto murmurava uma canção. Um minuto depois, calou-se e disse, com franqueza:

– Até quando nós vamos permanecer nesta situação ridícula?!

Sem mais, ela se levantou da cama, revelando-se uma mulher completamente diferente da qual Augusta Bonini pensara conhecer tão bem. Tinha o ar de uma grande dama e quando foi se vestir, um leve sorriso delineou sua face, transparecendo prazer por se ver nua na frente da amiga, exibindo seu corpo mais conservado que o dela, para afrontá-la.

Diante da coloração avermelhada cada vez mais forte espalhando-se pelo rosto de Augusta, como se fosse uma forte alergia, Angelina Gasparotto completou com evidente alívio:

— Foi melhor você ter descoberto tudo, Augusta, acredite-me! Não aguentava mais viver às escondidas. Era um peso, sabe? Agora ele está todo sobre você e faça bom proveito disso!

Ela ajeitou seu cabelo, usando a escova de Augusta que ficava em cima da sua penteadeira. Sorriu para o espelho e disse, com voz descontraída:

— Vou tomar um refresco, alguém quer?

Passou por Augusta como se fosse uma simples rajada de vento.

O silêncio caiu a seguir e se estendeu por quase dois minutos até que Augusta tivesse novamente coragem de encarar o marido.

— Como foi que isso aconteceu, Hélder? – perguntou ela, chorosa. – Você me amava, dizia me amar tanto.

Ele fitou por um momento, antes de responder:

— Aconteceu, Augusta, como tudo acontece na vida! Chega sem mandar aviso!

Sua voz soou baixa e expressiva, a de uma pessoa determinada a demonstrar a todo o custo o seu autodomínio.

— Como assim, aconteceu, Hélder?!

Ele acrescentou de maneira fria e insofismável:

— Acontecendo, ora!

— É só isso que você tem para me dizer?

Ele assentiu seriamente enquanto Augusta Bonini Machado tinha a impressão de que o mundo parecia desabar sobre a sua cabeça.

— Quem seduziu quem? – perguntou ela a seguir.

Hélder, contrafeito, respondeu:

— O quer importa?

— Importa para mim!

Ele respirou fundo e disse, arfante:

— O que eu sentia por você nos últimos tempos, Augusta, era

mais respeito do que propriamente paixão. E um homem precisa de paixão para viver.

– Não posso acreditar...

Outra vez ele bufou e disse com uma ponta de amargura:

– Você queria a verdade, não queria?

Um espasmo de dor convulsionou ainda mais o rosto da mulher em pé à sua frente. Hélder então se levantou como que impulsionado por uma mola, foi até ela e a fez se sentar na poltrona que havia ali. Procurou então dizer-lhe alguma coisa para abrandar a situação.

– Augusta... – ele parou, procurando as palavras certas para se expressar.

Ela olhou com compaixão para o rosto dele, desesperado e nervoso e foi mais uma vez sincera ao declarar:

– Eu o amava tanto, Hélder...

– Ah, sim... – ele pareceu voltar de muito longe. – Eu também a amava muito, mas meu advogado vai procurá-la para acertar os detalhes da nossa separação.

– Separação?

– É, querida. Será melhor assim. Saiba, porém, que você vai ficar bem, Augusta, acredite.

– Bem?

– Sim, pelo menos financeiramente.

– Ah, só se for...

– Continuará tendo pelo menos um teto sobre a sua cabeça.

– E pensa que isso para mim é o suficiente?

– E não é? Sabe quantas e quantas mulheres não dariam a vida por uma casa própria?

– Não sou qualquer mulher, Hélder! Sou sua mulher!

– Aceite os fatos, Augusta! A vida é assim mesmo, um dia de sol, outro de chuva... Nada permanece igual para todo o sempre.

– Belo consolo.

– É melhor eu ir...

– Não vá, espere.

– Adeus.

– Adeus? Para onde vai?

– Para a casa da Angelina até que tenhamos resolvido tudo sobre a nossa separação.

– E você fala disso assim tão friamente?

Angelina que voltava para o quarto naquele instante acabou respondendo à pergunta pelo amante:

– De que outro modo você gostaria que ele falasse, querida?

As duas se peitaram novamente pelo olhar e sem mais delongas, Angelina pegou Hélder pelo punho e falou, seriamente:

– Venha, querido, o ar desta casa ficou irrespirável. A vida lá fora nos espera, meu amor. Venha!

Ele, cego de paixão, tomou a mão dela e a acompanhou.

– Hélder... – chamou Augusta, rompendo-se em lágrimas. – Hélder, não vá, por favor!

Ele travou os passos, voltou-se para ela e foi novamente enfático:

– Adeus, Augusta. Adeus!

Sem mais, partiu ao lado do amante, deixando Augusta completamente desnorteada. O choque fora tremendo. As duas pessoas que ela mais confiava na vida haviam-na apunhalado pelas costas. Em quem deveria confiar agora?

– Acalme-se, Augusta, acalme-se! Mantenha a cabeça no lugar! – disse para si mesma, olhando com amargura para o seu reflexo no espelho do toucador.

Ela não aceitaria se entregar ao desespero. Nunca aceitou, não seria agora. Todavia, o desespero parecia bem mais forte do que os outros provados anteriormente. Um tsunami. De repente, viu-se incapaz de continuar traçando sua própria vida e com a sensação crescente de que o tempo custaria muito a passar. E o que ela mais queria é que ele passasse rápido, para distanciá-la, o quanto antes, do episódio mais hediondo de sua vida.

Em meio à sensação apavorante de clausura e frustração, Augusta relembrou seus bons momentos com Hélder e Angelina Gasparotto, amparada pela sua arrogância e presunção. Como ela não percebera antes que aquela que se dizia sua melhor amiga era um perigo para os dois?

Teria sido ela quem dera em cima de Hélder? Não, fora ele, só podia ter sido ele, não é à toa que se diz que homem é tudo igual, nenhum presta. Angelina não teria se rebaixado a tanto, sido tão vil.

Mas Augusta estava enganada, totalmente enganada, fora Angelina quem seduzira Hélder, começando a se insinuar para ele, a criar intimidades entre os dois até que, certo dia, na casa de praia em Santos, enquanto Augusta havia ido ao mercado e Hélder estava alto por ter abusado da caipirinha, Angelina se aproveitou dele. Ele resistiu, mas ela foi firme, depois ameaçou contar tudo para Augusta caso ele lhe dissesse alguma coisa. Diria que ele abusara dela e assim, Hélder se apavorou e, por isso, calou-se. Depois das férias, ela começou a procurá-lo no trabalho, sempre munida de uma boa dose de sedução para fazer a cabeça dele. Logo ele se viu à mercê dela, pensando exatamente como ela queria que pensasse.

Angelina não tivera sorte no amor, tentara por diversas vezes encontrar um homem à altura do que considerava ideal para se casar e não conseguira. Sempre tivera profunda inveja de Augusta, da sua condição social e financeira e da vida conjugal feliz que levava com o marido. Um dia, então, decidiu que queria tudo aquilo, custasse o que custasse, e ficou como uma cobra, armando o bote, pronta para atacar no momento oportuno.

Já que a vida não havia se importado com ela, decidira não mais ter consideração por ninguém. O sangue que lhe corria nas veias tornara-se frio demais para ter respeito pelo seu semelhante.

Marilza, ao encontrar a patroa no dia seguinte, notou de imediato que ela não estava bem. As mãos tremiam e ela parecia distante, com um aspecto triste e melancólico. Assim, decidiu entretê-la, puxando papo, contando amenidades, o que também não despertou muito a sua atenção.

– Dona Augusta, o que está acontecendo? A senhora não está passando bem? Quer que eu ligue para o patrão? Quer que eu a leve ao médico?

Augusta, erguendo a cabeça e olhando fixamente para frente, respondeu:

– Meu marido...
– Seu marido?
– Sim.
– Quer que eu ligue para ele?
– Não!

A resposta soou num tom alto demais.

– O problema é ele, Marilza!

— Vocês brigaram, foi isso?

— Pior do que isso, Marilza, pois uma briga de casal logo se resolve, o nosso problema é mais grave, bem mais grave. — Ela tomou ar e completou: — A amante... Você já deve ter ouvido falar que o Hélder tem uma amante, não?

O rosto da empregada toldou-se subitamente.

— Honestamente falando, a senhora não deveria dar ouvidos a mexericos.

— Nem mesmo quando são verdadeiros?

A mulher engoliu as palavras.

— É verdade sim, Marilza. O Hélder tem mesmo uma amante e essa desclassificada é a Angelina Gasparotto, quem eu pensava, até então, ser a minha melhor amiga.

A empregada ficou em silêncio por alguns segundos, refletindo sobre aquela espantosa revelação até que levantou a cabeça, encarou a patroa e disse, sem reticências:

— Dona, essa descla... cla...

— Desclassificada?

— Essa mesma! Ela não vai ficar com o seu marido. Não vai não, nós podemos dar um jeito nisso!

— Que jeito, Marilza? Que jeito?

— Tem uma mãe de santo das boas lá perto de casa, diz que traz o homem perdido em menos de um mês ou semanas, sei lá.

Ao ver o sangue subir às faces da patroa, Marilza se silenciou rapidamente e abaixou a cabeça. Quando arriscou um olhar novamente na direção de Augusta, ela explodiu numa gostosa gargalhada, revelando um estado de espírito bem melhor.

— Só você mesmo para me fazer tal sugestão, Marilza.

— Mas minha senhora, eu disse o que disse, porque a mulher é mesmo das boas!

— Mesmo?! — brincou Augusta.

Marilza assentiu seriamente enquanto Augusta, rindo ainda mais, completou:

— Talvez não custe tentar!

No dia seguinte, para o total espanto de Augusta, Angelina reapareceu em sua casa, parecendo mais inocente do que nunca, o que a fez pensar que ela havia voltado ali para lhe pedir desculpas pelo que lhe fizera.

— Eu aceito — adiantou-se Augusta, assim que se viu diante da

27

falsa amiga, de cabeça erguida e com seus olhos brilhando como os de um gato.

– Aceita? Aceita o quê? Do que está falando, Augusta? Abestalhou-se ainda mais de ontem para hoje?

Ela riu sarcástica.

– Sei que veio me pedir desculpas... – prosseguiu Augusta, vertendo-se em lágrimas. – Eu aceito!

Angelina riu, debochada e felina.

– Ah, por favor, Augusta!

– Veio, não veio?

– Não seja estúpida!

– Mas...

– Nem mas nem meio mas. Vim buscar as roupas do Hélder. Vou levá-las numa mala!

– O quê?!

– Ficou surda por acaso?

– Você não pode fazer isso.

– Experimenta me deter para ver!

– Aonde foi parar o laço de camaradagem e de amizade entre nós?

O olhar frio de Angelina voltou a mirar Augusta Bonini de cima a baixo antes de responder com profundo cinismo:

– Laço? De cetim? De que cor exatamente era esse laço? Rosa, amarelo... Rosa choque?!

– Você se transformou numa mulher abominável, Angelina!

– A vida me fez assim, Augusta. Eu aguentei calada por muito tempo ser ignorada e pisoteada pela vida, sem dó nem piedade. Aí decidi dar um basta, tomar as rédeas da situação. Disse à VIDA: agora vai ser do jeito que eu quero! Custe o que custar!

– Pisando nos outros? Destruindo lares?

A resposta de Angelina foi imediata, de uma acidez implacável:

– Não é assim que as pessoas sobem na vida, minha querida?

– Eu pelo menos não!

– Porque você é uma tonta! Não passa de uma tonta! Você quer saber de uma coisa? Sempre a achei boba, bobona e cansativa. Acho que só a suportei por não ter outra escolha. E também por causa do Hélder, por ver nele a possibilidade de ser, finalmente, feliz! Conquistar tudo o que desejo, o que uma mulher deseja.

– Uma mulher sórdida como você, não é, Angelina?

– Não adianta tentar me ofender, Augusta! Não vai conseguir. Na posição em que me encontro me sinto tão vitoriosa, mas tão vitoriosa que nada, absolutamente nada pode me ferir.

Ela suspirou e com um sorriso radiante, de orelha a orelha, completou:

– Com licença, deixe-me ir fazer o que vim fazer.

Sem mais, passou por ela, dirigindo-se para o quarto do casal. Ao terminar, voltou para a sala, carregando uma mala em cada mão e falou:

– Adeuzinho, querida! Passar bem, meu amor!

Fez um aceno cínico com a cabeça e partiu, deixando Augusta Bonini novamente impressionada com a transformação ocorrida naquela que tivera como sua melhor amiga e pensava conhecer bem, mais do que ninguém.

Na tarde do dia seguinte, Augusta recebeu uma nova e inesperada visita:

– Boa tarde, sou o advogado que seu marido contratou para preparar os papéis da separação de vocês.

O rosto de Augusta transfigurou-se. Mudou de uma expressão de ansiedade para algo facilmente reconhecível como perto do desespero. A esperança de que Hélder voltaria atrás, desistiria da separação, rolou ribanceira abaixo. Para ela, ele não conseguiria ir adiante com aquilo. Perceberia a importância dela em sua vida, que não conseguiria viver sem ela, como acreditava não poder viver sem ele ao seu lado.

– Oh, meu Deus! – exclamou ela, deixando-se cair numa poltrona e afundando o rosto entre as mãos.

O advogado, visivelmente sem graça, olhou em torno com ar de culpa e afrouxou o colarinho.

– Desculpe-me – pediu Augusta, caindo em si novamente. – Meus sentimentos transbordaram. Perdoe-me... Queira sentar-se, por favor.

O homem aceitou polidamente seu pedido e a seguir, explicou as condições impostas por Hélder para a separação dos dois. Ao término, Augusta demonstrou estar preparada para assinar os papéis que lhe cabiam. Levantou-se e se dirigiu até a mesa redonda da sala, onde se sentou e perguntou:

– Onde devo assinar?

– A senhora não acha que melhor consultar seu advogado antes? Pode fazer... É aconselhável fazer.

– Não, obrigada. Agora me diga onde devo assinar, por favor.

O advogado, ainda que incerto se deveria ou não atender ao seu pedido, acabou atendendo sua solicitação. Colocou os papéis diante dela e apontou os devidos lugares para assinar e rubricar.

– Muito bem, minha senhora. Entrarei em contato assim que os demais papéis da separação estiverem prontos.

Assim que o homem se foi, Marilza voltou à sala, trazendo consigo um copo d'água.

– Tome, Dona Augusta, vai lhe fazer bem.

– Oh, sim, obrigada.

– Pense no que eu falei para a senhora, Dona Augusta. A mãe de santo é das boas! Quanto antes a senhora for atrás dela, mais rápido o Seu Hélder volta pra casa.

– Voltar?...

– É, Dona Augusta: voltar!

Foi então que Augusta se lembrou de algo muito importante que a confusão das últimas semanas havia feito esquecer-se completamente.

– Marilza eu preciso ir...

– Ah, então a senhora vai?

– Vou sim, mas a outro lugar!

– Onde, então?

Diante do silêncio da patroa, a empregada deu de ombros e resmungou:

– Não quer falar, não fale! Eu não queria saber mesmo.

E deixou a sala, pisando duro.

– Marilza! – chamou Augusta, agitando-se toda.

A mulher voltou correndo até ela, sorrindo por acreditar que obteria a resposta do que tanto tinha curiosidade de saber.

– Você me diverte, sabia? Diverte-me um bocado. Obrigada por existir!

E a empregada ficou em dúvida se deveria sorrir ou se manter séria diante do elogio.

Capítulo 4

Na manhã do dia seguinte, antes de entrar no carro de praça, Augusta Bonini abotoou a blusa até o pescoço e leu mais uma vez o endereço que havia conseguido e anotado a lápis num pedacinho de papel. Passou para o motorista que imediatamente dirigiu o veículo naquela direção, enquanto ela, mais uma vez, desejava intimamente voltar no tempo para poder mudar o curso de sua história: impedir a si mesma de cometer a tolice que fez contra Ofélia dos Reis.

Quando o automóvel parou em frente a humilde casa onde Ofélia vivia com os filhos, Augusta tomou alguns segundos para observar o local. A casa, praticamente caindo aos pedaços, fora construída pelo pai de Ofélia com o dinheiro suado que conseguiu guardar das pequenas colheitas que fazia em seu sítio. No entanto, com os golpes que a lavoura dá a todos os sitiantes, o homem acabou sendo obrigado a vender parte do sítio, reduzindo-o a uma humilde chácara. Mais tarde, sem condições para sustentar o lugar, vendeu-o e aplicou o dinheiro naquela humilde casa no subúrbio da cidade para abrigar sua família. Por não terem condições de fazer os reparos necessários para mantê-la em perfeito estado, a morada acabou ficando naquelas condições precárias.

Ouviu-se então um senhor comentar com outro a certa distância:

– Que carrão bonito, hein, compadre?

– Nem fala, compadre.

Assim que Augusta Bonini desceu do veículo, um dos senhores comentou:

– E a mulher que saiu de dentro do carrão é um *muierão* também.

– Um pouco *gasta* para mim.

— O que é isso, compadre?
— Mas é, compadre, *muié* pra mim só serve dos 18 aos 24 *ano* e *oia* lá.
— *Ocê* é bem exigente, hein, compadre?
— Sô *memo*, compadre.
O sujeito riu mostrando sua dentadura reluzente ao sol.
— Se gosta de *muié* mais nova por que continua casado com a sua?
— Porque panela velha é que faz comida boa. Não é o que dizem? E, *sejamo* franco, compadre, *muié* jovem só casa com *ôme* mais *véio* por interesse financeiro, por amor, nunquinha!
Os dois novamente riram.

Nem bem Augusta se aproximara do portão todo desmantelado, um cãozinho vira-lata pulou da cadeira onde repousava e começou a latir. Logo se ouviu o barulho alto do cacarejar de galinhas indignadas com aquela balbúrdia.
A porta da frente da casa estava aberta, mas fechou-se com um estrondo diante de uma rajada de vento. Então se escancarou novamente e a voz graciosa de uma menina, por volta dos oito, nove anos de idade, soou alta e clara:
— Pintassilgo, quieto!
O cão deu um rosnado e mudou de posição para informar a presença da visitante. Sob um gesto da mão da menininha, o cachorro se afastou do portão.
— Ele é mansinho. Não se preocupe – esclareceu a garota graciosa de cabelo preto cacheado, rosto bonito e nariz arrebitado. Prestando melhor atenção à mulher, parada rente ao portão, ela perguntou:
— O que a senhora deseja?
— Olá – respondeu Augusta, procurando sorrir. – Procuro Ofélia Soares, é aqui que ela mora?
— É aqui sim.
— Ela está?
— Está sim. Quer entrar?
— Se eu não for importuná-la.
A menina ergueu a argolinha de arame que prendia o portão e o escancarou para dar passagem a Augusta. Logo a conduziu para dentro da humilde casa e a levou até o quarto onde Ofélia estava recostada num travesseiro, cuidadosamente ajeitado contra a cabeceira de uma cama de casal. Sua respiração estava um pouco pesada, seus

olhos estavam fechados, mas ela não dormia.

– Mamãe, temos visita! – informou a menina, delicadamente.

Ofélia voltou a cabeça lentamente na direção da recém-chegada e a avaliou com interesse.

– Bom dia – falou Augusta, visivelmente constrangida. – Posso conversar um pouquinho com você?

– Quem é a senhora? – perguntou Ofélia com voz ligeiramente rouca.

Augusta aproximou-se da cama e, olhando consternada para a mulher estirada ali, respondeu:

– Meu nome é Augusta Bonini Machado... Augusta Bonini.

Seu olhar de simpatia e sua voz interessada fizeram o rosto de Ofélia relaxar.

– Muito prazer – respondeu Ofélia muito gentilmente.

A mão de Augusta tremia quando foi envolvida pela da mulher acamada.

– Filha, ponha o banquinho aqui para essa senhora se sentar.

A menina atendeu ao pedido da mãe no mesmo instante. Ainda que sem graça, Augusta se sentou e Ofélia explicou:

– Acho que a senhora não esperava me encontrar nessa situação, não é mesmo?

– Sinceramente, não!

– Estou assim já faz quase um mês. Voltava para casa certa noite quando fui agredida por um sujeito enorme que sem ter nem porquê me deu uma surra. Fiquei nesse estado desde então, estou sem trabalhar há um mês...

– Como tem se virado?

– Com a ajuda de vizinhos, mas, coitados, eles não podem se sacrificar mais por minha causa, o que ganham mal dá para se sustentarem...

– Eu sinto muito.

– O que traz a senhora aqui? Se me quer como faxineira, infelizmente não poderei atendê-la.

– Não foi por isso que eu vim.

– Não?!

– Você mora aqui somente com a sua filha?

– Com minha filha e o meu filho. Ele é *especial,* sabe?

– E-eu nem sei o que dizer.

– A senhora ainda não me disse por que veio.

– Verdade. Bem, eu nem sei por onde começar.

Augusta sentiu o nó na garganta se apertar e voltando a segurar a mão que Ofélia lhe estendeu, com extremo cuidado, como se pudesse quebrá-la, disse:

– Preciso lhe falar a sós. Pode ser?

Ofélia atendeu ao seu pedido no mesmo instante e, com delicadeza, pediu à filha que se retirasse do quarto.

– Mas, mamãe!

– Por favor, Maria – insistiu Ofélia, endereçando-lhe uma piscadela amigável.

A menina acabou concordando:

– Tá bom! Tá bom!

E seguiu para longe dali, cantarolando uma canção com sua linda voz.

– Como ela canta bem, não? – elogiou Augusta, olhando para a porta com evidente admiração.

– Sim, é um rouxinol.

– Que voz realmente linda!

Houve uma pausa até Augusta voltar a encarar Ofélia e dizer:

– É melhor eu ir direto ao ponto. O homem que lhe deu essa surra foi contratado por mim. Paguei a ele para lhe fazer isso porque pensei, equivocadamente, que você fosse amante do meu marido.

Ofélia não demonstrou nenhuma emoção em especial, por isso Augusta se sentiu mais encorajada a prosseguir:

– Sei que é chocante para você ouvir isso assim da minha boca, dito assim tão de supetão e friamente, mas eu tinha de lhe dizer, pessoalmente, contar o porquê cometi essa tolice contra você. Fui levada a pensar, por uma mulher que se dizia ser a minha melhor amiga, e eu a considerava minha melhor amiga, que você era amante do meu marido. Mas na verdade ela só inventou essa mentira para se proteger, desviar meu foco, impedir que eu chegasse a verdadeira amante que era ela própria. Foi um baque para mim saber da verdade, tão forte quanto perceber a tolice que havia cometido contra você. Por isso estou aqui, para lhe pedir perdão. Se é que pode me perdoar pelo que fiz. Por essa injustiça, essa insensatez.

Ofélia sem perder a calma e a polidez, respondeu:

– A senhora não precisava ter vindo aqui, ter se preocupado comigo...

– Precisava, sim! Tenho de reparar esse erro de algum modo. Essa tremenda estupidez que cometi.

– É quase impossível vivermos sem cometer erros na vida. Quantas e quantas vezes já não cometemos um, hein? Eu cometi vários durante esses meus vinte e poucos anos de existência. Acreditei, assim como a senhora, que o homem com quem eu ia me casar era perfeito para mim, que tudo me daria, na alegria e na tristeza, na saúde e na doença... Então, quando meu filho nasceu e ele descobriu que se tratava de uma criança *especial,* ele nunca mais voltou para a casa. Sei que está vivo porque um parente seu me escreveu, contando que ele havia passado por sua casa, para lhe fazer uma visita.

De repente, de uma hora para outra, eu tinha uma menina e um menino *especial* para criar, sinceramente não sabia como faria. O dinheiro que eu e meu marido ganhávamos mal dava para nos sustentar. Como eu poderia me sustentar juntamente com meus filhos pondo um salário só dentro de casa? Respirei fundo e acreditei numa força maior para me amparar. Foi minha única saída.

Quem não errou na vida, minha senhora? Quem não cometeu um equívoco? Um lapso? Entregou-se a uma ilusão? Foi vítima de maldade alheia? Mas a senhora, a senhora pelo menos está aqui, pedindo perdão pelo que fez, tentando reparar o equívoco e isso é, em minha opinião, admirável.

– Suas palavras me comovem.

– A presença da senhora aqui também me comove.

Ambas ficaram a se admirar por um instante, com olhos a chorar.

– Maria – chamou Ofélia, rompendo o silêncio emocionado. – Traga seu irmão aqui para esta gentil senhora conhecê-lo.

Logo Maria chegou ao quarto, empurrando a cadeira de rodas com o irmãozinho sentado sobre ela.

– Este é o Jonas – apresentou Ofélia com grande orgulho que sentia do menino. – Os médicos dizem que faltou oxigênio no útero e, por isso, ele nasceu assim.

– Eu compreendo. É uma criança adorável.

Augusta levantou-se e beijou o menino. Em seguida, repetiu o gesto com a menina.

– Então você é a Maria... Saiba que você tem uma voz linda, canta muito bem. Parabéns!

– Obrigada – respondeu a garotinha, trançando as pernas e corando até a raiz de seus cabelos negros.

Ofélia falou a seguir:

– Eles são meus dois tesouros.

– São mesmo! – concordou Augusta, emocionada, e voltando a

se sentar no banquinho, perguntou: – Diga-me, por favor, o que posso fazer para reparar meu erro?
– Não se preocupe...
– Eu insisto.
– Por favor...
– Visto que vocês estão em dificuldades financeiras por você estar acamada há praticamente um mês, por minha culpa, farei uma compra generosa de alimentos e mandarei entregar aqui.
– Não é necessário.
– É um presente, aceite.
– Está bem. Será realmente algo muito bem-vindo, especialmente para as crianças.
Sem mais, Augusta despediu-se de todos, prometendo voltar, e seguiu direto com o carro de praça que permanecera em frente à casa, aguardando por ela. Dali partiram para a loja de secos e molhados mais próxima onde Augusta cumpriu o seu prometido. Quando a mercadoria foi entregue, Maria e Jonas vibraram, nunca haviam tido tanta fartura.

No dia seguinte, ao passar em frente a casa que ela e o ex-marido estavam construindo, uma casa moderna e espaçosa, sem dúvida alguma a mais elegante e cara da cidade, Augusta se chocou ao avistar Angelina na porta da construção, conversando com o pedreiro responsável pela obra. A casa que era para ser sua, cujo projeto fora todo elaborado segundo suas sugestões, seria doravante de Angelina e de Hélder, o marido que ela lhe roubou.
Nisso Hélder saiu de dentro de casa e quando avistou Augusta parada do outro lado da rua, ele, muito sem graça, fingiu não tê-la visto, enlaçou Angelina e a conduziu para dentro da casa, dizendo alguma coisa em seu ouvido.
Augusta, rompendo-se em lágrimas, voltou para casa e tudo o que pensou desde então foi na sua vida desmantelada por uma amante que pensara ser sua melhor amiga. Jamais podia imaginar que estivera há tempos convivendo com o inimigo e bem diante do seu nariz.

Capítulo 5

Depressiva, Augusta passou por mais alguns dias alheia a tudo mais a sua volta, até se lembrar das condições deploráveis em que se encontrava Ofélia, a qual tinha mil motivos para se tornar deprimida com tudo o que lhe acontecera e, no entanto, continuava firme como um rochedo. Inspirando-se nessa mulher, Augusta decidiu reagir, não podia mais se revoltar, perder mais tempo com os dramas provocados por uma traição absurda por parte de uma falsa amiga e de um marido que acreditou que a amaria eternamente. Assim, ela voltou novamente à casa de Ofélia para saber se havia melhorado.

Maria cantava para a mãe uma canção que aprendera na escola quando Augusta ali chegou, levada pelo mesmo carro de praça que sempre a conduzia de um lado para o outro da cidade. Imediatamente a menina espiou pela janela quem batia palmas e assim que reconheceu a visita, voltou-se para a mãe e disse:

– É aquela mulher que veio visitar a senhora outro dia.
– Dona Augusta?!
– Ela mesma.
– Mande-a entrar!

Maria correu empolgada até a porta para receber a visitante.

– Maria, querida, como vai? – saudou Augusta, sorridente, e assim que entrou na casa e avistou Ofélia de pé, foi até ela. Tomou suas mãos e disse, com sinceridade e forte emoção:

– Que bom vê-la de pé... Parecendo saudável novamente.
– Melhorei muito, sim, Dona Augusta.
– Estimo.
– Sente-se, por favor, vou preparar um chá para nós. Maria acabou de colher hortelã.

– Não precisa se incomodar.

– Não custa nada – respondeu Ofélia, dirigindo-se para sua humilde cozinha. – Este aqui é um bom fogão; ferve uma chaleira num instante – completou ela enquanto enchia a chaleira e assoprava a brasa do fogão a lenha.

Enquanto aguardava pela dona da casa, Augusta ficou observando a humilde sala em que se encontrava. O estofado da sala, as poltronas e o tapete tinham buracos por todos os lados, de tudo ali, certamente foram o que as traças mais apreciaram nas suas refeições. Uma das janelas estava aberta, e parecia não haver poder na Terra capaz de fechá-la outra vez. A porta, temporariamente fechada não parecia que iria ficar daquele jeito por muito tempo. O trinco parecia tão frágil quanto a casa, um vento forte e breve seria o suficiente para soltá-lo.

O chá foi feito e servido, quente e forte. Por sobre a xícara fumegante, Augusta ouvia Ofélia falar com alegria de sua melhora.

– Sinto um alívio imenso saber que está praticamente cem por cento recuperada – confessou Augusta, adorando o frescor da hortelã.

– Sim, estou bem melhor, graças a Deus!

Augusta tomou outro gole de chá antes de voltar a falar. Não havia melhor estimulante para destravar a língua do que um chá calmante de hortelã.

– Eu vim hoje aqui para lhe dizer algo muito importante.

A dona da casa a olhou com certa curiosidade. Augusta então pôs sua xícara de lado e disse, mirando fundo em seus olhos:

– Já sei como posso reparar o mal que lhe fiz. A você e, consequentemente, aos seus filhos.

– Dona Augusta, o que aconteceu é passado, esqueça isso, por favor!

– Não posso, não enquanto eu não reparar o mal que lhe fiz. Por isso venho até aqui lhe fazer uma proposta e não aceito "não" como resposta. Quero que você e seus filhos venham morar comigo!

– Morar?!

– Sim! Na minha casa! É uma casa espaçosa, razoavelmente espaçosa, cabem muito bem você e as duas crianças por lá. Será um prazer tê-las morando comigo.

– Eu agradeço o convite, mas não tem cabimento a senhora nos acomodar em sua casa por causa de um engano...

– Um engano que poderia ter lhe custado a vida. Por favor, aceite o meu convite. Só assim saberei que realmente me perdoou pelo que fiz.

Ofélia, muito carinhosamente, respondeu:

– Ouvi certa vez alguém dizer: conhecemos na vida muitas pessoas. Umas boas, outras más. Devemos agradecer a Deus quando encontrarmos pessoas boas e as más, também, pois com elas aperfeiçoamos a nossa bondade.

Ela girou a pescoço ao redor, olhando com certa tristeza para as paredes da casa e concluiu:

– Nossa casa está realmente em petição de miséria... Até parece a casa dos três porquinhos em que basta o lobo assoprar que a casa cai.

– Então...

Um sorriso largo se estampou na face de Ofélia que, pensando no bem-estar dos filhos, acabou aceitando o convite. Augusta imediatamente se levantou de onde estava sentada e abrindo os braços, convidou sua mais nova amiga para um abraço caloroso. Celebraram a mudança, bebericando um pouco mais de chá.

Naquele dia, antes de Augusta partir, Ofélia lhe perguntou seriamente:

– Dona Augusta, a senhora tem certeza de que é isso mesmo que a senhora quer?

– Sim, minha querida.

Nisso ouviu-se o cão latindo e só então Ofélia percebeu que não poderia se mudar dali sem levá-lo consigo. As crianças, especialmente Jonas, o adoram. Um animal de estimação para um menino *especial* como o Jonas, é de extrema importância, afirmam os médicos e psicólogos.

– Bem, Dona Augusta... Temos o Pintassilgo...

E antes que ela concluísse a frase, Augusta falou:

– É obvio que ele também pode ir, minha casa tem um quintal bem grande, lá ele se sentirá bem à vontade também.

– Então está bem...

O dia de Ofélia e seus filhos se mudarem para a casa de Augusta Bonini finalmente chegou. As crianças mal se continham de ansiedade. Quando o carroceiro chegou, Ofélia e os filhos estavam prontos para partir. Ao se despedirem da casa, Maria falou:

– Adeus casinha, vou sentir muitas saudades suas. – Voltando-se para a mãe perguntou: – Poderemos voltar aqui, algum dia, mamãe?
– S-sim, filha. Por que, não?
Sem mais pormenores, a mulher subiu na carroça com os filhos e partiram.

A casa de Augusta, ainda que fosse uma típica casa de classe média alta, para Maria e Jonas pareceu um palacete. Perto do que eles estavam acostumados, aquilo era de fato um, para eles.
Ambos olharam com total deslumbramento para a sala de estar. Nunca haviam visto uma tão bem decorada. O que mais coloriu seus olhos foram as paredes revestidas de papel. Era como se fosse um quarto de boneca. Os quadros a óleo de lindas paisagens eram também encantadores de se verem.
– São gravuras? – perguntou Maria à dona da casa.
– Não, minha querida. São pinturas à óleo – respondeu Augusta prontamente. – Feita pelas mãos talentosas de um pintor.
– É mesmo?! Ele pinta muito bem, por mais que eu tente, nunca consigo pintar nada tão bom assim quando a professora me pede.
– Se praticar a pintura com afinco pode vir a pintar um quadro tão belo como os de um grande artista.
– Eu acho que eu nasci mesmo é para cantar!
– Eu sei, e aproveito para cumprimentá-la mais uma vez por sua linda voz. Você é mesmo uma cantora nata!
– Eu gostaria de cantar na rádio.
A voz de Augusta se elevou, excitada:
– É mesmo?!
– Sim!
– Quem sabe um dia...
– Só não entendo – comentou Maria a seguir – como uma pessoa pode entrar dentro do rádio e cantar.
Seu comentário provocou risos em Augusta e Ofélia que por mais que explicassem o processo de ondas curtas, a menina não conseguiria compreender.
– Poderei brincar aqui com o Jonas? – perguntou Maria a seguir.
Ofélia imediatamente repreendeu a filha:
– Aqui não, Maria. É lógico que não!

– Poderá sim, minha querida! – retrucou Augusta, abraçando a menina por trás. – Só não poderá brincar com bola aqui dentro para não quebrar algum objeto. O jardim será mais adequado para brincadeiras desse tipo.

– Hum-hum – concordou a garotinha, de bom grado, piscando entusiasmadamente para o irmão em sua cadeira de rodas.

A seguir, Augusta levou Maria, Jonas e Ofélia para os fundos da casa onde havia um gramado bonito e espaçoso para brincarem na companhia do Pintassilgo.

– Aqui poderão brincar à vontade com bola e seu cãozinho – explicou ela.

– Oba! – empolgou-se a garota. – Que maravilha!

Enquanto as duas crianças espiavam mais atentamente as dependências do local, Augusta voltou-se para Ofélia e perguntou:

– Gostou da casa?

– Achei linda! Nunca tinha visto uma igual.

– Também gosto, principalmente do meu quarto. Papai o fez do jeito que eu sempre sonhei.

– Então essa casa era de sua família...

– Sim e acabou ficando para mim e meu ex-marido depois que meus pais faleceram.

– Tal e qual aconteceu comigo. E foi muito bom eu ter herdado a casa, caso contrário, não teria tido onde morar depois que meu marido me abandonou.

– Pelos visto fomos mais duas mulheres vítimas de seus maridos.

– Mas não guardemos ressentimentos, não vale a pena.

– Você tem razão.

E com sinceridade, Augusta se fez clara mais uma vez:

– É muito bom ter vocês aqui, Ofélia. Saber que posso reparar o mal que lhes causei me dá um alívio danado.

– A senhora é uma mulher muito gentil, Dona Augusta. Mas se cansar de nós pode nos pedir para voltarmos para nossa casa que eu a compreenderei.

– Fique tranquila.

As duas sorriram uma para a outra e voltaram a admirar as crianças. Logo estavam conversando como se fossem velhas amigas. Só voltaram para dentro da casa quando chegou a hora de servirem o jantar.

Capítulo 6

Bauru, Estado de São Paulo

Ao mesmo tempo em que tudo isso acontecia na cidade de Campinas, acontecimentos tão marcantes quanto estes marcavam a vida de alguns moradores da cidade de Bauru, também no interior de São Paulo.

Eleutéria Moniz voltava da loja de secos e molhados que ficava a poucas quadras de sua casa, carregando duas sacolas, ligeiramente pesadas, quando avistou sua filha Cândida, de nove anos na época, saindo de sua casa pelo portãozinho da frente, respirando ofegante, correndo com toda força de que dispunha.

Pelo caminho deixou cair sua boneca predileta e quando pensou em voltar para apanhá-la teve medo, medo novamente do que fugia. Por isso voltou a correr aflita e ansiosa pela calçada. Quando Eleutéria percebeu que ela ia atravessar a rua sem olhar para os lados, gritou:

– Cândida!

Mas a menina não ouviu a mãe, atravessou, e o carro que vinha naquela direção não conseguiu frear a tempo. Atropelou a menina em cheio. Eleutéria Moniz soltou as sacolas com as compras no mesmo instante e correu para lá.

– Deus meu! – exclamou o motorista ao saltar do veículo. – Eu não a vi, também não esperava que alguém fosse cruzar a rua dessa forma.

Eleutéria chegou aflita, curvou-se sobre a garotinha e disse:

– Cândida, filha, fale comigo pelo amor de Deus.

– Minha senhora...

– Cândida, por favor!

– Vamos levá-la para a Santa Casa.

– Santa Casa?

– Sim! É melhor levá-la agora antes que seja tarde.

– Eu vou junto com você, é minha filha, não sei o que deu nela.
– Eu vou carregá-la até o veículo.

Nisso, uma vizinha gritou para Eleutéria, dizendo que pegaria e cuidaria de suas compras largadas na calçada, até que ela voltasse. Eleutéria acenou para ela, agradecida, e subiu no carro que sem perder tempo, seguiu seu destino. Chegando lá, a garota foi levada de maca para dentro da Santa Casa de Misericórdia e logo um médico foi atendê-la.

– Doutor, pelo amor de Deus, por tudo o que há de mais sagrado, salve a minha filha! É uma criança. Apenas uma criança!
– Eu farei o que estiver ao meu alcance, minha senhora.
– Por favor!

Só então Eleutéria deu vazão ao choro contido e foi consolada pelo motorista.

– Sua menina vai ficar boa, a senhora vai ver.
– Preciso rezar... Rezar muito.

Ao avistar a estátua de Nossa Senhora no final do corredor, Eleutéria foi até lá, juntou as mãos em louvor, fechou os olhos e orou fervorosamente pela recuperação da filha adorada.

– Salve minha menina, por favor. Salve-a! Dou minha vida por ela. Minha vida.

Levou quase meia hora até que ela se lembrasse do marido. A uma hora daquelas ele já deveria ter voltado para casa do trabalho e precisava saber onde ela e a filha se encontravam. Ao se lembrar que a vizinha que presenciara o acidente certamente lhe poria a par de tudo o que aconteceu, assim que o visse chegando, Eleutéria relaxou. Veio então o médico lhe dar notícias sobre o estado da menina.

– Minha senhora, trago-lhe boas notícias, a pequena já recobrou a consciência e me parece bem na medida da possível. Acho que a senhora deveria vê-la agora. Acompanhe-me, por favor.

Assim que Eleutéria entrou no quarto, aninhou-se junto à cama onde a filha estava deitada.

– Cândida, meu amor...
– Mamãe...
– Está tudo bem, minha querida, foi apenas um susto. Um susto nada mais.
– O papai...
– O papai está bem...
– Ele vai ficar bravo comigo, não vai?
– Não filha, foi um acidente, aconteceu sem querer. Não se pre-

ocupe, tudo vai acabar bem.

Quando finalmente o pai chegou a Santa Casa, quis logo repreender a menina por ter atravessado a rua tão tempestuosamente como fez. Mas a esposa o reprovou no mesmo instante:

– Leonel aqui não é lugar para isso, além do mais ela não fez por querer. Se repreendê-la agora pelo que fez, prejudicará seu restabelecimento, a coitadinha ainda está assustada com o baque, foi um susto e tanto.

– Por culpa dela, Eleutéria... Se fosse mais ajuizada.

– Ela é ainda uma menina, apenas uma menina. Não podemos exigir dela o comportamento de um adulto.

Assim que voltaram para casa, Cândida foi conduzida até seu quarto onde a mãe a ajudou a se deitar.

– O médico permitiu que você voltasse para casa, mas sem fazer estripulias.

– Mamãe...

– É, sim. Se quer voltar a ficar novinha em folha, tem de se conter diante da vontade de brincar...

– Mamãe...

– Diga, Cândida, o que é?

Eleutéria teve a impressão de que a menina teve grande dificuldade para responder:

– Não gosto daqui.

– Não gosta?

– Não, mamãe... Não gosto!

– Por quê?

– O bicho-papão, mamãe... Ele...

– Ora, minha querida... – A mãe curvou-se sobre a menina, beijou-lhe a testa e deu-lhe um beliscão de leve na bochecha. – O bicho-papão não existe, Cândida, e eu sempre estarei ao seu lado para protegê-la de todo mal.

A menina pareceu mais aliviada diante da promessa da mãe.

– Quer que a mamãe leia agora uma daquelas histórias que você tanto gosta de ouvir? O que acha?

A proposta alegrou tremendamente a garotinha.

No dia seguinte, Eleutéria deu um pulinho na igreja para pedir ao padre que fosse benzer sua casa. O homem, ainda moço, atendeu prontamente ao seu pedido. Pelo caminho até lá, Eleutéria lhe contou detalhadamente o que havia acontecido à filha.

– Pobrezinha – penalizou-se o padre. – Mas afinal, o que a deixou tão assustada? Ela disse? A senhora não perguntou?

– Bem, é a casa... Desde que nos mudamos para lá, ela anda assustada. Por isso quero que o senhor benza o lugar.

– Ah, sim, farei. Pode ficar tranquila.

Assim que chegaram à morada, o padre cumpriu o prometido. Jogou água benta nos cômodos e orou por todos. Só então brincou com Cândida que o olhava com curiosidade.

– Já passou o susto, minha querida?

Ela não respondeu com palavras, apenas fez que "sim" com a cabeça.

– Quando for atravessar uma rua, olhe sempre para os dois lados antes de fazer. Combinado?

Ela novamente assentiu com um leve balançar de cabeça.

– Que bom. Que bom!

Ao vê-la mover os lábios, ele se agachou diante dela e perguntou:

– O que foi, Cândida, diga-me!

– O bicho...

– Bicho? De que bicho você está falando, minha querida?

A mãe respondeu por ela:

– Ela está falando do bicho-papão, padre. Ela ainda tem muito medo dele.

– Do bicho-papão? – o sujeito soltou uma gargalhada gostosa. – Minha querida, o bicho-papão não existe!

A menina olhou mais atentamente para ele que lhe deu um conselho bastante prático:

– Toda vez que você tiver medo do tal bicho-papão, pense em Deus, Ele há de protegê-la.

A menina novamente o olhou com grande curiosidade.

Naquela mesma noite, Eleutéria falou com o marido a respeito da casa.

– Mudar?! – exaltou-se ele.

– Sim, Leonel. Nossa amada Cândida começou a se comportar estranhamente depois que nos mudamos para cá.

– Bobagem.

– Falo sério, Leonel. Por favor...

– Eleutéria, você pensa que mudar de casa é tão fácil quanto falar?

– Mas...

– Você não pediu ao padre para benzer a casa?

– Pedi.

– Então, tudo vai passar. Tranquilize-se.

– É, você tem razão. Acho que estou me precipitando...

Ainda assim, Eleutéria dormiu mal aquela noite e, por diversas vezes, foi até o quarto da filha ver se ela dormia bem.

Dias depois, enquanto Cândida brincava de boneca nos fundos de sua casa, que dava para os fundos de uma marcenaria, terrenos divididos apenas por uma cerca de madeira, a menina avistou algo que a deixou aflita e a fez correr desesperada em busca da mãe.

– Filha, o que foi? O que foi, meu anjo? – exaltou-se Eleutéria, enquanto a menina a abraçava apertado.

A criança parecia sem ar, não conseguia responder a nenhuma pergunta.

– Cândida, meu anjo, confie em mim. Acalme-se!

A mãe levou a menina até a cozinha e lhe serviu um copo de água com açúcar.

– Beba, minha querida. Beba!

Quando Eleutéria percebeu que a criança transparecia mais calma, insistiu mais uma vez:

– Responda-me agora, minha querida. O que foi que a deixou assim tão assustada?

A menina com muita dificuldade tentou falar, mas não foi além.

– É por causa do bicho-papão? – inquiriu Eleutéria, olhando seriamente para o rostinho dela.

Cândida imediatamente negou com a cabeça.

– O que foi então?

– O moço... – respondeu a pequenina apontando na direção da porta.

– Moço? Que moço? Um dos empregados da Marcenaria? Ele fez mal a você? O que fez ele, conte-me?

– E-ele... Ele mostrou o *pipi* para mim.

– O quê?!

A mãe estremeceu.

– Hum hum...

A mãe voltou a abraçar a filha como se o abraço pudesse libertá-la do que tanto a traumatizara. Logo, Eleutéria ligou os pontos: o que fizera a menina correr, naquele estado desesperador, no dia em que fora atropelada, foi o mesmo que a fez a correr naquele dia em questão. O que fazer?, era a pergunta que Eleutéria passou a se fazer desde então. Contar ao marido? Não, não podia, seria um desastre, Leonel seria capaz de matar o sujeito. E a pergunta permaneceu ecoando na sua mente, insistentemente desde então.

Percebendo que a mulher andava tensa, Leonel Moniz a pôs contra a parede.

– O que há, Eleutéria? – questionou ele, impaciente. – Você me parece ansiosa com alguma coisa.

– E-eu? – gaguejou ela, assustada.

– Desembucha, mulher!

– É que... Eu acho que descobri o que fez nossa filha correr assustada para a rua naquele dia em que a pobrezinha foi atropelada.

O homem ficou imediatamente em alerta.

– E o que foi? – perguntou, interessado e aflito ao mesmo tempo.

– Um dos empregados da Marcenaria ao lado, bem, ele...

E, ela acabou lhe contando tudo o que descobriu.

– O sujeito que fez isso é um indecente e imoral! – bramiu Leonel Moniz, enfurecido. – Só resta saber qual dos empregados fez isso com a nossa pequena.

– E como descobriremos?

– Deixe-me pensar...

– Acho melhor deixar como está, Leonel... O sujeito, seja ele quem for, certamente não se atreverá a repetir o que fez.

– Não, nada disso! Temos de apurar isso até o fim e dar uma lição no *infeliz* que teve a pachorra de fazer o que fez com a nossa menina.

O homem refletiu por instantes até que disse:

– Já sei como descobrir o mau-caráter. Amanhã você verá!

No dia seguinte, logo pela manhã, Leonel Moniz foi até a marcenaria com a desculpa de que precisava fazer um conserto num móvel embutido de sua casa e pediu que um dos funcionários do local fosse até lá. O proprietário do lugar imediatamente agilizou o processo, escalando um de seus empregados para atender a solicitação do vizinho. Quando o sujeito apareceu na casa, Leonel e Eleutéria ficaram de olho em Cândida, nas reações que menina poderia ter diante do indivíduo. Se fosse ele quem a assustara com indecências, as reações da garota diante dele revelariam, mas isso não aconteceu.

Leonel precisou voltar à marcenaria, minutos depois, com a desculpa de que queria ouvir outra opinião sobre o conserto e, por isso, pedia que outro funcionário fosse até a casa. Sérgio, chamado por todos ali de Sérgião foi quem atendeu ao seu pedido desta vez. Assim que Cândida o viu, a menina imediatamente mudou de expressão e sua calmaria cedeu lugar ao desespero no mesmo instante, tanto que ela imediatamente se escondeu atrás da mãe.

Sem pensar duas vezes, Leonel apanhou o rapaz pelo colarinho e o arrastou para fora da casa enquanto o moço se mantinha assustado, impressionado com a súbita reação do homem.

– O que é isso? – indagava o rapaz, aflito.

Ao ver a cena, o proprietário da marcenaria correu para lá para saber o que estava acontecendo e Leonel, abaixando a voz, explicou o motivo por agir como agia. Quando o jovem empregado tentou se defender, Leonel, suando em profusão, parecendo totalmente fora de si, esmurrou-o tão forte que o sujeito foi ao chão. Quando tentou se reerguer, recebeu outro soco de seu agressor. Foi preciso os demais empregados segurarem Leonel antes que ele matasse o rapaz a pontapés.

– Calma, homem, os vizinhos estão olhando! – alertou o Sr. Gaudêncio, dono da marcenaria. – O que aconteceu se tornará a fofoca principal da cidade... Sua filha vai ficar marcada para sempre por causa desse episódio. É melhor que ninguém saiba.

Leonel Moniz pareceu cair em si novamente. Afrouxou o colarinho e disse:

– Você tem razão. Toda razão. É melhor abafar o caso.

Eleutéria aguardava na casa, abraçada à filha, chorando em silêncio para que a menina não o visse, não se traumatizasse ainda mais com o acontecido.

Para encerrar o assunto, Leonel, com o dedo indicador em riste, advertiu o rapaz:

– Fique bem longe da minha menina, seu demônio. Bem longe, ouviu?

– Mas...

– Calado!

Sem mais, Leonel Moniz voltou para sua casa e foi então que Sérgio Menendes voltou-se para o patrão e tentou se explicar:

– Seu Gaudêncio, sempre que vou urinar, uso o banheiro sem fechar a porta, meu senhor. Acho que todos aqui fazem isso. Devo ter me virado antes de ter fechado a braguilha. Uma distração da minha parte, não sabia que havia uma criança brincando ali. Eu juro!

— O pai da menina me disse que não foi a primeira vez!

— Como eu disse há pouco, não tenho o hábito de...

— Você já disse! – o homem passou o lenço na testa para conter a transpiração e concluiu: – Esse episódio pode ser uma desmoralização para a minha marcenaria.

— Seu Gaudêncio, eu preciso desse emprego, por favor...

— Eu sinto muito, mas vou ter de demiti-lo.

— O senhor não acredita em mim?

— Sinceramente?...

— Foi um deslize da minha parte, eu sei, mas...

— Eu...

— O senhor nunca cometeu uma gafe na vida?

— Sim, mas não deste nível.

— Meu Deus, quem já não errou nessa vida, não é mesmo?

— Mesmo assim...

O homem baixou a cabeça e quando deu meia volta, o funcionário falou:

— Seu Gaudêncio, estou de casamento marcado, preciso muito desse emprego. Preciso muito, mesmo! Tenha piedade de mim.

O sujeito, no entanto, não teve.

Quando Leonel Moniz voltou para casa, Eleutéria tentou acalmá-lo, servindo-lhe um chá. A pequena Cândida parecia ainda assustada com tudo aquilo, pois tremia da cabeça aos pés, parecendo receosa de que a cena que vira há pouco, do pai agarrando o funcionário da marcenaria e o arrastando para fora da casa, como se arrastasse um saco de lixo, fosse se repetir.

— Calma, minha querida. Calma – pediu Eleutéria, abraçando novamente a menina que tremia a ponto de bater o queixo.

Capítulo 7

O acontecido que provocou tanto bochicho entre os vizinhos à casa dos Moniz e a marcenaria do Senhor Gaudêncio logo se espalhou pela cidade. Foi assim que Julieta Porto, noiva de Sérgio Menendes, ficou sabendo do acontecido e, curiosa para saber o que realmente havia acontecido, foi até a casa dos Moniz. Foi Eleutéria quem a atendeu à porta:

– Olá, desculpe amolar a senhora.

– Pois não?

– Meu nome é Julieta Porto e estou aqui para saber exatamente o que aconteceu anteontem com o seu marido e o funcionário da marcenaria ao lado.

– Você é o que do rapaz?

– Sou sua noiva.

Eleutéria ficou temporariamente sem saber o que dizer, o que fez com que Julieta se manifestasse:

– Ninguém sabe explicar exatamente o que houve. Dizem as más línguas que meu noivo mostrou sua genitália para sua menina... Não posso acreditar nisso, o Sérgio é um moço de respeito, sempre foi.

Eleutéria continuou sem palavras.

– Por isso, peço a senhora, encarecidamente, que me conte o que realmente aconteceu. É muito importante para mim. Disso depende a minha vida! Não posso me casar com um homem que até então pensava ser de bom-caráter e comenta-se agora não ser.

Eleutéria, com pena da moça, convidou-a entrar para conversarem ali mesmo, na pequena varanda da casa. A jovem, ansiosa por resolver o que havia ido fazer ali, disse:

– Para mim, o que estão dizendo a respeito do meu noivo é mentira, maldade de linguarudos que não têm o que fazer senão falar mal da vida alheia...

– Infelizmente é. Seu noivo realmente ficou a mostrar sua genitália a minha filha. E essa não foi a primeira vez.

A moça imediatamente levou a mão ao peito e chorou. A seguir, Eleutéria contou-lhe tudo o que havia acontecido, especialmente sobre o dia em que Cândida saíra correndo da sua casa e fora atropelada.

– Que horror! – exclamou a jovem, indignando-se ainda mais com a situação.

– Seu noivo diz que foi sem querer, cabe a você julgá-lo. Só acho estranho que o fato tenha acontecido repetidas vezes.

A moça respirou fundo e se levantou.

– Obrigada.

– Espero tê-la ajudado.

– Ajudou, sim, obrigada.

Naquela mesma noite, Julieta Porto mandou um recado para o noivo ir vê-la em sua casa onde terminou tudo com ele.

– Julieta não faça isso comigo – suplicou Sérgio Menendes. – Você está cometendo um tremendo engano. Nada disso aconteceu... Foi a menina quem pensou...

Julieta não disse mais nada, foi até o portão de sua casa e pediu ao moço que partisse. Sérgio Menendes acabou fazendo o que ela lhe pedia, ao perceber que de nada adiantaria lutar em sua defesa. Voltou para sua casa, cabisbaixo e choroso, e acabou tentando amenizar suas mágoas num bar de esquina que encontrou pelo caminho.

Com os pais àquela noite, Julieta falou:

– Não vai ter mais casamento.

– O quê? Mas Julieta, filha, os convites já foram todos distribuídos, alguns presentes já foram recebidos, já pagamos a decoração da igreja...

– Eu sinto muito, minha mãe, mas...

– Ela está certa Dinorá – corroborou o pai da moça. – Minha filha não pode se casar com um rapaz indecente e imoral como aquele. O casamento está cancelado, amanhã avisaremos a todos.

– Será mesmo que é verdade? Pode ser um mal-entendido.

– Mamãe, o próprio Sérgio admitiu que...

– Filha, homens são desligados, especialmente os jovens. O Sérgio pode realmente ter feito o que fez, sem maldade alguma. Não percebeu que havia uma menina, testemunhando o feito.

Mesmo assim Julieta não voltou atrás na sua decisão.

– Está bem, minha querida. Se não quer mais se casar com o seu noivo, eu respeito a sua decisão. Só lhe peço que aguarde mais uns dias para cancelar definitivamente os preparativos do seu casamento. Em caso de você mudar de ideia.

– Eu não vou mudar de ideia, mamãe.

– Eu disse: em caso de.

A moça acabou concordando.

De tão deprimida com o que houve, Julieta passou a ficar a maior parte do tempo largada no canto da sala de sua casa onde tentava se entreter, lendo um dos romances que passavam de geração para geração, tal como "Os Maias" de Eça de Queiros, "A escrava Isaura" de Bernardo Guimarães e "Senhora" de José de Alencar.

Sérgio Menendes fazia o mesmo; quando sóbrio permanecia sentado ao lado do rádio de sua casa, tentando se entreter com o melhor que o rádio podia oferecer a todos os brasileiros no final da década de vinte. Visto que a transmissão era em ondas curtas, ouvia-se tudo com muito chiado.

Familiares e amigos do casal, que sabiam o quanto eles se amavam, penalizavam-se por vê-los separados por algo que até então parecia não ter passado de um tremendo mal-entendido.

Sérgio Menendes perdera a noiva, o emprego e a própria dignidade. Quando não se aguentou mais se atolar na bebida, obrigando a se arrastar para casa todas noites, causando ainda mais decepção e dor em seus pais, o rapaz resolveu ir à casa de Eleutéria e Leonel Moniz. Teve certamente o cuidado de esperar que o dono da casa deixasse o local para poder ter uma conversa a sós com sua esposa, por acreditar que ela o compreenderia melhor. Ao vê-lo diante do portão, Eleutéria estremeceu.

– V-você!

– Eu preciso falar com a senhora. Eu perdi tudo por causa desse mal-entendido, a senhora tem de me ajudar.

– O que posso fazer?

– Desfazer esse mal-entendido.
– Como? Seria o mesmo que cobrir o sol com a peneira.
– Mas... foi um mal-entendido.
– Sua noiva esteve aqui e...
– Julieta?
– Não gravei seu nome... Ela veio me perguntar sobre o ocorrido e, bem... Eu tive de lhe dizer a verdade. Eu sinto muito.
– Só não se esqueça, minha senhora, de que a vida pelos olhos de uma criança pode ser interpretada de maneira completamente distorcida.
Eleutéria não soube mais o que dizer, fechou a porta e se recolheu.

Diante do desespero do filho, os pais de Sérgio Menendes procuraram Julieta Porto para informar-lhe que o rapaz, de tão desgostoso que ficara com a vida, andava à beira do suicídio. Mesmo assim a jovem se manteve irredutível quanto a se casar com ele, ainda que a decisão doesse fundo em sua alma.
Quando a vida do jovem estava mesmo por um fio, Eleutéria recebeu novamente a visita de Julieta em sua casa.
– V-você...
– Vim porque...
– Não tenho mais nada para falar a respeito...
– Só quero que a senhora me dê uma opinião, por favor.
– Diga então...
– Se a senhora estivesse no meu lugar, o que faria?
Eleutéria ficou novamente sem palavras.
– Responda-me! Opine, por favor!
– Se quer realmente saber a minha opinião, bem... Eu me afastaria dele, sim! Porque um homem de maus hábitos como esse pode vir a cometê-los no futuro com seus próprios filhos.
Julieta voltou para sua casa, arrependida de ter ido novamente conversar com Eleutéria, pois o encontro só serviu para deixá-la ainda mais embaralhada das ideias.

Diante do sofrimento da filha, por viver um conflito interno entre o querer e não dever, por amar e se ver obrigada a reprimir seu amor pelo moço em quem tanto depositou sua fé, sua mãe foi ter uma palavra com ela:

– Filha, se você gosta do Sérgio, se realmente o ama, dê-lhe a chance de provar sua inocência.

– A senhora acha mesmo que devo?

– Ouça o seu coração neste caso, ele certamente lhe dirá o que fazer.

Houve uma pausa até que Julieta perguntasse:

– Eu o amo, sim, mamãe, muito! Só que um casamento é para a vida toda, se eu me casar com um mau-caráter... Estarei sujeita a viver infeliz pelo resto de minha vida.

– Quem pode prever o futuro, Julieta? Em minha opinião, ninguém. Só Deus sabe o que nos reserva o amanhã e seja o que for, Deus estará conosco nessa hora, como sempre esteve.

A mãe massageou os ombros da filha e ternamente acrescentou:

– Descobri, por meio de uma das vizinhas à casa da menina Cândida, que a pobrezinha já vinha tendo problemas antes de tudo isso acontecer.

– Problemas?...

– É, sua mãe comentou que ela acordava assustada no meio da noite e, muitas vezes a encontrava encolhida num canto da casa, chorando, sem ter nem porquê. Soube até que a mãe chamou o padre para benzer a casa.

– Mas o que estaria atormentando a menina?

– A mãe dela contou a vizinha que tudo começou desde que se mudaram para lá.

– Que estranho... Por que a mudança lhe faria mal?

– Não é de hoje que se ouve falar que muitas casas são assombradas e, bem...

– A senhora acredita nisso?

– Olha, filha, eu acredito em tudo até que seja provado o contrário. O melhor a se fazer neste caso, é orarmos para que a menina melhore, não é justo uma criança tão linda e cheia de vida passar a infância, justo a infância que é a melhor parte da vida, sofrendo assim.

– Verdade.

– Quis pôr você a par disso tudo para que reveja os acontecimentos, envolvendo seu noivo. Para mim, desde que soube do acontecido, tudo não passou de um mal-entendido e, depois do que a vizinha à casa dos Moniz me contou, estou certa de que a menina chocou-se com o que viu por andar perturbada. Sei que homem é desligado, especialmente os jovens, veja seu irmão por exemplo.

– A senhora acha então que eu devo mesmo dar uma nova chance ao Sérgio?

– Como disse há pouco, só seu coração pode responder.

Julieta ficou reflexiva desde então.

Naquele mesmo dia, Julieta foi até à casa do noivo lhe falar. Encontrou o rapaz bem mais magro do que da última vez em que o viu, e com um olhar pálido e anêmico de dar pena.

– Julieta! – exclamou Sérgio, feliz por revê-la.

Ela então pediu para lhe falar a sós e quando conseguiu, resumiu o que havia conversado há pouco com sua mãe e os conselhos que ela lhe dera.

– Julieta, ouça-me, por favor – insistiu o rapaz, segurando com delicadeza seus punhos. – Eu juro, por tudo que há de mais sagrado, que se fiz o que fiz diante da menina, foi sem querer. Eu jamais desrespeitei você em todo o nosso namoro. Sempre lhe fui fiel. Você nunca ouviu falarem "isso" de mim. Leve esse fato em consideração, por favor. Sei que pode, foi sempre muito inteligente, o que sempre me fez sentir orgulho de você.

Ela suspirou e disse:

– Está bem, Sérgio, vou lhe dar uma nova chance. Nesses dias em que fiquei longe de você, sofri um bocado também, porque gosto de você. Na verdade, eu o amo, entende?

– E eu, Julieta? Sou completamente louco por você.

– Então...

– Então vamos esquecer esse triste episódio e nos casar como havíamos combinado. Os convites foram entregues, a igreja e tudo mais ainda está de pé...

Ela assentiu enquanto lágrimas rolavam por sua face.

– Eu prometo – continuou ele, com voz emocionada. – Que vou fazer de você a mulher mais feliz do país. Até do mundo, se eu puder!

– Não exagere – ela riu e ele enxugou suas lágrimas e a beijou.

Logo pela manhã do dia seguinte, os convidados foram avisados que o casamento voltaria a acontecer na data e horário estipulada no convite, ou seja, dois dias depois. Como tudo já estava arranjado para a cerimônia, não houve maiores problemas para o grande acontecimento.

Ao saber da decisão de Julieta, Eleutéria ficou deveras incomodada com o fato.

– O rapaz... – murmurou desgostosa, quebrando o silêncio sepulcral que se estendia entre ela e o marido na sala de estar.

– Rapaz? Que rapaz, Eleutéria?

– O tal... O que trabalhava na marcenaria ao lado.

– O indecente?! O que tem ele?

– Está se casando hoje. A noiva voltou atrás na sua decisão de não mais se casar com ele.

– Pobre coitada. Vai se arrepender amargamente.

– Eu estava justamente pensando nisso. Acho que eu deveria fazer alguma coisa para impedir essa loucura.

– Que nada, você já a alertou, se ela não lhe deu ouvidos, o problema é dela.

– Mas...

– Deixe cada um com seus problemas, Eleutéria. Você não é Deus para cuidar de todos.

Mas Eleutéria não sossegou, quando não pôde mais se aguentar, levantou-se e foi vestir um vestido apropriado para ir a um casamento. Uma hora depois chegava à igreja, bem no meio da cerimônia, em que o padre pergunta aos presentes se há alguém que sabe de algo que impeça o matrimônio. Sem perder tempo, ela gritou:

– Eu! Eu sei!

Todos voltaram-se para ela no mesmo instante. Julieta e Sérgio ficaram surpresos e tão boquiabertos quanto os demais ao reconhecer Eleutéria Moniz.

– Esse moço... esse moço... – continuou Eleutéria, gaguejando e trêmula da cabeça aos pés. – Esse moço fez indecências na frente da minha filha... Da minha filhinha...

Ela chorou enquanto um burburinho se propagou ainda mais forte pelo eco da abóbada da catedral. Mirando Julieta com seus olhos turvos pelas lágrimas, Eleutéria voltou a falar, articulando bem desta vez cada palavra:

– Não destrua a sua vida... Você é tão moça e tão linda... Um casamento é para a vida inteira... Pense no que pode acontecer aos seus filhos. Seus filhos!

Voltando a chorar, Eleutéria foi amparada por um dos convidados que era conhecido seu até a porta da igreja. Ali, ele com a esposa tentaram acalmá-la. Enquanto isso, no altar, Sérgio Menendess olhava suplicante para a moça ao seu lado.

– Julieta, por favor...

Quando a mãe da moça pensou em fazer algum tipo de esclarecimento para o padre, ele que já sabia de tudo o que havia acontecido por meio dos bochichos intermináveis que assolaram a cidade, fez sinal para ela se manter onde estava. Voltou-se então para a noiva e perguntou numa altura de voz que só ela pudesse ouvir:

– Você o ama, não o ama?

Ela assentiu enquanto seus olhos vertiam se em lágrimas.

– Seu noivo também a ama, muito... E um casal que se ama assim deve se casar...

– Mas padre...

– Acalme-se. Deus há de abençoar o casamento de vocês. Todos os seus temores se tornarão pó soprado para longe com o vento.

As palavras do homem conseguiram finalmente fazer com que Julieta relaxasse diante da situação e permitisse que o padre concluísse a cerimônia religiosa logo após ter feito alguns esclarecimentos para os presentes.

Na madrugada daquele dia, Eleutéria despertou de seu sono, ao ouvir a filha, gritando em seu quarto. Imediatamente correu para acudi-la:

– Estou aqui, Cândida! Mamãe está aqui!

– O bicho-papão, mamãe... O bicho-papão...

A mãe sentou-se na cama e abraçou a menina, enquanto lágrimas transbordavam dos olhos das duas. Mais uma vez Eleutéria pensou em Julieta, no erro que cometera decidindo se casar.

No dia seguinte, depois da missa da manhã, Eleutéria foi conversar com o padre, a quem sempre pedia para abençoar a filha e

57

seu lar.

— Pelo jeito, padre, minha filha ficou traumatizada pelo resto da vida com o que aconteceu.

— Não pense assim — respondeu o homem, procurando tranquilizá-la. — Deus há de ser bom com ela, haverá de libertá-la desse trauma.

— Que Deus o ouça, padre, pois sinto aqui bem dentro do meu coração que essa é a única solução para a minha pequena Cândida.

E o padre olhou novamente com pena da mulher, sabendo que a situação que vivia era mais grave do que parecia a todos. Só lhe restava orar e orar para que fossem amparadas por Deus diante de tão hedionda situação.

Leonel Moniz não fora à missa com a esposa aquela manhã, despertara alegando forte cansaço, sinal de gripe. Visto que Cândida tivera também uma péssima noite de sono, Eleutéria decidiu deixar a menina dormindo até mais tarde ao invés de levá-la consigo à igreja.

Depois de tomar um rápido café da manhã, Leonel se dirigiu ao quarto da filha e quando ela o viu entrando, estremeceu, e rapidamente se cobriu com a colcha de retalhos.

— É o papai, querida — disse Leonel com voz branda. — Não há por que se assustar.

Os olhos da menina se arregalaram um pouco mais, tomados de horror. Ainda mais quando ele se sentou na beirada da cama e começou a massagear seu ombrinho.

— Calma, minha doçura... O papai jamais vai lhe fazer mal. O papai a ama.

E a menina voltou a se encolher toda.

Capítulo 8

Brasil, 1932

Três anos haviam se passado desde que Ofélia e os filhos haviam se mudado para a casa de Augusta Bonini. Nesse período muitos avanços aconteceram no Brasil, especialmente em relação ao rádio que se tornou o veículo de comunicação em massa mais apreciado pelos brasileiros. Carmem Miranda se tornava a cantora número um do país, destacando-se com as canções "Tahi (Pra Você Gostar De Mim)", "Iaiá, Ioiô", "Eu Quero Casar Com Você", entre outras. A cantora Aracy Cortes também ganhava destaque com a canção "Reminiscências", Elisa Coelho com "No Rancho Fundo" e Bidú Sayão, interpretando "A Casinha Pequenina".

Vozes masculinas também abrilhantavam as rádios. O maravilhoso e inovador cantor Mário Reis* que tinha um jeito de cantar todo seu, leve e sincopado emplacava um sucesso atrás de outro depois de gravar "Jura", composição de Sinhô que chegou a ser seu professor de violão. Fazendo dupla com Francisco Alves emplacou "Se Você Jurar", "Fita amarela" e "Formosa". Com Carmem Miranda alcançou novamente grande popularidade com "Chegou a hora da fogueira", dentre outras.

Nesse começo da década de trinta, o cantor Patrício Teixeira ganhou destaque com "Samba de Fato", Noel Rosa com a canção "Minha Viola" e a belíssima "Com Que Roupa"; Augusto Calheiros com "Teus Olhos Castanhos", Pixinguinha com "A Vida é um Buraco", a Orquestra Colbaz com "Tico-Tico no Fubá", Castro Barbosa & O Grupo da Velha Guarda com "O Teu Cabelo Não Nega" e Lamartine

---

*Mario Reis estilo que até hoje soa moderno é considerado um dos precursores da Bossa Nova. (Nota dos Autores.)

Babo com "A.E.I.O.U.".

Começava o que viria ser chamado de a Era de Ouro da Rádio no Brasil.

Os carros começavam a se tornar cada vez mais populares entre os ricos, pois ainda era um artigo de luxo, caríssimo até mesmo para a classe média. O cinema também começava a ter destaque com filmes produzidos no Brasil, estrelando os cantores que se tornavam queridos pelos ouvintes do rádio. Era o começo dos tempos em que a família brasileira se reunia ao redor do rádio para apreciar o que ele tinha a oferecer a todos.

Na casa de Augusta Bonini acontecia exatamente assim. Ela, Ofélia, Jonas e Maria sentavam-se em torno do rádio, na sala de estar, onde ficavam a se deliciar com as canções e os programas que a rádio oferecia a todos. O que mais encantava Augusta era a facilidade com que Maria decorava as letras das canções e as cantava com uma afinação surpreendente.

– Menina – elogiou Augusta –, não me canso de ouvi-la cantar, sua voz me acalma, me alegra...

A menina sorriu, ruborizando as bochechas.

– Você deveria soltar mais voz, minha querida.

– Soltar a voz?

– É, cantar mais alto, forte e bonito.

– Ah, isso não, Dona Augusta.

– Não?! Ora, por que minha querida?

– Porque a mamãe falou que se eu cantar mais alto vou atrapalhar a senhora.

– Não vai, não! Pode cantar alto quando quiser, seu canto me alegra, me faz muito bem.

Os olhos da menina brilharam e desse dia em diante nunca mais se proibiu de cantar abertamente, expressando todo o seu potencial de voz.

O que Augusta ouviu foi o suficiente para saber que diante dela estava um talento nato, uma voz que o Brasil precisaria descobrir dentro em breve. Isso fez com que ela arranjasse uma professora de piano para a menina, cujo instrumento comprou, assim que percebeu o progresso da garota nas aulas. Então Maria passou a cantar e tocar o instrumento na própria casa, alegrando todos. Logo, por indicação da própria Augusta, Maria começou a ser chamada para cantar em comemorações diversas e nas missas, o que acabou fazendo com que a garota de 12 anos nessa data fosse contratada para cantar em muitos casamentos. Assim, Maria foi se tornando apreciada, cada vez mais, por seu talento e carisma.

Ofélia se sentia extremamente orgulhosa pela filha e agradecida imensamente por Augusta lhe possibilitar e incentivar seu talento para a música.

Numa tarde fria e cinzenta de maio de 1934, com árvores quase desnudas, balançando-se ao vento, o inesperado outra vez aconteceu na vida de Augusta Bonini. Batidas na porta da frente de sua casa fizeram-na se levantar do sofá onde estava tricotando para ver quem era.

– Hélder?! – exclamou ela, ao se ver diante do ex-marido.
– Olá, Augusta. Quanto tempo, hein?
– Anos, já faz cinco anos que... Deixa pra lá. Já são águas passadas. O que o traz aqui? Saudade?
– Acabou tudo, Augusta.
– Acabou?!
– Minha vida! Perdi tudo o que herdei e construí durante todos esses anos e...
– Perdeu?!
– Sim! Até mesmo a casa que construímos.
– A que você e Angelina foram morar?
– Sim.
– Tinha ouvido falar que você estava em situação difícil, mas não pensei que fosse verdade. Pensei que tudo não passasse de mexericos somente.
– Infelizmente é tudo verdade.
– E ela, Angelina, como vai?
– Partiu! Desde que fiquei na miséria não me quis mais.
– Mas ela o queria tanto.
– Por dinheiro, talvez.
– Eu sinto muito.
– Sente mesmo?
– Sim, Helder. Aprendi muito nesses últimos 5 anos e a sinceri-

dade tornou-se o meu forte. Além de outras preciosidades para usar no dia a dia. Mas o que o traz aqui?

– Você, Augusta. Estou na pior e vim aqui lhe pedir, encarecidamente, que me ajude. Como lhe disse, nem casa eu tenho mais e... Será que eu poderia morar aqui por um tempo? Até que as coisas melhorem.

– Aqui?!

– Sim. Não tenho mais ninguém a quem recorrer.

– E seus amigos?

– Nessa hora todos lhe viram as costas. Eu também não me sinto íntimo o bastante, de qualquer um que seja, para lhes pedir abrigo. Com você é diferente, vivemos juntos por tanto tempo, tenho bem mais intimidade. Sei que a fiz sofrer, sei também que não fui honesto com você, mas, por favor, eu lhe imploro: ajude-me!

Ele se manteve olhando para o ex-esposa, ansioso por uma resposta positiva da parte dela. Augusta, por sua vez, foi até a janela e pôs-se a olhar para o jardim. Hélder acercou-se dela e disse, em tom de súplica novamente:

– Augusta, por favor.

Ela voltou-se para ele e o encarou:

– Você me magoou muito, Hélder.

Ele baixou a cabeça enquanto ela tornou a olhar para o jardim e concluiu:

– Muita coisa mudou desde que você me deixou, Hélder. Nestes cinco anos eu aprendi muito. Cheguei a pensar que iria morrer depois de tudo que você me tirou para dar a sua amante, mas não, eu sobrevivi e sobrevivi com honra. Tenho orgulho de mim por ser quem sou hoje, por ter superado tudo o que você me fez.

– Eu sinto muito... Sinto tremendamente.

– E agora você me procura por não ter mais onde cair morto. Só lhe restou o asilo, não é mesmo? Caso tenha vaga para acolhê-lo.

– Não precisa ser tão árdua comigo, Augusta.

– Estou sendo sincera, Hélder, é diferente.

Ele calou-se, abaixou a cabeça e quando ia partindo, ela o deteve:

– Está bem, Hélder, você pode ficar. Mas no quarto de empregada, pois os demais estão ocupados. Não sei se soube, mas acolhi nesta

casa, depois da nossa separação, uma mulher com dois filhos.
A seguir ela lhe contou o porquê.
– Se Angelina fez mesmo isso, ela foi muito má.
– Ela fez, Hélder e sem pesar algum.
– Acho que andei dormindo com o inimigo durante esses cinco anos, jamais pensei que ela fosse me abandonar numa situação difícil. Pensei que ficaria do meu lado, me apoiando.
– Vivendo e aprendendo, não é mesmo? Cada dia uma surpresa do destino.
– Sim.
– Quem diria que eu, um homem endinheirado, acabasse vivendo de favores?
– Eu poderia lhe dizer: bem feito por tudo o que está passando! Você merece depois de tudo o que me fez. Mas não direi porque seria imaturo da minha parte pensar assim. A vida mudou tanto para você quanto pra mim, Hélder, porque a vida realmente muda e, agora sei, que por trás de toda mudança podemos crescer como ser humano.
Silêncio novamente e a seguir, Augusta apresentou Ofélia e os filhos. Diante do menino, Hélder se descontraiu, fez uma brincadeira e outras mais e logo os dois se tornaram grandes amigos, como se ele fosse o pai de Jonas e este, o filho que ele perdeu recém-nascido.
Toda tarde, levava o menino para passear pelos arredores, entabulando uma conversa amigável, despertando sempre interesse por parte do menino. É obvio que Hélder Machado se sentia, por muitas vezes, humilhado diante de todos por ter perdido tudo, inclusive a amante por quem trocou a esposa que tanto o amava e lhe queria bem. Mas foi convivendo com Jonas que ele aprendeu a lidar melhor com a frustração e a decepção com as transformações desagradáveis ocorridas em sua vida.

Certo dia, Ofélia comentou com Augusta:
– Admiro a senhora por ter perdoado seu marido depois de tudo o que ele lhe fez. Eu, no lugar da senhora, não sei se conseguiria.
– Agi dessa forma, Ofélia, porque você indiretamente me ensinou a agir assim.
– Eu?!
– Você mesma, minha querida.
Não foi bom perdoar seu ex-marido? Ajudá-lo quando ele mais precisou mesmo depois de tudo o que ele lhe fez?
– Foi sim, Ofélia. Hoje nos damos até melhor do que quando éra-

63

mos casados. Acho que nunca desfrutamos de uma amizade assim antes. O perdão fez realmente maravilha por nós e devo isso a você, Ofélia. Afinal, foi você quem me ensinou a perdoar quando aceitou minhas desculpas pelo que lhe fiz tão injustamente.

– Foi pensando em Deus que eu lhe perdoei, Augusta.

– Em Deus?

– Sim. Pensei na mesma hora em como Ele reagiria diante do que aconteceu e, bem, imediatamente senti uma forte onda de paz emergir do meu coração. Se Deus criou tudo por Sua infinita capacidade, só Ele sabe como devemos reagir diante das intempéries da vida. Devemo-nos entregar a Ele porque somos aprendizes de sua infinita capacidade de amar.

– É verdade. Nunca havia pensado nisso.

E as duas se abraçaram emocionadas.

Até na festa junina realizada na paróquia para angariar fundos e ajudar os necessitados, Hélder Machado tomou parte e ali reencontrou alguns de seus funcionários que se surpreenderam ao verem-no tão prestativo e solidário a todos. Mais surpreendente foi vê-lo dias depois, servindo sopa aos carentes num dos dias mais frios do ano, dia em que Hélder jamais poria os pés para fora de sua casa ou escritório quente e aconchegante.

Por incrível que pareça, a ruína fez Helder se sentir mais vivo, de uma vivacidade jamais sentida até então. Tão empolgado com a vida e com o convívio com Jonas e Maria, que ele fez algo inédito, levou as duas crianças ao circo quando chegou à cidade. Há anos que não ia a um, estar ali era o mesmo que voltar ao passado, quando era criança e despretensiosamente feliz.

Vale mencionar, que nesse período, Augusta crismou Maria e Hélder crismou Jonas.

Cândida Moniz, aos seus 14 anos de idade, também se tornou uma jovem encantadora. De cabelos castanhos claros e ondulados e rosto gracioso, seus olhos esverdeados pareciam apreciar a vida com certo cuidado, como se não tivesse o direito de ser livre e feliz. O único momento em que ela parecia relaxar totalmente era quando ouvia pelo rádio a boa música popular brasileira da época. Fã de Carmem Miranda, Moreira da Silva, Carlos Gardel, Francisco Alves e Aurora Miranda, irmã de Carmem, que com Francisco Alves cantava "Cai, cai balão" outro grande sucesso nas rádios. A música parecia ter o poder de libertá-la de seus piores e mais profundos tormentos.

Foi quando a jovem voltava do colégio, por uma das ruas principais da cidade, distraída com o vai e vem das pessoas que sem aperceber, cruzou com Julieta e Sérgio Menendes.

– Era ela! – exclamou Julieta, chamando a atenção do marido para ela.

– Ela? Ela quem?

– A menina... A que morava perto da marcenaria. Talvez ainda more, não sei.

– A pequena... Será mesmo?

– É ela sim, Sérgio. Você não a reconheceu porque ela cresceu, mas é ela...

– Nossa! – ele estremeceu. – Aquilo tudo foi tão desagradável que acho que apaguei da minha memória.

– Se foi.

– Por causa daquele mal-entendido, por pouco não nos casamos.

– Mas isso é passado.

– É, mas por culpa daquela garotinha...

– Ela não teve culpa, era apenas uma menina na ocasião.

– Sim, mas...

– E segundo uma vizinha a casa onde ela morava, a pobrezinha era atormentada.

– Atormentada?

– Sim. Desde que se mudara para aquela casa, dormia mal e vivia assustada. Dizem que sua mãe chamou até um padre para benzer a casa.

– Jura?

– Uns acreditam que certas casas são assombradas, sabe? Você acredita nisso?

– Nunca pensei a respeito.

Sérgio Menendes ficou cismado desde então, com o que descobriu. Logo no dia seguinte, procurou saber se a menina, agora uma jovem adolescente ainda morava na casa ao lado da marcenaria em que trabalhou e, segundo ele, foi demitido tão injustamente. Sim, a família ainda morava no mesmo local e ao vê-los de longe, certo dia, voltando para a casa da missa, Sérgio se lembrou dos vinte dias que passou as piores provas em sua vida. Algo que preferiu esquecer para todo sempre.

Capítulo 9

1936

Aos dezesseis anos, Maria se tornou uma jovem tão encantadora quanto sua voz. O cabelo de um negro viçoso, com suaves ondas naturais, caía-lhe até o meio das costas. Os olhos cor de jabuticaba eram vívidos e penetrantes. E a voz continuava linda, cada vez mais afinada para entoar as mais belas canções que ouvia no rádio.

Ao saber que a moça que trabalhava na bilheteria de um dos cinemas da cidade, entraria de licença de maternidade, Maria se ofereceu para ocupar o lugar dela e foi contratada. Assim passou também a fazer as chamadas dos filmes pelo megafone, cantarolando canções de sucesso que ajudavam ainda mais a despertar o interesse do público pelas sessões.

O trabalho também lhe permitiu assistir aos filmes que tanto queria e não teria condições. Podia até mesmo assistir a eles, duas, três vezes, quantas vezes quisesse como fez com os clássicos "Sonho de uma noite de verão", "A pequena órfã", "A mulher que soube amar", "A noiva de Frankenstein", entre outros que lotaram as salas de cinema do Brasil e do mundo, encantando todos, emocionando e ficando para sempre registrados na memória de cada um.

No escurinho do cinema, enquanto vivia as fortes emoções dos filmes, Maria saboreava a pipoca que ganhava do pipoqueiro que ficava em frente ao cinema. Algo que ficaria marcado para sempre em sua memória.

Quando o senhor Eurípedes Beltrão, proprietário de uma das rádios da cidade, ouviu Maria cantando no casamento de um parente, foi imediatamente conversar com ela.

— Menina, você canta como o rouxinol. Sua voz é linda, uma das mais lindas que já ouvi.

— Obrigada — respondeu Maria, muito timidamente.

— Minha jovem, o Brasil precisa descobri-la!

Maria envergonhou-se ainda mais.

— Não se iniba, todos os elogios que lhe faço são mais do que merecidos. Deve se orgulhar deles.

Ela voltou a encará-lo, ainda que timidamente.

— Quero lhe fazer um convite. Poucos têm o privilégio que vou lhe dar.

Os olhos de Maria brilharam, surpresos e curiosos.

— Sou dono da rádio difusora Canto do Sol, uma das mais ouvidas da cidade. Já ouviu falar dela, não?

— S-sim, sim... Ouço-a sempre que posso.

— Muito bem. Que tal você fazer parte da programação?

— C-como assim?

— Cantando na minha rádio, ao vivo, acompanhada de músicos de verdade.

— Rádio... músicos de verdade?...

— Foi isso mesmo o que eu disse. E receberá por isso, um salário mensal. É ou não é uma grande oportunidade?

— É, sim, sem dúvida.

— Que bom! Ficou feliz que tenha gostado.

— Mas...

— Mas?

— Antes preciso falar com a minha mãe.

— Fale.

— E com minha madrinha.

— Fale com ela também. Tenho a certeza de que aprovarão minha proposta. Se reconhecem o dom que você tem, concordarão.

— Sim, talvez...

— É claro que concordarão. Vou lhe passar o meu endereço. O da rádio!

— Mas eu não posso abandonar as missas e os casamentos em que participo cantando.

O homem gargalhou.

— Você poderá continuar fazendo tudo o que faz naturalmente. Seu programa na rádio acontecerá somente uma vez na semana e terá, a princípio, apenas meia hora de duração. Ou seja, sobrará muito tempo ainda para você se dedicar as suas outras atividades. Logicamente que se seu programa obtiver grande audiência, aumentaremos para uma hora. Mesmo assim, não creio que atrapalhará suas atividades.

Assim que Augusta soube do convite, segurou o braço da adolescente e foi incisiva:
– Maria, não perca essa oportunidade. Deus lhe deu um dom magnífico, não deve desprezá-lo.
– A senhora acha?
– Sim, querida. Você foi abençoada com uma voz de ouro. Uma em um milhão!
– Abençoada?
– Sim, filha. Abençoada! Por isso dou-lhe todo o meu apoio em relação a esse convite. Aceite-o!
– Madrinha...
– Fale, meu bem.
– E se a mamãe não gostar da ideia?
– Gostará! Gostará, sim, acredite!
Quando a notícia chegou aos ouvidos de Ofélia, sua reação foi completamente diferente da que Maria esperou que tivesse.
– Vá sim, Maria. Vá sim!
– Quer dizer que a senhora concorda?
– Sim, filha! É lógico que sim!
Mãe e filha se abraçaram e quando Maria avistou Augusta, espiando as duas, a mulher lhe endereçou uma piscadela divertida, algo que fez Maria ampliar seu sorriso e se sentir ainda mais feliz.
A seguir, Maria tentou explicar para o irmão a grande novidade. Apesar de Jonas não falar, apenas murmurar palavras, ele pareceu entender o que estava prestes a acontecer com Maria, pois vibrou e se alegrou diante dela.
– Agora, maninho, você vai poder me ouvir cantando na rádio. Não é maravilhoso?
O garoto se agitou.
– E eu dedicarei muitas canções para você, meu querido. E para a mamãe e Dona Augusta também.
E o garoto voltou a se agitar, feliz sobre sua cadeira de rodas.

Voltando-se para a mãe, Maria se fez clara:

– Com o que vou ganhar na rádio, mamãe, poderemos finalmente pagar um tratamento mais adequado para o Jonas. O que a senhora acha?

– Mas é seu dinheiro, filha...

– Sim, mas quero ajudar o Jonas com ele. Ele não pode trabalhar, a senhora já trabalha demais para sustentar todos nós...

– Ora, Maria, você já vem ajudando economicamente aqui em casa faz tempo. Guarde esse dinheiro extra para garantir o seu futuro.

– Não, mamãe! Quero ajudar o meu irmão! Se fui agraciada pelo dom de cantar, quero agraciar meu irmãzinho com um tratamento devido.

Ofélia voltou-se para Augusta que assistia a tudo em silêncio, cujos olhos também lacrimejavam tais e quais os seus.

– Augusta, diga alguma coisa, por favor – pediu Ofélia.

– Ofélia, se Maria quer assim, que assim seja, não acha? É um direito dela decidir o que fazer com o dinheiro que vai receber.

– Está bem, que seja feita a sua vontade, Maria.

Maria abraçou novamente a mãe, depois a madrinha e, por último o irmão a quem tanto amava.

Desde a estreia de Maria na rádio, o programa foi ganhando uma legião de fãs. De meia hora passou para uma hora em pouco tempo. De uma vez na semana, passou para três vezes, logo em seguida. Com isso, Maria conseguiu juntar, em bem menos tempo do que esperava, a quantia que necessitava para pagar o tratamento do irmão. O dia em que isso aconteceu, foi uma grande alegria para todos.

Dentre muitas fãs de Maria estavam Cândida e sua mãe que não perdiam um programa da garota, sentadas lado a lado, rente ao rádio, na modesta sala de estar da casa em que viviam em Bauru. Seria assim até que, um ano depois, a harmonia entre mãe e filha se romperia de forma trágica.

Numa madrugada fria do final do outono de 1937, Cândida Moniz, com 17 anos completos nesta data, seguia pelas ruas desertas da cidade, carregando duas malas com suas roupas literalmente socadas dentro delas. Transpirava como se fizesse muito calor, olhava assustada para os cantos, como se sentisse vergonha, muita vergonha de ser vista àquela hora da noite e naquelas condições tão deploráveis.

Ao avistar a igreja matriz da cidade estancou os passos, subitamente, em dúvida se deveria mesmo seguir para lá, como pensou a princípio, ou tomar outro caminho. Ali ela certamente seria julgada por seus atos e aconselhada a tomar outro rumo na vida, o qual ela não poderia.

A dúvida permaneceu por alguns minutos até que ela voltou os olhos noutra direção, onde ia dar na entrada da cidade, onde havia o que a maioria chamaria de casa do demônio. Especialmente as mulheres defensoras da moral e dos bons costumes. Foi como se um ímã a atraísse para lá, guiado pela revolta e pelo pânico que parecia devorar o interior da jovem. Quando ela voltou a si, já caminhava naquela direção.

Ao chegar lá, na área conhecida por todos como a *zona* da cidade, Cândida deixou seu corpo se sentar no chão da varanda aberta em frente a uma das casas de mulheres que viviam ali.

Foi quando uma delas se despediu do último cliente que a jovem foi vista ali:

– Ei... – chamou a prostituta.

Cândida que havia cochilado, acordou assustada.

– Ei, garota, não quis assustá-la – desculpou-se a mulher. – Se continuar aqui nesse frio vai se gripar. De onde vem? Tem onde passar a noite? Pode dormir aqui se quiser.

Cândida, física e mentalmente esgotada, acabou deixando ser levada para o interior da casa onde conheceu a mulher que comandava tudo ali. Seu nome era Darlene Moutinho.

– O que houve? – perguntou Darlene, olhando com atenção e certa pena para a adolescente.

Foi com muita dificuldade que Cândida respondeu:

– Fui expulsa da minha casa.

– Expulsa?!

– Sim, por meu pai.

– Pobre criatura. Se quiser passar a noite aqui pode ficar.

– Obrigada.

Cândida ainda olhava assustada para tudo a sua volta.

– Mas o que houve entre vocês? – perguntou Darlene a seguir. – Por que ele a expulsou de casa?

Os lábios e o queixo de Cândida tremeram por duas, três vezes, até ela engolir em seco e responder com voz oscilante:

– Porque estou grávida...

– Grávida?! E pelo visto não é casada.

– Não...

– É de seu namorado? Se é, deveria procurá-lo.
– Não tenho namorado. É fruto de uma aventura! Uma avent...
Ela não conseguiu terminar a frase, o pranto a impediu.
– Acalme-se – Darlene a consolou. – Não estamos aqui para julgá-la. Penso, porém, que deva procurar o rapaz que a engravidou para lhe pedir ajuda, afinal, ele é o pai da criança.
– Não, isso não!
– É casado?
– Sim!
– Compreendo. Mesmo assim continua sendo o pai da criança.
– Ele não é daqui, estava apenas de passagem...
– Bem...
A cafetina achou por bem não prolongar a história, deixaria para obter mais informação depois. Algo, no entanto, lhe dizia que a recém-chegada dissera aquilo para proteger o verdadeiro pai do filho que gerava em seu ventre, alguém que deveria ser realmente muito influente na cidade.

Dias depois, Darlene Moutinho voltou a falar com Cândida a respeito de sua situação:
– Não quer mesmo tentar procurar sua família, digo, seus pais para...
– Não, meu pai não me perdoará nunca por eu ter ficado grávida. Ele nunca mais me aceitará como filha. Ao me arrastar para fora de casa e me empurrar contra os paralelepípedos, minha mãe, desesperada, falou: "Leonel, reconsidere! É sua filha!", ao que ele respondeu: "Não, eu não tenho mais filha! A única que tive, morreu!". Essas foram suas últimas palavras e, portanto...
– Você pode ficar aqui o tempo que precisar até que decida o que fazer de sua vida.

E foi assim que a vida da jovem Cândida mudou tão drasticamente. Seu futuro agora se mostrava tão incerto e misterioso quanto tudo mais a sua volta.

Capítulo 10

Quando o comentário geral na cidade foi de que Cândida Moniz havia sido posta para fora da casa do pai, porque ficara grávida de um desconhecido, e fora morar na *zona* da cidade, passou a ser considerada por todos como uma prostituta. mesmo não estando se prostituindo no local.

Quando Leonel Moniz pegou a esposa, chorando num canto da casa, por causa da filha, perdeu novamente a paciência com ela:

– Chorando de novo, Eleutéria? Por causa de uma vadia?

– Nossa filha não teve escolha, Leonel! Não teve!

– Toda mulher tem escolha! Só mesmo as vagabundas decidem vender o corpo para se sustentarem.

Eleutéria chorou ainda mais, enquanto o marido lhe foi novamente impiedoso:

– É porque ela é sua filha, Eleutéria, por isso você não quer aceitar que ela não passa de uma vadia.

– Cândida é sua filha também, Leonel! Sua filha!

– Foi! Deixou de ser quando ela saiu dessa casa no meio da noite para nunca mais voltar.

Mais uma vez a mulher tentou defender Cândida e não conseguiu. O pranto e o desespero não lhe permitiam.

– Para mim – continuou Leonel, ácido como nunca –, Cândida sempre quis se mudar para a zona da cidade. Ser uma puta porque nasceu puta!

Diante de palavras tão pesadas, Eleutéria tapou os ouvidos porque aquilo a feria tal como se punhais perfurassem seus tímpanos.

Enquanto Maria dos Reis alegrava todos, cantando na rádio, Cândida Moniz aguardava o nascimento de seu bebê com grande expectativa numa época em que não havia ultrassom.

A mãe de Sérgio Menendes, ao saber das últimas que a vida de Cândida tomou, foi procurar Eleutéria em sua casa para lhe dizer umas boas.
– Por causa da sua filhinha que hoje mora na *zona* da cidade, a senhora, por pouco, muito pouco, não destruiu a felicidade do meu filho e a nossa própria felicidade. Porque ele estava prestes a morrer de desgosto por causa daquele mal-entendido.
Eleutéria, horrorizada com a ousadia da mulher, respondeu, vacilante:
– Não foi um mal-entendido, minha filha realmente viu seu filho de braguilha aberta. Com as indecências à mostra!
– Ele não fez por querer! Atitude de um rapaz descuidado. Quanto a sua filhinha, essa eu já não sei se era tão inocente quanto a senhora pensava ser na ocasião. Para mim, ela já era uma devassa desde essa época. Nasceu assim!
Sem pensar duas vezes, Eleutéria fechou a porta da frente de sua casa, batendo-a com toda força e se jogou no sofá, chorando copiosamente. Seu desespero se agravou. Nunca, em toda a sua vida, pensou que atravessaria um inferno como aquele. Um que lhe parecia não mais ter fim. Somente nas noites e, muitas vezes durante alguns pedaços do dia, é que ela, assim como muitos, tentava fugir da tristeza, ouvindo as lindas canções que tocavam nas emissoras de rádio de todo o país.

Semanas depois, após terminar de limpar toda casa onde vivia, Darlene Moutinho fez questão de ela mesma preparar o jantar, fazendo um prato de sua especialidade para agradar Cândida.
– Dois meses já se passaram desde que você aqui chegou, Cândida – disse ela enquanto girava em torno do fogão. – Como o tempo passa, não? Daqui a pouco seu bebê já estará aí, em seus braços.
Subitamente emotiva, Cândida, sentada à mesa, respondeu:
– Sim, em meus braços... Meu filho ou minha filha... Não importa o sexo, contanto que nasça com saúde.
– Sem dúvida.
Darlene fez uma pausa, respirou fundo e enxugou uma lágrima.

– O que foi? – espantou-se Cândida indo até sua mais nova amiga. – Disse algo que não devia?

– O que disse fez apenas com que eu me lembrasse do meu passado... Sabe, a sua história é muito semelhante à minha.

– Jura?

– Sim! Quando me apaixonei pela primeira vez, como a maioria das adolescentes, fiquei totalmente boba e cega para tudo mais a minha volta. Eu queria ser dele, dividir minha vida com ele, fazer dele o homem mais feliz do planeta. Ele me dizia palavras amorosas, todas aquelas que uma garota boba e inocente como eu queria ouvir. Pensei que me amasse, que estava apaixonado por mim da mesma forma que eu estava por ele. Mal sabia eu que o que ele queria mesmo era apenas me desvirginar, só isso, usar-me por um tempo e depois jogar-me fora.

Ela enxugou outra lágrima.

– Quando descobri que estava grávida fui atrás dele e ele riu da minha cara. Deixou claro que não queria a criança e que também não pagaria pelo aborto que me sugeriu. Que eu me virasse. Foi um monstro comigo, um monstro!

– Eu sinto muito – lamentou Cândida, verdadeiramente entristecida pela amiga. – E quanto à criança? Você a abortou?

– Não, tal como você eu jamais o faria. Decidi que a teria sob qualquer circunstância. Na religião da qual eu e minha família fazíamos parte, assim que soubessem da minha gravidez, eu seria expulsa da igreja, envergonhando totalmente meus pais. Ao me lembrar, porém, do pastor ensinando a todos, constantemente, a respeito da importância do perdão na vida de todos nós e para Deus, achei que seria perdoada por todos e me ajudariam sob qualquer circunstância. Não foi o que aconteceu. O perdão não me foi dado, contradizendo os ensinamentos da igreja. Além do mais fui expulsa do lugar o que me revoltou um bocado. Ao perceber que meus pais se importavam mais com a religião hipócrita da qual fazíamos parte do que comigo, decidi arranjar um emprego e sair de casa. Quando percebi que nenhum tipo de trabalho poderia me fazer ganhar dinheiro suficiente para me sustentar sozinha, fiquei novamente decepcionada e revoltada. Foi então que descobri, por meio de uma cocote, que uma mulher da vida tinha muito mais chances de juntar uma soma considerável por mês e, assim, decidi ser uma delas.

— E o bebê, o que houve com o bebê?

— Diante das decepções e revoltas que passei, acabei tendo um aborto espontâneo e, quase morri por isso. Foi sem dúvida alguma o pior momento da minha vida, nada nunca mais me seria tão triste e doloroso quanto esse pelo que passei.

Cândida, com lágrimas nos olhos, foi sincera mais uma vez:

— Eu sinto muito, Darlene. Muito, mesmo.

A mulher, olhando mais profundamente para a jovem, se fez clara mais uma vez:

— Quando você chegou aqui, eu me vi em você. Foi como se eu me visse no passado e, por isso, quis ajudá-la. Eu perdi minha criança, mas você não perderia a sua. Por meio do nascimento do seu filho ou filha, eu viveria de certo modo, as alegrias que eu teria tido se tivesse dado luz ao meu bebê.

— Suas palavras muito me confortam, Darlene. Saiba, desde já, de coração, que meu bebê será tanto seu quanto meu. Por tudo de bom que tem feito por nós.

Darlene tentou se fazer forte mais uma vez e não conseguiu. Rompeu-se em lágrimas, acompanhada de Cândida, tão emotiva quanto ela.

Na semana certa da gestação, Cândida Moniz deu à luz a uma linda menina que recebeu o nome de Andressa e visto que todos lhe voltaram a face na cidade e ela precisava de dinheiro para sustentar a filha, decidiu se prostituir.

— Tem certeza de que é isso mesmo o que você quer? — perguntou Darlene, seriamente, antes da primeira noite da jovem como integrante do bordel.

— Tenho, sim. Uma mulher casada é sustentada pelo marido em troca de agrados e afagos noturnos, para mim é a mesma coisa que prostituição. Não vejo então por que não defender meu sustento dessa forma.

E Darlene Moutinho não disse mais nada, aceitou a decisão da jovem conforme ela tanto queria.

Semanas depois, Hélder Machado desencarnou. Os três anos que passou ao lado de Augusta, Ofélia, Maria e, especialmente de Jonas, foram eleitos por ele próprio como sendo os melhores de sua vida. Até do cachorro, Pintassilgo, ele adorou a companhia, pois se divertiu um bocado com ele, aprendendo as maravilhas que só os cães podem propiciar ao ser humano.

Foi um dia triste para todos que aprenderam a conviver com ele e amá-lo. Na missa de sétimo dia, Maria cantou a belíssima canção "Ave Maria" de Schubert, encantando todos com sua magnífica voz.

Jonas sentiu tanto a perda de Hélder que chorou por dias. Ofélia, como sempre, muito carinhosa tentou consolar o menino. Ainda que ele parecesse não entender totalmente suas palavras, ela lhe disse:

– Chegou a hora dele, meu filho, não chore mais. A vida é mesmo assim, feita de encontros maravilhosos que nos surpreendem e também de despedidas dolorosas, mas que fazem parte da existência de todos.

E abraçou forte o garoto, beijando-lhe a testa calorosamente como toda mãe amorosa faz com um filho.

Hélder, a caminho do Além, acompanhado dos espíritos de luz, desabafou:

– Pensei que jamais encararia a morte como a estou encarando agora.

– A morte nada mais é do que uma passagem, uma transição necessária para o espírito se renovar, redimir sua alma – explicou um dos espíritos.

– Pois é. Eu me sinto preparado para encarar esse meu novo passo na estrada da vida.

– É muito bom ouvir isso de você, Hélder, poucos conseguem chegar a esse ponto. A esse avanço.

– Sei que errei, cometi muitos deslizes, mas sei também que fui bom para muitos e que me redimi diante dos atos mais deploráveis que cometi. O que eu mais sinto é pelo menino. Jonas ficou muito apegado a mim nos últimos anos, penso que vai sofrer um bocado sem a minha presença, não queria. Já basta seu sofrimento diário por ter o físico e a mente limitados. Sei que estará bem protegido ao lado de Ofélia, Augusta e Maria, mesmo assim, sinto muito por ele.

– Ele ficará bem, protegido por seus guias, amparado pelas vibrações que faremos por ele daqui.

– Assim me sinto mais tranquilo.

E guiado pelos espíritos de luz, Hélder Machado seguiu seu caminho para uma nova etapa de vida neste cosmos infinito.

Capítulo 11

Decorrer do ano de 1938

Enquanto Maria era chamada cada vez mais para cantar em casamentos e festas, Cândida Moniz juntava dinheiro para se mudar de cidade com a filha. Quando conseguiu juntar a soma que achava ser necessária para ir embora dali contou, feliz, para Darlene Moutinho.

— Já sabe para onde vai? — indagou a mulher, sem esconder a tristeza por ter de se afastar da jovem que passou a querer tão bem, nos últimos meses, quanto a uma filha.

— Pensei em partir para uma cidade grande tal como São Paulo ou Rio de Janeiro... Se bem que prefiro o Rio, por ser mais distante e também pelo sol e pelas praias.

— Eu tenho uma conhecida lá. Talvez ela possa ajudá-la, se precisar.

— Sim, talvez.

— O nome dela é Claudete... Claudete Pimenta e olha que ela já honrou o sobrenome muito bem. É de fato uma pimenta!

Risos. Darlene anotou o endereço num pedaço de papel e entregou a Cândida. Depois, voltando os olhos para o berço, um tanto emocionada, confessou:

— Afeiçoei-me tanto a Andressa... Vou sentir falta dela... Um bocado.

— Eu também sentirei a sua falta, Darlene.

— Desse pardieiro?! Ah, Cândida, por favor.

— É claro que sim! — retrucou a jovem, abrindo um sorriso e abraçando aquela que a acolhera no momento mais difícil da sua vida.

— E quanto aos seus pais? — perguntou Darlene a seguir. — Não vai se despedir deles?

A pergunta atingiu Cândida feito uma flecha.

— Nem havia me lembrado deles... De qualquer modo, acho melhor, não. Tenho muitos motivos para evitá-los, acredite.

– Só perguntei porque... Bem, não tenho nada a ver com a sua vida, só não quero que se arrependa depois, entende?

– Eu sei.

– E quanto ao pai da menina? Você continua se recusando a procurá-lo? Quem sabe ele poderia ajudá-la a mudar completamente os rumos de sua vida...

– Não, ele não pode, acredite. Nem sabe também que ela existe e é melhor que nunca saiba.

Darlene achou melhor respeitar a decisão da amiga.

No dia de sua partida, pelo menos meia dúzia das moças da *zona* da cidade, estavam presentes na estação de trem, para se despedirem de Cândida e Andressa. Abraços e beijos foram repetidos, especialmente com relação a Darlene que lhe desejou boa sorte, do fundo do seu coração.

– Promete que me escreve, contando se você e a menina estão bem? Jura? Vou aguardar. Em qualquer eventualidade, procure por Claudete Pimenta, se ela não se lembrar de mim, refresque sua memória.

Ao ouvido da jovem, Darlene Moutinho cochichou algo que lhe despertou risos. Ao apito do trem, Cândida se apressou:

– A todas, o meu muito obrigada. Jamais me esquecerei do que fizeram por mim. Fiquem com Deus.

Sem mais ela subiu no vagão com a filha no colo e logo se acomodou num assento. Pela janela acenou novamente para as amigas que fizera nos últimos tempos, no local que por muitos era chamado de antro da cidade, inferno ou perdição.

Logo o trem se pôs em movimento e a estação foi ficando para trás, seguida pela cidade... Cândida então apreciou o rostinho da filha, adormecida em seus braços e voltou a se lembrar, sem querer, de tudo o que passou desde os oito anos de idade.

Tudo aquilo haveria de ficar para trás, na cidade onde nasceu e residiu até minutos antes. Nunca mais voltaria a pôr seus pés ali, sequer lembraria que a cidade ainda existia na face da Terra. Era o fim, o fim de uma etapa de vida e uma libertação ao mesmo tempo, para uma vida nova, um novo começo.

Em meio à sensação de liberdade, Cândida se lembrou, sem ter nem porquê, de Maria, Voz de Ouro, cantando sua canção favorita cuja letra a inspirava a prosseguir na vida, sem ter de medo de fracassar.

Tive de romper meus medos pra chegar até aqui
Não rompi todos, não, apenas os mais importantes consegui...
De que valeria deixá-los vencer?
Teria morrido na praia...
Tive de esquecer meus naufrágios no amor...
Pra chegar até aqui bem longe da dor
De que valeria deixá-los vencer?
Teria morrido na praia

Atenção, eu tenho asas pra voar
Pode me tirar o chão, pode tirar, pode me tirar o chão,
Que eu voo alto na imensidão
E é bom lembrar que nada pode me derrubar...
E é bom lembrar que nada pode me derrubar...

No dia seguinte, Eleutéria Moniz tomou finalmente coragem de ir atrás da filha no local que ela passou a morar desde que saíra de casa. Ao saber que ela havia partido para o Rio de Janeiro, com a filha que teve, Eleutéria voltou chorando para casa e quando se viu dentro dela, cercada somente pelas paredes, chegou à conclusão de que fora melhor mesmo para Cândida ter ido embora da cidade. Só mesmo longe dali é que ela poderia recomeçar sua vida, apagar, de certo modo, seu passado tão infeliz.

Ao tomar conhecimento de que Cândida Moniz havia partido de Bauru, levando consigo uma criança nos braços, cujo pai ninguém sabia o nome, Sérgio Menendes começou a se sentir culpado pelo destino da moça. Isso fez com que ele fosse à igreja procurar um padre para confessar. Ajoelhado sobre o genuflexório, o rapaz desabafou e ouviu do padre o seguinte conselho:

– Aquilo que aconteceu entre você e a pequena Cândida, no passado... Foi realmente sem querer ou...

Sérgio, um tanto indignado com a pergunta, respondeu, imediatamente:

– É obvio que foi sem querer, padre! Que pessoa mais monstruosa seria eu se fizesse aquilo de propósito para uma criança.

– Perdoe-me, só quis mesmo apurar os fatos.

E o padre se perguntou mais uma vez, em silêncio, o que teria assustado tanto a pobre menina desde que se mudara com os pais para aquela casa. Como ele gostaria de obter a resposta...

Semanas depois, chegou a Campinas, Egídio de Castro, homem alto, de rosto vermelho, um tanto imponente, com olhos pequenos e astutos, de um acastanhado particularmente penetrante. Estava de passagem pela cidade, visitando parentes distantes quando ouviu Maria cantando na rádio pela primeira vez e imediatamente ficou fascinado por sua voz.

– Que voz! – exclamou. – Que voz mais divina!

Em voz alta, virou-se para o barbeiro e perguntou:

– Quem é a dona dessa voz de ouro? Quem, quem?

O barbeiro, afastando a gilete do rosto do freguês inesperadamente empolgado, respondeu:

– O nome dela é Maria.

– Maria? Só Maria?

– Sim, só Maria! Apelidamos de Maria Voz de Ouro.

– Sim, faz sentido! Todo o sentido. Onde fica essa rádio?

O homem explicou.

– Vou lá imediatamente.

Ao fazer menção de se levantar da cadeira, o barbeiro, sorrindo, disse:

– Não seria melhor o senhor primeiramente terminar de fazer a barba?

Egídio de Castro, empolgado, mirou seu rosto no espelho e só então se lembrou do que fazia. Sair com o rosto daquele jeito, com a barba aparada de um lado e a outro por fazer, seria assustador e ridículo. Assim ele disse, eufórico:

– Termine logo, por favor, tenho pressa!

Seu medo era de que outro como ele se achegasse a Maria antes dele e lhe fizesse a proposta que estava prestes a lhe fazer.

Egídio de Castro chegou tão entusiasmado à rádio que quem o visse pensaria estar sob o efeito de algum alucinógeno.

– Bom dia! – disse ele.

– Boa tarde – respondeu a recepcionista.

– Ah, sim, boa tarde. Preciso falar urgente com Maria, Voz de Ouro.

Por sorte, Maria ainda estava ali e quando Egídio a viu, imediatamente ergueu o chapéu e se apresentou:

– Egídio de Castro ao seu dispor, senhorita.

– Pois não?

Ele fez uma curvatura sobre a mão dela e a beijou, algo extremamente gentil.

– Meu nome é Egídio de Castro e estou aqui, à sua procura, porque tenho uma proposta irrecusável para você.

Foi como se falasse a uma criança que Maria respondeu:

– Uma proposta?

– Sim, uma grande oportunidade!

Baixando a voz, como se fosse compartilhar um segredo, ele explicou:

– Depois de ouvi-la cantando, há pouco, na rádio, meu mundo virou de ponta cabeça. Sua voz, garota, sua voz é linda. Lindíssima! Uma das mais lindas que já ouvi!

Ele tomou ar e prosseguiu:

– Sou do Rio de Janeiro, estou de passagem pela cidade, visitando parentes que há muito, muito tempo não via. Estou disposta a levá-la comigo para o Rio e apresentá-la a uma gravadora.

– Gravadora?

– Sim, se eles a ouvirem, vão certamente contratá-la. Você gravará LPs (Discos) e cantará nas melhores rádios da cidade até que se torne exclusiva da melhor de todas.

– Mas...

– E tudo isso significa que você vai ganhar dinheiro, muito dinheiro!

Maria não era do tipo de jovem que se deixa deslumbrar por aquilo. Diante da imobilidade da adolescente, Egídio de Castro foi enfático mais uma vez:

– Aqui está o meu cartão. Pense a respeito, converse com sua família, tenho a certeza de que amanhã mesmo você me procurará, dizendo que aceitou o meu convite.

O sujeito ergueu novamente o chapéu para fazer uma reverência e partiu. Maria olhou mais uma vez para o cartão em sua mão, enviesando o cenho. O senhor Eurípedes Beltrão que se mantivera ali por perto, para ouvir o que Egídio de Castro tinha a dizer àquela que considerava a pérola da sua rádio, aproximou-se e disse:

– É uma proposta tentadora, Maria...

Maria foi rápida em responder:

– Mas não posso aceitá-la, Senhor Eurípedes. Trabalho aqui com o senhor...

Antes que ela continuasse, ele fez um gesto com a mão, dizendo:

– Não se preocupe comigo.

– Como não? O senhor me abriu as portas, acreditou em mim, no meu talento.

– Acreditei, sim, como também acredito em tudo o que aquele sujeito acabou de lhe dizer.

Maria engoliu as palavras.

– Ouça-me, Maria. Ele tem razão. Quando as gravadoras a ouvirem cantando, vão brigar para tê-la gravando LPs por elas. Eu sempre disse que o mundo precisava conhecê-la, que você não pode ficar limitada a uma rádio como a minha, de pequeno porte, que atinge tão poucos ouvintes. Você merece ser ouvida por todo o Brasil e vai ser, acredite. Acredite em você também.

– Mas meu senhor...

– Aceite, Maria. Aceite a proposta desse sujeito.

– Mas eu nem sei quem ele é, e se for um picareta?

– Fique tranquila. Vou procurar obter informações a respeito dele. Ele disse que têm parentes aqui, então não será difícil localizá-los. Obviamente que ele fará um contrato com você, onde ele ganhará certamente uma comissão por tudo que fizer por você. É natural que isso aconteça, todos os descobridores de talentos se esforçam para descobrir novos talentos porque também vão ganhar com isso.

Houve uma breve pausa.

– Quer dizer então... – continuou Maria, pensativa. – Que o senhor acha mesmo que eu devo aceitar.

– Sem piscar os olhos.

A frase a fez sorrir.

– E quando você for famosa, Maria... Muito famosa... Não se esqueça de mim, nem de todos desta cidade e das demais da região que a adoram.

Novo sorriso brilhou no rosto da adolescente de apenas 18 anos de idade.

– Não me esquecerei. Esteja certo disso.

Os dois se abraçaram.

– Só há um porém, Senhor Eurípedes.

– Qual?

– Minha mãe, meu irmão e minha madrinha... Eles são tudo para mim. Não vou suportar viver longe deles.

– Quer mais um conselho?

– Por favor.

– Assim que começar a fazer dinheiro como cantora profissional, terá condições de levá-los para morar com você na cidade dos artistas.

O tempo em que ficarão longe será de apenas um ano ou dois, não mais do que isso. Vale a pena o sacrifício, acredite-me!

– Está bem, Senhor Eurípedes, vou seguir mais esse conselho seu.

Novo abraço encerrou a conversa dos dois.

Assim que chegou a sua casa, Maria contou tudo o que se passou. Augusta e Ofélia ficaram imediatamente em alerta.

– Gravadora! – exclamou Ofélia, que de tão nervosa perdeu mais um ponto do tricô que fazia. – Rio de Janeiro?!

Maria assentiu, sacudindo a cabeça, delicadamente.

– A ideia é tentadora, filha, mas ter você longe de nós...

– O senhor Eurípedes Beltrão me garantiu que será por pouco tempo, mamãe. Por muito pouco tempo.

Augusta opinou pela primeira vez:

– E eu acredito nele.

Ofélia interpelou suas palavras:

– E se as gravadoras não se interessarem por você, Maria?

– Então eu volto para cá, rapidinho, mamãe.

– Vai se sentir frustrada se isso acontecer, não?

– Ofélia – interveio Augusta. – Quem não arrisca não petisca, já diz o ditado!

– Então, filha se isso realmente vai ser bom para você... – Ofélia se conteve para não chorar. – Aceite a proposta desse homem.

– Vai ser bom para todos nós, mamãe! Para todos nós!

A jovem curvou-se e beijou a mãe e depois a madrinha. E repetiu o gesto com o irmão.

O último programa de Maria na rádio foi um dos mais emocionantes. Com carinho ela agradeceu a todos os ouvintes e ao Senhor Eurípedes Beltrão por ter-lhe dado aquela oportunidade maravilhosa. O proprietário também falou:

– É hora agora de Maria, Voz de Ouro, alçar novos voos.

A equipe bateu palmas e logo muitos ouvintes estavam na porta da rádio para se despedir da cantora que fascinava a muitos.

No dia da partida de Maria dos Reis para o Rio de Janeiro, amigos, fãs e familiares acompanharam a jovem até a estação onde tomaria o trem, acompanhada de Egídio de Castro, para a capital do Brasil na época. Maria abraçou um a um dos presentes, demoradamente e chorou.

– Boa sorte, Maria! – desejou o Senhor Eurípedes que também

fez questão de estar ali para se despedir dela. – E lembre-se: se nada der certo com você por lá, pode voltar para cá que seu emprego na rádio está garantido.

– É isso mesmo, Maria – concordou Augusta. – Não deu certo, tudo bem, pelo menos você tentou! Sua família continua aqui, de braços abertos para você.

Novo abraço e mais lágrimas.

– Adeus, mamãe... – despediu-se Maria de Ofélia a seguir.

– Adeus, não, filha... Até breve!

Ela sorriu e a mãe enxugou novamente suas lágrimas com um lenço. Só então, ela entrou no vagão que partiu com ela na janela, acenando para todos que lhe queriam bem.

Assim que a locomotiva se distanciou da cidade, Maria fechou os olhos, esquecendo-se por alguns minutos dos companheiros de viagem.

"Bem", pensou, "Quem não arrisca não petisca!".

A frase de Augusta surtira tanto efeito sobre ela que parecia ter ficado cravada em sua memória para a eternidade. Todavia, o medo de estar só numa cidade desconhecida, longe de tudo e de todos, ainda a inquietava. E se não desse certo? E se algo de ruim lhe acontecesse? Cansada de especulações, adormeceu.

Sonhou com as grandes cantoras da rádio no palco mais luxuoso, o do popular cassino do Rio de Janeiro da época. Ela estava entre elas, maquiada e vestida tão lindamente como todas. Cantando juntinho:

"Nós somos as cantoras do rádio, vivemos a vida a cantar...".

Ah, como ela adorava aquela canção e como seria bom se o seu sonho se tornasse realidade.

Maria despertou do sono quando Egídio de Castro se virou no assento, procurando uma posição mais confortável para dormir. Ela novamente lançou um olhar curioso para o interior do vagão e voltou a adormecer.

SEGUNDA FASE

Capítulo 1

Brasil, 1938

Da estação de trem no Rio de Janeiro, Egídio de Castro levou Maria, de bonde para o hotel na Lapa em que ela ficaria hospedada. Diante do local, Maria se perturbou um bocado.

– Não é o que você merece, lindinha – explicou o homem, rapidamente –, mas é onde terá de permanecer até que comece a fazer dinheiro e eu, consequentemente. O seu sucesso, belezoca, será o meu também!

– E-eu... Eu entendo.

O que mais impressionou Maria, foram os olhares de todos que entravam e saíam do lugar. O contraste entre ela, usando um vestidinho de algodão, mimoso, com as mulheres dali lhe era assustador.

– Se são prostitutas? – explicou Egídio de Castro sem rodeios. – Sim, lindinha, são! A maioria. Esse lugar é um antro delas. Mas é o que meu dinheiro pode pagar para você até que... Bem você já sabe.

No minuto seguinte, o homem conversou com a proprietária do hotel e assim que deixou tudo acertado, voltou-se para Maria e explicou:

– Essa gentil senhora vai levá-la até seu quarto. Amanhã começo a marcar entrevistas para você, portanto devo voltar aqui somente daqui a uns dois três dias para dar início ao nosso trabalho. Aguarde-me e não se preocupe. Passar bem.

Despediu-se, fazendo a reverência de praxe com seu chapéu e partiu sem dar tempo a Maria de lhe fazer mais algumas perguntas. A jovem ficou a encarar a porta por onde ele passou, com um olhar desolado e entristecido. Gioconda Pereira, a dona do hotel, voltou-se então para a recém-chegada, mediu-a novamente de cima a baixo com seus olhos argutos e disse, sem um pingo de feminilidade:

— Ô princesa, acorda! Vou levá-la para o seu quarto, agora. Venha!

Sua rudeza fazia com que ela parecesse um homem em corpo de mulher.

As duas subiram juntas a escada e seguiram por um corredor até chegarem a um quarto, que mais parecia um de despejo, de tão estreito e pequeno. Não tinha vista alguma senão para a parede do outro edifício, construído ao lado, a não mais do que um metro de distância. O que significava que não pegava sol em nenhuma parte do dia.

— O sol... — murmurou Maria, olhando desapontada para o local.

— O sol? — riu a mulher. — Não tem!

— C-como? Eu adoro o sol...

A mulher intensificou seu olhar de desdém para ela e, cinicamente respondeu:

— Se você gosta de sol, meu bem, então se hospede no Copacabana Palace. Lá os quartos pegam sol e muitos têm até vista para o mar.

— Copa...

— Copacabana Palace, fofinha.

A mulher gargalhou escrachada a seguir e perguntou, com fingida amabilidade:

— O quarto está do seu agrado, docinho? Espero que ache tudo confortável.

Antes que Maria pudesse responder, Gioconda deixou o aposento.

— A propósito — disse ela do corredor. — O banheiro é aqui e nada de demorar no banho, porque é um só para todos deste andar.

Diante das sobrancelhas da jovem, erguidas de espanto, a proprietária voltou a gargalhar, acompanhada das inquilinas que saíram à porta de seus quartos para ver a nova hóspede.

Maria franziu a testa, perplexa, olhando assustada para todos que pareciam ter prazer em debochar dela. Então se fechou ali e foi até a janela espiar lá fora, na esperança de encontrar uma brecha onde o sol pudesse chegar até o aposento.

Então, deixou-se cair, cansada, na cadeira que havia ali, e que com o seu peso rangeu, dando indícios de que estava prestes a ruir.

87

O mais lógico a se fazer a seguir, seria repousar e, assim, ela se deitou na cama e procurou relaxar. Sentiu então seu cabelo preso a uma teia de aranha e logo percebeu que havia muitas ao seu redor. Não somente teias como as próprias aranhas estavam a transitar por ali. Imediatamente ela tentou se ver livre delas e quando conseguiu, sentou-se na cama e mergulhou o rosto por entre as mãos.

Durante duas horas, ela repassou na memória os últimos acontecimentos e a emoção que sentiu ao se despedir de todos na estação de trem.

Quando seu estômago roncou de fome, ela se levantou, passou um pente nos cabelos, retocou os lábios com batom e desceu para saber se ali mesmo serviam jantar. Impressionou-se mais uma vez com as hóspedes que ralhavam umas com as outras, parecendo muitas vezes que iriam se estapear.

Gioconda Pereira, por trás do pequeno balcão da recepção do hotel, ao vê-la, vindo na sua direção, bocejou escancaradamente. Maria aproximou-se e polida como sempre, perguntou:

– Servem jantar aqui?

– Jantar? – desdenhou a mulher, explodindo numa gargalhada apavorante. – Vocês ouviram a moça, meninas? – perguntou ela às hóspedes ali presentes. – A princesinha quer saber se aqui servimos jantar.

Todas riram, deixando Maria ainda mais sem graça.

– Só se você, linda, se servir de baratas e teias de aranha – respondeu Gioconda, rindo sem parar. – Se a jovem quiser comer alguma coisa, tem de ir à padaria ou ao mercado. Depois pode usar a cozinha para preparar seus alimentos, desde que limpe tudo depois. E antes que me esqueça, não deixe nada do que comprou ali. Não me responsabilizo caso desapareça levado por um rato ou uma... ratazana.

Maria engoliu em seco enquanto Gioconda continuava a se divertir com seu choque cultural. Empinando o rosto para frente, a mulher masculinizada, num tom ainda mais irônico perguntou:

– Agora, responda aqui para a Gioconda, vai... O que a princesinha veio fazer no Rio de Janeiro, hein? Pode contar ou é segredo?

Maria explicou.

– Ah! – exclamou a mulher, debochada como nunca. – Mais uma que veio atrás de seu sonho. Coitada! Pobrezinha! Sabe onde muitas delas vão parar? Pelas ruas da Lapa, vendendo o corpo para ter com que pagar pela comida e por um lugar para dormir. Outras, com mais ousadia, vão se prostituir nos bordéis onde os bacanas têm mais acesso.

– Mas eu não sou uma prostituta.
– Por enquanto querida, por enquanto.
– Nunca serei.
– Ser cantora nesse Brasil é o mesmo que ser uma, sabia?
– O quê?!
– Não sabia, não? Você pelo jeito é muito inocente, tem muito a aprender. Agora canta pra Gioconda aqui, vai? Quero ouvir sua voz, ver se tem mesmo algum talento ou se foi mais uma a ser ludibriada pelo tal caça talentos.

– De quem a senhora está falando?
– Do tal que trouxe você para cá.
– O Senhor Egídio...
– Pouco me importa o nome dele.
– Ele quer me ajudar a...
– Ele quer mesmo é outras coisas de você, sua bobinha... Inocente e burrinha! Em troca de tudo que ele fizer por você, ele vai exigir outras.

– É natural que receba pelo que fizer por mim, não?
– Não estou falando de dinheiro, fofinha... Ele vai querer...
Gioconda deixou simplesmente a frase no ar e disse:
– Você é inocente demais, minha querida. Ingênua demais... Isso é perigoso.

E alisando despudoradamente os cabelos e os ombros de Maria, completou:
– Agora cante pra gente, vai! Estamos curiosas para ouvi-la.
Maria estava tão aturdida que ao tentar, engasgou e começou a chorar, provocando mais gargalhadas em todas as mulheres ali presentes.

– Beba água filha, vamos! – sugeriu Gioconda, estendendo-lhe um copo. – Agora cante, vamos ver se tem mesmo algum talento além de um belo corpinho.

Maria se esforçou, respirou fundo, procurou se acalmar e não conseguiu até se lembrar de que cantando se acalmaria muito mais facilmente. Assim, ela abriu os lábios e soltou a voz, entoando uma das mais belas composições de João de Barro, conhecido também por Braguinha:

"Mané Fogueteiro era o deus das crianças, da vila distante de três corações... Em dia de festa fazia rodinhas, soltava foguete, soltava balões..."

O que todos ali ouviram foi o suficiente para saberem que estavam realmente diante de um talento. Tanto que ninguém ali ousou interromper ou falar enquanto Maria cantava. Ao término, diante do silêncio mortal de todos, a jovem pensou que ninguém havia gostado dela. Foi quando, subitamente, elevou-se uma salva de palmas e assovios.

– Menina! –Gioconda a elogiou, muito sincera desta vez. – Você é mesmo maravilhosa! Simplesmente maravilhosa! Cante mais, por favor.

Maria entoou outras canções que se tornaram populares na voz das cantoras que vinham se consagrando por meio das rádios no Brasil da década de trinta, e muitos ali cantaram com ela até se lembrarem que tinham de ir se arrumar para defender o seu sustento.

Apesar de ter ficado feliz com os elogios que recebera das hóspedes do hotel, que mais parecia um cortiço, Maria voltou para o seu quarto, preocupada. Repassando na cabeça tudo o que Gioconda havia lhe dito a respeito do Senhor Egídio de Castro. Seria mesmo verdade o que ela lhe dissera? Deus quisesse que não, que Nossa Senhora a protegesse e, por isso, ela rezou, podendo assim tirar do pensamento e do coração as ideias tristes que a afligiam e atormentavam-lhe a alma, vindo a adormecer mais tranquilamente.

No dia seguinte, Gioconda procurou Maria para lhe fazer uma surpresa. Levou-a até seu quarto banhado de sol e disse:

– Esse quarto agora é seu! É o melhor que tenho para lhe oferecer, belezura.

– Mas...

– Você queria um quarto ensolarado, não queria? Então...

– E você vai dormir onde?

– Com o Clóvis...

– A senhora dormindo com um homem... Isso não fica bem!

– Docinho, esse pardieiro foge a todas as regras impostas pelos conservadores. Além do mais, Clóvis é praticamente uma mulher, uma mulher em corpo de homem, se é que me entende?

– Não.

– É um maricas! Sabe o que é isso, não sabe?

E diante do olhar de interrogação da jovem, Gioconda bufou e explicou.

– Compreendeu agora? – perguntou ela ao término da explicação.
– E é bom que saiba que a Lapa, o bairro onde você se encontra, está repleto deles e prostitutas... Além de boêmios, malandros e artistas. Aqui se reúne tudo o que foge às regras do que é tido como decente e moral pela sociedade conservadora do Rio de Janeiro e do mundo.

Maria balançou a cabeça positivamente sem saber ao certo o porquê.

– Você é mesmo muito inocente... Tem muito ainda a aprender com a vida, por isso abra os olhos, fique atenta, sempre em alerta, para que não passem a perna em você. No mais eu lhe desejo muita sorte na vida, de verdade, você merece!

E Gioconda falou com sinceridade desta vez, emocionando Maria novamente.

Logo depois de se mudar de quarto, Maria apanhou a primeira oportunidade para escrever para a mãe e a madrinha, contando que chegara bem ao Rio de Janeiro e que tudo estava se encaminhando como planejado. Não poderiam suspeitar sequer onde ela estava morando; se soubessem, ficariam extremamente preocupadas e indignadas. Um dia quem sabe lhes diria, quando estivesse morando noutro lugar, com uma vida mais satisfatória financeiramente.

Apesar de o hotel ser um pardieiro, como a própria Gioconda fazia questão de chamá-lo, nos dias que se seguiram, Maria acabou se sentindo melhor, especialmente depois que a maioria dos hóspedes passou a tratá-la com mais carinho e respeito.

– Depois de tudo o que me falou a respeito do senhor Egídio de Castro, estou preocupada – desabafou ela com Gioconda quando foram à padaria, juntas. – E se ele não pagar por minha estada no hotel? O que trouxe de dinheiro é muito pouco, só dá mesmo para pagar pela minha comida e por não mais que um mês.

– Não se preocupe com isso agora. O importante nesse momento é que você esteja linda para se apresentar aos executivos das gravadoras. Se um deles a contratar, Maria querida, você estará feita!

No dia seguinte, como havia prometido, Egídio de Castro voltou ao hotel para informar Maria dos compromissos que ela teria com ele no dia seguinte. Com a ajuda de Gioconda e de Clóvis, Maria ficou linda. O próprio Clóvis fez questão de fazer seu cabelo e maquiá-la, enquanto Gioconda escolheu o vestido ideal para ela usar, realçando ainda mais sua beleza.

Maria estava realmente linda quando chegou às gravadoras e encantou todos com sua voz. De todas que visitou, foi a gravadora Colúmbia que demonstrou maior interesse em lançá-la no mercado fonográfico e lhe apresentou as melhores propostas. Só havia um problema para contratá-la, faltavam-lhe canções inéditas para gravar um LP. Nenhum cantor se fazia no mercado de discos, gravando somente músicas já consagradas por outros cantores. Isso a deixou tão decepcionada quanto Egídio de Castro que não se deu por vencido; partiu imediatamente em busca de compositores, muitos deles indicados pela própria gravadora para que compusessem canções inéditas para formar o primeiro LP de uma nova estrela da MPB que estava prestes a nascer.

Nesse ínterim, Egídio levou Maria para fazer testes em locais que pudessem contratá-la como cantora para que já fosse ganhando dinheiro para o seu sustento. Assim ambos foram parar na Rádio Sociedade, Rádio Clube e a famosa rádio Mayrink Veiga, líder de audiência no Rio de Janeiro, reduto de novos talentos e ícone da chamada Era do Rádio. O radialista e diretor artístico César Ladeira ficou também fascinado pela voz de Maria, prometendo encaixá-la na grade da programação. Ademar Casé, o principal comunicador do rádio brasileiro na época, âncora do famoso Programa Casé, onde lançou nomes como Noel Rosa, Carmem Miranda, Orlando Silva, dentre tantos outros, também ficou maravilhado com o talento da jovem.

A seguir, Egídio de Castro foi apresentar Maria ao americano Wallace Downey, responsável pelo sucesso de muitos artistas no cinema e na indústria de discos e também a Ademar Gonzaga que havia produzido filmes musicais de sucesso tais como "Alô, alô Brasil", "Estudantes" e "Alô, alô, carnaval" todos produzidos pela empresa cinematográfica Waldow-Cinédia. Ali Maria também ganhou promessas de ser convidada para participar de filmes futuros assim que se destacasse nas rádios.

O próximo passo foi apresentar Maria aos proprietários e diretores dos shows dos famosos cassinos que ganhavam cada vez mais destaque no Rio de Janeiro, palcos onde brilhavam estrelas nacionais como Carmem Miranda e Grande Otelo e também estrelas internacionais.

Não demorou muito para Gioconda chamar Egídio de Castro na chincha, como ela mesma dizia.

— O senhor não vai fazer a Maria de trouxa, vai?

— Ela precisa ganhar dinheiro! Eu não ganho o suficiente para pagar pelas despesas dela e as minhas.

— Está bem. Mas saiba que estou de olho em você. Bem de olho! Se ludibriar a garota, eu mando capá-lo, está me ouvindo? Capá-lo!

Por incrível que pareça, o homem se amedrontou diante da mulher com voz e porte masculinos.

Dias depois, Egídio apanhou Maria para levá-la a mais alguns lugares onde ela já poderia ir defendendo o seu, com mais certeza, e, assim, pagando com mais facilidade por suas despesas.

— Até que você se torne uma grande estrela da música popular brasileira, Maria — explicou o caça-talentos, seriamente. — Você vai ganhar muito pouco com suas participações nos programas de rádio e nos cassinos. Portanto, é preciso ampliar o leque de apresentações, indo cantar em todos os lugares possíveis que possam lhe pagar bem, de certo modo, e automaticamente. Esse local que vou levá-la agora é onde você pode, mesmo não sendo famosa, começar a tirar um bom dinheiro. Portanto quero muito que impressione a dona do lugar.

— Está bem. Sr. Egídio... Farei o possível.

— Faça até mesmo o impossível, Maria. O impossível!

Ela novamente assentiu, mordendo os lábios.

O local em questão era um casarão bonito e gigantesco, algo que Maria nunca vira igual. Entrar ali, foi como se ela entrasse num outro mundo, onde só havia beleza, luxo e espaço para umas 500 pessoas. Àquela hora, o casarão estava mergulhado num silêncio sepulcral, bem diferente do agito que se estendia pela madrugada afora. Maria ainda olhava fascinada para o ambiente quando Claudete Pimenta, a

dona do local foi recebê-los.
— Pois não?
— Claudete, minha querida — começou Egídio, entusiasmado. — Trago uma novidade para se apresentar no palco de seu recinto... Uma raridade, na verdade.
Estudando mais atentamente a jovem, a moça falou:
— Mostre-me então seus talentos.
Quando Maria soltou a voz, Claudete Pimenta instantaneamente ficou também impressionada com o seu talento.
— Está contratada. Contratadíssima! Os músicos da casa se reúnem às tardes, por volta das 16 horas para fazerem os ensaios necessários. Com eles você poderá discutir o repertório de suas apresentações. Vou deixá-los avisado.
E mirando fundo os olhos de Maria, Claudete lhe foi sincera mais uma vez:
— Seja bem-vinda ao meu salão, Maria dos Reis. O salão mais luxuoso e paparicado pelos homens do Rio de Janeiro.
E Maria sorriu, amarelo, enviesando o cenho.
— Pode ser que muitos dos fregueses da casa confundam você com uma de minhas garotas. Não se preocupe, tampouco se assuste, é natural que isso aconteça. Mas você não terá de fazer nada que não seja do seu agrado.
E diante da interrogação estampada na face da jovem, a cafetina completou:
— Você sabe não sabe que espécie de lugar é esse, não? — voltando-se para Egídio, a mulher perguntou: — Você disse a ela, não disse Egídio? — E ao perceber que ele nada havia lhe dito, Claudete Pimenta explicou: — Isso aqui é um prostíbulo, minha cara. Sabe o que é isso, não sabe? É o mesmo que *zona,* conventilho, alcouce, antro, reduto, toca, harém, *rendez-vous!*
Diante dos olhos arregalados de Maria, Claudete riu do seu estado perturbador.

Mais tarde, naquele mesmo dia, com Gioconda, Maria desabafou:
— O lugar é bonito, é, mas ainda assim é um prostíbulo! Não vou me sentir bem cantando ali.

– Mas Maria este pardieiro em que você mora também é, de certo modo, um prostíbulo, só que não tem o luxo que você viu no outro lugar. Lá, pelo menos, você descola algum.

– Algum?

– Estou falando disso aqui "ó" – Gioconda fez um gesto com os dedos. – Dinheiro, fofinha! Dim-dim! O que move o homem, o que move tudo! Compreendeu, agora? É isso que você precisa no momento e quanto mais, melhor!

– Mas haverá o LP, vou ganhar pela venda dele, não?

– Você ainda não sabe se vai. Ainda nem gravou o disco. Mesmo que o grave, levará meses até que fique pronto, faça sucesso e comece a faturar. O que dá dinheiro mesmo para um cantor, segundo sei, são as apresentações ao vivo. E quanto mais você se apresentar ao vivo, doçura, mais *dim-dim* fará.

– Mesmo assim não acho certo eu cantar numa casa de emancipação...

– Doçura, o que importa nessa hora é o dinheiro, nunca se esqueça disso, por favor. Está mais do que na hora de você deixar essa inocência exacerbada de lado. A vida despreza os inocentes, sabia? Nenhum ser humano é mais tapeado do que um inocente, especialmente uma inocente jovem e linda como você.

Maria pareceu refletir e Gioconda continuou implacável:

– Além do mais, segundo você me disse, você quer trazer sua família para morar aqui no Rio de Janeiro, certo? Então, docinho, quanto mais cedo você conseguir fazer um pé de meia, mais fácil conseguirá juntar a quantia certa para alugar uma casa, ainda que humilde, e abrigar todos. Pense nisso, *baby*. Pense!

Gioconda estava certa, sim, percebeu Maria. Absolutamente certa em tudo que disse e, por isso, ela deixou o preconceito de lado e decidiu cantar linda e majestosamente no prostíbulo mais famoso do Rio de Janeiro da época.

Capítulo 2

Depois de alguns ensaios com os músicos da casa, Maria estava finalmente pronta para estrear no salão. Na sua noite de estreia, o lugar todo iluminado e já repleto de fregueses, assustou-a. Jamais pensou que ocorreria uma transformação tão radical ali e que tantos homens se reuniriam naquele local, elegantemente vestidos, em meio a moças de diversas idades cuja função era a mais antiga do mundo, segundo os historiadores. Até então, ela jamais havia visto o bordel em funcionamento.

Foi Claudete quem a apresentou:

— Senhores, é com muito prazer que eu apresento a todos vocês, a nossa mais nova descoberta. Uma voz que vai encantar os senhores, despertar fortes emoções, também por sua beleza e carisma. Com vocês, Maria dos Reis, a cantora que promete entrar para a história do Brasil.

Houve uma considerável salva de palmas em meio a alguns assovios maliciosos quando Maria pisou no palco. Trêmula por inteira, ela respirou fundo para se acalmar e finalmente soltou a voz para maravilhar todos. Começou cantando "Fita Amarela" composição de Noel Rosa que se tornou famosa nas vozes de Mário Reis e Francisco Alves.

"Quando eu morrer, não quero choro nem vela... Quero uma fita amarela gravada com o nome dela...".

Ao término da primeira canção, os aplausos para Maria soaram bem mais fortes do que os primeiros. E no repertório daquela noite, Maria encantou todos interpretando "Moreninha da praia" composição de Braguinha, famosa na voz do cantor Almirante, "Lig, Lig, Lé", marchinha de Paulo Barbosa e Owaldo Santiago, "Cidade Maravilhosa" de André Filho, "Que saudades da Amélia" de Ataulfo Alves, "Atire a primeira pedra" de Orlando Silva, entre outras.

Enquanto cantava, muitos rostos da plateia chamaram sua atenção, mas nenhum tão especialmente quanto o de uma moça bonita sentada ao lado de um homem provavelmente dez anos mais velho do que ela. A jovem lhe endereçava um olhar interessado e cheio de admiração. Por repetidas vezes, Maria teve a sensação de já conhecê-la de longa data, como se estivesse revendo uma amiga querida. Quem seria?...

As moças da casa, desacompanhadas até aquela hora da noite, não pareciam estar apreciando o show. Tinham o cenho amarrado enquanto fumavam ou se embriagavam com coquetéis e outras bocejavam sem parar. Volta e meia tiravam da bolsa seus batons avermelhados e retocavam os lábios já primorosamente pintados. Fitavam-se num pequeno espelhinho de bolsa, sorriam para si mesmas, ainda que não quisessem e voltavam a jogar seus charmes para os fregueses que ainda não haviam se decidido por nenhuma delas. Precisavam lucrar, dependiam do pouco ou muito que poderiam fazer ali.

Muitos ali, naquela noite em especial, não queriam outra mulher senão Maria dos Reis. Estavam fascinados por ela que cantava como uma deusa.

E o show continuou com Maria cantando Primavera no Rio, seguida de "Minha palhoça" sucesso de Sílvio Caldas e "Falta de consciência" de Ary Barroso famosa na voz de Ascendino Lisboa. "Não quero mais", sucesso na voz de Aracy de Almeida, composição de Zé da Zilda, Carlos Cachaça e Cartola.

Foi então que um dos presentes, um sujeito elegantemente vestido despertou a atenção de Maria. Ele olhava para ela com outro semblante, um fascínio diferente dos demais. Algo que a incomodou e, desde então, ela fez o possível para não mais olhar para ele.

"Está chegando a hora" de Carmem Costa e "Súplica", Orlando Silva foram as canções seguintes na voz de Maria dos Reis. Não havia quem não gostasse da apresentação, quem não se emocionasse, que não balançasse pelo menos o pé ou batesse com a palma da mão nas coxas. Até os mais rígidos relaxavam-se diante da grandeza de Maria.

O show terminou sob a ovação dos presentes que, em coro, pediram bis. E a canção escolhida para atender a todos foi o grande sucesso do ano de 1937 "Carinhoso" de Orlando Silva.

E novamente, sem querer, os olhos de Maria colidiram com os do sujeito elegante que continuava endereçando-lhe um olhar enigmático e, ao mesmo tempo, cheio de charme. Estranhamente ela se sentiu novamente incomodada com o seu olhar.

Ao descer do palco, Maria foi abordada por tantos fregueses da noite que Claudete teve de acudi-la.

– Deem licença, por favor – pedia ela enquanto puxava a jovem pelo braço. – Com licença, por favor. Com licença...

Os homens reverenciavam Maria, ao vê-la passar.

– Bravo! Bravo!

Muitos cochichavam aos ouvidos de Claudete:

– Quero ela, Claudete! Quero ela essa noite!

– Eu também!

– Pedi primeiro!

– Pago o dobro!

– Eu, o triplo!

A dona do bordel explicava muito pacientemente:

– Ela não é uma das moças do salão, é a cantora da casa.

– Como não? Toda cantora é!

– Ora, cavalheiro, não seja preconceituoso!

– O que são os artistas senão...

Ao chegarem num local onde Claudete acreditou que Maria estaria segura, ela pediu à jovem que se sentasse ali e aguardasse pelo jantar. Que pedisse o que quisesse.

– Mas eu não posso gastar.

– Querida, é por conta da casa. Você merece! Sirva-se à vontade. Aproveite!

Maria agradeceu e se sentou, sendo logo assessorada por um garçom simpático.

– O que pedir? O que sugere?

O garçom lhe fez algumas sugestões.

– Tudo o que me indicou me parece tão bom.

– E é.

Foi então que uma das moças da casa achegou-se a ela e disse:

— Aceita uma sugestão? – disse ela, esbanjando simpatia. – Prove do *fricassê* e depois do manjar que está uma delícia.

Maria agradeceu a dica e só então notou que se tratava daquela que lhe parecia ser uma velha conhecida sua.

— Depois me diga se não estava bom – completou a moça, sorrindo amavelmente para ela.

— Direi, sim, obrigada.

— A propósito, você esteve esplêndida. Foi uma estreia e tanto, parabéns!

— Obrigada. Seu nome é...

— Ah, sim, acabei me esquecendo de me apresentar. Chamo-me Cândida, muito prazer.

— Muito prazer.

— Por acaso você já cantou em alguma rádio do interior de São Paulo?

— Sim, sim... Numa, na cidade de Campinas.

— Ah, eu sabia! Sabia que já tinha ouvido você cantar em algum lugar. Saiba que eu já era sua fã desde lá. Morava no interior até pouco tempo atrás.

— Ah, sim...

Ao sinal do garçom, Cândida olhou para a porta que dava acesso ao local e fez um aceno para o sujeito que ali estava.

— Meu acompanhante da noite me espera, preciso ir. Mais uma vez os meus sinceros parabéns.

A seguir o jantar foi servido e logo Egídio de Castro apareceu para cobri-la de elogios.

— Maria, você foi fantástica! Simplesmente fantástica! Claudete está contentíssima.

— Que bom!

Foi enquanto os dois conversavam que Maria avistou novamente o tal moço elegante que se mantivera olhando para ela durante toda a sua apresentação, de forma enigmática, o que a incomodou bastante. Novamente ela desprezou o seu olhar.

Foi assim que Maria dos Reis foi ganhando cada vez mais fãs por onde passava. Os convites para participar de programas nas rádios e nos cassinos aumentavam enquanto o repertório de músicas inéditas para a gravação de seu primeiro disco começava a ser definido.

O pessoal do hotel "cortiço" em que Maria morava até então, vibrava com suas conquistas. Gioconda era quem mais se empolgava, tratando sempre de ser ela mesma a responsável por passar os vestidos que Maria usaria nas apresentações, enquanto Clóvis se incumbia de maquiá-la e lhe fazer o cabelo.

Duas semanas depois de sua estreia no bordel, Cândida Moniz foi novamente lhe falar:
– Maria, este é o Adamastor.
O homem, muito gentilmente estendeu-lhe a mão.
– Muito prazer. Você canta como uma deusa.
Cândida explicou:
– Ele quis vir cumprimentá-la pessoalmente. E eu também mais uma vez. Sua apresentação foi realmente divina. Linda! Parabéns!
Os três prosearam até o prato pedido por Maria ser servido e se afastaram para que a moça pudesse saboreá-lo tranquilamente.
Ao terminar seu jantar, Cândida se aproximou novamente dela.
– Ele já foi – disse ela, polidamente.
– Ele é seu...
– Foi meu cliente durante algumas semanas, até que se apaixonou por mim.
– Apaixonou-se?
– Sim. E eu por ele.
– Jamais pensei que isso pudesse acontecer num lugar desses...
Cândida riu.
– Aconteceu! Um caso em um milhão, mas aconteceu!
Maria voltou a admirá-la e ela prosseguiu:
– Ele paga por mim toda noite para que eu seja exclusiva dele. Só dele! E faz isso desde que me conheceu melhor.
– Ele realmente parece gostar muito de você.
– Gosta, sim, tenho a certeza disso, uma mulher não se engana.
– Não?
Cândida riu e logo se retificou:
– Se engana, sim! Eu mesma já me enganei e, por isso, vim parar

aqui.

Maria fez de ar de pena e comentou:

— Desde que cheguei aqui, para cantar, me pergunto sem parar: por que uma mulher se torna uma...

Diante da dificuldade de Maria para pronunciar a palavra, Cândida disse por ela:

— Uma prostituta?

— É, eu sempre tive curiosidade

— Eu também, durante muito tempo, antes, muito antes de me tornar uma.

Houve uma pausa até ela explicar:

— Cada uma se torna uma cortesã por diversos motivos. Ilusão, desilusão, por dinheiro, por querer dinheiro rápido, pelo prazer da sedução... No meu caso foi por desilusão e necessidade.

Cândida voltou os olhos para a porta que dava para o jardim, mas foi como se olhasse mesmo para o seu próprio passado, antes de chegar ali. Disse:

— Quando descobri que estava grávida... Foi como se o mundo tivesse caído sobre mim. Seria uma vergonha para os meus pais e para mim diante da sociedade, mesmo assim decidi ter o meu bebê.

Ela tomou ar antes de prosseguir:

— Quando eu já não podia mais esconder a barriga, fui obrigada a revelar tudo para o meu pai que, sem pensar duas vezes, foi até o meu quarto, pegou todas as minhas roupas do guarda-roupa e jogou tudo na rua. A mala, arremessou a seguir. Foi nela que tentei guardar tudo o mais rápido possível. Horror mesmo foram suas palavras. "Suma daqui! Nunca mais nos procure!".

"Pai, sou sua filha, o senhor não pode fazer isso comigo."

"Eu pensei que tivesse uma filha! Você é uma pecadora, imoral e indecente!"

Sem mais, ele bateu o portão na minha cara e depois a porta de frente a nossa casa, me deixando só na calçada com o olhar tomado de horror pelo que aconteceu. Nenhum vizinho ousou me ajudar, e se diziam cristãos, imagine só. Falsos cristãos, isso sim!

— Que história...

— Ela não termina aqui. Sem poder contar com nenhum parente, fui parar na zona da cidade. Achei que só ali poderia encontrar abrigo e realmente encontrei. Permaneci no local, ajudando na limpeza dos quartos até eu ter minha menina.

– Uma menina?!

– Sim e o nome dela é Andressa. Uma garota adorável. Já tem um ano e um mês.

– Que doçura!

– Para criar minha filha, tive de trabalhar e de tão desiludida com tudo que vivi com meu pai e todos mais a minha volta, decidi me tornar o que sou hoje e não me arrependo.

Maria absorveu a informação em silêncio enquanto Cândida prosseguiu:

– Vim para o Rio com minha menina porque aqui eu poderia ganhar mais e, com isso, garantir um futuro melhor para ela. Assim que cheguei, vim procurar Claudete, indicação de Darlene, a maioral das prostitutas da *zona* da cidade em que eu vivia. Ao me ver com minha menina nos braços, acho que Claudete sentiu pena de mim no mesmo instante e me aceitou de prontidão como uma das moças da casa. Nem cheguei a lhe contar minha triste história.

– Compreendo.

Houve uma pausa até Cândida concluir:

– Na minha primeira noite neste bordel, conheci o Adamastor. Ele foi meu primeiro cliente aqui e, bem, logo passou a ser o único. Ele diz que vai se casar comigo.

– E isso é muito bom, não é?

– Muitas daqui não acreditam nisso, pensam que ele só está me iludindo com promessas. Mas eu acredito nele, não há por que não acreditar. Não tenho nada a perder com isso.

– Sim... Você está certa!

Cândida decidiu preveni-la.

– Como eu lhe disse, Maria, o meu caso com Adamastor é um em um milhão. Foi como ganhar na loteria. A maioria dos homens que frequentam esse lugar já são casados, ou comprometidos e não pretendem deixar suas esposas, noivas ou namoradas por uma prostituta. Só estão aqui para se divertirem e prometerem o que nunca poderão cumprir. Iludir, iludir e iludir... O homem tem o dom de iludir. Por isso, minha querida, tome cuidado. Muito cuidado. Mesmo fora daqui, mantenha o cuidado, a maioria dos homens espalhados por aí, só querem levar uma mulher para cama, ainda mais se souberem que é virgem. Por isso, cuidado!

– Lembrar-me-ei do seu conselho.

– Não quer dizer também que não possa encontrar aqui um bom partido, um homem que realmente possa vir a se interessar por você. Se eu encontrei, você também pode. Vou torcer por você, você merece!

Ela sorriu e completou:

– Nossa, falei tanto de mim e você quase nada de você. Conte-me sobre a sua vida, como descobriu seu talento para a música?

E Maria se pôs a falar entusiasmadamente.

Quando Maria voltou ao salão, para ir embora, avistou novamente aquele que por momento algum, durante suas apresentações, tirou os olhos dela. Estava entrelaçado a uma cortesã e quando a viu, voltou a olhar na sua direção com grande interesse. Seus olhos ainda pareciam lhe dizer o mesmo: "Te quero!", fazendo com que ela evitasse o seu olhar e fosse embora de vez.

O fato de ele estar com outra deixou Maria enojada, só mesmo um cafajeste se atreveria a ficar de olho noutra mulher enquanto se mantinha nos braços de outra, ainda que esta fosse uma cortesã.

Naquela noite, antes de dormir, Maria escreveu para a mãe e Augusta, contando as últimas de sua vida.

Capítulo 3

Uma semana depois, após terminar mais uma de suas apresentações no bordel, Maria recolheu-se ao restaurante para jantar. Foi então que um simpático garçom aproximou-se dela e lhe entregou um drinque.

– Para mim?
– Sim, aquele cavalheiro mandou-lhe de presente.
– Ah?!

Ao avistar a figura do sujeito por quem sentia tanta repulsa, Maria recusou terminantemente o agrado.

– Obrigada. Não quero.
– Mas...
– Eu não gosto dele. É repulsivo.
– Mas...

O garçom ficou sem saber o que fazer, de tão sem graça, pensou em conversar com Claudete a respeito, mas mudou de ideia por insistência do próprio freguês.

– Não compliquemos as coisas para ela – respondeu o indivíduo.
– Mas ela foi tão descortês com o senhor – respondeu o garçom ainda indignado com a reação de Maria.
– É porque ela ainda não me conhece – retrucou o sujeito de porte esbelto, bigode roliço e costeletas bem aparadas. – Quando me conhecer vai aceitar tudo o que eu lhe propuser.
– O cavalheiro está muito confiante, não acha?

Ele balançou a cabeça, manifestando dúvida:

– Estou? Sem confiança não chegamos a lugar algum, meu caro. Lembre-se disso, jamais se esqueça disso.

O garçom apanhou mais uma rechonchuda gorjeta oferecida pelo empolgado freguês e retomou seus afazeres. O cavalheiro então enxugou o suor de seu rosto bronzeado, pelo glamoroso sol de Copacabana e murmurou, consigo mesmo:

— É porque ela ainda não me conhece, quando conhecer...

Sem mais, apagou o cigarro no cinzeiro sobre o balcão do bar e foi aonde bem queria.

Minutos depois, um indivíduo importante e endinheirado da sociedade carioca se sentou pesadamente na cadeira ao lado de Claudete Pimenta para lhe falar sobre Maria:

— Essa Maria, Claudete...

— É uma deusa encarnada, não é?

— Se é... — ele fez uma imitação em italiano. — *Mama mia!!!* — Aproximou-se do ouvido da cortesã e acrescentou: — Ela pode lhe dar um bom lucro!

— Já lhe disse que o negócio dela é outro.

— Quem sabe ela não muda de ideia? — retrucou ele com voz arrastada e um leve sorriso. — Sabe como é, cantora e prostitutas são todas a mesma *coisa.*

Claudete abriu o leque num solavanco, abanou-se e levantou-se, lançando um olhar de esguelha para o sujeito.

Dias depois, logo após o ensaio de Maria com os músicos do bordel, Claudete chamou a moça para um jantar a sós com ela.

— Não aceito "não" como resposta. Se disser vou me sentir ofendida.

Maria, sempre muito polida com todos, aceitou o convite de prontidão e, assim que se sentou à mesa, uma conversa descontraída se desenrolou entre as duas. Foi então, depois da sobremesa, quando admirava o salão ainda vazio e silencioso que Claudete Pimenta desabafou:

— A maioria das pessoas pensa que é fácil ser uma prostituta. Que basta simplesmente ir para cama e deixar que tudo aconteça... Que não existe dinheiro mais fácil de se ganhar no mundo do que por meio da prostituição. Isso não é verdade. Essa é uma vida ingrata, também. Você acha agradável para uma mulher ter que se deitar com um homem por quem ela não sente nenhuma atração? Sente, na verdade, nojo? Um homem que, muitas vezes, chega direto do trabalho, fedendo a suor, cachaça e mau hálito. Com o cabelo ensebado e dentadura reluzente. Cheirando o seu cangote, roçando o seu corpo, que tanto lhe causa repugnância, no seu... Ai, é de arrepiar, não?

— Sim, é horrível.

— Pois é, mas é assim que acontece na maioria das vezes. É nojento, simplesmente, nojento! E triste também porque o que uma mulher mais quer é se apaixonar e viver somente por seu homem amado. Ser só sua, inteiramente e infinitamente sua!

— Eu nunca havia parado para pensar nisso.

— Ninguém para. Mas é a verdade nua e crua! É lógico que existem mulheres que não estão nem aí com isso, mas para mim elas adotaram uma postura de frieza e naturalidade diante dos fatos para não sofrerem. Porque verdade seja dita: uma mulher jamais deixa de ser mulher e todas são, no fundo, sentimentais e loucas para amar um homem só que as faça se sentirem a mulher mais amada e desejada do planeta.

— E esse homem existe?

— Muitas encontram o seu, Maria... Mas são muito raras aquelas que conseguem. Eu mesma pensei ter encontrado o meu no passado, mas me enganei redondamente. Penso mesmo que foi falta de sorte da minha parte. A sorte infelizmente não está para todos por igual, o que é uma pena, senão seria um mundo perfeito e maravilhoso! Se você ainda não encontrou o seu homem há de encontrá-lo e desejo, do fundo do meu coração, que os ventos soprem a favor de vocês quando isso acontecer. Para que sejam felizes como todos deveriam ser nessa vida.

— Obrigada.

Ao ver Cândida com Andressa nos braços, Claudete sorriu e se levantou.

— Cândida, querida, junte-se a nós.

— Não quero atrapalhar.

— Por favor.

Foi então que Maria teve a oportunidade de conhecer a filha linda daquela por quem tinha um carinho especial.

— Ela é mesmo uma garota adorável – elogiou. – Posso pegá-la?

Ao segurar a pequenina nos braços, Maria, emocionada falou:

— Eu sempre quis ter uma filha, sabe? Acho que é coisa de menina.

— Pois um dia você terá — Cândida a encorajou. — E ela e minha filha poderão ser até duas grandes amigas.

— Deus a ouça, minha querida. Deus a ouça.

E Maria voltou novamente a admirar o belo rostinho de Andressa.

Naquela mesma noite, Maria brilhou mais uma vez no palco do radiante bordel, sendo ovacionada como sempre pelos presentes, o que a deixou novamente muito feliz pelo reconhecimento merecido de seu talento. Ao avistar mais uma vez o sujeito que não se sentia intimidado em encará-la tão despudoradamente, ela voltou a se sentir mal diante do seu olhar.

Depois de jantar, quando se encontrava no jardim interno do grande salão de onde se podia admirar a lua naquela noite linda de verão, ele ousou mais uma vez se aproximar dela.

Maria estava tão distraída que demorou para perceber que havia alguém parado às suas costas. Quando fez, estremeceu e, por pouco não gritou. Ali, tão próximo a ela estava o tal moço de bigode roliço e costeletas bem aparadas por quem ela sentia tanta repulsa.

— Desculpe-me, não quis assustá-la — adiantou-se ele com o charme inegável dos cariocas.

— Ah, é você...

— Sim! Quero parabenizá-la por suas apresentações. Você canta divinamente bem.

— Obrigada.

— Poderíamos conversar um pouco?

— Não!

— Por que minha presença a incomoda tanto? Posso saber?

— Eu não sou uma prostituta.

— Por momento algum eu disse que era.

Ela suspirou e se fez direta novamente:

— O que quer então de mim?

— Conhecê-la, posso? Sempre ouvi dizer que os artistas acabam se achando superiores aos demais e, por isso, evitam se aproximar de meros mortais como eu. É verdade?

Maria nada respondeu, permaneceu quieta e pensativa. As palavras dele fizeram-na lembrar do conselho dado por Cândida.

– Você recusou o drinque que mandei lhe oferecer naquela noite... Por quê?

– Porque não gosto de você. Para mim não passa de um sedutor fingido e mau-caráter.

– Calma, como pode julgar alguém sem conhecê-lo devidamente? Não acha que está se precipitando?

Ela mordeu os lábios tão fortemente que os feriu. Ao sentir o sangue se espalhando, ele imediatamente se prontificou a ajudá-la, estendendo-lhe um lenço.

– Está limpinho, não se preocupe.

– Obrigada. Agora, por favor, deixe-me em paz.

– Está bem. Se você quer assim...

Certa aflição fez com que ela passasse por ele, seguindo em direção ao restaurante.

– Espere! Só mais uma coisinha! – disse ele fazendo-a parar. – Se você não der chance para pessoas desconhecidas como eu se aproximarem de você, nunca poderá conhecê-las a fundo. Não se esqueça de que amigos já foram estranhos para nós um dia.

Ao voltar-se para trás, a manga do casaco de Maria, derrubou um dos copos da mesa que havia nas proximidades. Ele rapidamente foi até ela e disse:

– Cuidado, você pode se cortar. O pessoal da limpeza cuidará disso.

– Sim, sim... Obrigada.

Sem mais, ela partiu, sem dar tempo ao sujeito de se apresentar devidamente como tanto queria. O dia terminou sem mais nenhum acontecimento marcante. Nos seguintes, Maria, por momento algum se recordou do tal sujeito, estava tão envolvida com os seus compromissos que sequer tinha tempo para pensar em si mesma.

Na sua apresentação da semana seguinte no bordel, Maria se surpreendeu com a quantidade de pessoas presentes. Desde sua estreia, nunca vira a casa tão lotada. Mal sabia ela que a maioria dos que estavam ali, estavam para vê-la: a cantora sensação do momento. Tanto ali como nas rádios por onde passava, Maria ganhava fãs e mais fãs que não sossegavam enquanto não a vissem de perto, pois já se comentava a respeito de sua insinuante beleza, tão bela quanto sua voz.

Nessa noite, Maria entoou as mais belas marchinhas de carnaval, despertando alegria e movimentos frenéticos entre os clientes e as meretrizes. Por diversas vezes, ela avistou aquele que parecia não ter olhos para mais ninguém senão para ela. E ele lhe sorria, enfrentando o seu olhar como nunca pensou que um homem seria capaz de fazer.

Ela, como sempre, rapidamente fugiu do seu olhar, para não lhe dar esperanças, mas seu olhar insistente acabou perturbando-a, a ponto de fazê-la se atrapalhar com a letra de uma canção, errando feio, como nunca fizera em toda vida.

– Desculpem-me. Distraí-me.

Ainda assim todos bateram palmas, até mesmo o sujeito que ela não suportava. Ao término da apresentação, Maria deixou mais uma vez o palco, sob forte salva de palmas e foi escoltada por Claudete até o restaurante junto ao jardim do casarão.

Visto que ela havia jantado pouco antes de se apresentar, Maria, dessa vez, quis apenas provar um pedacinho do famoso e delicioso quindim que era servido no local. Foi então que o sujeito, que tanto a desagradava, reapareceu, aproximou-se dela e se curvou num galanteio, dizendo com sua voz grave e ressoante:

– Não poderia deixar de vir cumprimentá-la. Hoje você me pareceu ainda mais estupenda que nas noites anteriores. Parabéns!

Ele estendeu-lhe a mão para apanhar a dela e beijá-la, mas foi novamente desencorajado por Maria que não moveu um músculo sequer diante de sua figura.

– É sempre tão difícil assim? – indagou ele, sem perder o toque de sedução na voz.

– Hoje não foi uma noite feliz para mim. Errei a letra da música...

– Espero não ter sido por minha causa.

– Pois foi, foi sim!

– Eu sinto muito.

Ele tomou um minuto para admirar o cabelo dela, enrolado e preso atrás de maneira lindíssima, deixando seu rosto à mostra, com suave pintura, um rosto de porcelana. Só então a elogiou:

– Quando eu a vi pela primeira vez, no palco, pensei: ela é realmente perfeita, nunca vi tamanha perfeição. Nada nela destoa ou constrange. É agradável de se olhar, admirar, ouvir e até mesmo, se Deus nos permitir, compartilhar nossos sonhos... E agora posso dizer que é também interessante de se conversar o que me sugere que você seja, em todos os sentidos, a mais encantadora das companhias.

– O senhor é sempre assim, tão descarado? – respondeu Maria ligeiramente enfurecida.

O largo e franco sorriso do cavalheiro se ampliou.

– Está aí algo que nunca me disseram – respondeu ele sem se deixar intimidar com sua reação. – Penso que sou o que sou, assim como você é o que é. Estou enganado?

Ela fez bico e virou o rosto.

– E você, é sempre assim tão franca? – perguntou ele a seguir.

Ela novamente fez bico, virou o rosto para o lado e tamborilou com os dedos por sobre a mesa. Ele, divertindo-se com seu jeito malcriado, perguntou:

– Você não quer saber nada de mim? Quem sou, o que penso?

– Não, muito obrigada.

– Vou lhe dizer mesmo assim.

– Então diga para as moscas.

– Sinto muito, aqui não há moscas.

Ela fez ar de mofa.

– Se você quer parecer uma moça sem educação, saiba que não está conseguindo. Qualquer um pode ver que se trata de uma moça de requinte e classe. Uma adorável criatura.

Ela novamente bufou e procurou ser controlar, enquanto ele continuou firme e decidido:

– Desde o flamejar da minha adolescência, Maria, vivi procurando aventuras com mulheres e mais mulheres até que a vi pela primeira vez.

– Como você é canastrão.

– Falo sério! Depois de conhecê-la minhas perspectivas de vida tornaram-se outras.

– Ah, por favor...

– Falo sério.

– O senhor é um sedutor barato.

Ele riu.

– Essa busca por aventuras ficará, certamente amortecida, mas não morta. Renascerá doravante por meio da celebração de uma união feliz. A nossa união!

– Como pode ser tão descarado?

– E como você pode ser tão turrona? Não se parece em nada com a imagem que passa nos palcos. Toda a meiguice, toda a delicadeza, toda simpatia desaparece quando você fica longe dali.

– Se não me acha meiga, simpática e delicada, por que está perdendo seu tempo comigo?

– Não estou perdendo o meu tempo, Maria! Eu jamais o perco! Sei que está sendo indelicada comigo para que eu me afaste de você, mas não farei. Age como age comigo porque tem medo.

– Medo?!

– Do desconhecido e dos homens, certamente. Aposto que nunca se envolveu com um.

Maria avermelhou-se inteira.

– Eu sabia! – exclamou ele, abrindo novamente um sorriso de ponta a ponta.

– Deixe-me em paz! Se não se afastar de mim, vou reclamar do senhor com a proprietária deste lugar.

– Você nunca ouviu falar que o cliente sempre tem razão? Aqui eu sou o cliente e você uma funcionária da casa.

Os lábios dela se abriram e se contraíram rapidamente. Tão nervosa ficou, que agarrou com força a gargantilha com imitação de pérolas que se arrebentou com a pressão dos seus dedos.

– Veja o que você fez! – choramingou ela.

– Eu?!

Ela curvou-se para apanhar as pérolas caídas ao chão e começou a enfiá-las no bolso.

– Calma eu a ajudo! – prontificou-se ele. – Não deveria se preocupar com elas, são bijuterias... Se fossem verdadeiras, aí sim eu lhe daria razão para se desesperar.

– Não precisa me ofender.

– Não queria, estou apenas tentando acalmá-la.

Ele segurou a mão dela, a esquerda, quando ela, sem querer, colidiu com as dele. O calor que emergiu em seu interior ao sentir sua mão envolvida pela dele, fez com que Maria olhasse finalmente mais atentamente para o sujeito que tanto a incomodava.

– Acalme-se. Confie em mim – insistiu ele num tom doce e envolvente.

Seus olhos cinza-esverdeados pesaram desta vez sobre sua ação, fazendo com que ela finalmente relaxasse.

– V-você tem razão... – disse ela, abrandando o tom. – Não passam de bijuterias. Logo terei condições de comprar uma nova gargantilha.

– Desta vez uma com pérolas verdadeiras.

Um risinho envergonhado escapou dos lábios finos de Maria, antes de dizer:

– Jamais terei condições de comprar...

– Um colar de pérolas de verdade? – adiantou-se ele, prontamente. – Ora, como não? É uma cantora em ascensão, fará tanto sucesso, mas tanto sucesso que será capaz de comprar muito mais do que uma gargantilha.

– Uma para mim é o suficiente.

– Pode ser... Mas a fama e o dinheiro lhe darão bem mais do que uma...

– Mais do que preciso para viver, feliz?

– Bem mais, que mal tem? Desde quando precisamos limitar a entrada do que é bom em nossas vidas? O que é bom, nunca é demais!

Voltando a ficar rígida como antes, Maria pegou sua bolsa e se levantou:

– Eu preciso ir.

– Eu a levo.

– Quem você pensa que eu sou? Não o conheço, jamais aceitaria uma carona de um estranho.

– Não sou tão estranho quanto pareço. Aqui todos me conhecem, pode perguntar a qualquer uma das moças e dos funcionários. É só você que não me conhece.

– E nem quero.

– Você não foi mesmo com a minha cara, hein?

– Passar bem.

Sem mais, Maria partiu e ao avistar Cândida foi até ela, desabafar:

– Que sujeito mais inconveniente.

– Ele abusou de você?

– Não, ficou apenas tentando me conquistar com um papinho barato.

– Será que ele ainda não entendeu que você não é uma de nós?

– Entendeu, mas...

– Talvez ele queira ser apenas gentil com você.

– Mas de uma forma tão inconveniente.

– Talvez tenha sido a única que ele encontrou.

– É, talvez...

– Eles geralmente se empolgam por causa da bebida, quando sóbrios esquecem-se completamente de suas investidas.

– Tomara! Se bem que ele já vem me procurando há semanas, desde a minha estreia aqui. Até no Cassino da Urca eu já me esbarrei com ele, pode?

– No Cassino da Urca?!

– Sim.

– Nossa! Não sabia que estava se apresentando lá. Dizem que o lugar é maravilhoso, cheio de gente elegante e rica. Adoraria conhecer...

– Eu a levo um dia, você entra comigo como se fosse minha ajudante e...

– Eu adoraria!

Não foi preciso tanto para Cândida realizar seu sonho. Adamastor, ao saber de sua curiosidade pelo local, levou-a com muita satisfação para conhecer o famoso Cassino da Urca onde também puderam assistir ao magnífico show de Maria dos Reis, no estupendo local.

Vale lembrar que no início, assim que Cândida se mudou para o bordel, a pequena Andressa passava boa parte da noite no quarto em que Anastácia, a senhora que cuidava da limpeza do lugar, passava suas noites. Só mesmo assim para Cândida poder atender aos seus fregueses sem ser interrompida. Como Adamastor se interessou por ela de imediato, a pequenina não mais precisou ficar longe da mãe por tanto tempo.

Capítulo 4

No dia seguinte, Egídio de Castro chegou, trazendo a notícia de que finalmente assinariam o contrato com a gravadora.

– Já temos as canções inéditas que precisamos para formar seu primeiro LP – informou, alegremente. – Depois que os compositores, os melhores, digamos de passagem, souberam que suas canções seriam interpretadas pela cantora de rádio sensação do momento, choveram canções e mais canções por lá. São tantas, Maria, tantas que poderemos escolher as melhores.

– Que maravilha! – empolgou-se a cantora. – Mal vejo a hora de começar.

Quando Gioconda soube do grande acontecimento, pediu a sua hóspede mais ilustre que cantasse para ela, o repertório escolhido por Egídio de Castro e o produtor do LP, para compor o seu primeiro álbum fonográfico. Assim ela fez e logo ouviu uma opinião sincera da mulher:

– Desculpe-me, doçura, mas muitas das canções escolhidas não são boas.

– Você acha?

– Acho sim. Você tem como cantar um pedacinho de todas as canções inéditas que recebeu? Assim poderemos ajudá-la a escolher as melhores por meio de uma votação. Queremos o seu sucesso, não o seu fracasso!

Com a aprovação de Maria, Gioconda reuniu todas as suas hóspedes num horário propício a todas, para ajudar Maria a escolher as melhores canções para compor o seu álbum de estreia. E a ajuda de todas foi realmente de grande importância para o sucesso do álbum.

Na próxima carta, escrita com muito carinho, de próprio punho, para sua mãe, Dona Augusta e Jonas, Maria relatou as novidades.

Augusta e Ofélia leram a carta com grande emoção. Relendo as linhas e redobrando as orações pelo sucesso da jovem que amavam tanto.

Logo que as gravações do primeiro álbum tiveram início, a vida de Maria se tornou bem mais atribulada do que antes. Dividia seu tempo entre o estúdio, suas participações nos programas de rádio, shows em cassinos, restaurante e bordéis. Quando parecia que ia fraquejar, Gioconda a estimulava a continuar, cobrindo-lhe de elogios e lembrando-a que no final, tudo valeria a pena. E de fato, valeu. O LP estava ficando lindo, recheado de belíssimas canções que na voz de Maria dos Reis tornavam-se ainda mais lindas.

Na sua próxima apresentação no bordel, Maria novamente foi abordada pelo sujeito de largo e franco sorriso e aspecto um tanto solene.

– Eu não vou desistir de você, Maria. Não adianta! Nada me fará desistir de você – disse ele, francamente.

– Está perdendo o seu tempo.

– Não, Maria, se eu estivesse, de fato, eu saberia, por intuição. Por isso luto pelo nosso amor!

As palavras dele mexeram com ela novamente. Quando ela se virou para partir, ele a segurou pelo braço, prensou contra o seu peito e se fez claro, mais uma vez:

– Você precisa ser amada, beijada e acariciada...

– Você não sabe o que diz...

Ele habilmente a beijou até fazê-la perder a força. O beijo parecia que não mais teria fim. Quando ia terminar, era apenas pelos segundos necessários para que ambos respirassem e retomassem-no com mais intensidade. Quando finalmente teve fim, ele, olhando maravilhado para ela, falou, com todas as letras:

– É disso que você precisa, Maria. É disso que toda alma feminina necessita para ser feliz. Feliz de verdade!

Ela mal conseguia respirar quanto mais responder.

— Entende agora o que eu sinto por você?
— E-eu...
— Larga de se fazer de difícil e me dê uma chance, por favor. Juntos poderemos construir um futuro admirável e com filhos lindos!

As promessas fascinaram Maria.
— Você realmente gosta de mim?
— Ah, finalmente você entendeu.
— Mas você passa praticamente todas as noites neste prostíbulo.
— E nos cassinos também.
— Então...
— Porque não tinha algo melhor para fazer até então. Se me permitir conhecê-la melhor, até mesmo cortejá-la, tudo será diferente doravante...
— Que nada, se fosse mesmo não continuaria fornicando com mulheres...
— É bem melhor do que com homens... — Ele riu. — Sou macho, Maria, e como todo macho tenho lá minhas necessidades.
— O que o faz pensar que comigo sua vida será diferente?
— Ora, Maria, o desejo infindável de estar ao seu lado. É só nisso que eu penso, dia e noite, noite e dia, depois que a conheci.

Ela novamente se viu sem palavras e ele, incansavelmente, continuou tentando conquistá-la.
— Eu quero uma vida feliz, amando e te respeitando... — continuou ele com seu vozeirão determinado. — Só preciso que me dê uma chance, apenas isso, é só o que lhe peço.

Visto que ela não lhe diria mais nada, ele se despediu e foi quando estava prestes a partir que ela, finalmente encontrou forças para dizer o que ditava o seu coração:
— Está bem... Se é uma chance que você quer, eu lhe dou essa chance.

Ele se voltou lentamente para ela e com seu sorriso bonito, de ponta a ponta, exclamou:
— Jura?! Fala sério?!

Ela assentiu com os olhos começando a lacrimejar. Ele então tirou as flores de um vaso, num rapidez incrível e formando um buquê, ajoelhou-se diante dela e disse:

– Permite que eu lhe faça a corte?
Ela foi franca ao dizer:
– Posso pensar no assunto.
A resposta fez com que ele se levantasse, atirasse o buquê para o lado e a abraçasse forte e carinhosamente.
– Não, não permito.
Ela desafiou-o mais uma vez com um olhar e ele, achando graça dela novamente, falou:
– Em meio a toda essa resistência da sua parte em me conhecer, faltou eu lhe dizer meu nome.
– É mesmo, desculpe.
– Tudo bem. Vladimir Abujamra ao seu dispor.
Só então Maria prestou melhor atenção à fisionomia do cavalheiro de quase trinta anos, olhando encantadoramente para ela. O rosto de Vladimir Abujamra transparecia determinação e jovialidade. Os olhos, de um cinza-esverdeado, sob as sobrancelhas regulares e escuras, tinham brilho e a chama da inteligência. Sua boca curva-se ligeiramente para cima e era grande, denotando simpatia. O bigode roliço dava um charme a mais, as costeletas um ar de intelectual, talvez mesmo por causa dos óculos de armação redonda na cor preta, ornando com a tonalidade dos cabelos, um castanho escuro, com leves nuances de dourado.
A seguir, Maria finalmente respondeu com entusiasmo às perguntas do moço e se interessou por ele que a beijou mais uma vez, dessa vez, porém, porque ela se deixou ser beijada. Os clientes do restaurante e os empregados dali que haviam presenciado tudo, vibraram com urros e palmas pela união do casal.
– Bravo! Bravo!

Mais uma vez a vida da jovem Maria ganhou um aditivo a mais de felicidade. Dias depois não deu outra, nos jornais lia-se a notícia de que Maria dos Reis, a nova voz do rádio que vinha encantando corações, cedera aos encantos de um carioca que há muito tentava conquistá-la. Seu nome era Vladimir Abujamra e logo o nome do cavalheiro também se tornou popular entre os admiradores e fãs da cantora em ascensão.
O primeiro LP de Maria foi finalmente lançado e muito elogiado

pelos críticos. Em poucas semanas tornou-se um dos mais vendidos, causando furor no meio artístico e musical. Os convites para os shows com a cantora triplicaram e não mais ela deixou de ser notícia nos principais jornais e revistas do final dos anos trinta no Brasil. São Paulo também logo descobriu Maria dos Reis, o que era raro de acontecer na época, pois muitos artistas que eram lançados por gravadoras cariocas só faziam sucesso no Rio de Janeiro, e os que gravavam em São Paulo restringiam seu sucesso somente àquele estado.

Quando Ofélia e Augusta ouviram pela primeira vez a canção carro-chefe do primeiro LP de Maria, mal podiam acreditar, brindaram com refresco o grande acontecimento.

Gioconda e o pessoal da Lapa fizeram uma festa surpresa para saudar a mais ilustre figura do bairro boêmio pelo lançamento do seu primeiro registro fonográfico. Foi assim que começou o apogeu daquela que viria a ser uma das maiores cantoras do país. Por nenhum momento, Maria pensou que chegaria a tanto.

Capítulo 5

A próxima novidade foi que Adamastor Alencastro Netto finalmente pediu Cândida Moniz em casamento.

– Quero fazer dos seus dias, os mais lindos. Quero bem mais do que isso, quero que sejam inesquecíveis. Quero passar tardes e tardes, noites e noites, todas as estações se possível, na sua companhia. Viver lado a lado os melhores e piores momentos para cada um dar força um pro outro. Juntos, Cândida, juntos a vida vai ter muito mais sentido!

A moça, deveras emocionada, derramou lágrimas que ele logo enxugou com um lenço.

– Choro de emoção – desabafou ela, tentando não chorar novamente. – Você é um presente na minha vida. Depois de tudo o que passei, jamais pensei que poderia encontrar um homem tão adorável. Que pudesse amar sem ter medo de amar.

– Você também está sendo uma grande surpresa na minha vida, Cândida. A mais feliz.

Ela procurou sorrir, um sorriso trêmulo e perguntou:

– Todavia, penso que você, casando-se comigo, possa vir a ter sérios problemas na sociedade. Assim que souberem que fui uma prostituta.

– Eu não me importo com o que a sociedade possa vir a pensar de mim ou de você, Cândida, o que me importo é o amor que eu sinto por você. Único e exclusivo. Esse amor, sim, merece minha atenção e minha dedicação, nada além.

– E sua família, o que vão pensar de mim?

– Só tenho tios, tias e alguns primos e todos moram muito longe daqui, pouco os vejo. Por isso, não se preocupe. Torno a repetir: o que importa mesmo para mim é o amor que sinto por você.

– Eu também o amo.

E novamente eles se beijaram e se abraçaram. Foi então que Andressa acordou do seu soninho da tarde. Adamastor imediatamente pegou a menina no colo e brincou com ela.

– Serei um pai amoroso para ela – disse, com sinceridade. – Dar-lhe-ei meu sobrenome e minha herança.

– Seu amor será mais do que o suficiente, Adamastor.

– De qualquer modo ela será minha herdeira, uma vez que vou assumi-la como filha.

– Seu gesto muito me comove.

E novamente ele brincou com a pequena. A única questão que o preocupou, Adamastor dividiu com Cândida minutos depois:

– Há alguma possibilidade do pai vir a procurá-la?

– Não! – exclamou Cândida rápido demais. – Ele não sabe que ela existe e se não sabe...

– Compreendo. É que tenho receio de me apegar à menina e ela, de repente, ser levada por ele.

– Não, isso nunca! Pode ficar tranquilo.

Ele assentiu e voltou a abraçar Cândida, carinhosamente. A seguir começaram os planos para o casamento dos dois.

Quando Cândida contou a Claudete a respeito da grande novidade, a cafetina abraçou a moça, verdadeiramente feliz por ela.

– Que notícia mais maravilhosa, menina. Estou até arrepiada.

– Eu também – admitiu Cândida, com lágrima nos olhos.

– Você merece ser feliz, querida, depois de tudo o que passou nas... –Claudete mudou o final da frase: – Você contou para ele?

A pergunta assustou a jovem de quase 19 anos. Levou pelo menos meio minuto até que ela respondesse e com sinceridade:

– Não e acho que nunca o farei.

– Você é quem sabe. Se prefere assim...

– Será melhor para todos.

Claudete já ia seguindo para o seu quarto, para se arrumar para a noite, quando Cândida a chamou:

– Promete que nunca contará a ninguém o que sabe a meu respeito?

Claudete voltou até ela, segurou firme seus ombros e respondeu, firmemente:

– É lógico que prometo! Já prometi isso antes e cumpri, não é mesmo?

– É verdade. Obrigada.

– E já que foi sincera comigo, pediu-me algo tão importante para você, vou lhe pedir também algo que vai garantir a sua paz, a de seu futuro marido e, consequentemente de sua adorada filha: jamais, por momento algum, comente seu passado com alguém! Esqueça-se dele por completo. Com seu novo sobrenome, poucos ligarão sua pessoa à vida que levava antes. Preserve-se! Sendo Adamastor um homem endinheirado, vocês, certamente, frequentarão a alta sociedade carioca. Se souberem que você foi uma prostituta, que se conheceram num prostíbulo, eles não lhes perdoarão. Farão da vida de vocês um inferno.

E mais uma vez Cândida percebeu que Claudete tinha toda razão.

O casamento de Cândida com Adamastor Alencastro Netto aconteceu numa linda tarde de sábado de abril de 1939. E ela estava linda vestida de noiva, seguindo até o altar, pelo tradicional tapete vermelho ladeado por magníficos arranjos de flores. As amigas que fez no bordel estavam todas presentes e devidamente trajadas. Esse era o bom da igreja católica, em dias de festa como essa, não se importavam com a presença daqueles cuja vida condenavam. Mesmo sabendo, fingiam não saber. Seguiam a regra de que uma vez ali, bem-vindos todos seriam, não importando seus pecados.

Outro ponto marcante da cerimônia foi Andressa, a filha de Cândida levando as alianças para o casal. A menina estava linda dentro de um vestidinho branco que mais parecia uma princesinha dos contos de fada. Logicamente que foi conduzida até lá por um adulto, uma vez que era ainda muito pequenininha para fazer tudo sozinha. A seguir, Maria cantou a toda voz a belíssima canção "Carinhoso" enquanto o casal punha as alianças.

O casal após receber os poucos convidados para uma festa particular não chegou a viajar de lua de mel, porque não teriam com quem deixar Andressa. Além do mais a mudança para a casa nova já seria uma grande alegria para todos.

A casa comprada por Adamastor para viver com Cândida e a filha era surpreendentemente bela, espaçosa e confortável. A vizinhança era também muito agradável e quando começavam a perguntar muito a respeito do passado do casal, ambos haviam combinado dizer uma pequena mentira para evitar aborrecimentos e falatórios desnecessários, especialmente para Andressa que doravante viveria e faria amigos no local.

Nesse ínterim, em Bauru, Dona Eleutéria chorava de saudade da filha, junto ao rádio, tocando belas canções e apresentando programas diversos. Ainda não sabia do casamento de Cândida com Adamastor, um homem endinheirado e amoroso, capaz de ser o pai o ideal para a pequena Andressa.

Quando Cândida e Adamastor foram ao clube mais badalado da cidade, imediatamente despertaram a atenção dos sócios influentes da alta sociedade carioca. Sabia-se que se tratava de um homem rico, dono de muitas terras recém-chegado do Mato Grosso com a esposa e a filha. Os homens que reconheciam Cândida da época em que vivera no bordel, fingiam, no mesmo instante, nunca tê-la visto em toda vida. Se dissessem conhecê-la, revelariam as suas esposas que também frequentavam o local às escondidas.

E assim seguiu a nova etapa de vida de Cândida Moniz que logo foi apresentada a Gerusa Figueiró Barreto uma das jovens mulheres que despontavam para se tornar o centro das atenções da alta sociedade carioca. Mulher de porte exuberante e olhar de superioridade, que não fazia gosto algum em ser simpática com quem não fizesse parte das altas rodas. Foi assim que Andressa e Jorginho Figueiró Barreto se conheceram e se tornaram amigos queridos.

– E como era a alta sociedade na cidade em que você e seu marido moravam antes de se mudarem para cá? – perguntou Gerusa num dos primeiros encontros descontraídos com Cândida.

– Normal.

– Normal?

– É que passávamos mais tempo na nossa fazenda do que propriamente na nossa casa da cidade.

– Ah, sim, certamente... Desculpe a minha curiosidade, mas quantos alqueires são mesmo que seu marido possui no Mato Grosso?

– Senão me engano, mil alqueires...

– Nossa... Deve ser difícil administrar tudo isso, não?

– Não, com funcionários competentes.

– Ah, sim. E vocês plantam o quê?

— A fazenda é de gado, são quase mil cabeças de gado...
— Que bela quantidade... Meus parabéns!

Para Gerusa Figueiró Barreto, Cândida e Adamastor Alencastro Netto estavam aprovados. Para ela só mesmo com uma grande soma de dinheiro, terras e bens materiais, além de um sobrenome de requinte deveriam fazer parte de uma alta sociedade que se prezasse.

Foi assim que o casal Alencastro Netto passou a ser convidado para tomar parte das grandes rodas da suntuosa cidade. Quando Cândida recebia a visita de Claudete em sua casa e contava tudo o que se passava entre ela e alta sociedade, as duas se divertiam um bocado, em meio a muitas gargalhadas. Nos encontros com Maria, o mesmo se repetia.

Enquanto isso, em Bauru, nascia a filha de Julieta e Sérgio Filgueira.

— Uma menina, Julieta! Uma menina! — exclamou o marido ao rever a esposa após o parto. — Estou tão feliz. Tão feliz!
— Que nome daremos a ela, Sérgio? — perguntou Julieta após receber um beijo do marido.
— Nome?... Hum... Que tal Cândida? É um nome bonito, não é?

Diante do olhar espantado da esposa acamada, o moço se assustou:
— O que foi? Não gostou? É tão ruim assim?
— É que esse nome, meu bem, é o mesmo daquela garotinha... Aquela que por um mal-entendido por pouco não nos separou.
— A garotinha...
— Sim, Sérgio... Lembra-se? Que depois de crescida foi morar na *zona* da cidade.

O rosto dele estava transformado, riscos profundos vincavam-lhe a testa.
— Pensemos noutro nome, por favor.
— Ah, sim, com certeza... — respondeu ele, parecendo despertar de um sonho.

E assim foi feito. A menina foi batizada com o nome de Daniela.

Capítulo 6

Do saguão do Cassino da Urca podiam-se se avistar o mar e o céu esplendoroso de verão com estrelas, brilhando sobre o mar que findava no Rio. Foi para ali que Vladimir conduziu Maria após sua apresentação daquela noite. Tão apaixonados estavam os dois que era como se não existisse mais ninguém ao redor deles naquele instante. Como se o mundo houvesse se calado para que ambos pudessem namorar à vontade, apreciando cada palavra amorosa que usavam para se dirigirem um ao outro.

— Veja, a Ursa Maior! — apontou Vladimir para o céu. — As três Marias e elas estão sempre ali. Nasce gente, morre gente e elas estão sempre ali. Já assistiram de tudo. A festa e a alegria do nascimento e as amarguras e o desprezo que vem com a morte. Diga-me... Você acredita mesmo que exista algo além, digo, das estrelas?

— Você quer dizer, além da vida?

— Sim. Além da vida.

— O que você acha?

— Se eu tivesse alguma certeza não estaria aqui lhe perguntando.

— É verdade — Maria riu. — O que importa?

— O que importa?! Essa é a sua resposta?

— Sim, o que importa se existe ou não vida após a morte?

— Importa e muito. Foi um trabalhão para a minha mãe me gerar, para a sua e a de todo mundo. Nove meses, nove longos meses aguentando o filhão crescer dentro dela, alimentando-se por dois, segurando o peso de dois. É ou não é um trabalhão?

— Sim. Mas recompensador, não acha?

– Espero que sim. Para ela, pelo menos. Para todas as mães. Depois veio o sacrifício dos pais para criar o filhão, trabalho em cima de trabalho para sustentá-lo, dar-lhe o que podiam de melhor. Depois de muitos tombos, batidas na testa, o filhão finalmente consegue andar por si só. Depois falar e escrever... Quantos e quantos anos não passamos enfurnados numa escola para aprender a ler e escrever, fazer cálculos, ampliar o conhecimento? Viver é investimento em cima de investimento, não pode ser somente para viver o que podemos viver aqui neste planeta. Tem de haver algo além, Maria.

– E se não houver, Vladimir?

– Tem de haver!

– E se for só isso?

– Será incoerente e injusto depois de tudo o que passamos para existir. Será, enfim, um desperdício.

– Mas você tirou um bom proveito de tudo que se esforçou para aprender e se fazer melhor, não tirou?

– Mesmo assim é muito pouco o que se ganha em troca por tanto esforço.

– Hum... – Maria fez uma breve pausa antes de perguntar: – O que pretende fazer?

– Se não houver vida no Além?

– Se houver.

– Se houver?!

– Sim. Você está tão preocupado com a vida no Além, porque deve ter um bom motivo para querer continuar vivo por lá, concorda?

– Quero continuar porque simplesmente acho um desperdício morrer. Permanecer vivo é uma questão de justiça.

– Eu já entendi, mas você ainda não me respondeu o que pretende fazer lá.

Ele se avermelhou todo e tentou conter o riso, não conseguiu. Maria muito astutamente completou:

– Engraçado, não? Você e muitos almejam tanto uma vida no Além sem saberem ao certo o que fazer dela.

Ele, avermelhando-se novamente, desconversou. Voltando os olhos para o céu, comentou:

– Olhando para as estrelas, é quase impossível alguém se sentir só, não acha?

Ela sorriu e ele a enlaçou, sussurrando ao seu ouvido:

– Será verdade quando dizem que tudo já está escrito nas estrelas?

– É mais uma das perguntas das quais não podemos obter a resposta, Vladimir.

– Mas eu gostaria tanto de saber por que a vida é cercada de tantos mistérios... Por que tudo não se faz às claras? Deveria ser, não?

– Estou surpresa com a sua curiosidade sobre a vida, Vladimir. Até conhecer você pensei que os homens só se preocupassem com o seu time do coração, se ele vai ganhar a próxima partida ou não. Se vai ter um aumento do salário ou condições de comprar um carro melhor do que já tem ou adquirir um pela primeira vez.

– Pode parecer que os homens sejam insensíveis, Maria, que seus corações sejam de pedra e que nada lhes interesse mais do que o mundo material e racional. Mas isso não é verdade, por trás de cada um há um ser humano sentimental que anseia também por saber por que existe nesse universo misterioso criado por Deus.

E mudando completamente de assunto, ainda com extremo bom humor, Vladimir perguntou:

– Qual foi o primeiro garoto que você beijou?

– Hum... É uma pergunta muito particular, não acha?

– Que nada. Vamos, diga-me!

– Bem... – ela se avermelhou. – Eu...

Ele terminou a frase por ela.

– Fui eu?! Jura?! Até me conhecer você não tinha beijado ninguém?!

Ela avermelhou-se ainda mais.

– Maria, eu me sinto lisonjeado por ter sido o primeiro.

– Não zombe de mim, Vladimir, por favor.

– Falo sério.

Ela suspirou e usou de franqueza mais uma vez:

– O beijo... Acho que foi ele que me prendeu a você. No bom sentido, é lógico.

– O beijo...

– Sim, o que você me deu sem me pedir licença.

– Se tivesse, nunca teria conseguido.

– Tem razão – ela riu e concluiu: – Já ouvira falar do poder de um beijo, mas jamais pensei que fosse tão forte. Naquele dia que me beijou pela primeira vez, meu mundo pareceu ficar de ponta cabeça. Quando eu via os casais se beijando, jamais pensei que fosse tão bom, tão recompensador e tão transformador como é.

Vladimir, sem modéstia alguma, respondeu:

– Você só sentiu o que sentiu, Maria, porque fui eu quem a beijou. Se tivesse sido outro, um Mané qualquer, por exemplo...

Ela suspirou e disse:

– Como você é convencido.

Sem lhe dar tempo para se defender, ele a beijou ternamente.

– Vai ser sempre assim, não? Beijando-me de surpresa...

– Vai me dizer que não gosta?

Dessa vez foi ele quem se avermelhou todo.

Diante do sucesso do primeiro LP de Maria dos Reis, a gravadora antecipou as gravações do segundo LP para que pudesse chegar às lojas o quanto antes. O disco fez ainda mais sucesso do que o primeiro, tornando-se um dos mais vendidos no país. Canções e mais canções do álbum se destacavam nas rádios, surpreendendo a gravadora que supôs que seria um sucesso, mas não um tão estrondoso como aquele.

Maria sequer fazia ideia da fama que estava conquistando. Era de fato uma alma iluminada, recebendo em troca, virtudes merecidas pelo seu talento. Convites para ela cantar nas melhores rádios e casas de show do Rio de Janeiro não paravam de chegar. Matérias muito bem escritas a respeito do seu talento vocal não mais deixaram de ser manchetes nos principais jornais e revistas do Brasil afora.

O próximo passeio de Vladimir e Maria aconteceu no Jardim Botânico. Vladimir, como sempre, estava impecavelmente vestido, trajando um belíssimo terno, no melhor corte italiano. Maria também estava linda, trajando um vestido de algodão, modelo coqueluche do final dos anos trinta.

Ela já não mais se sentia desconfortável na presença do moço, pelo contrário, descontraía-se cada vez mais.

Seguiram lentamente por entre as árvores, jogando conversa fora até que ele parou, segurou os punhos dela, para que ela o olhasse

com atenção e ouvisse bem o que tinha a lhe declarar:
– Tenho uma proposta a lhe fazer.
– Uma proposta?
– Vou ser direto. Casa comigo?
– Casar, contigo?!
– Sim!
– Sim? – repetiu ela com um leve tremor de voz. – Eu mal o conheço.
– Teremos o resto da vida, juntos, para nos conhecer, Maria.
– Mas é muito precipitado da sua parte, da minha...
– Sabe quantos sujeitos estão interessados em você, Maria? Metade do Rio de Janeiro. É lógico que muitos só querem se divertir contigo, estão bem longe de virem a ser o homem certo para você, assim como eu, mas...
– Meu Deus, como você é...
– Convencido? Sou, não nego. O que é bom deve ser mesmo elogiado.
Ela fez uma careta enquanto ele, insistentemente, concluiu:
– Case-se comigo, Maria dos Reis. Não aceito perdê-la para nenhum outro sujeito.

A primeira a saber da decisão de Maria de se casar com Vladimir Abujamra, foi Cândida que sem rodeios lhe perguntou:
– Tem certeza de que o ama mesmo, Maria?
– Bem, acho que sim. Como posso ter certeza?
– Há um teste muito bom para sabermos. Simples e eficaz.
– Jura?
– Sim. Imagine o homem com quem vai se casar com um resfriado terrível, falando fanhoso, com os olhos vermelhos e lacrimejantes e espirrando pra tudo quanto é canto. O que você sentiria por ele ainda é amor?
– É um bom teste.
Ambas riram.
– A espécie de amor que uma mulher deve sentir pelo marido é, acho eu, um amor carregado de ternura, capaz de aturar resfriados e pequenas manias em toda a sua amplitude.
– Da mesma forma que ele vai ter de suportar os meus momentos

de resfriado, não é mesmo?
– Sim.
Houve uma pausa até Cândida inquirir:
– E então? Está certa mesma de que quer se casar com ele?
Maria mordeu os lábios e respondeu:
– Eu nunca namorei outro homem para comparar. O único homem com quem compartilhei meu tempo e meus afetos foi Vladimir. Se o meu amor por ele não for total, nem o dele por mim, sempre ouvi dizer que os casamentos aprimoram o amor a cada dia de convívio.
– Também ouvi dizer...
– Pois então...

Com a data do casamento marcada, Maria decidiu trazer sua família para morar no Rio de Janeiro. Alugou tanto uma casa para ela morar com Vladimir assim que se casassem, quanto outra para a mãe, a madrinha e o irmão residirem. Eram casas humildes, porém, num dos bairros mais agradáveis da cidade, e tinham o necessário para acolher todos com dignidade e bem-estar.

Dona Augusta viria junto com Ofélia e Jonas para o Rio, nem Ofélia nem Maria permitiriam que ela ficasse morando sozinha em Campinas, depois de tantos anos convivendo amigavelmente com eles. Assim, Augusta pôs sua casa para alugar e com o dinheiro do aluguel pagaria suas despesas na capital carioca. Jonas parecia também muito empolgado com a mudança.

O momento mais triste nisso tudo foi a despedida de Maria do hotel de propriedade de Gioconda, no bairro da Lapa, reduto boêmio do Rio de Janeiro da época.
– Gioconda, minha querida. Chegou a hora de eu me mudar daqui.
A mulher que tanto se apegara a ela, tentou se manter forte diante da notícia:
– Era de se esperar que um dia isso acontecesse, Maria. Com todo esse sucesso que vem fazendo, você merece certamente um lugar melhor para viver.
– Sucesso que devo a vocês e muitos daqui. Foram vocês que me ajudaram a escolher as canções para compor o meu primeiro

álbum o que certamente garantiu o sucesso. Jamais me esquecerei de vocês.

– Mesmo? Virá nos ver sempre que possível?

– Virei.

– Então dê um abraço nessa destrambelhada aqui da Gioconda, vamos.

E as duas se abraçaram, apertando, deveras emocionadas. O mesmo abraço foi dado em Clóvis e muitas outras moças que residiam ali e haviam se tornado queridas de Maria dos Reis. Só mesmo quando Maria partiu é que Gioconda deixou-se chorar de tristeza por ela ter partido. Clóvis a consolou, como uma mãe consola uma filha.

Maria jamais se esqueceria do bairro da Lapa onde teve início sua carreira. O bairro, entretanto, foi alvo de retaliação tempos depois por autoridades que proibiram a vida boêmia que ali acontecia noite após noite.

A chegada de todos à cidade "cartão postal do Brasil" foi outro dia de grande emoção para aqueles cujo destino os uniu. Vladimir também recebeu os três com grande simpatia e entusiasmo:

– Sejam muito bem-vindos à cidade mais linda do país.

– Convencido – comentou Ofélia com Augusta que imediatamente lhe deu um cutucão.

– Pode, sim, parecer convencimento da minha parte, Dona Ofélia. Não nego. – defendeu-se o moço no mesmo instante. – Mas depois de eu fazer um *tour* com a senhora pela cidade, a senhora me dirá se sou convencido ou não.

As maçãs do rosto de Ofélia se ruborizaram ligeiramente e ela procurou imediatamente esconder o fato. O primeiro contato entre ela e aquele que seria seu genro, dentro em breve, não lhe causou boa impressão, mas logo Augusta a fez se lembrar que era ainda muito cedo para julgá-lo e sogras, ainda que futuras, sempre implicavam com seus genros, pelo menos é o que sempre ouvira dizer e viu acontecer ao seu redor desde meninota.

– É, talvez... – concordou Ofélia, pensativa.

Quando Vladimir levou os recém-chegados para conhecerem os pontos mais lindos do Rio de Janeiro, a mulher não pôde deixar de concordar com ele, que o Rio era realmente lindo. Jonas se interessou tanto pela cidade que mal piscou durante todo o trajeto.

No primeiro domingo, juntos, Maria pediu à mãe que fizesse aquele almoço especial que só ela sabia fazer tão bem, com frango de panela e macarronada com bastante molho, para estrearem a nova casa e celebrarem, com chave de ouro, a mudança para o Rio. Foi então que Ofélia, Augusta e Jonas conheceram Cândida, Andressa e Adamastor que foram convidados para o almoço.

– Sua filha é um amor – elogiou Cândida com sinceridade. – Sempre falou muito bem da senhora o que me deixou curiosa para conhecê-la.

Ofélia se encheu toda. E voltando-se para Augusta Bonini. Cândida também não lhe poupou elogios:

– Maria diz sempre que deve sua carreira de cantora à senhora porque foi a senhora quem a incentivou a trilhar os caminhos da música, desde quando ela era menina.

– Sim, é verdade – respondeu Augusta, feliz. – Qualquer um que ouvisse Maria cantando, perceberia de imediato que ela nascera para encantar as pessoas com a sua voz. Era um talento nato!

– Eu faço ideia, porque desde a primeira vez em que a vi se apresentar, fiquei fascinada.

– De onde é mesmo que vocês se conhecem? – indagou Ofélia a seguir.

– Bem...

Foi Maria quem respondeu, apressada:

– Ela me assistiu numa das minhas apresentações no Cassino da Urca.

– Ah...

– Conversamos depois do show e acabamos nos encontrando outras vezes até que nos tornamos amigas.

– Que bom! Uma amizade assim é sempre bem-vinda e abençoada. Porque há tanta gente mau-caráter por aí, hoje em dia, não? Que precisamos tomar cuidado com quem fazemos amizades. Pode ser uma mulher da vida, não é mesmo?

As sobrancelhas de Maria e Cândida se arquearam pronunciadamente e rindo, forçadas, responderam, em uníssono:

– Sem dúvida!

E todos riram.

— E essa adorável menina? — elogiou Ofélia, fazendo um gracejo na pequena Andressa. — Tão lindinha. Pena que os filhos crescem, deveriam permanecer sempre em torno da barra da saia da mãe. Para nunca terem de partir para longe...

— Ora, mamãe, não reclame — retrucou Maria com bom humor. — Nos distanciamos apenas por um ano e meio, agora já estamos juntas novamente e... Tem filhos que moram em cidades tão distantes dos pais que se veem somente uma vez no ano e olha lá.

— É verdade — concordou Ofélia, percebendo que de fato havia exagerado.

E o almoço foi servido e tudo correu às mil maravilhas, divertido e eletrizante como se todos ali se conhecessem há anos.

Maria teve o cuidado de esconder da família, tudo a respeito do passado de Cândida para poupar o casal e, especialmente Andressa, dos tormentos que aquilo poderia lhe causar. Maria também decidiu esconder da mãe e da madrinha o fato de que cantava no bordel mais famoso e luxuoso do Rio de Janeiro da época, por temer que não fosse compreendida por ambas e aquilo destruísse a harmonia entre todos.

Capítulo 7

A verdade infelizmente veio à tona semanas depois e, da forma mais surpreendente. Ofélia havia ido à feira e ao ouvir uma das donas de uma barraca, cantando alto e em bom tom, a canção de maior sucesso de Maria na ocasião, contou à mulher, com grande orgulho, que era a mãe da cantora.

– Ah... – respondeu a feirante com descaso. – Sei...

– Sou, sim! – defendeu-se Ofélia. – Quer ver meu RG?

– Não senhora, obrigada. O que vai querer?

– Nossa – surpreendeu-se Ofélia mais uma vez com a reação da mulher. – Pensei que por gostar de Maria dos Reis gostaria de conhecer sua mãe.

– Minha senhora, eu gosto é da canção, não da cantora. A senhora vai querer o quê?

– Esses tomates...

A mulher, cada vez mais carrancuda pegou o saco com as leguminosas e pesou. Endereçando um olhar de esguelha para Ofélia, perguntou:

– O que a senhora acha da sua filha cantar em bordéis espalhados pela cidade?

– Bordéis? Minha filha? Não! – indignou-se Ofélia. – Ela só faz casa de shows e rádios...

– Bordéis também! Minha amiga trabalha no mais luxuoso e frequentado da cidade, cuja cafetina se chama Claudete Pimenta. É tão famosa quanto mal falada pela cidade. Mas pelo visto a senhora não sabia, não é mesmo?

– Minha filha teria me dito se fosse verdade.

– Pois não disse porque... a senhora já compreendeu...
Ofélia ficou tão aturdida que partiu sem levar os tomates.
– Ei, os tomates! – gritou a feirante. – Que mulher mais besta! – E voltou a cantar outra canção popular nas rádios da época.

Assim que chegou em casa, com as ideias em rodopio, Ofélia desabafou com Augusta:

– Minha filha, que eu criei com tanto amor não iria se apresentar num... eu nem consigo dizer a palavra. Não, minha filha!

– Será mesmo verdade?

– É, sim, Dona Augusta. A mulher falou com tanta segurança...

– Mas... Trabalho é trabalho, Ofélia...

– Não esse tipo de trabalho! Dignidade é dignidade, sempre!

– Maria apenas canta nesse lugar, Ofélia.

– Mas isso denigre a imagem dela. Falarei com Maria assim que ela reaparecer por aqui.

O que aconteceu naquela mesma tarde.

– Maria, responda-me com sinceridade, você canta num bordel? – inquiriu Ofélia, olhando profundamente para a filha.

– Mamãe... Quem lhe disse isso?

– Uma feirante.

– Uma...

– Canta ou não canta? Responda-me, por favor!

Diante da expressão no rosto da filha, o semblante de Ofélia murchou como uma flor.

– Então é verdade... – ela estava visivelmente decepcionada com o fato.

– Mamãe eu apenas canto ali. Nada mais.

– Mas as pessoas não pensam assim, Maria.

– Eu preciso do dinheiro que me pagam.

– Um dinheiro sujo?

– Mamãe, trabalho é trabalho! Estou desconhecendo a senhora. Nunca foi de implicar com algo assim.

– Por que não me contou antes?

– Porque temi que a senhora não aprovasse justamente como está fazendo agora.

– E não aprovo mesmo! Uma moça com você, com o talento que tem, cantando num bordel... Isso não é certo!

– Eu sinto muito, mamãe, mas eu precisava defender o *meu* e, bem... Confesso que no início me senti mal cantando lá, mas depois... Quando descobri que há pessoas encantadoras trabalhando no local.

– Trabalhando? E desde quando prostituição é trabalho, Maria?

– Mas...

– Filha, abandone esse lugar, por favor!

– Mamãe foi com o dinheiro que fiz ali que eu pude trazê-los para o Rio. Para junto de mim. Foi ali também que eu conheci o Vladimir e Cândida conheceu o Adamastor.

– Cândida?! Você está querendo me dizer que ela...

– Sim, mamãe ela era uma prostituta e antes de a senhora julgá-la, deixe-me primeiramente lhe contar a sua história.

Ao término da narrativa, Ofélia, ainda boquiaberta, se expressou em tom de lamento:

– Mal posso acreditar que uma moça tão delicada e fina como aquela fosse...

– Ainda assim ela continua sendo uma moça de respeito e digna de uma vida feliz, tanto que o Adamastor possibilitou isso a ela, casando-se com ela, assumindo sua filha, o que eu acho particularmente incrível!

– Sim, da parte dele foi realmente algo admirável. Jamais pensei que um homem como ele, endinheirado como diz ser, pudesse aceitar como esposa uma cortesã.

– Foi por amor que ele se casou com ela, mamãe! Amor suficiente para derrubar qualquer preconceito. Para a senhora ver que nem todos permitem que o preconceito os impeça de serem felizes.

– Estou pasma!

– Só lhe peço que não conte nada a ninguém, sobre o passado de Cândida. Contei à senhora e a Dona Augusta porque confio nas duas.

As duas senhoras se entreolharam e garantiram, como um pacto, guardar tal segredo a sete chaves.

Semanas depois aconteceu o casamento entre Maria e Vladimir Abujamra, na Igreja de Nossa Senhora do Carmo da Antiga Sé, onde centenas de fãs cercaram o local para presenciar o grande acontecimento.

Dali, o casal partiu para a lua de mel em São Paulo e quando voltaram, Maria não tardou a descobrir que estava grávida. A notícia virou manchete em todos os meios de comunicação da época.

– Maria que notícia mais maravilhosa! – explodiu Vladimir de alegria, pegando-a no colo e girando-a.

– Pare, Vladimir, assim você vai me derrubar.

– Vou não, meu amor! Feliz do jeito que estou nada pode nos derrubar!

Ele então parou, beijou-a e novamente pronunciou palavras amorosas em seus ouvidos. A notícia também foi recebida com grande alegria por Ofélia e Augusta. Até mesmo Jonas pareceu compreender o porquê de tamanha felicidade por parte de todos.

Nos meses de gestação, Maria gravou seu terceiro LP e cantar grávida foi uma experiência única e maravilhosa.

Maria trabalhou até quando não pôde aguentar mais. Parou mesmo quando já estava toda redonda, prestes a dar à luz, o que aconteceu numa sexta-feira da segunda semana de novembro de 1940. Foi um dia glorioso, os fãs que conseguiram descobrir o hospital aonde ela pariu, correram para lá assim que foram informados do grande acontecimento.

Foi assim que Gláucia dos Reis Abujamra veio ao mundo. Uma menina cabeludinha, moreninha tal e qual a mãe.

– Está feliz? – perguntou Maria a Vladimir que mal se cabia de felicidade.

– Se estou, Maria? Estou felicíssimo! E nós seremos muito felizes ao lado da nossa adorável Gláucia. E eu vou procurar ser o melhor pai do mundo para ela.

Maria, muito emocionada, derramou-se em lágrimas tal como Vladimir que chorava de felicidade pela forte emoção de ser pai.

Ofélia, como avó, sentia-se boba, e para Augusta Bonini foi como se sua própria filha tivesse dado à luz.

Cândida chegou ao hospital, trazendo flores e presentes. Com ela estavam Adamastor e Andressa que queria porque queria, pegar o bebê no colo.

– Não, minha querida – respondeu Cândida, amorosamente. –

Você é muito petitica para isso. Mas um dia, quando forem maiorzinhas, poderão brincar juntas e, no futuro, serem grandes amigas.

A menina pareceu ouvir a mãe com grande atenção e deu a impressão a todos os presentes que também a havia compreendido.

1940

Depois da quarentena do nascimento da filha, Maria voltou a cantar nos lugares que era sempre bem recebida, para continuar fazendo dinheiro para sustentar todos que dependiam dela financeiramente.

Foi então que, um dia, achegou-se ao marido, que segurava a filha no colo, olhando com ternura para o seu rostinho mimoso e lhe fazendo fusquinhas e disse:

– Vladimir, eu...

Ele a interrompeu, dizendo, com voz de pai mais coruja do mundo:

– Gláucia está cada dia mais linda, não acha?

Maria concordou e finalmente perguntou o que muito queria saber:

– Vladimir e quanto ao seu trabalho?

Ele continuou fazendo careta para a menina em seus braços.

– Vladimir...

Ele continuou a ignorar a esposa:

– Cadê minha princesa? Cadê, Cadê?

– Vladimir! – repetiu Maria num tom mais sério.

– O que foi? – respondeu ele, finalmente, sem desviar a atenção da menina.

– Perguntei a você sobre o seu trabalho. Há tempos que venho querendo tocar no assunto. Tenho percebido nos últimos meses que você passa mais tempo em casa do que trabalhando.

– É porque abandonei meu emprego.

– Abandonou?! E não me disse nada?

– Para que aborrecê-la com isso?

– E por que você o abandonou?

– Porque era chato. Muito chato. Um porre!

– Sei, mas no que você pretende trabalhar de agora em diante? Não se esqueça de que agora você tem uma filha para sustentar.

– Guti, guti, guti!!!

— Vladimir.
— Fala Maria...
— Seu trabalho...
— Para que trabalhar?
— Para quê?!
— É!
— Ora, você e eu, todo mundo tem de trabalhar para se sustentar.
— Maria, ouça bem o que eu vou lhe dizer: logo, muito em breve, pode ser amanhã mesmo, eu hei de ganhar uma bolada no jogo do bicho! Depois na loteria e nunca mais teremos de trabalhar, meu amor.
— Jogo do bicho?
— Sim, mas você não pode viver só contando com a sorte.
— Você está sendo pessimista.
— E se você não ganhar?
— Eu vou ganhar!
— E se...
— Ora, Maria, não venha estragar meus planos com o seu pessimismo, por favor!
— Tá, tudo bem, mas até que você ganhe essa bolada de dinheiro, o que pretende fazer?
— Ora, cuidar da nossa pequenina. Você trabalha um bocado, alguém tem de cuidar dela enquanto isso. Não existe ninguém melhor do que um pai amoroso como eu, para essas horas.
— Quer dizer...
— Maria você ganha mais do que o suficiente para sustentar nós três. Tanto que sustenta sua mãe e seu irmão também. Portanto...
Maria ainda se perguntava se o marido não estaria brincando com ela.
— Você só pode estar brincando comigo. Diga que é brincadeira, vamos!
— Não é! Falo sério! Reflita, meu amor, você é uma cantora em ascensão, enquanto cuida da sua carreira, eu cuido da nossa pequena. Quando eu ganhar a bolada de dinheiro no jogo do bicho e na loteria... Porque de uma coisa você pode estar certa, Maria, eu não vou ganhar só no jogo do bicho, o que se ganha ali é uma merreca,

eu nasci mesmo é para ganhar milhões e milhões na loteria.

— Sempre ouvi dizer que não devemos contar com o ovo antes de a galinha botá-lo.

— Por que duvidar se a galinha está ali ao seu alcance? Cedo ou tarde ela há de botar ovos. Portanto... O mesmo acontece com o jogo do bicho e a loteria, ambos estão também ao nosso alcance e sabemos que alguém vai ser o sortudo, se jogarmos, pode ser um de nós, certo?

— É...

— Então, meu amor...

Maria, ao pensar em dizer mais alguma coisa, foi novamente interrompida:

— Veja! Não tem menina mais fofa do que a nossa Gláucia!

E Maria se deixou ser contagiada mais uma vez pelos encantos da filha.

Logo Ofélia questionou Maria a respeito do emprego de Vladimir. Quando soube da decisão do genro, Ofélia se mostrou indignada:

— Isso não é certo, Maria. Desculpe a fraqueza, mas não é. Homem tem de trabalhar!

— Mas mamãe, o Vladimir está certo, alguém de confiança tem de cuidar da Gláucia enquanto eu estou fazendo as minhas apresentações.

— Ela poderia ficar comigo.

— Sei que sim e lhe agradeço por se oferecer, só que a senhora também tem o Jonas para cuidar.

— Mas...

— Ele precisa muito da senhora.

— É, eu sei... E é isso que me preocupa às vezes. Quem vai cuidar dele quando eu me for.

— Mamãe, nós já falamos a respeito. É claro que serei eu. Não se preocupe mais.

— Mas você é uma mulher cada dia mais famosa.

— Eu sei, mas haverá sempre um tempo para eu me dedicar a ele.

— Promete?

— Prometo, mamãe. Além do mais, a senhora é ainda uma mulher

muito jovem e saudável. Há de viver ainda por muitos anos.
— Deus a ouça.
E a filha beijou carinhosamente o rosto da mãe, externando como sempre todo o seu carinho por ela.

Boa parte do dinheiro que Maria dos Reis fazia com o seu sucesso extraordinário, ela guardava para comprar uma casa própria para ela, o marido e a filha morarem e outra para a mãe, o irmão e Dona Augusta residirem. Suas apresentações nos cassinos eram o que mais lhe garantiam uma boa soma de dinheiro no final do mês. Que continuassem de portas abertas, pelo menos até que ela conseguisse juntar a quantia suficiente para realizar seus sonhos materiais.

Já era 1944, três anos depois do nascimento da pequena Gláucia, e Maria dos Reis se preparava para gravar o seu sétimo LP. Foi numa manhã dos primeiros dias do outono, quando dependurava roupas no varal que ela recebeu uma visita inesperada. Alguém batia palmas em frente a sua casa e ela foi ver quem era.
— Pois não? – perguntou, ao avistar um senhor parado em frente ao portão. – Em que posso ajudá-lo?
— Maria... Maria dos Reis? – perguntou o homem com voz comovida.
— Sou eu.
— Meu Deus... Finalmente eu a encontrei!
— É meu fã?
Ele riu, enquanto os olhos lacrimejaram.
— Mais do que isso, Maria... Sou seu pai!
A cantora por pouco não desmaiou, tamanho o susto.

Capítulo 8

Maria não podia ter certeza de que aquele homem parado em frente a sua casa era realmente seu pai. Ela era muito pequenina quando ele abandonara a família, por isso não registrara seu rosto na memória.

– Posso entrar? – perguntou o senhor, sorrindo simpaticamente para ela.

Ainda que incerta, ela concordou e ele disse em tom teatral:

– Oh, filha... Não faz ideia o quanto ansiei por esse momento. Posso lhe dar um abraço?

Maria, um tanto sem graça, permitiu.

– Oh, filha, sei que tem mil motivos para me odiar, mas... Perdoe-me por tudo o que fiz.

– Não guardo rancor do senhor.

– Mesmo?

– Sim.

– Sinto-me agora mais aliviado.

A seguir ela conduziu o homem, que se dizia seu pai, para o interior da casa onde lhe serviu um copo d'água. Enquanto Vladimir se apresentava a ele com Gláucia em seus braços, Maria ligou para a casa da mãe e lhe pediu que fosse até lá. Não lhe adiantou o assunto para não assustá-la. Quando Ofélia chegou, empurrando a cadeira de rodas com Jonas, acompanhados de Augusta Bonini, Maria procurou acalmá-la antes de lhe dar a notícia.

– Mamãe, há uma visita...

– Visita? – estranhou Ofélia. – Quem?

Maria não precisou responder, o ex-marido surgiu na porta em frente à casa e disse:

— Olá, Ofélia, como vai?

A mulher recuou um passo, boquiaberta, parecia estar vendo uma assombração.

— Até parece que viu um fantasma, mulher? — continuou o homem, rindo exageradamente. — Sou eu mesmo, em carne o osso. Sebastião, seu marido!

Maria foi rápida em sustentar a mãe nos braços, ao perceber que iria desmaiar. Minutos depois, assim que se viu a sós com o sujeito, que no papel, infelizmente, para ela, ainda era seu marido, Ofélia se fez clara e direta:

— Por que voltou, Sebastião?

— Ora, Ofélia, pensei que ficaria contente com a minha volta.

— Responda a minha pergunta: por que voltou?

— Por quê?

— É, por quê? Vamos, desembucha.

— Por arrependimento, Ofélia. Acho que não fui um bom sujeito para com você e os nossos filhos.

— Você quer dizer um bom marido, um bom pai, tudo, enfim.

— Sim. Nem sei o que me deu na cabeça naquela ocasião para sumir da vida de vocês.

— E justo quando eu mais precisava. Com um casal de filhos para sustentar.

— Eu sei, fui péssimo e estou aqui para me redimir diante dos meus atos. Se puder me perdoar.

— Sinceramente, não sei se posso.

— Eu já esperava por essa resposta. Mas continue pensando a respeito. Preciso do seu perdão.

Ela abaixou os olhos, mordendo os lábios, repentinamente abatida por uma súbita vontade de chorar. Ele aproximou-se dela e tão emotivo quanto ela, falou:

— Você fez um trabalho maravilhoso pelos nossos filhos, Ofélia. Soube criá-los muito melhor do que se eu estivesse ao lado de vocês.

— Não diga isso.

— É verdade. Você foi mãe e pai ao mesmo tempo e excelente nas duas funções. Uma mulher admirável, simplesmente admirável.

Ela se sentiu tocada mais uma vez.

– Mal posso acreditar que Maria, a nossa Maria, aquela menininha petitica se tornou uma das cantoras mais populares do Brasil.

– E foi por mérito dela, Sebastião. Única e exclusivamente por mérito dela.

– Isso me faz admirá-la ainda mais.

Houve uma pausa até ela lhe perguntar:

– E quanto ao nosso filho, Sebastião? Você já o aceitou?

Ele abaixou os olhos, respirou fundo e se fez sincero:

– Cada vez que eu olhava para uma criança nas mesmas condições que a nossa, eu lembrava do nosso filho e do choque que levei ao saber que ele não era normal.

– Não use essa palavra para descrever sua condição, Sebastião.

– Mas ele não é normal.

– É normal, sim, diante das limitações dele.

– Mas para mim foi um baque, um choque... Eu...

Ele não conseguiu completar a frase. Quando voltou a falar, chorava, baixinho:

– Por quê? Eu me perguntei muitas vezes. Por que eu tive de ter um filho assim? Por que não foi o João ou José ou o Joca da esquina? Por que tive de ser eu?

– Esse é um mistério que só os céus podem lhe revelar.

Ele mordeu os lábios e procurou se controlar. Ofélia disse a seguir:

– Penso que esse nosso reencontro será ótimo para você e o Jonas se conhecerem melhor e aprenderem muito um com o outro.

– Sim, sem dúvida.

Nova pausa e ela perguntou:

– E você, o que fez da vida nesses anos todos de afastamento?

– Nada que valha a pena mencionar, Ofélia. Vivi metendo os pés pelas mãos, dando sempre com os burros n'água. Acho que foi um castigo por eu ter abandonado vocês de forma tão irresponsável. Não é à toa que dizem que aqui se faz aqui se paga.

Ofélia ficou a pensar.

Ao comentar com Augusta sobre o pedido que Sebastião lhe fizera, Ofélia ouviu da amiga algo muito sincero:

– O que mais me chamou atenção em você, Ofélia, quando a conheci, foi o perdão que me concedeu de imediato pelo que eu havia lhe feito. Foi de uma naturalidade que me surpreendeu.

– Mas no caso da senhora é diferente, Dona Augusta, a senhora foi enganada, levada a pensar erroneamente mal de mim. Por isso eu lhe perdoei, era mais do que justo.

– Seu marido deve ter tido lá seus motivos para ter agido como agiu.

– E teve! Ele não aceitou ter um filho de físico e intelecto diferente dos demais.

– Você tem mesmo certeza que foi esse o motivo?

– Absoluta! Foi um baque para ele saber que a criança nascera com problemas... Nascera com limitações. Ele não estava preparado.

– Talvez agora, Ofélia, depois de todos esses anos longe do menino, eles venham a se dar bem.

– Foi o que pensei. Por isso resolvi lhe dar uma nova chance, a chance que ele está me pedindo.

– A aproximação do pai será de grande alegria para o Jonas, tenho a certeza disso.

Nesse ínterim, Maria conversou com o pai.

– Aonde o senhor está morando atualmente, pa...

Ela cortou a palavra "papai" ao meio por se achar estranha, chamando-o assim. Os dois tiveram tão pouco contato, que para ela, ele parecia não mais que um estranho.

– Até eu vir para o Rio de Janeiro, atrás de você, minha querida, eu residia numa cidadezinha do interior de Minas Gerais. Mas larguei tudo por lá por sua causa, Maria. Para vir até aqui, olhar nos seus olhos e lhe dizer o quanto me orgulha ser pai de uma mulher tão brilhante quanto você. Meus sinceros parabéns! Muito me estima você ter me recebido em sua casa, depois de tudo que fiz.

– O passado é passado... Vivamos o presente, não é o que dizem?

– Que bom que pensa assim, filha... Posso chamá-la de filha, não?

Ainda que incerta, achando aquilo tudo muito estranho, Maria concordou:

– Sim, pode sim.

– Obrigado.

– Vai ser bom para o Jonas ficar em contato com o senhor. Ele não sabe, na verdade nunca soube o que é ter um pai.

– Sim, vai ser ótimo.

E tirando da bolsa uma quantia em dinheiro, Maria estendeu para Sebastião dos Reis.

– Tome. O senhor deve estar precisando.

– Oh, filha, se eu lhe disser que não estou, estarei mentindo, e mentiras não me fazem bem. Acho que para ninguém, não é mesmo?

Adensando o tom de coitado, ele completou:

– Mas o que estou precisando mesmo neste momento, é o que o dinheiro não pode comprar. É o calor de um lar, o amor de um filho...

Maria sentiu-se mais uma vez tocada pelas palavras do pai.

No momento seguinte foi decidido que Sebastião ficaria abrigado na casa de Ofélia, Augusta e Jonas que ainda olhava para o pai com curiosidade, o pai de quem ficara longe por tanto tempo, praticamente a vida toda.

Ainda que com visível dificuldade, Sebastião tentou se aproximar do menino e quando Ofélia percebeu seu esforço, tentou ajudá-lo:

– Jonas, meu filho, este é o seu pai.

– Pa... pa...

– Sim, seu pai.

O rapazinho de 22 anos na ocasião pareceu intimamente compreender o significado e o valor que tinha de estar finalmente ao lado de seu pai.

Dias depois, Ofélia incentivou o ex-marido a levar o filho para um passeio.

– Por que não leva Jonas para um passeio?

A sugestão pegou Sebastião desprevenido.

– Um passeio, sim! – enfatizou Ofélia, incentivando Sebastião com o olhar. – Um passeio onde vocês poderão conversar, na medida do possível, e tomar um pouco de sol... Vai ser ótimo para os dois.

Ao perceber que o pai de seu filho não se sentia muito disposto para aquilo, Ofélia se fez direta mais uma vez:

– Faça isso, homem de Deus, só assim você se tornará verdadeiramente amigo do Jonas. Está mais do que na hora de vocês dois viverem uma relação bonita entre pai e filho.

Ele engoliu em seco e respondeu:

– Não tenho traquejo com a cadeira de rodas.

– Ora, Sebastião, é muito fácil. Basta você segurar aqui e empurrar, que ela deslizará suavemente.

E ela lhe mostrou o devido lugar na cadeira de rodas.

– Deslizará?

– Ora, Sebastião, rodas deslizam, não? Basta uma forcinha... Venha, tente!

E visto que o homem não se moveria, ela foi até ele, pegou-o pelo braço e o levou até a cadeira de rodas.

– Aqui, segure aqui! – ensinou ela. – Isso, muito bom e agora é só empurrar que a cadeira desliza.

Nem bem ele tentou, retrucou:

– Desliza fácil assim porque está vazia.

– O que é isso, Sebastião, você é um homem ou uma galinha?! Se eu que sou mulher tenho força suficiente para empurrar a cadeira com o nosso filho sobre ela, você que é maior do que eu e mais robusto terá força de sobra. Só tome cuidado na hora em que for atravessar a rua, olhe para um lado e depois para o outro para que não sejam atropelados.

– Disso eu sei, está pensando que eu sou burro, é?

– Pois está me parecendo. Um homem normal não se mostraria tão inexperiente com uma simples cadeira de rodas. Mesmo nunca tento manejado uma, em toda a vida.

Ele fez bico e Ofélia, sem lhe dar trela, ordenou:

– Agora vá pegar o menino.

– Pegar? Como assim, pegar?

– Ora, Sebastião, se o Jonas não pode andar, como espera que ele chegue até a cadeira? É preciso pô-lo sobre ela.

– Mas eu? Pensei que você faria isso.

— Sempre fiz e com muito gosto, de agora em diante você ficará incumbido dessa tarefa. Ele também é seu filho e isso reaproximará ainda mais vocês dois. Agora vamos até o quarto apanhá-lo.

Ao mover-se e perceber que o ex-marido não a acompanhou, Ofélia travou os passos, voltou-se para ele e pôs a mão na cintura, lançando-lhe um olhar cheio de reprimenda. Com muito custo ele se moveu e foi fazer o que ela pedia. Ao curvar-se para levantar o rapazinho da cama, Sebastião recuou por duas, três vezes, parecendo nauseado com a situação.

Ofélia imediatamente foi até ele e disse, baixinho ao seu ouvido:

— Ele não é um saco de lixo ou a coisa mais asquerosa que há no planeta para você olhar com asco ou nojo para ele como está fazendo. Ele é seu filho, Sebastião, seu filho!

— Eu sei — respondeu o homem, procurando conter a voz. — É que para mim é tão difícil lidar com esse tipo de pessoa...

— Que tipo de pessoas, Sebastião?

Ele mordeu os lábios, contendo as palavras que lhe vieram à boca de prontidão.

— Diga, Sebastião! Diga!

— Eu vou dizer... vou dizer, sim!

E diante da nova hesitação ela o fulminou com o olhar.

— Pessoas anormais... Defeituosas... feias — respondeu ele, enfim.

Ofélia sentiu-se arrepiar até a alma.

— Você não tem mesmo coração, Sebastião...

— Não é questão de coração, Ofélia. É questão de estômago. Não tenho estômago para suportar esse tipo de pessoa.

— Pois vai aprender a ter se quiser realmente continuar morando nesta casa e sendo bem-visto e amparado por Maria.

— Está bem! — bufou ele e procurando olhar o mínimo para o filho, retirou-o da cama e o colocou na cadeira.

— Com cuidado — lembrou Ofélia, autoritária.

— Já estou fazendo — respondeu ele, irritado. — Pelo visto, Ofélia, você se tornou mais mandona do que antes, hein? Só porque está por cima da carne fresca, com sua filhinha rica, sustentando seus luxos?

– Luxos?

– Luxos, sim!

– Maria é uma alma boa, Sebastião, se não fosse não o teria recebido com tanto carinho depois de você, você sabe...

Ele respondeu em meio a um suspiro:

– Sim, eu sei. Desculpe por tudo o que disse, só lhe peço um tempo para eu me acostumar.

– Mais tempo?! Você ficou por praticamente vinte anos longe de nós e ainda quer mais tempo? Nada disso! Comece agora, mostre que pode ser realmente um pai maravilhoso para os seus filhos, capaz de compensar os anos de sua ausência com o seu amor e dedicação.

– Farei e você também acabará sentindo orgulho de mim.

– Assim espero.

E voltando-se para o filho, Ofélia carinhosamente explicou:

– Jonas, seu pai vai agora dar uma volta com você. Conversem bastante e se divirtam.

O jovem sorriu e fez murmúrios de alegria. E diante da imobilidade do ex-marido, Ofélia, um tanto impaciente falou, autoritária:

– Vá! – E movendo a cadeira na direção do marido, repetiu: – Vá!

Por quase três quadras, Sebastião andou sem trocar uma palavra sequer com o filho. Quando não mais suportou o silêncio, limpou a garganta e finalmente disse, para quebrar o gelo:

– Solzinho bom, não?

– Hum hum – respondeu Jonas a sua maneira.

– Você gosta de jogar bola? – ao perceber a tolice que havia dito, resmungou: – Ah, deixa pra lá.

O assunto morreu novamente.

– Você não sai muito, sai?

E o menino novamente respondeu a sua maneira, com sons vocálicos que surpreenderam e assustaram Sebastião.

– O que foi, o que foi? – perguntou ele, achando que o rapaz estivesse passando mal. Levaria algum tempo ainda para ele compreender que aquele era o modo de Jonas se expressar.

Capítulo 9

Ao perceber que era observado por todos que cruzavam o seu caminho, Sebastião avermelhou-se de vergonha e deu meia volta, retornando apressado para casa, para que ninguém mais o visse nas condições que tanto o envergonhavam. Chegou dizendo que estava com dor de barriga e Ofélia, que não era boba, logo percebeu o que havia acontecido. Foi Augusta quem lhe incentivou a dar mais tempo a Sebastião, até que ele se acostumasse com o jeito de ser do Jonas. Ofélia acabou aceitando a sugestão até perceber que Sebastião nunca se acostumaria, se ela não lhe desse novamente um empurrão.

E lá foi Sebastião novamente passear com Jonas, incomodando-se cada vez mais com os olhares das pessoas que passavam por eles, olhando curiosamente para os dois. Para ele, elas pensavam no quanto deveria ser vergonhoso para um pai ter de andar com um filho, à vista de todos, nas condições de Jonas. Nenhum dos passantes havia pensado aquilo, só mesmo Sebastião por não conseguir se libertar da vaidade e da vergonha da qual se fizera prisioneiro.

Ao voltar para casa, diante do seu abatimento, Ofélia percebeu que algo novamente havia saído errado durante o passeio.

– O que foi, Sebastião? Você me parece aborrecido com alguma coisa. Aconteceu algo de errado?

– Aconteceu, Ofélia. Aconteceu, sim! Serviu para eu descobrir que não sirvo para isso.

– Como não?

– As pessoas ficam me olhando, pensando no quanto deve ser difícil para mim ter de lidar com uma pessoa como o Jonas.

– Seu filho!

– Ainda assim um anormal.
– Seu filho!
– Pouco importa.
– Como assim?
– Eu com ele não saio mais e ponto final. Não quero mais passar vergonha!
– Quer dizer que é mais importante para você, o que os outros pensam de você, do que ser um pai presente na vida de seu filho?
– É.
– Se eu tivesse ouvido a minha intuição a seu respeito, Sebastião, eu não o teria acolhido nesta casa. Nem eu nem Maria, pode ter certeza! Mas nós voltamos atrás, decidimos apagar o passado e recebê-lo de braços abertos. O mínimo que você pode fazer por nós, especialmente por seu filho que abandonou ainda recém-nascido é se tornar amigo dele e levá-lo para passear sob a luz do sol e da vida pulsante do Rio de Janeiro.
– Ofélia...
– Você vai, sim! No começo pode ser que seja difícil de se acostumar, mas com o tempo você chega lá. Pode crer!

Sem mais, ela encerrou o assunto. No dia seguinte e nos outros que vieram, sair com o jovem se tornou o maior martírio na vida de Sebastião dos Reis. Quando chegava a hora, ele sentia súbita dor de cabeça ou dor de barriga ou tontura, tudo provocado pelo seu inconsciente para não ter de sair com o rapazinho. Nada lhe era mais vergonhoso do que aquilo e havia um temor ainda maior: o de descobrirem que ele era o pai da grandiosa Maria dos Reis e falarem dele, no quanto deveria ser frustrante para ele ser pai de uma grande estrela do rádio ter um filho como Jonas e, além do mais, ser obrigado a dar voltas com ele pelas ruas na frente de todos...

Quando Ofélia perdeu a paciência de vez, ela mesma decidiu ir fazer o passeio, empurrando a cadeira com o filho, levando Sebastião na sua companhia. Quando na praia, diante do fascínio que o mar exerce sobre todos, Ofélia inventou uma desculpa e voltou para casa, apressada, deixando o filho sob a inteira responsabilidade do pai. A princípio, Sebastião se desesperou com a situação, mas depois, relaxou. Diante de uma praia tão linda quanto aquela e de um sol esplendoroso como aquele, impossível não se acalmar. Ele só teve o cuidado de se sentar a certa distância do jovenzinho para que os transeuntes não pensassem que eram pai e filho.

Foi então que uma senhora, muito simpática que tirara a manhã para caminhar pelo calçadão da praia, parou diante de Jonas e, admirando seu rosto sereno e seu olhos encantados com Copacabana, perguntou:

– É seu filho?

– Filho? – respondeu Sebastião, corando até a raiz dos cabelos.

– Sim, o jovem... Adorável, não?

– Ah, sim, mas não é meu filho.

– Não?!

– Não! Estou apenas fazendo um favor para o pai dele que é meu amigo de longa data e está atualmente entrevado numa cama por causa de um apendicite supurada. Então eu, com pena do garoto, prontifiquei-me a dar um passeio com ele para que se distraísse um pouco com tão bela visão do mar...

– Que gesto generoso da sua parte.

– Obrigado. Se tem algo que eu não deixo de fazer pelos outros, é ser generoso e prestativo sempre que posso.

– Que atitude bonita, o senhor é uma raridade. Raramente encontramos pessoas assim nos dias de hoje.

– Que nada...

– É sim! O senhor é tão admirável quanto os pais desse rapaz e de tantos outros como ele. Certa vez perguntei a uma mãe que teve uma criança com deficiência, como foi para ela lidar com tal realidade. Ela me respondeu que quando soube, compreendeu que de nada adiantaria se revoltar com a vida, o melhor a se fazer era mesmo aceitar sua realidade, contribuindo para o melhor da criança que a vida lhe colocou nas mãos. Assim ela pôde tornar sua existência e a de seu filho, a melhor possível.

– Que bom para ela ter encarado essa falta de sorte dessa forma, não?

– Falta de sorte?

– Sim, não acha? Afinal, foi uma tremenda falta de sorte ter um filho nessas condições, enquanto a maioria tem filhos *normais*.

– Filhos *normais*?

– Sim!

– Há tantos filhos *normais* como o senhor diz, que só nascem para trazer desgosto aos pais, enquanto criaturas lindas como este garoto nascem para trazer simplesmente a pureza de ser "simplesmente". Elas não amarão seus pais e terceiros por interesse, não brigarão com seus irmãos por causa de herança, destruindo a união das famílias... Elas simplesmente serão pureza e alegria de ser e existir.

E arrependida de todos os elogios que havia feito ao homem, a mulher partiu, levando consigo novamente a sensação crescente de que a humanidade ainda tinha muito a progredir em termos de compaixão e respeito às diferenças alheias.

Durante todo o caminho de volta para casa, Sebastião procurou seguir pelas ruas menos movimentadas, evitando sempre olhar diretamente para os olhos daqueles que passavam por ele, por vergonha de conduzir uma cadeira de rodas com um rapaz nas condições em que nascera.

Assim que chegou a casa, Ofélia foi ao seu encontro, curiosa para saber como havia sido o passeio.

– E então, como foi? – perguntou e beijou a testa do filho e o elogiou: – Jonas, meu adorado, você voltou mais corado para casa! Que bom!

Beliscou levemente as bochechas do rapaz e sorriu tanto quanto ele.

– E quanto a você, Sebastião, divertiu-se?

Ele deu um sorriso amarelo e ela bateu-lhe levemente no peito, dizendo:

– Com o tempo você se acostuma. Não há ditado mais certeiro do que aquele que diz: o tempo é o senhor de tudo, o tempo cicatriza tudo!

Durante o jantar daquela noite, Sebastião perguntou a Ofélia como e quando ela e Augusta Bonini haviam se tornado tão grandes amigas. Foi a própria Augusta quem fez questão de lhe contar tudo, detalhadamente. O homem ficou surpreso, especialmente com o fato de que um acontecimento ruim se tornou algo bom para todos os envolvidos.

Naquele mesmo dia, quando a sós com Augusta, Ofélia perguntou:

– Por falar em Angelina, Dona Augusta... Por onde será que ela anda? Ainda estará viva?

– Fiz-me essa mesma pergunta dia desses, Ofélia. Já se passaram tantos anos desde a última vez em que a vi, não? Uns dez anos praticamente.

– Sim. Será que ela arranjou outro marido?

– Não sei... Mas esperta como é, pode ter, sim, conseguido outro bobão para se casar.

Dias depois, Augusta Bonini caminhava pela redondeza quando avistou uma mulher que muito lhe prendeu a atenção. Seria quem estava pensando? Aproximou-se dela com certo cuidado.

– Angelina Gasparotto? – perguntou assim que se viu a menos de um metro da sua pessoa.

A mulher fingiu não ouvi-la.

– Angelina? – insistiu Augusta, aumentando a voz.

A mulher finalmente reagiu, voltou-se para trás, lentamente, e mirou fundo nos olhos daquela que se dirigia a ela.

– A senhora falou comigo?

– Angelina, sou eu, Augusta!

– Quem? – fingiu a outra não reconhecê-la.

– Ora, Angelina, Augusta Bonini.

– Você deve estar me confundindo com outra pessoa.

– Não e não. Você é Angelina Gasparotto, foi minha amiga por muito tempo até me apunhalar pelas costas.

Angelina continuou se fazendo de desentendida.

– Preciso ir, estou atrasada.

Nem bem ela lhe deu as costas, Augusta a segurou pelo braço, fazendo-a voltar-se novamente na sua direção.

– Sei que é você, Angelina. Não se faça de besta para cima de mim.

Os olhos da mulher se arregalaram um pouco mais.

– Solte meu braço, está machucando.

– Outro dia mesmo eu estava me perguntando: o que teria acontecido a você. Se ainda estaria viva, gozando de saúde e felicidade.

A mulher amarrou o cenho, bufou e impacientemente falou:
— Larga do meu pé, chulé!
— Pensei que ficaria contente por me rever...
— Eu? Por que estaria? Nunca fiz questão de reencontrá-la, por que haveria de querer?
— Pelo visto você piorou com o passar dos anos. Cheguei a pensar que se tornaria uma pessoa mais humana com o avanço da idade, mas não, pelo contrário, os últimos anos embruteceram-na ainda mais.
— Acabou? Agora me deixe ir.
Augusta atendeu ao seu pedido e Angelina, ajeitando o vestido e depois o cabelo, ralhou:
— Com tanta gente para eu encontrar nesta cidade, fui encontrar justamente você? Não tenho sorte mesmo. Cruzes!
Sem mais, ela partiu, estugando os passos, deixando Augusta comovida e, ao mesmo tempo, decepcionada com o reencontro. Ao comentar com Ofélia sobre o ocorrido, esta opinou com sinceridade:
— Augusta, não é à toa que dizem que pau que nasce torto, morre torto!
E Augusta quedou pensativa.

Dias depois, novamente por acaso, Augusta reencontrou Angelina Gasparotto, saindo de uma das casas do bairro, na qual deveria morar. Quando ela a viu, teve um baita susto.
— O que está fazendo aqui? — irritou-se Angelina. — Deu agora para me espionar, foi? Anda me seguindo por acaso?
— Nem uma coisa nem outra, Angelina! — respondeu Augusta, pacientemente. — Encontrei-a realmente por acaso.
— Então continue seu caminho, vai.
— Você me parece assustada.
— Eu?! Bobagem sua. Agora preciso ir, tenho pressa.
Sem delongas ela partiu, deixando Augusta com a sensação de que a ex-amiga estava lhe escondendo algo de muito grave.
Com Ofélia, mais uma vez, Augusta desabafou naquela tarde:
— Ela pode estar precisando de ajuda e por orgulho não quer me falar.
— Será?
— Sim.

– A senhora é mesmo uma mulher incrível, Dona Augusta... Mesmo depois de tudo o que essa fulana lhe fez, a senhora ainda se preocupa com ela.

– Está vendo, Ofélia? Acho que não sou mesmo de guardar rancor. Você mesma foi quem me ensinou a perdoar.

– É, eu sei. Mas eu lhe perdoei porque a senhora foi levada a fazer algo de errado por maledicência dessa tal Angelina. Não fez por querer. Quanto a sua amiga, tudo o que ela fez, fez sabendo que era errado. Seduziu seu marido, fez a senhora pagar um homem para agredir uma mulher que não tinha nada a ver com o caso. Isso é maldade. Puramente maldade. Acho, sinceramente, que teria dificuldades para perdoar uma pessoa assim. Acho até que perdoaria, mas evitaria contato. Em todo caso, se a senhora está tão preocupada com ela, vá até a casa dela prestar-lhe auxílio.

– Boa ideia. Farei isso, obrigada pelo incentivo.

– Se a senhora quiser vou com a senhora como companhia.

– Não é preciso. Você tem seus afazeres, não quero atrapalhar.

Naquela mesma noite, depois da missa, Augusta Bonini decidiu passar na casa de Angelina para tentar novamente uma reaproximação. Ajudá-la, quem sabe, diante de um problema que por ventura estivesse passando. Surpreendeu-se, ao avistar meia dúzia de pessoas paradas na varanda da casa e, mais ainda, quando descobriu que estavam ali, velando o corpo de Angelina Gasparotto. Ela mal pôde acreditar quando viu a amiga estirada no caixão. Angelina estava morta, realmente morta.

Capítulo 10

Augusta imediatamente chorou e quis saber o que havia lhe acontecido.

– Coitada... – comentou uma vizinha. – Andava atolada em dívidas. Os agiotas viviam praticamente o dia todo batendo à sua porta, cobrando o que ela não tinha mais condições de pagar.

– Que horror...

– A senhora a conhecia?

– Fomos amigas durante muito tempo, enquanto morávamos na mesma cidade do interior.

Nisso chegaram três sujeitos mal-encarados e circularam o caixão. A mulher com quem Augusta conversava, cutucou-lhe o braço e ao seu ouvido, cochichou:

– São da parte dos agiotas. Devem ter sabido da morte dela e vieram conferir, com os próprios olhos, se ela realmente está morta. Ô, gente miserável. Aproveitam-se da desgraça alheia para enriquecer.

Um dos sujeitos olhou seriamente para a mulher que, no mesmo instante, calou-se e fingiu-se de coitadinha e entristecida pela morte da vizinha. Quando o relógio bateu 22 horas e já não havia mais ninguém ali, a senhorinha perguntou a Augusta:

– A senhora fecha a casa ou quer que eu feche?

– Mas Angelina ficará aqui sozinha?

– Sim. Velar de noite é perigoso, gente mal-intencionada pode invadir a casa e... Ai, nem quero pensar! Ouve-se falar tanta coisa a respeito. Amanhã voltamos para o enterro.

– Mas eu não posso deixá-la sozinha...

– Mas ela está morta, minha senhora. Para ela não fará a mínima diferença.

– Pois eu ficarei com ela. Ficarei, sim! Só preciso telefonar novamente para casa, para informar a todos que passarei a noite aqui.

E visto que ela não mudaria de ideia, a senhorinha levou Augusta novamente até sua casa para que usasse o telefone. Ofélia prontificou-se a ir ficar com ela, mas ela não quis. Não queria que deixasse Jonas sozinho em casa, ainda que Sebastião estivesse morando com eles. O jovem poderia estranhar, precisar de ajuda e...

Ao voltar para a casa de Angelina, Augusta Bonini se ateve mais uma vez à morta, olhando-a com certo pesar e pensando no quanto as atribulações vividas entre as duas, perdiam totalmente o rancor diante da morte.

Ao ir à cozinha, para se servir de um copo d'água, Augusta ouviu um espirro. Estranhando aquilo, voltou até a sala, lançando um olhar de suspeita para as portas dos quartos que davam para o local.

– Há mais alguém aqui? – perguntou, olhando cautelosamente para os cantos.

Nada recebeu como resposta senão o silêncio. Respirando fundo para se dar coragem, ela verificou cada aposento, acendendo a luz e espiando o interior de cada um.

Nada.

Foi então que ouviu novamente outro espirro.

– O banheiro... – murmurou ela, seguindo para lá, mas o local também estava vazio. – Diacho, quem afinal está espirrando? Apareça, por favor!

Só então lhe ocorreu que poderia ser o espírito de Angelina Gasparotto, o que fez com que ela imediatamente lançasse olhares de espanto e fascínio ao mesmo tempo para os quatro cantos da morada. Com voz ligeiramente trêmula, Augusta perguntou:

– Angelina, é você?

O silêncio continuou mortal.

Ela repetiu a pergunta e foi então que pensou na possibilidade de ter sido alguém na rua que tivesse espirrado. O guardinha, provavelmente...

Ao abrir a porta para se certificar, outro espirro ecoou até seus ouvidos, seguido de outro e outro... Ao perceber que vinha de trás dela, Augusta voltou-se apavorada para trás. Era Angelina quem espirrava, mas desde quando uma morta poderia espirrar? Isso, nunca!

— Angelina! — exclamou ela, indo até a morta e tirando-lhe a renda de cima do seu rosto. — Você está viva! Que bom!

Angelina, olhando horrorizada para ela, com olhos vermelhos e a boca trêmula, tentou dizer alguma coisa, mas não conseguiu.

— Isso é um milagre! — exclamou Augusta, vertendo-se em lágrimas. — Um milagre!

A voz de Angelina finalmente soou no recinto, baixa e áspera:

— Fala baixo!

— Pensaram que estivesse morta e... — continuou Augusta, chorando. — Por pouco você não é enterrada viva!

Angelina, parecendo ainda mais irritada do que nunca, perguntou:

— O que você está fazendo aqui, estrupício?

— Não ia deixá-la sozinha...

— Por que, se eu estava morta?

— Porque não achei justo ficar sem ninguém.

— Mas eu estava morta, sua burra!

— Mesmo assim.

E derramando mais lágrimas, Augusta falou:

— Estou muito emocionada por vê-la viva novamente. Venha, eu a ajudo a sair daí.

— Quer fazer o favor de falar baixo? Assim todos vão ouvi-la!

— Você tem razão, estão todos dormindo a uma hora dessas...

— Nisso ouviu-se o ranger do portão, se abrindo.

— Alguém está chegando.,

— Rápido me ajude a voltar para o caixão.

— Ora, por quê?

— Você ainda não entendeu, sua anta?

— Entender?! Entender o quê, Angelina?

— Que tudo não passou de uma farsa?

Imediatamente ela se ajeitou novamente no caixão e só então Augusta abriu a porta. Era o guardinha da rua que muito, suspeitosamente, perguntou:

— Está tudo bem aí? Ouvi vozes!

— Sim, sim, está tudo bem. Eu é que estava rezando um pouco e cantando umas das canções religiosas e...

– Ah, sim.

Os agiotas haviam pedido ao homem para ficar de olho no local e informar qualquer coisa suspeita que acontecesse ali.

– O senhor quer entrar?

– E-eu?! Não, obrigado. De morto eu quero distância!

– Só os vivos podem nos fazer mal, os mortos...

– Vai nessa!

E o homem desembestou a resumir algumas histórias de fantasmas que ouvira falar e quando partiu, Angelina queria simplesmente esganá-lo.

– Estou morta de vontade de fazer xixi e você dando trela para esse sujeito sem graça... Augusta, por favor!

– Você quer me explicar exatamente o que está acontecendo aqui?

– Se você não tivesse ficado, nada disso teria acontecido, ninguém desconfiaria do meu plano, mas você, metida a boazinha, insistiu!

– Porque sempre fui sua amiga.

– Mesmo depois do meu episódio com o Hélder, Augusta? Ah, por favor, bondade tem de ter limite, não acha?

– Aprendi a perdoar.

– Sei...

– Quer me contar agora o porquê disso tudo?

– É simples, muito simples! Estou devendo para uns cinco agiotas e jurada de morte por não pagá-los. Então resolvi me fingir de morta e, assim, sumir daqui para poder voltar a viver mais tranquilamente.

– Quer dizer...

– É isso mesmo o que você ouviu e dá licença, agora, que eu preciso ir ao banheiro.

Quando voltaram a ficar cara a cara, Angelina teve um acesso de riso. Ainda rindo, falou:

– Que mundo mais louco esse em que vivemos, não? Com tanta gente para eu me encontrar no Rio de Janeiro tive de me encontrar justamente com você. Para me ver nessa condição deplorável, humilhando-me para fugir da mão dos agiotas. Não é à toa que dizem que aqui se faz aqui se paga. Você deve estar adorando me ver nessa situação, não é Augusta? Confesse. Depois de eu ter roubado o Hélder de você, deve estar achando merecido tudo isso que estou passando. Encontrar-me atolada em dívidas, fugindo para não morar debaixo da ponte.

— Sua situação é tão ruim assim?

— É. E aposto que deve estar pensando em me entregar para os agiotas, não está? Para se vingar de vez de mim pelo que lhe fiz no passado.

— Não, Angelina. É lógico que não! Tudo isso é coisa da sua cabeça. Você teme que eu faça o que no fundo você faria para aqueles que lhe fizeram mal. Para aqueles que agiram com você da mesma forma deselegante que agiu com eles.

Angelina voltou a ficar séria e pediu, sem rodeios:

— Agora, vá embora, Augusta. Por favor.

— E como você vai sair dessa?

— Eu dou um jeito.

— Nada disso! Eu vou ajudá-la.

— Depois de tudo o que lhe fiz?

— Sim! Aquilo é passado. O importante agora é que você resolva tudo isso. Tem certeza de que não consegue pagar a eles, se pedir mais alguns dias, quem sabe?

— Vou precisar de umas três reencarnações para acertar tudo o que devo.

— Está tão ruim assim?

— Até na padaria da esquina eu devo. Aquele povo todo que você viu aqui no meu velório de mentira, só estava para se certificar de que eu realmente havia morrido e choravam pelo prejuízo que lhes deixei com a minha morte.

— Que horror!

— Mas é verdade. Acho que nasci mesmo sem sorte. Tentei e tentei me dar bem e só me estrepei. Quando fiquei com o Hélder, o filho da mãe já estava se endividando, quando descobri, ele já estava na pior. E ele ainda achou que eu ficaria do lado dele, coitado. Eu queria mais é esganá-lo por ter corrompido meus sonhos. Vim para o Rio com o pouco que consegui tirar dele e acabei nessa pior. Acho que eu deveria mesmo é morrer.

— Não diga isso. Eu vou ajudá-la.

No dia seguinte, a farsa teve andamento. Angelina voltou a ocupar seu lugar no caixão e Augusta se prontificou a acompanhar até o fim o seu sepultamento. O que ninguém sabia, ali, era que o motorista do carro de frete, contrato por Augusta para levar o corpo de Angelina até o cemitério, era Sebastião dos Reis. Que antes de chegar ao local, parou num lugar apropriado, tirou Angelina de dentro do caixão e, em seu lugar, colocou alguns tijolos. No seu sepultamento de mentira, a própria Angelina fingia chorar de pesar por sua morte. O corpo foi enterrado numa vala que a prefeitura cedia aos carentes por sete anos.

Depois de tudo terminado, os três seguiam para a casa de Augusta.

– E agora? – perguntou Angelina respirando mais aliviada.

– E agora você vai para casa comigo.

– Casa? Que casa?

– A minha casa, Angelina.

Chegando lá, Augusta fez as devidas apresentações:

– Ofélia essa é Angelina.

– Angelina, ah, sim, muito prazer

Ao cumprimentá-la, Ofélia se arrepiou:

– Espere! Ela é a tal que...

– Sim, Ofélia, a própria. Desculpe por tê-la trazido para casa, nossa casa.

– Nossa casa?! – estranhou Angelina.

– Sim, moramos juntas desde aquela estupidez que você me fez cometer no passado. Ofélia era a tal mulher que você me fez pensar ser a amante do Hélder.

– E vocês estão juntas?!

– Desde então.

– Nossa! Quer dizer, Augusta, que depois de velha você virou lésbica?

– Angelina, por favor!

– Não?! Mas tá parecendo!

E a seguir Augusta lhe contou novamente, acrescentando alguns detalhes mais apurados, sobre como ela conheceu Ofélia e por que as duas se mudaram para o Rio de Janeiro.

– Quer dizer então que a senhora é mãe da cantora Maria dos Reis... Estou pasma. Isso é o que eu chamo de ter sorte na vida!

Voltando-se para Ofélia, Augusta completou:

– Sei que você tem mil motivos para odiar Angelina, mas ela está numa situação calamitosa. Sem dinheiro e sem casa. Então pensei em abrigá-la aqui até que sua vida melhore. Sei que deveria tê-la consultado antes, mas o caso dela carece de urgência.

– Dona Augusta, ouça-me. Esta casa é tanto minha quanto da senhora. Eu, sinceramente, não tenho motivos para não receber sua amiga aqui. Da mesma forma que fui capaz de perdoar-lhe pelo que me fez, também serei para perdoar a ela.

– Tem certeza de que realmente...

– Falo sério – e voltando-se para Angelina, Ofélia se fez clara: – Seja bem-vinda! Estou com você para o que der e vier.

– Tem mesmo certeza de que posso ficar? Sem problema algum?

– Pode, sim. Onde estão suas coisas?

Foi Augusta quem respondeu:

– Passando-se por morta, suas roupas ficaram na casa que ela alugava. Volto lá com o Sebastião e apanho tudo com a desculpa de que vou doá-las para os carentes.

Angelina ergueu o dedo no mesmo instante, dizendo com bom humor:

– Euzinha! Carente número um!

E foi impossível não rir do comentário. Fora, indubitavelmente, a mentira de Angelina quem unira Augusta à Ofélia, Jonas e Maria.

Capítulo 11

Logo, Angelina e Sebastião se entrosaram de tal forma que foi Angelina quem acabou incentivando Sebastião a se aproximar do filho. Sair com ele não só para dar voltas pela praia, mas também por outros locais do Rio de Janeiro.

– Eu sinto vergonha – admitiu Sebastião ligeiramente encabulado.

– Vergonha?!

– Vergonha, sim, de ser visto empurrando uma cadeira de rodas com um rapaz nesse estado. Ainda que não saibam que sou seu pai, sinto-me mal. Se soubessem, me sentiria pior, muito pior!

– Que nada! Você está vendo tudo pelo lado errado. Não precisa ser assim. Vou ajudá-lo a descobrir ou redescobrir as alegrias de ter um filho como o seu.

– Mesmo?

– Acredite-me!

E assim Angelina passou a acompanhar Sebastião nas voltas que fazia com Jonas, o que muito surpreendeu Augusta e Ofélia.

– Ela realmente está me surpreendendo – admitiu Augusta para Maria quando ela foi visitá-las.

– Angelina? – interessou-se Maria.

– A própria! Jamais pensei que a mudança para cá, depois de tudo o que ela passou na vida, fosse fazê-la se interessar pelo seu irmão, a ponto de fazê-la incentivar seu pai a sair com o rapaz. Dizem que a vida está sempre a nos surpreender, mas não pensei que nos surpreenderia a esse ponto.

– Tomara que continuem assim – alegrou-se Maria –, pois esses passeios, essa aproximação do papai com o Jonas será muito benéfica para ele. Para os dois na verdade.

— Verdade — concordou Ofélia, emotiva. — Jonas me parece bem mais corado e alegre nos últimos tempos.

— Maravilha! — alegrou-se Maria ainda mais. — Isso prova que a senhora fez certo em trazer Angelina para morar aqui.

Semanas depois, Maria dos Reis lançava o seu sétimo LP, que logo também se tornou um sucesso como os anteriores, mantendo-a no patamar das grandes estrelas da era de ouro do rádio no Brasil. Shows e mais shows, fãs e mais fãs, fama e mais fama ainda continuavam a surpreender a bela Maria. Um sucesso merecido por seu indiscutível talento.

Início de 1945. Haviam se passado praticamente oito meses desde que Angelina Gasparotto se mudara para a casa de Ofélia e Augusta. Foi quando Cândida Moniz Alencastro havia ido fazer compras para sua casa na companhia de Rosária, sua empregada doméstica, que ela descobriu algo muito surpreendente.

Estava ela prestes a entrar num estabelecimento quando avistou Angelina Gasparotto, caminhando ao lado de Sebastião dos Reis, empurrando a cadeira de rodas com Jonas pelo calçadão da praia. No entanto, a mulher e o homem trajavam roupas muito surradas e pediam ajutório. Pareciam, de fato, dois mendigos. Cismada, Cândida atravessou a rua e foi perguntar a um florista a respeito dos três.

— O senhor, por acaso, os conhece?

— Aparecem de vez em quando por essas bandas — respondeu o sujeito. — São pais do rapaz e pedem ajuda para o seu tratamento.

— Tratamento?!

— Sim! Dizem também que têm uma instituição de caridade no interior do Estado de São Paulo e...

— O senhor tem certeza?

— Absoluta! Pergunte a qualquer comerciante desta rua.

Cândida ficou pensativa e ao voltar para o local onde deixara sua empregada, fazendo compras, disse à mulher:

— Rosária, preciso muito de um favor seu.

A seguir, Cândida explicou à senhora de tez mulata quem era o casal que empurrava a cadeira de rodas com um jovem sobre ela e, por que ela própria não podia ir lá falar com eles.

— Por isso lhe peço que vá lá e sonde os dois, por favor. Compreendeu?

— Pode deixar, patroa.

Sem rodeios, a mulher atravessou a rua e foi falar com Angelina e Sebastião.

– Olá – disse, fingindo-se de simpática.

– Olá, minha senhora, quer ajudar esta pobre e indefesa criatura? – perguntou Sebastião em tom de lamúria.

– Essa pobre criatura caiu em nossas mãos para que pudéssemos ampará-lo ao longo da vida – explicou Angelina, fazendo voz de coitadinha. – Ele e outros que fazem parte da nossa instituição de caridade no interior.

– Ah, vocês têm uma...

– Temos sim. Amparamos mais de 30 crianças com deficiências diversas.

– É mesmo? Em que cidade exatamente?

– Mogi das Cruzes.

Rosária, fingindo-se de encantada, respondeu:

– Que generoso da parte de vocês.

– É a nossa missão, a missão que Deus depositou em nossas mãos e temos de honrar.

– Ah, sim, uma linda missão! Pois eu pensei que o rapaz fosse filho de vocês.

– Se fosse, seria uma graça ainda maior – Angelina apressou-se em dizer. – Ele é como os demais que mantemos em nossa instituição, um anjo caído do céu, cujas asas quebradas não podem mais lhes permitir voar.

– Ah, sim...

– A senhora não vai nos ajudar com um trocado?

– Gostaria muito, mas estou desprovida no momento, mas amanhã...

– Amanhã já não estaremos mais aqui.

– Não! Onde posso encontrá-los então?

– Na praia seguinte.

– Ah, farei questão de ir até lá levar uma bela quantia para ajudar essa causa tão nobre.

– Não fale assim que sentimos vontade de chorar.

– Até amanhã.

Rosária seguiu seu caminho e, por diversas vezes, voltou a olhar para trás, na direção de Sebastião e Angelina, ainda chocada e inconformada com o que descobrira.

– Não acredito! – exclamou Cândida, ao saber de tudo pela boca da funcionária. – Quando Maria souber, vai ser uma tremenda decepção para ela. Não vai me acreditar. Devo ou não contar? Justo agora que ela passou a ver o pai com outros olhos... Voltou a amá-lo e a ampará-lo.

Quando voltaram para a casa, Angelina e Sebastião estavam novamente usando a roupa com que haviam saído dali. Costumavam trocar por outras surradas e remendadas em qualquer banheiro público que tivessem acesso, para que parecessem pobres. Extremamente pobres.

– Demoraram um bocado hoje, hein? – comentou Ofélia, indo fazer um gracejo no filho.

– É que fomos levar o nosso querido Jonas a outros lugares do Rio – adiantou-se Angelina, depositando emoção na voz. – Torna-se enjoativo visitar sempre os mesmos lugares, concorda?

– Sem dúvida.

– Sou da opinião – continuou Angelina, empolgada. – Que quanto mais tempo o nosso adorável Jonas passar longe dessa... – ela lançou um olhar de descaso para o local e completou: – casa, melhor!

– Sem dúvida – concordou Augusta feliz por ver a amiga tão devotada ao jovem que tanto precisava de atenção.

– Ouviu-se então uma batida à porta e quando Augusta foi ver quem era, alegrou-se:

– É Maria!

– Maria!

Alegria geral.

– Que bom revê-la, Maria – alegrou-se Angelina, indo dar um abraço nela.

Nisso, Cândida apareceu à porta.

– Cândida veio comigo – explicou Maria, sorrindo para ela.

Cândida cumprimentou todos:

– Boa noite.

– Trouxe uma amiga para apresentar à senhora – completou Maria, olhando curiosamente para Angelina.

– Uma amiga? – surpreendeu-se Angelina.

– Sim. Rosária.

– Cândida.

E assim que Rosália entrou no aposento, Angelina e Sebastião recuaram um passo, boquiabertos e chocados.

– Boa noite – disse ela, olhando diretamente para os dois.

– Boa noite – responderam os dois, procurando firmar a voz.

– Esta é Angelina, uma amiga da família, e esse é meu pai, Sebastião – explicou Maria.
– Angelina e Sebastião... – murmurou Rosária, olhando atentamente para os olhos do casal. – Muito prazer...
– Muito prazer – responderam Angelina e Sebastião, simultaneamente.
– Se bem que já nos conhecemos.
– Já?! – espantou-se Ofélia. – De onde?
– Encontrei-os, por acaso, hoje em Botafogo, andando com o jovem.
Augusta Bonini muito alegre explicou:
– É que eles levam o Jonas para passear todos os dias, praticamente todos os dias, só quando chove é que não.
– Que gesto mais solidário.
– Eu também acho – concordou Augusta, feliz.
Maria, então, muito tristemente voltou-se para o pai e com voz trêmula e chorosa falou:
– Vocês tiveram mesmo a coragem de...
Ela não conseguiu terminar a frase.
– O que está havendo aqui? – exaltou-se Ofélia, pressentindo algo de errado.
– O que está havendo, mamãe? – respondeu Maria, rapidamente, e voltando-se para o pai, perguntou: – Digo eu ou dizem vocês?
O pai engoliu em seco e abaixou a cabeça. Ofélia, estranhando ainda mais a reação do ex-marido, alterou-se mais uma vez:
– Alguém aqui quer me dizer o que está havendo, por favor?
– O que está acontecendo aqui, mamãe...
Percebendo que Maria não conseguiria explicar, Cândida falou por ela. Contou-lhe tudo o que descobriu sobre Angelina e Sebastião naquela tarde. Ofélia voltou-se para Sebastião e começou a estapear-lhe o peito, chorando e dizendo:
– Maldoso! Maldoso e desonesto! Usando o nosso próprio filho para...
Augusta voltou-se para Angelina, também chocada e falou:
– E você Angelina, que eu pensei que depois de tudo o que havia passado, havia mudado, tornado uma mulher íntegra.
– E mudei, Augusta. Juro que mudei! – respondeu ela, rompendo-se em lágrimas. – O dinheiro que arrecadamos é sim por uma boa causa.
– Que causa?

– Para ajudar crianças como o Jonas...
– Então cadê esse dinheiro?
– No banco atualmente, depositamos até somarmos uma grande quantia e...
– Sumirem, daqui, não é?
– Não!
– Diga a verdade!
– Não, eu juro que não! – Angelina chorou a ponto de se envergar e se ajoelhar. Sebastião mantinha-se sem palavras, corado até a raiz dos cabelos grisalhos.
– Que vergonha, meu Deus... Que vergonha... – exaltou-se Augusta mais uma vez. – Vocês não precisam disso. Têm casa, comida e roupa lavada de graça. – Estou verdadeiramente desapontada com você, Angelina. Desapontadíssima.
– Não nos recriminem, por favor. Fazemos o que fazemos realmente por uma boa causa.
– Veremos.
A noite terminou tensa, sem que ninguém mais ali trocasse meias palavras.
Augusta que dividia o mesmo quarto com Ofélia, antes de se entregar ao sono, comentou:
– Eles podem estar falando a verdade...
– Mas também podem não estar – respondeu Ofélia, seriamente.
– É...
– A questão agora é: dar ou não mais crédito aos dois.
– No coração de Deus o perdão é infinito e a bondade também.
– No coração de Deus, Dona Augusta. No nosso... Além do mais temos de ter certo cuidado, bondade demais para com algumas pessoas desonestas pode ser perigoso para ambas as partes.
– Verdade. Mesmo assim...
– Mesmo assim a senhora gostaria de lhes dar uma segunda chance, não é?
– Você me conhece bem, Ofélia. Muito bem.
– Também, depois de todos esses anos.
– Sim longos anos e devemos de certo modo a nossa união a Angelina. Se não fosse ela...
– O que prova que dentre todo mal o bem pode triunfar.

Capítulo 12

Na manhã do dia seguinte, Angelina e Sebastião apareceram na cozinha, cabisbaixos e muito sem graça.

– Bom dia! – disseram as donas da casa.

– Bom dia – respondeu Augusta, retomando sua simpatia de sempre para com os dois. – Sentem, coei o café agorinha mesmo.

– Hum... – suspirou Angelina – só pelo cheirinho. O seu café foi sempre o meu favoroito, Augusta. O melhor da nossa cidade na época.

– Que nada, Angelina...

– É sim, Augusta. O que é bom deve ser elogiado.

– Obrigada.

Ofélia ouvia tudo, calada, ainda cheia de revolta e cisma.

– Bom – sorriu Angelina após comer sua última fatia de pão com manteiga. – Vamos dar o nosso passeio diário com o nosso querido Jonas.

– Epa! – interveio Ofélia. – Com ele vocês não vão mais a lugar nenhum.

– Ofélia, por favor, não vá castigar o rapaz por causa...

– De uma desonestidade de vocês dois?

– Ofélia, eu já lhe expliquei!

– Eu ainda não estou convencida.

– E por isso vai privar seu filho dos passeios deliciosos que fazia conosco?

– Ofélia, Angelina tem razão – acudiu Augusta. – Jonas não merece deixar de se divertir por causa...

– Dona Augusta, essa mulher já a enrolou antes e...

– Ofélia, por favor, dê-lhe um crédito.
Sebastião falou pela primeira vez:
– Eu me responsabilizo daqui por diante por nossos passeios com o Jonas. Afinal, ele é meu filho.
A palavra "filho" foi pronunciada com tanta ênfase que despertou ainda mais a atenção de Ofélia.
– Meu filho, sim, Ofélia.
– Agora é seu filho, Sebastião?
– Desde que nos aproximamos tanto nos últimos meses, digo "filho" com muito orgulho. Meu filho!
Ainda que contrária à saída dos dois com Jonas, Ofélia acabou cedendo:
– Está bem, vocês podem ir, mas saibam que estamos de olho em vocês. De olhos bem abertos.
Minutos depois, Sebastião seguia pela calçada, acompanhado de Angelina, empurrando a cadeira de rodas com o filho sentado sobre ela.
– E agora, Angelina, o que fazemos? – perguntou ele quando percebeu que não poderia ser ouvido por ninguém.
– O que fazemos... – desdenhou Angelina – o que sempre fizemos. O que todo político faz, fingir-se de bom moço até conquistar o poder. E o nosso poder será juntar a quantia certa de dinheiro para darmos um basta nessa vida medíocre que levamos ao lado daquelas otárias.
E assim Angelina e Sebastião voltaram aplicar o golpe de pobres coitados, angariando fundos para ajudar crianças desamparadas quando na verdade o dinheiro era para uso próprio. Mas o plano foi por água abaixo assim que Ofélia os pegou com a boca na botija.
Certo dia, saiu atrás deles, seguindo-os cuidadosamente para não ser descoberta e os flagrou, enganando passantes e mais passantes.
– Ofélia?! – exclamou Sebastião, ao vê-la aparecer de repente ali.
– Que bonito, hein?
– Calma aí, Ofélia – protestou Angelina no mesmo instante. – Tudo isso é realmente por uma boa causa! Vocês é que não acreditam em nós, ou melhor, você.
– Eu vou levar o Jonas comigo, dá licença.

E sem delongas, ela partiu dali empurrando a cadeira de rodas. No mesmo instante, Angelina e Sebastião a seguiram, procurando novamente se defender diante dos fatos. Ao chegarem a casa, Ofélia, sem hesitar, ordenou:

— Arrumem suas coisas e sumam daqui. Já!

— Eu vou falar com a Maria — protestou Sebastião, fingindo-se de forte.

— Vá, sim — concordou Ofélia. — Vamos ver o que ela vai dizer desta vez, Sebastião.

— Eu sou o pai dela!

— O pai que só voltou porque soube que a filha ficara famosa e endinheirada. Admita!

— Você não gosta mesmo de mim, Ofélia. Confesse!

— Responda você primeiramente a minha pergunta: voltou ou não voltou a nos procurar porque descobriu que Maria ficara famosa e endinheirada? Vamos, responda!

O homem bufou.

— Admita! — berrou Ofélia, perdendo de vez a paciência.

O homem dessa vez não teve como evitar:

— Está bem, admito! Se é isso o que você quer, eu admito! Voltei, sim, por que Maria ficou famosa e bem financeiramente. E já que sou o pai dela, ela tem por obrigação me sustentar.

— Por obrigação?

— Isso mesmo!

— Essa é boa! — Ofélia riu, debochada. — Bom, trate de se haver com ela, aqui na minha casa você não fica mais nem um segundo. Você e ela!

Angelina finalmente deu o ar de sua graça, transparecendo, na verdade quem sempre foi:

— Pra mim será um prazer sair desta porcaria de casa... Desta pocilga.

Ofélia, horrorizada com o que ouviu, mirou bem os olhos dela e falou, com todas as letras:

— Pocilga que serviu muito bem para protegê-la da chuva e do sol quente quando lhe foi necessário.

— Ainda assim uma pocilga — revidou Angelina, impostando ainda mais a voz. — E sabe o que é mais interessante nisso tudo, Ofélia?

É que eu vou sair daqui para uma vida melhor, numa casa melhor e você vai ficar aqui presa a essa vidinha medíocre, tão besta quanto você e Augusta.

Augusta que até então assistira a tudo calada, suspirou, chocada.

– É isso mesmo o que vocês ouviram! Vamos Sebastião, agora!

Os dois cataram o que lhes pertencia e partiram sem mais palavras.

Quando Maria soube do acontecido ficou tão chocada quanto os demais.

– Quer dizer então que a senhora estava certa o tempo todo em relação a eles, mamãe.

– Sim, filha. Seu pai me enganou uma só vez na vida, depois, nunca mais. Dei crédito a ele, por você e seu irmão. Mas eu sabia, sempre soube, no íntimo, que ele só viera procurá-la porque soube que você havia ficado famosa e razoavelmente bem sucedida financeiramente. A verdade é dolorosa, eu sei, mas, temos de encará-la.

A filha abraçou a mãe procurando transmitir-lhe algum conforto. Ofélia, chorosa, admitiu:

– Se eu pudesse, Maria. Eu juro que teria escolhido um homem melhor para ser seu pai e pai do seu irmão. Mas como eu poderia saber que seu pai não passa de um irresponsável? Não temos boa de cristal, não é mesmo?

Maria, rindo, respondeu:

– É, mamãe, não temos. Mas tudo bem. Pelo menos do casamento da senhora com o papai, nascemos eu e o Jonas. Acho que isso compensa os desagrados, não?

– Oh, sim, filha, nem diga.

E Ofélia abraçou ainda mais carinhosamente a moça.

Enquanto isso, Sebastião e Angelina, hospedadas numa pensão do centro da cidade, conversavam.

– E agora, Angelina, o que será de nós? Como vamos nos virar sem o moleque?

– Calma, Sebastião, muita calma. Eu já tenho um plano.

No dia seguinte, logo pela manhã, Sebastião voltou a casa de

Ofélia que, ao vê-lo, foi ríspida e direta:

– O que quer? Voltou pra quê?

– Pra ver meu filho, Ofélia. Posso não ter coração, como você mesma diz, mas eu me afeiçoei a ele e...

– Afeiçoou?

– Sim, Ofélia, deixe-me vê-lo, por favor.

– Está bem, entre!

E diante de Jonas, com lágrimas nos olhos, o homem se curvou e disse:

– O papai veio vê-lo, filho. Não poderemos mais sair, mas virei sempre vê-lo.

O rapazinho sorriu feliz e Ofélia, tocada pelo que viu, pediu licença para ir fazer um café na cozinha. Quando voltou a sala, Sebastião não mais se encontrava ali, somente Jonas largado sobre o sofá.

– Jonas, meu filho! – exclamou a mãe, deixando sobre a mesa a bandeja com a xícara de café. – Está tudo bem com você?

Só então ela notou que a cadeira de rodas havia desaparecido.

– Sua cadeira...

Augusta chegou nesse instante, dizendo:

– Ofélia, acabo de ver o Sebastião empurrando a cadeira de rodas do Jonas. Quando ele me viu atravessou a rua no mesmo instante, com muita pressa.

– O safado, Dona Augusta, veio aqui só para roubar a cadeira de rodas.

– O quê?!

– Para ele e Angelina continuarem dando golpes por aí.

– Com quem farão isso se Jonas não está mais com eles?

– Eles são ladinos, Dona Augusta, darão um jeito.

E deram mesmo. Quando não era Angelina que ia sentada na cadeira, fingindo-se de paraplégica, empurrada por Sebastião, era Sebastião quem ia sentado, empurrado por ela. E ambos eram tão dramáticos na farsa que pregavam, que todos se convenciam da fragilidade do casal.

Dias depois, Angelina, revoltada com a atitude de Ofélia, voltou ao bairro onde ela residia e espalhou o boato de que Ofélia e Augusta eram amantes e que ela havia sido posta para fora da casa, porque discordou das indecências que as duas faziam entre quatro paredes.

A notícia chocou todos e logo chegou aos jornais que publicaram matérias, dizendo que a mãe da cantora Maria dos Reis mantinha uma relação lésbica de muitos anos com Augusta Bonini.

Mesmo com Maria desmentindo a fofoca nas rádios, o povo não se deu por convencido e muitos viraram a face para Ofélia e Augusta que se mantinham cada vez mais assustadas com as artimanhas de Angelina Gasparotto.

– Ela é mesmo terrível – admitiu Ofélia. – E fomos tão boas para ela...

– Ela não era assim quando a conheci – retrucou Augusta.

– A senhora é que pensa, Dona Augusta.

– Será?

– É, sim! Angelina nunca foi flor que se cheire.

Quando a socialite Patrícia Nachtergaele encontrou Angelina Gasparotto na cadeira de rodas, chocou-se:

– Cadê o jovem? E o que a senhora está fazendo nessa cadeira de rodas?

Angelina foi rápida em responder:

– Fui atropelada...

– Atropelada?!

– Sim, por um louco. Um horror... Veja a senhora, tentamos ajudar os carentes e acabamos assim. Na pior...

– Esses motoristas... De qualquer modo eu sinto muito.

E tirando da bolsa a carteira, pegou uma generosa quantia e entregou à mulher na intenção de ajudá-la, como caridade.

Mais tarde, ao se trancarem no quarto do hotel, Angelina e Sebastião gargalharam, ao se recordarem daqueles que haviam feito de trouxa no dia em questão.

– Otário é otário, é o que eu sempre digo! – opinava Angelina em meio a sua risada de bruxa. – E digo mais: se é otário tem de ser mesmo feito de otário!

E os dois continuaram aplicando golpes por onde passavam até que certo dia, um motorista descuidado, correndo além do limite, atropelou-os de verdade. Quando Sebastião e Angelina voltaram a si, estavam internados na Santa Casa da cidade.

– O que aconteceu?

A enfermeira então lhes contou tudo e a revolta foi tamanha, especialmente por parte de Angelina. Tanto que o médico foi obrigado a lhe prescrever um calmante. Tudo o que eles haviam arrecadado com os golpes que aplicavam na praça, foi gasto no tratamento com Angelina que, infelizmente não obteve o resultado esperado. Acabou mesmo numa cadeira de rodas e, desta vez, não era encenação para enganar os tolos como ela tanta queria. Ainda assim fizeram da vida de pedintes o ganha-pão de ambos. Sebastião empurrava a cadeira e ela ia esticando a mão, pedindo ajutório com voz de lamento misturado ao ódio pelo destino cruel que teve.

– Foi um castigo, o que nos aconteceu! Um castigo, eu digo! – choramingava Sebastião.

– Que castigo que nada, Sebastião. Engole esse choro e continua empurrando esta cadeira. Vamos!

– Mas...

– Nem mas nem meio mas, Sebastião! Largue de ser molenga e continue empurrando esta cadeira.

O homem, choroso, chamou a atenção de alguns passantes que penalizados com seu estado, procuraram ser solidários aos dois.

– Foi um acidente – explicou Angelina em tom de queixa e lamento. – E o motorista nem sequer parou para me prestar auxilio.

– Que absurdo! – lamentou a passante. – Incrível como a falta de respeito cresce cada dia mais neste país.

– Nem fale.

– As leis deveriam ser mais severas para os motoristas.

– O pior é que meu marido teve de largar o emprego para poder cuidar de mim e é, por isso, que peço ajuda a todos. Colabore com o que puder. Seja o que for será muito bem-vindo.

Uma senhora deu alguns trocados para Angelina que assim que se viu longe da mulher, chiou:

– Muquirana, pão-dura, mesquinha! Essa merreca não serve pra nada! Mal dá para comprar uma bala!

– Não foi tão ruim assim, Angelina – retrucou Sebastião. – E não se esqueça de que é de grão em grão que a galinha enche o papo. Foi assim, de merreca em merreca que conseguimos juntar o pouco ou muito que temos agora.

– É, você tem razão! Mas que podia ser melhor, ah, isso podia, não resta dúvida. Tem muito rico pão-duro por aí, tão pão-duro que é uma desgraça.

– Desgraça mesmo foi o que nos aconteceu, Angelina.

– Que nada, Sebastião... Agora pelo menos ninguém pode mais alegar que sou uma trambiqueira, tentando passar um golpe nas pessoas.

– Ainda penso que deveríamos procurar pela Maria...

– Sua filha cantora? Esqueça! Dela e de todos lá você nunca mais vai conseguir tirar um tostão.

– E graças a você que me levou para o mau caminho.

– Mau caminho, Sebastião? Pra cima de mim? Você nunca valeu nada! Aposto que fez uso da desculpa de que não poderia suportar um filho nascido em condições especiais só para se vir livre das obrigações de pai. Para que pudesse voltar para a esbórnia que é onde sempre gostou de viver. É ou não é?

O homem bufou e passou a empurrar a cadeira com mais força e ímpeto. O dia terminou com uma boa soma de dinheiro, o que deixou Angelina muito feliz.

– Não disse que de grão em grão a galinha enche o papo? – lembrou Sebastião, admirando o dinheiro e as moedas sobre a mesa do humilde quarto do hotel em que estavam hospedados.

– Não foi mal – opinou Angelina –, mas poderia ter sido bem melhor. Agora você me ajuda a tomar meu banho.

– Sim, sim!

E assim ele fez, ajudou-a se despir e a levou para debaixo do chuveiro, sentada na cadeira que haviam comprado especialmente para ela se sentar durante o banho. Enquanto se banhava, sem se dar conta, Angelina cantarolou uma das canções que popularizou Maria dos Reis. Estava tão distante, tão distante naquele momento por causa do efeito gostoso da água morna sobre a pele que demorou mais tempo no banho do que de costume.

Quando se cansou, chamou por Sebastião, mas ele nada respondeu. Chamou uma segunda, uma terceira vez até que ela mesmo girou as rodas com as mãos até a sala.

– Onde será que esse homem foi parar? Justo agora que preciso me trocar.

Com esforço ela apanhou a toalha e se enxugou e depois foi apanhar as roupas que também lhe custaram um bocado de sacrifício para vesti-las. Só então avistou o que lhe pareceu ser um bilhete sobre a pequena mesa que havia ali junto à parede. Fora escrita por

Sebastião, percebeu, assim que reconheceu seus garranchos.

"*Querida Angelina.*

Sou bicho livre, não consigo nem posso viver engaiolado. Viver ao seu lado ou ao lado de qualquer outra pessoa é como uma prisão. Ainda mais com você nas condições em que se encontra agora, depois de ter sido atropelada. Fugi do meu casamento com Ofélia pelos mesmos motivos e porque também sabia que não suportaria encarar um filho nascido nas condições em que Jonas nasceu. Já pedi perdão a Deus. Na igreja me disseram que bastava rezar três Pais Nossos e algumas Ave-Marias que eu estaria perdoado. Assim fiz e me senti melhor e farei o mesmo em relação as minhas últimas atitudes, envolvendo você e o menino. Rezarei mais quantos Pais Nossos forem necessários e quantas Ave-Marias forem preciso para que Deus me perdoe. No mais lhe desejo boa sorte e que Deus a abençoe sempre!

Sebastião dos Reis."

– Aquele danado – resmungou Angelina com lágrimas nos olhos. – Quer dizer que bastou rezar e se dizer arrependido de seus erros que tudo bem... Só porque ele quer. Ele é que deveria ter sido atropelado e não eu! Ele tinha responsabilidades para com o filho que pôs no mundo e o abandonou por preconceito, vaidade e vagabundice. Eu nunca fiz isso, acho que nunca faria. A vida é mesmo injusta para com alguns. Muito injusta!

A surpresa maior se deu quando Angelina, guiada até o banco onde tinha conta, pelas mãos generosas do filho do dono do humilde hotel, descobriu que sua conta conjunta com Sebastião, estava vazia. Completamente sem um tostão.

– O quê? – exaltou-se ela.

– Foi seu próprio marido quem tirou o dinheiro, disse que era para uma emergência – explicou-lhe o gerente.

Angelina pensou que ia perder os sentidos. Dessa vez, sua total falta de ar e tremedeira eram reais. Foi preciso chamar uma ambulância para levarem-na ao pronto-socorro. Lá foi examinada e sedada, e para voltar para casa foi preciso ligar para o dono da pensão, pedindo a ele, encarecidamente, que pedisse ao seu filho que fosse buscá-la diante das circunstâncias. Ao chegar à pensão, diante do proprietário, Angelina tentou se explicar:

– Meu marido... ou melhor, o homem com quem eu vivia, não passava de um mau-caráter que me roubou tudo o que eu tinha. Tudo, completamente tudo!

– O Seu Sebastião? – perguntou o dono da pensão, surpreso com a revelação.
– O próprio. Aquele maldito dos infernos!

O homem ficou deveras com pena de Angelina, mas, ao ser informado por uma das moradoras do lugar, que Angelina não passava de uma picareta e com o marido aplicavam golpes na praça; que sua história atual deveria ser mais uma encenação, o proprietário da pensão, enfurecido, pediu a Angelina que lhe pagasse o que devia. Como ela não dispunha de mais nenhum centavo, foi posta no olho da rua sem o menor arrependimento. Para se proteger do sereno, Angelina passou a noite debaixo de uma das árvores frondosas que havia numa pracinha nas imediações.

Naquela mesma noite, Augusta acordou desperta por um terrível pesadelo.
– Dona Augusta? – chamou Ofélia que também acordou, ao ouvir movimentos pela casa.
– Sou eu – respondeu a mulher, baixinho, para não despertar Jonas. – Fui apenas à cozinha tomar um copo d'água.
– Está tudo bem? Tive a impressão de ter ouvido um grito.
– Tive um pesadelo pavoroso com a Angelina. Só de falar me arrepio toda. Estou com a sensação de que ela está em apuros.
– Angelina, em apuros? Mesmo que esteja, vai superá-los como fez das outras vezes, nas enrascadas em que se meteu. Com o Sebastião ao lado dela, tão malandro quanto ela, os dois vão se ajudar mutuamente, sempre! Pode ficar tranquila.
– Você está novamente com a razão, Ofélia. Bobagem minha me preocupar.
– É que o coração da senhora é bom demais, Dona Augusta. Um coração raro neste mundo impiedoso em que vivemos.
– Obrigada.
– Vamos orar por ela e pelo próprio Sebastião, quem sabe os anjos não põem algum juízo na cabeça dos dois.
– Sim, boa ideia.
– Amém.
– Boa noite.
– Boa noite, Ofélia.

Capítulo 13

Angelina acordou no dia seguinte quando os raios do sol começaram a arder em sua face. Por um minuto ela pensou que tudo que havia lhe acontecido não passara de um sonho, ou melhor, um pesadelo do qual se quer esquecer pela eternidade. Dessa vez sua necessidade de ajutório era real, não mais uma fingida encenação para tirar proveito próprio. Ainda que com dificuldades, ela moveu a cadeira até a calçada onde ficou a pedir esmolas aos que passavam por ali.

– Ajudem-me! – dizia, com voz fraca e cansada. – Preciso comer!

Uma moeda aqui outra acolá, um trocado ali outro acolá e assim ela pôde ir até a padaria pagar por um pão e um café que muito gentilmente foi lhe servido na calçada por um dos funcionários de bom coração.

Meia hora depois, três adolescentes que já haviam descoberto e se revoltado com os golpes que Angelina e Sebastião aplicavam na cidade, aproximaram-se dela. Foi o maior deles quem falou, com secura e sarcasmo:

– Meu amigo aqui disse que já viu a madame, andando por aí com as duas perninhas que Deus lhe deu.

– Foi antes, antes do acidente – respondeu Angelina sem muita paciência.

– Mentirosa!

– Digo a verdade. Não quer acreditar, não acredite.

– Que verdade que nada. A madame se faz de inválida para fazer os outros de trouxa. Arrancar dinheiro deles.

– Olha como fala comigo, seu... Sou uma inválida!

– Ah é, é? Tem como provar?

– Tenho sim, é só me pôr de pé.

– Então nós vamos ver!

Rapidamente o adolescente justiceiro mais o colega dele pegaram Angelina cada qual por um braço e a ergueram, sustentando o seu peso. Ao soltarem-na, ela caiu novamente com tudo sobre o assento da cadeira, pois suas pernas realmente não tinham mais estrutura para suportar seu corpo.

– Mas como ela interpreta bem, hein? – zombou um dos adolescentes com os amigos.

– Você quer ver como ela não vai mentir mais? – desafiou o outro.

E sem pensar duas vezes, ele com o colega, ergueram novamente Angelina da cadeira e arrastaram até o meio da rua onde a deixaram.

– Os carros virão! – exclamou o jovem. – Vamos ver agora se a madame pode ou não pode mesmo andar!

Angelina se viu verdadeiramente entregue ao desespero.

O primeiro carro que entrou na rua era dirigido pelo marido de Patrícia Nachtergaele e ele conversava tão seriamente com a esposa, que por pouco não atropelou Angelina estirada no meio da rua. Pisou no breque no mesmo instante em que gritou, assustado.

– O que é isso?!

Patrícia, ao sair do carro e ver Angelina, reconheceu-a no mesmo instante. – A senhora... – murmurou, pasma.

Chorando, verdadeiramente desesperada dessa vez, Angelina não tinha forças para se explicar. Enquanto o marido de Patrícia estacionou devidamente o veículo ao meio fio, sua esposa foi pedir ajuda a quem passava por ali para tirar a mulher do meio da rua. Logo que conseguiu, Angelina foi mais uma vez posta em sua cadeira de rodas largada pelos jovens na calçada. Patrícia então se virou para ela e disse:

– Está tudo bem agora, minha senhora, não se desespere mais.

Angelina, com olhos de terror, ainda respirando ofegante pelo susto, respondeu:

– Não me desesperar? Como não? Minha vida chegou mesmo

ao fim.

– Não diga isso...

– Digo porque é verdade. Não tenho mais onde cair morta. Sequer quem me ajude a me despir, para tomar meu banho e, depois, ajude a me secar e me vestir novamente.

– A senhora poderia se abrigar num asilo. O que acha?

– Um asilo, não!

– Mas...

– Leve-me para uma pensão, a mais vulgar que existir na cidade. Vulgar e barata. Cheia de baratas também que tanto odeio. Prefiro a companhia delas a dos velhos esclerosados e infelizes que moram nos asilos; abandonados ali pelos filhos que não fazem questão de se lembrar que eles ainda estão vivos. Faça isso por mim, é só o que lhe peço.

E foi assim que Angelina Gasparotto foi parar no modesto hotel de Gioconda Pereira.

Depois de examinar atentamente o lugar, Angelina voltou-se para a proprietária e disse com toda ousadia:

– A senhora tem mesmo coragem de chamar essa espelunca de hotel? Isso não passa de um pardieiro. Um lixo!

Gioconda, procurando manter a calma, respondeu:

– Senhora, não! Senhorita! Não sou casada, nunca fui. E quanto a sua opinião a respeito do meu hotel... Se a senhora acha mesmo isso aqui um lixo, a porta da rua é serventia da casa.

– É um lixo, sim! Sou franca, não sou hipócrita. Mas não tenho escolha senão ficar aqui, pelo menos por enquanto.

– É... Cada um tem o que merece, não é o que dizem?

Angelina deu de ombros e quando começou a tocar na rádio uma das canções do momento de Maria dos Reis, ela imediatamente se alterou:

– Abaixe essa porcaria, não suporto essa *pé de chinelo* cantando.

– Pé de chinelo, mas cantora e uma das mais queridas do Brasil na atualidade.

Angelina fez bico e desdenhou Gioconda, balançando os ombros com descaso. Gioconda, por sua vez, sustentou sua defesa:

– Maria dos Reis é uma mulher e tanto... Tornou-se o que se tornou hoje, por merecimento próprio. É um talento nato. Admirável.

– Que mau gosto o seu, hein? E eu que pensei que seu mau gosto se estendia somente para decoração desse pardieiro e o modo cafona de você se vestir.

Gioconda soltou um risinho e com saudosismo, comentou:

– Ainda me lembro, como se fosse ontem, o dia em que Maria dos Reis entrou por essa porta. Mocinha e inocente, recém-chegada do interior.

Os olhos de Angelina se alteraram no mesmo instante, voltando-se com grande interesse para a dona do local.

– Maria, aqui? – exclamou.

– Sim, quando ela chegou ao Rio de Janeiro. Quando ainda era apenas um rosto na multidão.

E Angelina sentiu seu peito se incendiar de euforia e excitação. Ah, se a sociedade soubesse que a grandiosa cantora de rádio foi morar numa espelunca na Lapa, no meio de um bando de prostitutas e pederastas...

Foi então que Angelina teve a ideia de escrever a história de Maria dos Reis, contando todo o seu lado obscuro para alcançar a fama. Um livro onde relataria também o drama de ter um irmão problemático, um pai pilantra e uma mãe faxineira, semianalfabeta. Perfis que ela tanto desprezava nos outros.

Ela sabia tanto a seu respeito que escrever uma biografia não autorizada seria fácil e lhe renderia um bocado de dinheiro. Se nenhuma editora se interessasse pelo livro, ela venderia as informações para os jornais e revistas.

Em sua opinião, deveria haver coisas ainda piores a respeito de Maria dos Reis, coisas que chocariam ainda mais seus fãs e a sociedade conservadora do Rio de Janeiro e do Brasil afora. Por isso ela tinha de investigar detalhadamente o seu passado, para descobrir algum podre sobre Maria, algo que até então ninguém sabia.

Para atingir seu objetivo, Angelina Gasparotto passou a cativar cada um dos que se hospedavam no hotel e nos imóveis próximos, para saber mais sobre o tempo em que Maria morara na região. Entabulava uma conversa corriqueira, aparentemente sem propósito algum, somente para obter conteúdo para apimentar seu livro sobre Maria dos Reis.

Ao saber que Maria se apresentara no bordel mais luxuoso da cidade, onde conheceu o marido, um folgado e canastrão, ela decidiu também relatar esses pormenores no livro.

A publicação do livro por uma editora sensacionalista da época fez um estardalhaço na imprensa e quando Ofélia e Augusta souberam que a autora da proeza era Angelina Gasparotto, chocaram-se mais uma vez com o mau-caratismo da mulher.

– Dormíamos com o inimigo e não sabíamos – comentou Augusta, arrasada.

– Pois é, criávamos uma cascavel dentro de casa e não fazíamos ideia. No fundo fazíamos, sim, queríamos apenas acreditar que não!

– A culpa foi toda minha, Ofélia... Toda minha. Desculpe-me.

Mesmo com a publicação do livro, Maria se manteve inteira e inatingível diante dos fãs e de todos que admiravam seu talento. Seu novo LP, o 8º de sua carreira, vendeu ainda mais do que os anteriores devido à repercussão que sua biografia não autorizada causou na sociedade.

A maioria viu Maria como uma heroína por ter passado o que passou para alcançar a fama merecida que conquistou. Também por ter sido tão solidária à mãe e ao irmão que amava tanto.

Ao invés de negar seu passado, Maria decidiu assumi-lo nas muitas entrevistas das quais participou.

– Sim, o livro relata a minha vida. Não tenho vergonha do meu passado. Também não encaro com vergonha os tempos em que morei na Lapa, onde reside muita gente boa e batalhadora tanto quanto eu ou até mais. Sou muito grata aos amigos que fiz por lá. A Lapa, na ocasião, era vista por muitos como um confinamento de leprosos e penso que é assim porque muitos veem tudo que é ligado à arte com maus olhos. A arte é que engrandece a vida.

Por alguns Maria foi aplaudida, tornando-se ainda mais querida. Pelos conservadores, foi vista como imoral, como eram vistos a maioria dos artistas na época.

No esporte clube frequentado por Cândida, as mulheres que se julgavam detentoras da moral e dos bons costumes, criticavam Maria dos Reis bem diante de Cândida que muito queria defender a amiga, mas se calava diante do fato, para proteger o futuro de sua filha.

– É por causa de mulheres como essa Maria dos Reis que temos de proteger nossos filhos – discursava Gerusa Figueiró Barreto no seu tom infernalmente estridente. – Artistas influenciam negativamente nossas crianças.

Voltando-se para Cândida, Gerusa perguntou:

– Você não concorda, minha querida?

– Ahn? S-sim... estava distraída. Desculpe-me.

Cândida respirou fundo para se conter, no íntimo queria explodir, pôr tudo o que pensava para fora, doesse a quem doesse. Por sorte a chegada de uma moça às imediações da piscina, fez com que as mulheres mudassem de assunto:

– Aquela lá – comentou Gerusa Figueroa com desdém. – Se não é moça para se casar, o que está fazendo num clube respeitável como o nosso? Vou falar com a gerência ainda hoje. Deve ser expulsa daqui o quanto antes.

– Moça para se casar? – estranhou Cândida.

– Sim, querida. Vai me dizer que nunca ouviu essa expressão antes? Não?! Deve ser porque veio de outro estado, não deve ser hábito lá falarem assim.

– Talvez...

– Aqui se diz: essa é uma moça para se casar e essa é para se divertir. São os próprios homens que acabam rotulando as moças dessa forma. As que são para se divertirem, são moças que já se entregaram a um homem ou vários, e continuam se entregando com a maior cara deslavada do mundo, sem um pingo de vergonha. *Moças para se casar* são aquelas que se mantêm virgens como deve ser até consumarem seu casamento.

Cândida ficou novamente com cara de paisagem.

– Compreendeu, agora, querida?

– Sim, sim... Agora sim.

E novamente ela sentiu forte aperto no pescoço, como se duas mãos invisíveis estivessem ali, apertando-a até sufocá-la. Mais uma vez ela procurou se controlar.

Nesse ínterim, na Europa, a Segunda Guerra Mundial chegava ao fim. Dos muitos brasileiros convocados para representar o Brasil na guerra, poucos voltaram com vida, uma triste realidade para seus familiares, ansiosos pelo retorno deles.

Capítulo 14

Em 30 de abril de 1946, o presidente Eurico Gaspar Dutra proibiu o jogo de azar no Brasil. Os cassinos poderiam continuar mantendo seus shows musicais com grandes estrelas nacionais e internacionais, entretanto o que atraía mesmo o público para esses locais, era a jogatina viciante. Com isso logo as portas dos antigos cassinos se fecharam de vez, decepcionando funcionários, cantores e artistas diversos que dependiam daquilo para tirarem seu sustento mensal.

Maria que sonhava comprar sua casa própria, juntando boa parte do dinheiro que ganhava com suas apresentações no cassino, também sofreu o baque, mas não se deixou desestimular, haveria de adquirir sua casa, na verdade duas, uma para ela, outra para a mãe, muito em breve.

Com Gláucia, sua filha adorada, Vladimir passava a maior parte do seu tempo. Aos 6 anos de idade, fazia planos com ela sobre a volta ao mundo que fariam assim que ele ganhasse na loteria.

– E quando dermos a volta ao mundo, Gláucia, você conhecerá os mais lindos palácios e castelos espalhados pelo mundo.

Ao ouvi-lo, tocando novamente no mesmo assunto, fazendo novas promessas à filha, Maria o repreendeu pela primeira vez:

– Pare de iludir a menina com essa história de que vai ganhar na loteria, Vladimir.

– Qualquer um de nós pode ganhar e eu serei um deles.

– Do jeito que fala, Gláucia vai pensar que não precisará estudar ou trabalhar futuramente, fundada numa hipótese absurda de que um dia, você, o pai dela, vai se tornar um milionário.

– E vou, Maria! Você verá!

– Você não passa de um sonhador, Vladimir. Só agora percebo.

— Meus sonhos se tornarão reais tal como o seu se tornou, Maria.
— Sonho meu? Que sonho?
— O de ser cantora.
— Eu nunca sonhei em ser cantora... Aconteceu!
— Ah, só porque você quer.
— Nunca, eu juro!
— Maria, todo mundo vive de sonhos, ainda mais os cantores, compositores, artistas e pintores...
— Eu, não! Minha vida seguiu por esse caminho sem que eu me desse conta. Quando dei por mim, eu já estava onde me encontro agora.

Ele fez uma careta e mudou de assunto, deixando mais uma vez a esposa ressabiada com o seu comportamento.

Cândida se encontrava a sós com Adamastor na casa do casal, quando ela abordou com o marido, um assunto que muito a preocupava.
— Não sei se vou ter coragem de dizer a ela que você não é o pai dela. Ela o ama como se fosse seu verdadeiro pai.
— E eu a ela, como se fosse a minha verdadeira filha.
— De qualquer modo, é melhor ela nunca saber da verdade.
— Porém, se ela um dia descobrir a verdade, pode se revoltar contra você por ter-lhe mentido. Se quer saber como ela se sentirá, ponha-se no lugar dela, por favor.

Cândida engoliu em seco. O marido se aproximou dela, massageou suas costas e declarou:
— Não quero vê-la nervosa por isso. Quero apenas ajudar. Evitar problemas futuros.
— Eu sei, meu amor... Eu sei. Entretanto me sinto de mãos atadas.

E ela se agarrou a ele, como se fosse seu porto seguro. Nenhum dos dois havia percebido que Andressa havia voltado para casa e ouvira toda conversa da janela aberta para o quintal. A menina ainda se mantinha chocada e triste com o que descobriu. Desde então guardou segredo a respeito, até que se decidisse pelo que fazer. Entretanto, a forte emoção pela descoberta, não lhe permitiu mais que ficasse em paz.

No dia seguinte, à hora do almoço, Cândida se surpreendeu, ao encontrar a filha em seu quarto, chorando copiosamente.

— Andresa, o que foi? Está chorando?

A menina fez que sim com a cabeça e abraçou a mãe.

— O que houve, meu coração? Diga...

— Ouvi a senhora falando ontem com o papai. Quando disse que ele não é o meu pai verdadeiro.

— Ah, filha... O Adamastor é seu pai, sim. Um pai de coração.

— Pai de coração?

— Sim, minha querida. Chamamos de pai de coração aquele que nos cria.

— Onde então está o meu pai de verdade?

— Vivendo noutro lugar, com outra família, certamente.

— Por que ele não vive conosco?

— Porque nem tudo acontece da mesma forma que acontece com outros. O importante é que o Adamastor é um pai amoroso e presente e a ama muito, muito mesmo, pode acreditar.

— Eu nunca vou poder conhecer meu pai de verdade?

— Nunca devemos dizer nunca.

Nisso Adamastor chegou da padaria onde havia ido comprar uma rosca doce e pães quentinhos para o lanche da noite.

— Trouxe também um chocolate para a minha querida! — falou e a menina imediatamente secou as lágrimas e sorriu para ele.

Assim que os dois seguiram para a copa, o rosto de Cândida perdeu a alegria transparente até então, a menção do dia dos pais a fez se lembrar do próprio pai a quem não via há anos. A lembrança a fez sentir uma pontada no peito, impulsionando a ir até o telefone para fazer um interurbano.

— Telefonista, quero uma ligação interurbana para...

Não demorou muito para que a conexão fosse feita.

— Alô — atendeu Eleutéria Moniz com voz frágil e tristonha.

— Mamãe — falou Cândida, segurando-se para não chorar.

— Cândida — respondeu a mulher, baixando a voz no mesmo instante. — Filha? Quanto tempo...

— Sim, mamãe... Quanto tempo...

— Ah, minha querida... Se soubesse quanta saudade de você abrigo em meu coração.

— Eu também da senhora, mamãe.

— Não poderíamos nos ver?

— Não vejo como. Continuo morando no Rio e fica tão longe daí...

187

– E a menina, Cândida? Como vai?
– Cada vez mais linda.
– Eu imagino. Mande-me pelo menos uma foto dela.
– Uma foto...
– Sim, filha...
– Está bem, vou tirar.
– E o casamento, Cândida? Como vai?
– Meu marido é um homem realmente maravilhoso, mamãe. Não nos deixa faltar nada. É uma bênção em minha vida, em nossas vidas! Andressa o ama como se ele fosse o seu pai verdadeiro.
– Estimo.

Cândida fez uma pausa, respirou fundo como quem faz para se dar coragem e só então perguntou:
– E ele, como vai? Lembrei-me dele por causa de amanhã...
– Ah, sim, o dia dos pais. Está bem na medida do possível.
– E a senhora?
– Também, filha, na medida do possível.

Houve uma pausa até Eleutéria dizer:
– Cândida, não se esqueça nunca, filha, de que eu a amo! Amo eternamente.
– Eu também a amo, mamãe. Muito.

Foi com a mão trêmula que Cândida recolocou o telefone no gancho.
– Cândida? – chamou Adamastor. – Tudo bem aí?
– Sim, sim – respondeu ela, enxugando as lágrimas e indo ao encontro dele e da filha para lanchar.

Ao se recolherem em seu quarto naquela noite, Adamastor voltou-se para a esposa e a abraçou:
– Você está emotiva desde a ligação que fez... O que houve?

– Meu passado, Adamastor... Quando penso que já não pode mais me afetar, ele volta a me atemorizar. Se eu pudesse apagá-lo de uma vez por todas.
– Isso só depende de você, Cândida. Somente de você.
– Eu tento, meu bem, eu tento, mas... Ele volta sempre a me assombrar como um fantasma feioso e assustador.

O marido sorriu e beijou a testa da mulher, querendo muito lhe transmitir algum conforto com o gesto. A seguir ela lhe contou a respeito do que Andressa descobriu, o que fez Adamastor chegar à conclusão de que fora melhor para todos, a verdade ter vindo à tona.

Capítulo 15

O outono no Rio era realmente surpreendente, ensolarado e sempre propício para passeios à beira mar. Assim sendo, Vladimir levou a filha mais uma vez para caminhar pelo calçadão da praia de Copacabana. A certa altura, pegou a menina no colo e apontando na direção dos prédios que ficavam de frente para o mar, disse:

— Estes edifícios lindos que você vê ao longo da Avenida de Copacabana, Gláucia...

— Aonde, papai?

— Ali, filha, bem ali. Um dia, muito em breve, o seu papai aqui vai ter um apartamento num deles, no mais caro e elegante de todos.

— O senhor quer dizer...

— Sim, Gláucia. Quando o seu papai aqui ganhar na loteria. Aí teremos tudo o que quisermos. Você será a garota mais rica do Rio de Janeiro.

— A mais rica?!

— Sim, querida. E seu papai aqui, será tratado como rei por todos. Por onde eu passar vão parar para admirar o grande Vladimir Abujamra. Porque dinheiro, filhinha, faz o mudo cantar e o cego enxergar. É capaz de tudo!

E girando a garota nos braços, Vladimir fez a pequena Gláucia rir e se sentir uma princesinha em suas mãos.

— Eu amo o senhor, papai.

— Quando eu for rico vai me amar muito mais, minha querida. Muito mais, você vai ver!

Ele a devolveu para o chão e curvando-se até a altura do seu ouvido, completou:

— Filhinha adorada, dizem que dinheiro não traz felicidade, mas compra, ouviu bem minha querida? Com dinheiro se pode comprar tudo.

— Tudo?

— Tudinho, Gláucia! Tudinho!

A menina sorriu sem ter noção real do poder que o pai impingia àquelas palavras. Foi então que uma bola de plástico voou naquela direção e acertou a garota, deixando Vladimir imediatamente furioso:

— Ei! Cuidado!

Um garoto correu até lá para apanhar a bola.

— Não sabe pedir desculpas, não? — irritou-se Vladimir com o menino.

Nisso a babá se aproximou, desculpando-se.

— Foi sem querer.

Ao perceber que se tratava de uma babá, Vladimir mudou rapidamente de comportamento. Para ele, uma criança com babá era sinal de riqueza e, por isso, deveria ser bem tratada. Foi ele então quem se desculpou, procurando ser gentil ao máximo.

Gláucia ficou olhando atentamente para o garoto que lhe lançava um olhar curioso.

— Quer brincar? — convidou ele.

Ela mordeu os lábios e voltou os olhos para o pai.

— Sim, Gláucia. Brinque um pouco — incentivou Vladimir. — Não estamos com pressa.

Voltando-se para a babá, Vladimir, endereçando-lhe uma piscadinha, completou:

— Hoje tirei o dia de folga só para me dedicar a minha pequena.

— O senhor deve ser um excelente pai...

— Sou sim, sem modéstia.

— O pai do Jorginho não faria isso jamais.

— Jorginho...

— Sim, Jorginho Figueiró Barreto...

— Não vá me dizer que é da família dos Barreto, uma das mais ricas do Rio de Janeiro?

— Os próprios. O Jorginho é filho de Anselmo Barreto e Danuza Figueiró Barreto.

— Anselmo e Danuza Figueiró Barreto... Não saem das colunas

sociais.

– Eles mesmos.

– Deve ser uma honra trabalhar para gente tão ilustre, não?

– É, sim, não nego.

E voltando os olhos para o menino, Vladimir pensou no quanto seria bom que a filha se tornasse sua amiguinha. Não partiu enquanto não descobriu o nome do colégio em que o garoto estudava, na intenção de matricular Gláucia ali para tomar parte da alta sociedade carioca.

Naquele mesmo dia, assim que teve oportunidade, Vladimir teve uma conversa séria com Maria:

– Vladimir, ponha os pés no chão, por favor. Um colégio desses custa uma fortuna, não temos condições de pagar.

– Temos sim, Maria! Larga de ser miserável.

– Nós nem temos ainda uma casa própria, Vladimir! Deveríamos pensar primeiramente em adquirir uma para depois...

– Você está pondo o futuro da sua filha em segundo plano, é isso?

– Não, em absoluto. Só penso que um teto para ela é tão importante quanto uma boa escola. Só que não precisa ser a mais cara do Rio de Janeiro.

– É cara porque é a melhor.

– Nem sempre o que é mais caro é o melhor, Vladimir. Para mim, eles cobram aquela fortuna de mensalidade para manter só a nata da sociedade estudando ali.

– E estão certos. É para selecionar mesmo!

– Outros colégios são tão bons quanto aquele e bem mais em conta. Algo que não vai pesar no nosso orçamento mensal.

Ele perdeu a paciência de vez:

– Minha filha vai estudar, sim, no melhor colégio do Rio de Janeiro, onde só estudam os filhos das famílias mais ilustres da cidade e não se fala mais nisso. Gláucia tem de se enturmar com os ricos para que se case com um no futuro. Não com um da ralé. Isso, sim, é garantir um futuro promissor para ela.

Maria, muito pacientemente, tentou se explicar mais uma vez:

– Nós, para essa gente, Vladimir, somos a ralé.

— Você pode ser, Maria, eu ainda tenho um sobrenome de impacto na sociedade.

Imediatamente ele se desculpou pelo que disse:

— Desculpe-me, não quis ofendê-la. É que, bem, você sabe... O que digo não é mentira.

— Eu sei. Infelizmente eu sei e acho um absurdo uma pessoa ser julgada pelo seu sobrenome. É o caráter que faz uma pessoa, não o nome ou sobrenome que ela tem.

— Não na nossa sociedade, Maria. Por isso lhe peço, encarecidamente, que matriculemos nossa adorada Gláucia no colégio em questão.

— Faremos, mas não antes de comprar nossa casa. Logo, muito logo realizaremos esse sonho.

— Seu sonho. Não meu.

— Está bem: meu sonho.

Gláucia, puxando a saia da mãe, disse:

— Mamãe, o papai me disse hoje que em breve, muito em breve, ele vai comprar um apartamento gigantesco para nós, de frente para o mar. Num daqueles prédios bonitões que há por lá.

— Ele disse isso, foi?

— Disse, sim. Falou também que vou ser a garota mais rica do Rio de Janeiro.

— Ah, sei... E ele disse para você, com que dinheiro ele pretende fazer tudo isso? Disse?

— Quando ele ganhar na loteria.

— Ah, sim, é verdade.

Ao voltar os olhos para o marido, Vladimir não se deixou intimidar, sustentou o olhar reprovador da esposa, sem fraquejar. Assim que a pequena foi brincar no seu quarto, Maria repreendeu novamente o marido:

— Vladimir, Vladimir, Vladimir...

— Desembucha.

— Quantas vezes eu vou ter de pedir a você que pare de iludir a nossa filha?

— Isso não é ilusão!

— Vladimir!

— Maria...

— Eu estou lhe pedindo encarecidamente: pare de prometer a Gláucia coisas que não terá condições de cumprir depois.

— Eu vou ganhar na loteria! Você verá!

— Ganhe primeiro, depois planeje!

— Minha cabeça não funciona assim! Dizem que devemos imaginar primeiro o que queremos, para depois conquistarmos.

— Quem disse isso?

— Pesquisadores. Pessoas que se dispõem a estudar aqueles que ganharam altas somas de dinheiro.

— Sei... E quanto ao trabalho, Vladimir? Quando é que você vai finalmente começar a trabalhar de verdade?

— Para que me preocupar com isso agora, Maria? Você ganha mais do que o suficiente para nos manter até que...

— Você ganhe na loteria?

— Isso mesmo! Ai, tudo será diferente, meu amor. Você não vai mais precisar se sujeitar a cantar em qualquer lugar. Vai cantar somente onde quiser, onde sentir que vale a pena.

— Até lá, pelo que percebo, continuará aqui em casa levando essa vida de *bon-vivant*.

— Não seja injusta comigo, sou um bom pai para a nossa Gláucia. Passeio com ela todas as tardes...

— Isso lá é verdade.

— Então, pare de reclamar de mim, por favor. Depois vai se arrepender...

— Depois, quando? Já sei! Quando ganhar na loteria!

— Precisamente! — Vladimir aproximou-se da esposa e, com voz melosa, completou: — Agora, dê um beijo aqui no seu maridão, vai. E diz que me ama.

E antes que ela risse do seu jeito malandro, ele a beijou ternamente.

Dias depois, no bordel, antes de começar o ensaio do novo repertório com os músicos da casa, Claudete Pimenta foi ter uma palavrinha com Maria.

— Olá, minha querida. Como tem passado?

As duas se abraçaram. Quando voltaram a se encarar novamente, Claudete percebeu mais uma vez um leve toque de tristeza, brilhando nos olhos da cantora.

– O que há, Maria? Você me parece triste...

– Você acha?

– Acho sim. O que houve? Não pode haver nada de errado com você, uma cantora de sucesso, admirada por todos, vendendo LPs sem parar, emplacando um sucesso atrás do outro nas rádios, bem casada, com uma filhota adorável.

– É...

– Já sei! É o Vladimir, não é? Não vá me dizer que ele tem outra?

– Não! Não que eu saiba.

– Ele a ama. Se há um homem que ama uma mulher é ele. Qualquer um pode ver. O que se passa então?

– Ah, meu Deus... – ela suspirou. – É que, bem... O Vladimir não é nada do que eu pensei que fosse, sabe? Só quer viver de sonhos, não quer saber de trabalho. Se não fosse eu lá em casa a trabalhar...

– Ele se acostumou a deixar tudo nas suas mãos, Maria. Você não podia ter deixado isso acontecer. Pessoas assim, homem ou mulher, depois que se acostumam a serem sustentados pelo cônjuge, dificilmente deixam de ser.

– Mas isso está errado.

– Para eles está certo.

– E se minha fama acabar, o sucesso, as vendas dos LPs... Vamos viver do quê?

– Eu entendo sua preocupação. Já tentou falar com ele a respeito?

– Já, mas ele desconversa. Diz para eu não me preocupar que vai ganhar na loteria.

Ela riu.

– Todos sonham ganhar na loteria diariamente.

Novos risos.

– Se pudéssemos ter uma bola de cristal, hein? Acertaríamos muito mais na vida, não acha?

– Sim.

Só então Maria prestou melhor atenção ao livro que Claudete segurava nas mãos.

– Que livro é esse?

194

– Ah, sim... Chama-se "O livro dos espíritos". Busco explicações sobre a vida que confortem o meu coração. E por meio do espiritismo tenho encontrado. O espiritismo vem conquistando cada vez mais pessoas por influência do médium Francisco Cândido Xavier. Conhecido simplesmente por muitos por Chico Xavier.

– Já ouvi falar muito.

– O que mais gosto na doutrina espírita é que eles acolhem a todos que buscam a Deus, sem desfazer-se de pessoas como eu e todas que trabalham aqui.

– Entendo. Jamais pensei que você, uma...

– Uma prostituta se preocuparia com seu lado espiritual? Preocupar-se-ia em fortalecer a sua fé?

– Desculpe-me. Eu não deveria...

– Tudo bem, Maria... É natural que pense assim, vivendo numa sociedade que rebaixa, espezinha e despreza mulheres como eu.

– É verdade...

– Mas eu, acima de ser prostituta, sou um ser humano como outro qualquer, que também busca entender o significado da vida.

E Maria pediu para dar uma olhadinha no livro. Ao comentar com Cândida, Cândida também se interessou pelo tema.

– Preciso mesmo fortificar a minha fé.

Foi então que Maria e Cândida visitaram pela primeira vez um Centro Espírita, levadas por Claudete que já vinha frequentando o lugar há algumas semanas.

Capítulo 16

Nas semanas que se passaram, Maria finalmente comprou uma casa própria, não para ela viver com o marido e a filha, mas sim para abrigar sua mãe, seu irmão e dona Augusta. Vladimir ficou surpreso e ao mesmo tempo indignado com a atitude da esposa. Em sua opinião, ela devia comprar primeiramente uma casa para eles morarem e não para a sogra e o cunhado morarem. Maria muito pacientemente respondeu:

— Minha mãe merece ter uma casa muito antes da minha, afinal, se não fosse por ela, eu não estaria aqui. Devo tudo a ela. Infelizmente os filhos se esquecem disso. A maioria.

É claro que Ofélia se opôs à decisão de Maria, achou também que ela deveria comprar primeiro a casa para ela morar com a filha e o marido, mas Maria foi incisiva na sua decisão.

A casa em questão era modesta, mas confortável e numa rua muito graciosa do bairro do Leme.

O gesto generoso de Maria foi logo recompensado pelo Universo, pois seu novo LP, o 9º de sua carreira, vendeu tanto que logo ela juntou grande soma de dinheiro que lhe permitiu comprar finalmente outra casa para ela morar com Gláucia e Vladimir. O bairro escolhido foi também o Leme, a poucas quadras da casa comprada para Ofélia, bem próxima do colégio aonde Gláucia possivelmente iria estudar.

— Bobagem, Maria — replicou Vladimir. — Já lhe disse que a Gláucia não vai estudar nesse colégio. Nossa filha irá estudar no melhor colégio do Rio de Janeiro onde só estudam os filhos da nata da sociedade carioca.

— O colégio aqui perto é muito bom também, já ouvi muitos elogios a respeito.

– Ser bom não é o suficiente, Maria. O colégio ideal para a nossa pequena Gláucia tem de ser ótimo. Excelente. O melhor do Rio de Janeiro!

Maria achou melhor não prolongar o assunto.

Depois de breve reforma, a casa foi pintada lindamente e o casal pôde finalmente mudar-se para lá. Logo a vizinhança ficou em polvorosa por saber que seriam vizinhos de uma estrela da música popular brasileira. Maria, como sempre, era gentil com todos. Era assim por naturalidade, não para querer agradar.

Levou semanas para ela perceber que a casa ao lado esquerdo da sua se mantinha fechada e teve curiosidade de saber quem morava ali. Um casal, foi o que soube, mas haviam viajado, há semanas que a casa andava deserta. Deveriam ser ricos, pensou, para poderem se ausentar dali por tanto tempo.

De tanto Vladimir insistir, Maria finalmente consentiu que ele matriculasse Gláucia no colégio que ele tanto queria que ela frequentasse. A menina havia acabado de completar seus 7 anos de idade e estava apta a cursar o primeiro ano do primário. Vladimir mal se cabia de felicidade. Entrou no colégio a passos firmes, com pompa de rei, munido de toda documentação necessária para matricular a filha. Correu tudo bem, até o dia em que Vladimir foi chamado à escola para ouvir que a menina não poderia estudar ali por uma desculpa qualquer.

– Como assim? Vocês a aceitaram e agora não a querem mais, por quê?

A secretária, um tanto friamente explicou:

– É que já havia excedido o limite de vagas e...

– Mentira! Quero falar com o diretor agora.

– Acalme-se, meu senhor!

– Que calma que nada.

Minutos depois, Vladimir mostrava-se novamente indignado diante do diretor. Somente quando o sujeito conseguiu acalmá-lo é que pôde se explicar melhor:

– Vou ser franco com o senhor. Este é um colégio de respeito, que preserva a moral e os bons costumes. Não aceitamos nem aceitaremos filhos de cantores, artistas em geral... Aqui só estuda realmente gente de berço. Compreendeu? Fiz-me claro?

– Mas eu posso pagar!

– Não é uma questão de dinheiro, meu senhor e, sim, de berço.

– Ninguém precisa saber que minha filha é filha de uma cantora famosa, precisa?

– Mas nós sabemos e os pais logo descobrirão e se omitirmos o fato, passaremos como mentirosos. Bem, isso é tudo, preciso voltar ao meu trabalho, passar bem.

– Isso não vai ficar assim! – exaltou-se Vladimir. – Não vai!

Mas o homem não abaixou a crista, continuou enfrentando Vladimir com um olhar de superioridade que fez com que ele desejasse mais uma vez, interiormente, ser o homem mais rico do Rio de Janeiro para poder humilhar a todos que, direta ou indiretamente, o estavam humilhando.

Maria tentou consolá-lo, ao saber do ocorrido, mas Vladimir se mostrou inconsolável. Passou horas fazendo e refazendo os números para jogar na loteria no dia seguinte, na esperança de ganhar finalmente o prêmio tão almejado.

Com isso, Gláucia foi mesmo estudar no colégio perto da casa que haviam comprado. Local que não tinha a pompa do outro, mas que também formava grandes alunos.

Capítulo 17

Rio, 1949

Três anos haviam se passado desde os últimos acontecimentos relatados. Nesse período, muito pouca coisa mudou na vida de todos os que fazem parte desta história, a não ser o avanço da idade.

Foi numa manhã, por volta das 10:30, quando Maria voltava da feira para casa, que ela avistou pela primeira vez, o vizinho da morada ao lado esquerdo da sua, local que ficara por muito tempo fechado. Ele estava sentado na varanda com o olhar perdido no horizonte, um olhar triste e desolado. Maria imediatamente sorriu para ele, demonstrando simpatia, ao que o sujeito ignorou por completo, como fazia com tudo mais a sua volta.

O sujeito deveria ter por volta dos trinta e cinco anos de idade e, possivelmente, um metro e oitenta de altura. Era um rosto bonito, mas amargurado. O cabelo estava devidamente penteado, embora, obviamente, não cuidasse muito da aparência. O traço seu que mais despertava a atenção eram os olhos, de um castanho cristalino. Porém, dava pena de olhar diretamente para eles, pois um manancial sem fim de tristeza parecia ter se alojado ali.

Por alguns segundos, Maria diminuiu os passos para observá-lo. Quis saber, sem saber ao certo o porquê, o motivo de tamanha tristeza.

Assim que adentrou sua morada, Vladimir foi todo contente contar-lhe que havia feito 4 pontos na loteria. Sinal de que o grande dia estava finalmente chegando.

– Que grande dia, Vladimir?

– Ora, Maria. O dia em que vou acertar todos os números e me tornar um milionário.

– Ah, sim, claro. Como pude me esquecer? Você fala tanto a

199

respeito...

Dias depois, Maria novamente avistou o vizinho sentado no mesmo lugar de sua varanda, ocupando a mesma cadeira em que o vira na última vez. Decidida definitivamente a ser simpática com ele, parou em frente ao portão de sua casa e disse:

– Bom dia.

Nada nele se moveu. Se ele ouviu o que ela disse, não se sentiu estimulado a desejar-lhe o mesmo. Muito sem graça, Maria retomou seu caminho para casa, perguntando-se por que alguém poderia ter se tornado tão insensível e apático. Sofreria ele de algum mal, um vício, talvez, para deixá-lo tão avesso às alegrias da vida? De repente, ela sentiu vontade de descobrir.

Dias depois, Maria acordou cedo para lavar mais uma baciada de roupa, poupando assim sua mãe que sempre a ajudava com as roupas e que vinha, nos últimos tempos, reclamando de fortes dores nas costas. Foi quando ela estendia as peças no varal, cantando alegremente uma de suas canções favoritas, que sua voz adorável alcançou os ouvidos daquele que já não via mais sentido em viver.

Alfredo Passos estava recostado nos travesseiros junto à cabeceira de sua cama, com seus olhos focados no retrato dele com a esposa em cima da penteadeira, quando o canto de Maria o despertou da dor dos desalinhos da alma e do coração.

Eu te busquei por tanto tempo
E te encontrei em meio ao vento
Que Deus soprou em um momento
Lindo, mágico e místico...
Quando eu me sinto é que eu tenho coragem
De dizer que te amo, que sem você não dá mais
Quando eu te sinto é que eu me sinto à vontade
Pra dizer que te amo... Que você é a minha paz...

Sem se dar conta, Maria continuou o que fazia, entoando outra canção de seu repertório:

Depois de ter você
Sou capaz de trocar o amanhã por um só ontem ao seu lado
Depois de ter você... Nem sequer os silêncios são os mesmos

Com você o tempo parava pra eu te admirar por mais tempo
Com você ou era eu quem parava o tempo para durar mais tempo com você... Com você...
Mas você foi embora, me deixando só com o agora, te amando em silêncio...
Mas você foi embora, embora não tenha tido motivos pra ir
Sigo te amando em silêncio, rompendo o silêncio...
Talvez, nós nunca passamos de um talvez
Um "Quem sabe" ou um "Se der certo"...
Talvez, uma necessidade fisiológica...
Talvez aquilo que nunca tem lógica...

Maria levou um baita susto ao notar seu vizinho, parado rente ao muro que separava as duas casas. Devido a sua altura, podia se vê-lo claramente do peitoral pra cima.

Foi seu olhar que mais a perturbou, fazendo com que se calasse imediatamente e lhe pedisse desculpas:

– O senhor estava dormindo, não é mesmo? Se o acordei com a minha cantoria, mil perdões! É que eu tenho o hábito de cantarolar toda vez que venho pendurar roupa no varal... Acabo me distraindo e cantando mais alto do que devia.

Ela calou-se por um momento e concluiu:

– Eu e essa mania de cantar a qualquer hora... Se eu puder fazer alguma coisa para corrigir o que fiz...

Ele, aprofundando o seu olhar sobre ela, moveu os lábios, parecendo que finalmente ia dizer alguma coisa. Se de fato iria, Maria o interrompeu:

– Eu sempre acabo me esquecendo que tenho vizinhos e que podem estar dormindo a uma hora dessas e que não seria nada agradável acordá-los com o meu canto.

Ele lhe lançou um olhar ainda mais estranho.

– Pelo rosto do senhor sei que estava dormindo e eu o acordei. Eu sinto muito. Sinceramente, eu sinto muito.

Finalmente ele se fez ouvir:

– Você me acordou, sim!

– Eu sabia! Perdão!

Ele muito seriamente, concluiu:

– Você me acordou, mas foi para a vida! Para a vida, entende?

E percebendo que ela não o compreendia, ele procurou se fazer ainda mais claro:

— Com sua voz, com o seu canto, você me fez um tremendo bem... Meu Deus, como pode?

— Eu... O que foi que o senhor disse?

— Eu disse que você acabou de me fazer um tremendo bem.

— Bem?!!!

O sujeito assentiu com um movimento de cabeça.

— Como posso ter-lhe feito algum bem se o senhor estava dormindo e eu o acordei com minha cantoria? Eu não entendo.

— Eu estava dormindo para a vida, minha senhora... Dormindo para a vida, compreende?

E visto que não, ele falou explicitamente:

— Eu estava prestes a me matar. É isso mesmo o que a senhora ouviu. Eu ia me suicidar. E a senhora, com sua voz linda e seu dom maravilhoso para cantar, penetrou meus miolos e me despertou daquele estado letárgico. Despertou-me para a vida novamente!

A rígida expressão de terror no rosto de Maria ficou por quase um minuto. Quando relaxou, ela parecia mais uma criança assustada, prestes a se desmanchar em lágrimas, do que uma adulta.

— Eu havia planejado tudo tão perfeitamente — continuou ele, emocionado. — Arrancado a coragem de dentro de mim, de sei lá onde, para dar fim à vida miserável que venho levando nos últimos meses, quando seu canto, sua voz, e sua delicadeza, mudaram o curso dos meus planos e, automaticamente, da minha vida.

— Quer dizer que eu salvei a sua vida?

— Sim. Foi como se seu canto tivesse me resgatado das mãos do mal, afugentado as trevas que me cercavam.

Maria agora olhava para ele com olhos lacrimejantes, tão lacrimejantes quanto os dele.

— A senhora só pode ser um anjo disfarçado de gente... Um anjo enviado dos céus. Pode, não pode? Sempre ouvi dizer que não se deve atentar contra a vida, que é um pecado pavoroso...

— Por que o senhor pretendia se matar?

— Porque perdi minha esposa há quase 2 anos e, desde então, não consegui me entusiasmar com a vida.

— Eu sinto muito.

Ele mordeu os lábios, segurando-se novamente para não chorar.

– Minha esposa, depois de lutar incansavelmente contra um câncer impiedoso, fez me prometer que após sua morte, eu continuaria vivendo normalmente. Eu juro que tentei, mas não consegui. Não fui forte o bastante.

– Nem todos são capazes de lidar com uma perda afetiva sem esmorecer.

– Você tem razão...

– O nosso grande problema é achar que somos fortes como todos, quando na verdade cada um é um, com uma fragilidade diferente do outro.

Houve uma pausa até ela comentar:

– De que valem as roupas que me vestem? É apenas um invólucro. O que sou, está além do que visto. Roupas bem feitas cobrem o que somos de fato, para os outros, não para nós.

– Porque depois da perda da minha esposa, nunca mais consegui me encontrar com a paz que tínhamos quanto estávamos juntos. Nada nem ninguém que conheci depois da morte dela me foi tão inspirador. Capaz de me fazer superar de vez a falta que ela me faz.

– Eu sinto muito.

Ela largou a bacia com roupa torcida no chão, enxugou as mãos no avental e foi até ele cumprimentá-lo.

De perto, ele estudou Maria com muita atenção. Sua figura de estatura média e compacta, trajando um típico vestido da moda do final dos anos quarenta, adensavam ainda mais sua beleza e seu encanto.

Sua voz era calma e encantadora tanto quanto quando cantava.

– Há algo na sua voz... Um poder, não sei... Uma mágica, talvez... – comentou ele, admirando-a ainda mais.

Maria levemente enrubesceu.

– Os vizinhos me disseram que seu nome é Alfredo... É isso mesmo?

– Sim. Alfredo Passos.

– Muito prazer. Sou Maria dos Reis a seu dispor.

Os dois ficaram em silêncio por quase um minuto, então ele

disse:

— Eu gostaria de lhe dizer algo...

— Diga, pode dizer... — incentivou ela com os olhos e a voz.

Ele, olhos lacrimejantes, falou o que ecoava fundo em seu coração:

— Obrigado... obrigado por existir.

— Mas você mal me conhece.

— Não é preciso mais para saber o quanto é maravilhosa. O quanto sua presença engrandece a vida.

— Falando assim o senhor me deixa encabulada.

— É um elogio, aceite. Tem por acaso dificuldade para aceitar elogios?

Maria ruborizou-se.

— É que...

— Sinto-me privilegiado por tê-la conhecido. São poucas as vezes que sentimos orgulho de conhecer uma pessoa. Porque muitos, infelizmente, não merecem a nossa amizade. Infelizmente nem todos têm alegrias e bondades para compartilhar com o próximo. Bondade e sabedoria, algo que transforme seus corações para melhor, ou os faça aflorar como um sol esplendoroso de toda manhã para nos aquecer diante de um dia de inverno rigoroso.

— O senhor fala tão bonito...

— É porque já fui poeta. E os poetas, penso eu, nasceram mesmo para sofrer por amar tão intensamente como amam. Mas não quero ter mais medo de amar, por medo de perder esse amor para o destino, ou seja, para a morte. Quero voltar a amar sem ter medo de amar.

— Bem, eu preciso terminar de estender a roupa e ainda fazer o almoço. Meu marido daqui a pouco chega da feira e, bem... Se o senhor precisar de mim é só me dizer. Foi bom conhecê-lo. Até logo.

Ele se despediu e voltou para dentro de sua casa, enquanto ela, olhos discretamente atentos a ele, terminou o que começou, sentindo-se suarenta e trêmula. Os olhos do vizinho continuavam na sua lembrança. Ao chegar a sua cozinha, Maria procurou um lugar para se sentar, encheu um copo de água e se pôs a beber enquanto a mente vagava longe.

Ao voltar para o seu quarto, Alfredo apanhou a carta que escrevera para explicar seu suicídio e acabou achando graça dela.

— Ridículo! — exclamou, rindo de leve. — Esta carta, com essas palavras, é estupidamente ridícula. Nunca me portei tão ridiculamente assim em toda a vida. E todos também me achariam ridículo ao lerem-na assim que a encontrassem junto ao meu corpo sem vida. Como pude ter sido tão estúpido e imbecil?

Seu rosto afilado e amargurado mudou de expressão, ao avistar a foto dele ao lado da esposa.

— Um anjo...

Ele ergueu as sobrancelhas e repetiu com certo encanto:

— Um anjo... Foi você, não foi, Luísa? Quem pôs esse anjo no meu caminho?

Se fora salvo, é porque a vida o queria vivo. E, de repente, ele não queria mais morrer, queria viver. Seu interesse pela vida tinha voltado intensamente; algo se acendera ou se reacendera em seu coração. Algo chamado entusiasmo de viver. Algo que jamais pensou voltar a encontrar na vida.

Capítulo 18

No dia seguinte, enquanto Maria mais uma vez dependurava a roupa no varal, Alfredo Passos apareceu rente ao muro que dividia as duas casas para lhe falar. Foi então que contou sobre a doença da esposa e todo o sofrimento que ela passou e ele também por vê-la, sofrendo. Contou-lhe também como se conheceram, e como o amor os envolveu surpreendentemente.

– O amor é mesmo tão imprevisível... – comentou Maria, pensativa.

– O amor ou paixão? – desafiou o homem.

– E existe por acaso diferença entre um e outro?

– Sim, o amor é sereno e a paixão é flamejante. Pode queimar.

Ela riu, avermelhando-se como sempre. Ele, mais uma vez, achando graça do seu constrangimento, falou:

– Para mim, foi Luísa quem pôs você no meu caminho, Maria. Como um anjo caído do céu para me salvar e me fazer cumprir o que me resta cumprir nesta minha existência.

– Um anjo?

– Sim, Maria. Um anjo.

E os olhos de Maria piscaram mais uma vez movidos por uma força aparentemente involuntária e até então desconhecida para ela.

Nos dias que se seguiram, Maria passou a cantar movida por uma força jamais sentida até então, era algo quase mágico que a fazia alcançar, ainda com maior facilidade, os agudos de uma canção. Cantava solto e sem esforço algum, e volta e meia se surpreendia sorrindo sem ter nem porquê. E quando seus olhos percorriam a plateia, cada rosto de homem que se assemelhava ao de Alfredo Passos uma onda de calor percorria seu corpo e se alojava em seu peito, provocando arrepios de entusiasmo e furor.

O nome de Alfredo Passos ecoava pela sua mente como uma palavra repetida que o eco trazia de volta como se fosse Deus ao longe, brincando conosco.

Mais uma vez ela se sentiu agradecida a Deus por ter lhe dado a voz para encantar multidões e até mesmo salvar vidas.

Nas manhãs que se seguiram, Maria passou a acordar sentindo-se ainda mais entusiasmada com a vida. Enquanto Vladimir saía para levar a filha ao colégio e depois passava seu tempo com os idosos e *bon-vivants,* jogando baralho, dominó ou xadrez rente à praia, ela lavava a roupa nos fundos da casa, cantando, entusiasmada, com o pensamento vagando longe, muito longe.

Então subitamente se surpreendia, ao avistar Alfredo Passos, olhando para ela por cima do muro, sorrindo lindamente, iluminado pelos raios do sol que pareciam ser únicos e a brilhar sobre o Rio de Janeiro.

Ela então retribuía o sorriso, lindamente, e voltava a sentir seu peito se incendiar com as provocantes e surpreendentes ondas de calor. Ele então a surpreendia com um botão de rosa, comprado na floricultura não muito longe dali, cujo perfume nunca lhe pareceu tão bom.

– É tão linda... – sussurrava ela, levando a rosa até o nariz.
– Tal e qual você, Maria...
– Um botão tão delicado...
– Delicado como você, Maria. Como a alma feminina.

Ela enrubesceu e quanto mais procurava disfarçar seu constrangimento, pior ficava. Certo dia, ele comentou:

– Venho notando que você anda acordando mais entusiasmada com a vida, foi sempre assim?

– Confesso que ultimamente tenho dormido melhor e acordado mais empolgada.

– Percebi mesmo, pois vem cantando como um sabiá. Fico a ouvi-la daqui de casa, quietinho para não interrompê-la.

– Mas...

– Posso dizer, sem sombra de dúvida, que sou um homem pri-

vilegiado, pois posso ouvir a belíssima Maria dos Reis, cantando ao vivo nos fundos de minha casa e só para mim.
– Só para você?
Ele riu.
– Tem razão, fui um pouco convencido, admito. O vizinho do lado de lá também deve se deliciar com sua cantoria logo pela manhã, não?
– Acho que não, pois acordam e partem cedo para o trabalho.
– Então o privilégio é só mesmo meu.
– Pelo visto, sim...
Risos.
Noutro encontro pela manhã, Maria falou da filha:
– Minha filha é tudo para mim. Acho que os filhos, para toda mãe, são tudo, não é mesmo? Se bem que para uma mãe como eu, que só teve uma filha, o sentimento deve ser muito maior, o querer bem e a adoração.
– Com certeza.
– Por minha filha eu sou capaz de tudo. Ela é o bem mais precioso que possuo.
– É porque você a ama, Maria, e todos aqueles que amamos são as verdadeiras preciosidades da nossa existência.
Houve uma breve pausa até que ele tivesse a coragem de dizer:
– Eu gostaria muito de poder sair com você qualquer dia desses. Tomar um café na confeitaria Kurt no Leblon.
– Eu não posso, sou uma mulher casada. Não ficaria bem.
Ele mordeu os lábios, surpreso com sua resposta.
– Pensei que gostaria da ideia.
– Agradeço o convite...
– E respeito sua condição.
– Obrigada. Muito obrigada por me compreender.
O surpreendente aconteceu na noite deste mesmo dia, ao subir ao palco para mais uma de suas gloriosas apresentações, Maria por pouco não desafinou, ao avistar Alfredo Passos sentado numa das mesas da primeira fileira do local. Por um momento ela se embaralhou com a letra da canção e quando conseguiu se recompor novamente, firmou-se nos olhos encantadores do homem que pela primeira vez,

em toda a sua vida, estava despertando em seu coração um amor completamente diferente do que sentiu por Vladimir.

Na apresentação do dia seguinte lá estava Alfredo Passos mais uma vez sentado num lugar privilegiado diante do palco em que Maria dos Reis entusiasmava todos com o seu dom maravilhoso de cantar.

Acho que não há mais nada a esconder, está tudo tão na cara!
Vimos que não há mais ninguém a escolher,
Pois sempre acabamos cara a cara
Pelo olhar dizemos tudo,
o que estamos pensando e sentindo a cada segundo...
Pelo olhar dizemos mais,
que longe um do outro não ficamos em paz
Quantas e quantas vezes já não rimos das nossas caras,
Do nosso jeito sem jeito, da nossa fala arranhada,
com "defeitos especiais" demais... Especiais demais...
Qual de nós vai decidir primeiro, se entregar por inteiro?
Ser enfim, liberto da timidez...
Qual de nós vai decidir primeiro, se entregar por inteiro?
Viver, enfim, uma lucidez...

Entre um momento e outro da canção, Maria deixava escapar um sorriso tímido para aquele que não deixava de olhar para os seus olhos, por nenhum segundo. Durante o intervalo do show, ele arriscava chegar até ela como se fosse mais um fã dentre os muitos que se derretiam pelo seu talento.

– Não sei se devemos... – desabafou ela com ele, certa noite, preocupada em ser vista ao seu lado, conversando, por mais tempo de que dispunha para outros fãs.

– Aqui pelo menos podemos nos ver sem levantar a maledicência dos outros – explicou Alfredo, querendo apaziguar suas preocupações e surpreendendo Maria, mais uma vez, com o seu poder de tranquilizar seu coração.

Nos dias que se seguiram e noutros que vieram, Alfredo Passos seguia Maria onde quer que ela fosse se apresentar. Foi então que num dia, durante mais um de seus shows, cantando quase que totalmente voltada só para ele, Maria se surpreendeu ao avistar Vladimir em pé, a apenas alguns metros de distância de onde Alfredo se encontrava sentado. Por pouco ela não perdeu os sentidos, errou a letra, desafinou e se viu obrigada a pedir desculpa a todos. Percebendo seu estado, Vladimir foi até perto do palco e lhe jogou um beijou com as mãos.

— Está tudo bem — disse.

Ela foi até ele, curvou-se e perguntou, aflita:

— Aconteceu alguma coisa com a Gláucia?

— Não, nada. Não se preocupe. Deixei-a com sua mãe para poder vir ouvi-la. Faz tempo que não venho, senti vontade, quis lhe fazer uma surpresa.

— Ah, sim... Claro.

Ao avistar novamente Alfredo Passos, olhando na direção dos dois, Maria notou de imediato a tristeza, transparecendo em seus olhos lindos, olhos de tarde de domingo, como ela os havia apelidado, carinhosamente. O diretor do show logo fez sinal para que ela retomasse a apresentação, o que ela fez, prontamente ainda que receosa de que o marido avistasse o vizinho ali e pensasse mal dos dois. Especialmente dela.

Naquela mesma noite, ao voltarem para casa, Vladimir tentou ter intimidades com Maria, há tempos que não se mostrava tão sedutor. Era como se tivesse percebido, farejado no ar, a magnética e misteriosa atração entre ela e Alfredo.

— Vamos aproveitar esta noite que estamos sós... — disse ele, sussurrando ao seu ouvido — para nos amarmos. Faz tempo que não fazemos isso.

— É que...

Ele tentou beijá-la, mas ela não retribuiu o beijo com a mesma entrega que ele se acostumara tanto receber.

— O que foi? — estranhou ele.

— É que estou cansada — respondeu ela, procurando fugir dos seus olhos.

— Você já reparou que nos últimos tempos, toda vez que me aproximo, você vem sempre com uma desculpa?

— É que eu trabalho, Vladimir, e você não! Durmo tarde e acordo cedo para cuidar da casa.

— Em compensação eu cuido da nossa filha.

— Sim, e cuida muito bem, admito.

– Então?... O tempo está nos afastando um do outro, Maria. Você já reparou nisso?

– É o trabalho, Vladimir, o cansaço...

– É só isso mesmo, Maria?

– Onde está querendo chegar? Não pense mal de mim, o que é isso?

– Não se esqueça de que você tem uma filha, só mesmo juntos, eu e você, poderemos dar um lar devido a ela, o lar que toda criança merece ter, com pais presentes e amorosos de verdade. O lar que você sonhou ter ao lado dos seus e não pôde, porque seu pai, por um desatino, destruiu tudo por causa de um rabo de saia.

Lágrimas vieram aos olhos de Maria e Vladimir foi rápido em envolvê-la em seus braços.

– Desculpe-me por ter lhe falado assim, mas é que não podemos esquecer o trato que fizemos diante da nossa menina. O de lhe dar o melhor lar do mundo para se tornar uma criatura linda, polida e humana.

– Sim, Vladimir, eu não esqueço nem esquecerei.

E ela se agarrou a ele, emocionada, sentindo ao mesmo tempo seu coração em rodopio.

Naquela noite, enquanto procurava pelo sono, por mais que tentasse, as palavras de Vladimir não paravam de ecoar na cabeça de Maria.

"Não se esqueça de que tem uma filha, e eu e você, juntos, poderemos dar a ela o lar que toda criança merece ter, com pais presentes e amorosos de verdade. Daremos a ela a vida que você sonhou ter ao lado dos seus e não pôde, porque seu pai, por um desatino, destruiu tudo por causa de um rabo de saia."

Logo no dia seguinte, Maria evitou ir até o quintal dos fundos da casa para não se encontrar com Alfredo, caso ele estivesse junto ao muro que dividia as casas, aguardando por ela. Levou quase uma semana até que ele conseguisse novamente uma reaproximação, pois até mesmo nos shows onde ele estava presente, ela evitava contato com sua pessoa.

– Maria – chamou ele certa madrugada, quando ela deixava a casa de shows, andando apressada em direção ao carro. Ela imediatamente pensou em fingir que não o ouvira, mas sua polidez não lhe permitiu.

– Eu a levo para casa.
– Não, obrigada.
– Não será incômodo algum, afinal, somos vizinhos.
– Eu... É verdade – ela riu, avermelhando-se como de hábito.
– Você ainda não confia em mim?
– É que...
– Nos conhecemos há meses, acho que por tempo suficiente para confiarmos um no outro, não?

Ela novamente se constrangeu enquanto ele, polidamente, a guiou até seu carro. Assim que se fecharam dentro do veículo, Alfredo voltou-se para ela e perguntou o que há muito desejava:

– Você é feliz com o seu marido?
– O que importa?
– Importa e muito!
– Não! Não importa, não!
– Quer dizer que a felicidade não importa?
– Ninguém é feliz totalmente, Alfredo. Ninguém pode ser feliz totalmente.
– Será mesmo?
– Sim. Pergunte a qualquer um...

Ela suspirou.

– Agora me leve para casa, por favor. Alguém pode nos ver aqui e...
– Você o ama?
– É claro que sim! Ele é o pai da minha filha!
– Olhe bem nos meus olhos e me responda: você o ama?
– Eu me casei porque o amava.
– No passado e agora? Você ainda o ama?
– É apenas uma fase, só isso...
– Você acredita mesmo nisso? A quem você quer iludir?
– "No começo tudo são flores", foi isso o que eu sempre ouvi as mulheres casadas dizerem... Devemos suportar as fases ruins para triunfar no final.
– Não acredito que realmente pense assim.
– Esse é o modo certo de se pensar, Alfredo.

— Você não é feliz com o seu marido, Maria. Admita!
Ela bufou:
— Você também pensa assim, é?
— Quer dizer que há mais pessoas pensando o mesmo a seu respeito?
— Minha mãe, minha madrinha, minha melhor amiga...
— E você Maria, o que pensa a respeito? Diga-me.
Ela abaixou a cabeça e começou a chorar.
— Eu o amava, sim, no início, até eu descobrir que ele não era nada, absolutamente nada do que eu sonhei para mim. Às vezes penso que... bobagem...
— Diga-me.
— Às vezes penso que ele se casou comigo porque sabia que ao meu lado poderia ter uma vida razoavelmente farta. Não precisaria trabalhar, poderia viver inteiramente devotado aos seus sonhos impossíveis.
— E foi isso mesmo que aconteceu, não foi?
— Não!
— Foi sim e você não quer admitir.
— Não quero! Dói demais ter de admitir isso.
— E mesmo assim você acha certo continuar casada com ele?
— Sim, por minha filha. Minha filha, entende? Foi horrível crescer sem ter um pai ao meu lado. Um pai carinhoso. Com Gláucia, isso pelo menos não vai acontecer. Ela o adora. Vladimir é indiscutivelmente um bom pai, não há o que negar.
— Mas um péssimo marido.
— Ninguém pode ser perfeito em tudo.
— Tanta gente é bom pai e bom marido ao mesmo tempo.
— Vladimir não é, o que se há de fazer? Não posso exigir dele o que não tem condições de ser.
— Você não o ama, Maria, tem respeito por ele, o que é muito diferente de amor.
Ela mordeu os lábios e abaixou a cabeça.
Alfredo, muito carinhosamente, tocou lhe a face, fazendo com que ela novamente olhasse para ele e pudesse ouvi-lo:
— Se ele nada tem a lhe acrescentar, Maria, deixe-me aproximar de você, fazer parte da sua vida, para retribuir o bem que me fez.

Ela, emocionada, falou:

— Alfredo, desista de nós.

— Não, Maria. A vida me deu uma nova oportunidade de viver. De renascer para a vida e foi por seu intermédio. Bem no momento em que eu perdera todo o ânimo de viver, você, com a sua voz, com o seu talento, me resgatou da morbidez. Você fez acender de novo em mim o fogo da paixão. E sei que fiz o mesmo em seu coração. Não há por que negar: nós nos amamos! Fomos feitos um para o outro. A princípio pensei que a vida havia me posto você, como um anjo, somente para me impedir de cometer aquela besteira. Só depois é que percebi que fez o que fez por um motivo muito além: para que eu me apaixonasse novamente e pudesse fazê-la ser verdadeiramente feliz.

— Você pode estar certo em tudo o que diz, Alfredo, mas... Sou uma mulher casada, com uma filha e tenho tentado mostrar à sociedade preconceituosa, que sou, mesmo sendo uma cantora, uma mulher direita e de respeito. Se eu pedir a separação a meu marido para ficar com você, dirão que não nego a raça dos artistas, que sou mesmo uma leviana, imoral e indecente como os conservadores julgam ser todos que trabalham com arte.

— Que digam! O que importa é a sua felicidade!

— A felicidade não se faz somente dentro de quatro paredes, Alfredo. Você vive em meio à sociedade, você depende dela de certo modo.

— É lamentável que você pense assim... Que não esteja nem um pingo disposta a lutar pelo nosso amor e pela sua felicidade.

— Minha filha precisa de mim. Precisa de uma mãe digna e de respeito. Não posso deixá-la malvista na sociedade.

— Sua filha vai crescer e seguir o rumo da vida dela, como fazem todos os filhos. Você vai ficar só, somente com a sua infelicidade e poderá ser tarde demais para ser feliz.

— Que assim seja, pois essa foi a minha escolha. A vida quis assim.

— Você é quem quer assim, Maria.

— Não, Alfredo, é a vida! Pois eu podia ter me casado com qualquer outro sujeito, mas me casei com o Vladimir... Foi o destino quem nos uniu. Se não tive sorte no amor, não tive porque assim quis o destino.

– Você mudou os rumos da minha vida com sua voz, seu canto e, seu carisma... O que prova que podemos mudar, sim, o curso da nossa história.

– Eu sei... E sou feliz por saber que pude fazer tanto bem a você, um homem maravilhoso, que passou poucas e boas na vida.

– Maria...

Ela olhou.

– Deixa-me fazê-la feliz, por favor.

– Não insista mais, Alfredo, por favor, não insista.

Ali, mirando os olhos mareados daquele homem que tanto a fascinava, Maria se viu desejando voltar no tempo para que pudesse ter conhecido Alfredo Passos e se apaixonado por ele, antes de conhecer Vladimir. Só assim, poderiam ter se casado da forma certa, com a bênção da igreja e a aprovação da sociedade.

Mas para isso ele também não poderia ter se apaixonado por Luísa, a mulher que tanto amou e perdeu de forma tão dolorosa. Diante da conclusão, Maria se viu certa, mais uma vez, de que tudo acontecera da forma que realmente tinha de acontecer. Nada estava errado, absolutamente nada.

Capítulo 19

Quando Maria se reencontrou com Cândida, a ex-cortesã percebeu de imediato que algo não estava bem com ela.
— O que há? Você me parece triste...
Maria tentou fingir naturalidade.
— Nada não. Apenas cansaço.
Cândida olhou mais atentamente para a amiga e comentou:
— Esses olhos opacos, esse rosto amargurado... Você não está bem. O que é?
— Que nada. Apenas cansaço.
— Sou sua amiga e amigos são feitos para se abrirem uns com os outros e se apoiarem em momentos difíceis.
Maria suspirou e ainda que incerta, desabafou:
— Você alguma vez já se sentiu sozinha e desprotegida na vida? — Maria riu. — Que pergunta estúpida a minha, não, Cândida? É lógico que sim! Você passou poucas e boas...
— Quem já não passou poucas e boas na vida, Maria?
— Mas...
— Sente-se aqui, vamos conversar.
Ainda que incerta entre o querer ir embora e o ficar, Maria acabou aceitando a sugestão da amiga. Contou-lhe então, a forma como conheceu Alfredo Passos e o modo como os dois foram se aproximando um do outro nos meses subsequentes. Aproximando-se e apaixonando-se um pelo outro.
— Há quanto tempo vocês se conhecem?
— Há meses, quase um ano.
Cândida ponderou antes de opinar:
— Você ama esse homem, Maria.
— Eu não o amo.
— Se você pensa nele a toda hora... Canta para ele, sonha com

ele...

— É que nos conhecemos de forma tão inusitada. Acho que por isso criei um sentimento mais profundo por ele, um sentimento maior... Um sentimento...

— De amor.

A palavra novamente atingiu Maria em cheio:

— Amor...

— Amor, sim, Maria. O amor que você canta e recanta em suas belas canções e que, talvez, nunca o tenha vivido na prática.

Maria olhou novamente assustada para a amiga que completou seu raciocínio:

— Você deveria viver esse amor, Maria. Vivê-lo da forma mais ousada que o ser humano pode viver.

— Eu não posso, Cândida... O que eu mais sinto orgulho na vida, acredite, é poder oferecer um lar de verdade a minha filha. Vê-la crescendo ao lado de seu pai e de sua mãe, vivendo tudo aquilo que eu não pude viver ao lado dos meus pais. Não quero agir como meu pai agiu conosco, abandonando a nossa casa por uma vida, sei lá onde, e sei lá com quem. Não, Cândida, minha Gláucia não merece e não terá jamais seu lar destruído.

— Ainda que você tenha que sacrificar sua felicidade por isso?

— Ainda que eu tenha.

— Ah, minha amiga...

Cândida tocou a mão de Maria e sorriu, como faz uma pessoa que quer encorajar a outra:

— A vida de cada um de nós é sempre cheia de surpresas. Não há quem não viva sem ter de encarar surpresas e mais surpresas ao longo dela. Cada um de nós voltou à Terra para cumprir uma missão. Uma ou mais. Dependendo do caso, diversas. Não é isso que aprendemos no Centro que frequentamos?

Maria assentiu, repassando na memória os ensinamentos Kardecistas que obteve no local.

Ao chegar à casa da mãe, Dona Augusta, que já vinha notando a tristeza em torno de Maria, perguntou-lhe:

— O que aconteceu, Maria? Você me parece tão abatida...

— A mamãe está em casa?

— Não. Foi ao correio.

— Melhor assim. Eu gostaria mesmo de falar em particular com a senhora.

Ela se sentou e contou tudo para a madrinha a respeito dela e de Alfredo Passos. Dona Augusta a ouviu pacientemente, sem interromper por momento algum, e só então opinou:

— Sabe Maria, depois de muitos anos de vida, aprendi, ou melhor, percebi, que muitas vezes o ser humano se aprisiona numa gaiola tal como faz com um pássaro que nasceu para voar livremente pelos céus. Não é o destino quem o aprisiona, nem a vida, nem Deus. É ele próprio. A chave para a liberdade está e estará sempre nas mãos de cada um.

— Um pássaro, mesmo preso, ainda pode cantar.
— Tão feliz quanto se estivesse liberto?
— Sim, se ele não sabe que pode ser livre.
— E se ele souber?
— Dona Augusta eu desabafei com a senhora para que me ajudasse diante de tudo isso. Não para que me deixasse com a cabeça ainda mais confusa.
— Desculpe-me, querida, mas a verdade muitas vezes dói. Só quero o seu bem, a sua felicidade.
— Sim, eu sei.

Nisso, Ofélia chegou do passeio com o filho.
— Maria, filha, você aqui! Que surpresa agradável!
As duas se abraçaram.
— O que foi? — perguntou Ofélia, olhando com mais atenção para moça. — Aconteceu alguma coisa? Foi seu marido outra vez?
— Mamãe! A senhora não topa mesmo o Vladimir.
— Aquele CBD*?! (*Come, bebe e dorme). Ah, filha, por favor! Você merecia um homem melhor!

Maria beijou o irmão, enquanto a mãe desfiava o seu arsenal de críticas ao genro.
— Vladimir é um bom pai, mamãe.
— Não faz mais do que obrigação. Mas não desviemos do assunto. Diga-me, o que a traz aqui.

Maria procurou sorrir, fingindo não ser nada demais e voltando-se para Jonas, falou:
— No meu próximo LP vou gravar uma canção em homenagem a você, maninho. Você merece. E ela cantarolou um trecho da canção que um compositor, a seu pedido, havia feito para Jonas.

É bom toda criança saber que tudo na vida é especial...

Eu sou especial... Você é especial...
A mamãe é especial, o papai é especial
O vovô, a vovó, o titio, a titia, os irmãozinhos,
Os amiguinhos, tudo, enfim, é muito especial!
A nossa boca é especial porque nos permite mastigar
Os alimentos que nutrem o nosso corpo!
O nosso nariz é especial porque nos permite respirar... Ah! Hum!!!
Os nossos olhos são especiais porque nos permitem enxergar!
Os óculos são também especiais porque nos permitem ver bem mais...
Os ouvidos são também especiais, porque nos permitem ouvir!
O amor, além de especial, é essencial para que todos,
Todos no mundo vivam em paz!!!!
A cadeira de rodas é especial porque ajuda muitos a se locomover
A muleta e a bengala são também especiais porque ajudam muitos a caminhar
As cores são também especiais para que tudo, tudo no mundo seja colorido
Como vê, tudo na vida é especial
Todos nós somos especiais e somos diferentes
Especiais diferentes!

– É uma bela canção, Maria. Se Jonas pudesse falar corretamente, ele certamente lhe agradeceria.

Maria novamente beijou a testa do irmão, afagando-lhe os cabelos. Assim que partiu, Augusta Bonini acabou contando para Ofélia o que se passava com a moça.

– Se fosse no passado, eu jamais a apoiaria diante do que está vivendo – comentou Ofélia, resoluta –, mas agora, depois de já ter vivido o bastante, não acho mais certo uma mulher se sacrificar por um casamento cujo marido não faz por merecê-la.

– Aprendemos isso a duras penas, não?

– Sim. E Maria viu o que eu passei e o que a senhora passou, Dona Augusta, tudo por causa de um homem. Mesmo assim, eu entendo por que ela vive esse conflito. Nossa sociedade despreza as mulheres separadas. Tanto que não podemos mais nos casar no papel nem no religioso. Por isso não recrimino aqueles que se esforçam para manter um casamento mesmo que não sejam felizes.

Naquele mesmo dia, Maria decidiu falar seriamente com Vladimir.
– Vladimir...
– Oi, amor.
– Vladimir, nós precisamos conversar.
– Não gosto quando me fala nesse tom.
– Em que tom você quer que eu fale?
– Abaixe a voz senão vai ficar rouca.
– Ah, é por isso que se preocupa?
– Sim, sua voz é o que você tem de mais precioso na vida, é o seu sustento.
– E sem ela você também está perdido, não é, Vladimir?
– O que deu em você, Maria? Acordou com o pé esquerdo, foi?
– Eu quero saber quando é que você vai começar a trabalhar de uma vez por todas.
– Eu trabalho, esqueceu?
– Um corretor que nunca vende nada, é trabalho, Vladimir?
– A maré não está fácil, Maria... nada fácil. Não está bom para ninguém. Mas não se preocupe. Não deve demorar para eu ganhar na loteria e...

Maria o interrompeu bruscamente:
– Vladimir, minha fama não vai durar pela eternidade. E eu ando bastante cansada. Além do mais temos nossa filha e... Se eu morrer amanhã como é ficam vocês dois? Ambos dependem de mim. Os gastos não são poucos. E eu ando cansada, Vladimir... Cansada, entendeu?

O marido estalou a língua com censura:
– Bobagem, Maria, você é um touro para trabalhar. Sempre foi, o que muito me orgulha. Quando sua fama acabar eu já terei ganhado na loteria e...

Ela o interrompeu novamente:
– Chega!

Sua reação o assustou.
– É isso mesmo o que você ouviu! Chega! Ou você começa a trabalhar de verdade ou...

Ele também se inflamou:
– É assim que você me trata depois de tudo que eu fiz por você? Sem mim, você não seria nada, Maria. Não na vida afetiva.
– Do que você está falando?
– Do que eu estou falando? Essa é boa! Quem iria se casar com

você, uma cantora de rádio e de prostíbulo? Você deveria me agradecer por eu ter me casado contigo, Maria! Agradecer!

– Eu não preciso da sua piedade, Vladimir.

– Sei que não, e não me casei com você por piedade, jamais faria! Casei-me porque realmente me apaixonei por você. Disso você pode estar certa. Eu realmente me apaixonei por você! Ainda sou apaixonado. Mas não sou perfeito, isso não, ninguém é. Se não correspondo as suas expectativas, eu sinto muito. Se é dinheiro o que você quer... Assim que eu ganhar na loteria terá muito além do que já sonhou.

– Vladimir, por favor! Pare de contar com os ovos antes de a galinha botá-los.

– Não paro não! Eu vou ganhar na loteria, sim! Vou ser tão rico que nem vou saber o que fazer com tanto dinheiro.

– Até lá você deveria trabalhar...

– Trabalhar é para os trouxas.

– E eu posso trabalhar, atravessando madrugadas cantando, fazendo viagens e mais viagens longas para fazer shows?

– Isso não é trabalho, Maria...

– Como não?

– Isso é diversão. Quer vida mais fácil do que a de uma cantora? Ganha dinheiro na moleza.

– Moleza?! Quantas e quantas vezes eu tive de me esforçar para subir num palco quando, na verdade, queria estar em casa com a minha filha, descansando um pouco...

– Você reclama de barriga cheia, Maria. De barriga cheia!

Ao pegar o casaco dele, para guardá-lo, Maria observou algo indevido ali.

– Vladimir, o que é isso?

– O que é?

– Essa mancha de batom no seu casaco.

– Ah, sim... Uma vadia que me agarrou enquanto eu voltava para casa.

– E você me diz isso com a maior naturalidade?

– Sim. Não sou de mentiras e você sabe bem disso.

E Maria pensou, mais uma vez, no quanto a vida era cheia de surpresas, especialmente em relação aos homens. Quem diria que aquele moço elegantemente vestido, que se esforçou tanto para conquistá-la, jurando-lhe amor eterno, transformar-se-ia naquele marido que vivia as suas custas sem se importar com o seu cansaço? Nem uma vidente seria capaz.

Capítulo 20

Ao perceber que há tempos não saía a sós com Gláucia, para fazer um passeio, Maria tomou seu dia mais tranquilo em casa, para levar a menina ao Pão de Açúcar. O dia também estava ensolarado, ideal para um passeio como aquele. Mãe e filha subiram de bondinho, apreciando a estupenda vista que se tinha dali, da Baía de Guanabara.

– É tão lindo, mamãe... – comentou Gláucia, feliz, com 8 pra 9 anos de idade na ocasião. – As pessoas e os carros vistos daqui parecem formiguinhas, não parecem?

– Formiguinhas e joaninhas, filha – concordou Maria porque de fato também pensava assim, como a maioria dos que ali passavam.

Ao chegarem ao topo do lugar, mãe e filha saíram do bondinho de mãos dadas e ficaram ao sol, passeando pelo local, apreciando por diversos ângulos a vista que se tinha da cidade e seus arredores.

– Quanta beleza, não Gláucia?

– Hum hum.

E com um puxão na saia da mãe, a menina chamou a sua atenção novamente para ela.

– Mamãe, como é que eles conseguiram pendurar o bondinho naqueles fios?

Maria, rindo de leve, respondeu:

– Ah, minha querida, foi com grande esforço, acredite. Foi necessário também a força de muitos homens para concluir o trabalho. E não são fios, filha, são cabos de aço.

Foi então que Maria avistou uma figura iluminada pelo sol que a surpreendeu por sua beleza e por estar ali àquela hora. Alfredo Passos aproximou-se dela, sorrindo, e olhando amavelmente para ela.

– Você, aqui! – exclamou Maria verdadeiramente surpresa com a coincidência. – Que surpresa!

– Pois é... Achei o dia perfeito para um passeio como esse.

– Eu também, por isso vim com a Gláucia.

Só então Maria se voltou novamente para a menina que encarava o recém-chegado com súbita curiosidade.

– Ola Gláucia, como vai? – Alfredo Passos a cumprimentou, amavelmente. A menina sorriu muito timidamente e corou quando ele lhe fez um elogio: – Você é uma garotinha muito bonita, sabia?

Voltando-se para Maria, Alfredo completou: – Tal e qual sua mãe. Ela também cora diante de elogios. Não é à toa que se diz "Tal mãe tal filha!".

E Alfredo se divertiu por ver Maria rubra. Houve uma pausa até ele admitir, numa altura de voz que só ela pudesse captar:

– Não foi uma coincidência, Maria. Eu a segui até aqui.

– Seguiu?!

– Sim, assim que vi você e a pequena saindo, toda arrumada, de carro, deduzi que iriam fazer um passeio. De casa deu para ouvir a menina falando sobre o Pão de Açúcar e então ficou fácil para eu localizá-las.

– Sempre me esqueço de que moramos tão perto um do outro...

– Eu, jamais.

Novo rubor se espalhou pelo rosto franco de Maria, fazendo com que Alfredo achasse graça dela novamente. Entretanto, o clima descontraído logo desapareceu, Maria interrompeu o que ele pretendia dizia:

– Não posso lhe falar, não aqui, com a minha menina presenciando tudo.

– Você acha?

– Sim... Ela pode contar ao pai e...

– Mamãe, quero um sorvete! – interrompeu Gláucia, despertando novamente a atenção da mãe para a filha.

– De qual sabor? – perguntou Alfredo se mostrando muito simpático novamente para com a menina.

– Morango.

– Hum, é o meu favorito também!

E estendendo a mão para a garotinha, que muito timidamente pegou a dele, Alfredo a conduziu até o sorveteiro. Comprou também um para ele e para Maria que a princípio recusou, por medo que o gelado afetasse sua garganta.

– O meu, de chocolate, por favor.

Dali os três se puseram a caminhar, jogando conversa fora e

respondendo às perguntas que Gláucia volta e meia fazia.

Na descida, dentro do bondinho, por mais que Maria procurasse evitar, seus olhos se voltavam na direção de Alfredo Passos que, muito discretamente, admirava-a da outra extremidade do veículo. Pelo olhar diziam tudo, entregando o sentimento todo que transbordava em seus corações. Sentimentos contidos por parte dela, libertos por parte dele. Sentimentos verdadeiros, raros de se encontrar.

Ao voltarem para casa, Gláucia foi correndo abraçar e beijar o pai que ergueu a menina nos braços e a girou, provocando-lhe risos e gritinhos agudos.

– Pão de Açúcar? – brincou Vladimir. – Já fui lá e não vi pão nenhum.

A menina achou graça e o pai lhe fez fusquinha novamente. Risos.

– Por que chamam de Pão de Açúcar, papai?
– Certamente porque acharam que o morro lembrava um.
– Mesmo?!
– É... Penso, porém, que deveria se chamar Pão de Sal visto que está aos pés do mar e a água é salgada, rio é que tem água doce.
– Jura?
– Hum hum – respondeu o pai, curvando novamente a menina nos braços e lhe fazendo gracejos.
– A mamãe encontrou um amigo lá no Pão de Açúcar.
– Um amigo?!

Imediatamente Vladimir voltou os olhos para a esposa que muito sem graça respondeu:

– Um fã, Vladimir, um fã.
– E ele era mais bonito do que o seu pai, Gláucia?
– Oh, não, papai, o senhor é muito mais bonito.

E novamente o pai brincou com a filha nos braços, provocando-lhe risos e novos gritinhos de alegria. Então ele pôs a menina no chão e ela seguiu saltitante para o quarto, empolgada para se entreter com outras coisas. Quando Maria pensou em também seguir para o quarto dela, Vladimir a segurou pelo braço, na altura do cotovelo.

– Esse fã, Maria, é alguém que você conhece, digo, já encontrou outras vezes? – perguntou ele, rispidamente.

– N-não, não...
– Tem certeza?
– Se encontrei não me lembro, são tantos.

224

– Ah, sim...
Estudando mais atentamente o semblante da esposa, Vladimir completou:
– Você ficou nervosa ou é impressão minha?
– Nervosa, eu?
– Você, sim!
– É que você me olhou de um jeito... Não gosto que pensem mal de mim.
– Mas eu nada pensei, Maria...
– Não?
– Não.
Ela corou e soltou outro risinho sem graça:
– Desculpe, é que pensei...
Ele, sem tirar os olhos dos dela, que iam e vinham dos seus, completou:
– Sei que tem muitos fãs e que deve ser gentil com todos. Mas vai que um deles seja maluco... Possa ter ficado fascinado por você a ponto de lhe querer só para ele. Raptá-la.
– Não exagere.
– É uma possibilidade que não podemos descartar. Nesse mundo tem doido a se perder de vista.
Ela bateu três vezes na madeira e procurou sorrir:
– Vou ficar atenta, prometo.
Ao entrar no banho, assim que sentiu a água do chuveiro, escorrendo por seu corpo, Maria finalmente conseguiu relaxar. Respirou aliviada. Ali, pelo menos ali, entre quatro paredes, ela se sentia mais segura diante de tudo que acontecera naquela tarde e nos últimos meses de sua vida.
Lembrou-se mais uma vez de Alfredo Passos no topo do Pão de Açúcar, lindo, banhado de sol, olhando para ela com aqueles olhos que pareciam dizer mais do que mil palavras. E saber que ele estava tão perto dela, que apenas um muro separava os dois.
Pela janela do banheiro, ela espiou a casa vizinha onde Alfredo residia, ele também já deveria ter voltado para casa, poderia também estar no banho a uma hora daquelas. E relembrando seu sorriso bonito e seus olhos de tarde de domingo, Maria suspirou, contagiada por uma nova e forte onda de calor.

Capítulo 21

Enquanto Maria cantava nas noites, Vladimir se aventurava na jogatina, usando toda a mesada que ela lhe dava. Quando a quantia acabou, de tão viciado que ele estava no jogo, ele passou a usar as economias que Maria guardava para uma emergência. Quando ela descobriu, foi outro baque.

— Você gastou todo o dinheiro que eu reservei para pagar... – explodiu Maria, revoltada. – Não pôde ter feito isso, Vladimir, não pôde!

— Calma, meu amor... Não precisa perder as estribeiras.

— Calma?!

— É. Logo a gravadora faz o acerto das vendas dos LPs e você repõe o dinheiro que foi gasto.

— Podem não ter vendido nada neste mês, Vladimir. Eu não sou nem nunca serei mulher de contar com algo que ainda não veio. É você nesta casa quem conta com os ovos antes de a galinha botá-los!

— Lá vem você de novo com esse ditado ridículo! Enroscou o disco, foi? Muda!

— Estou cansada, Vladimir! Vamos fazer o seguinte: de agora em diante você me sustenta. Eu fico dentro de casa, como toda mulher e você trabalha fora. Inverteremos o jogo. Está bem assim?

— Você não nasceu para isso, Maria! Não suportaria ficar trancafiada dentro de uma casa, como uma mulher normal e você sabe muito bem disso. Você ama o que faz, você ama a sua arte, você ama ser quem é!

Aquele era um fato irrefutável. Ela de fato amava ser Maria dos Reis, a cantora que o Brasil tanto admirava. A constatação fez com que ela desistisse de dizer mais alguma coisa em sua defesa. Vladimir então a abraçou, mirou seus olhos cor de jabuticaba e repetiu o que sempre lhe dizia com sinceridade:

– Eu amo você, Maria. Disso você nunca poderá duvidar.

Enquanto a beijava, ele desejou intimamente ser o homem que a esposa tanto sonhava amar, o que o deixou ainda mais ansioso para ganhar na loteria ou no jogo, para que pudesse surpreendê-la e fazê-la compreender que não fora um erro ter se casado com ele.

Ao afastar o rosto, voltando a mirar seus olhos negros, ele se fez sincero mais uma vez:

– Maria, eu nunca lhe darei a separação, se é isso que você tem em mente. Nunca!

Com ar de quem tinha dito a última palavra, ele deixou o aposento enquanto a esposa permaneceu ali, passando os dedos pelos cabelos que vinham cada vez mais sendo descuidados tal e qual sua vida pessoal. Era no canto que ela acalmava o seu desespero, fugia da sua vida conjugal infeliz, da paixão que explodia em seu interior por Alfredo Passos.

Dias depois, uma terrível rouquidão que se transformou numa amidalite aguda, obrigou Maria a cancelar diversos shows e participações nos programas de rádio.

Ela queria se expressar, expor seus sentimentos e como se reprimia, adoeceu. As cordas vocais quando inflamam, segundo as descobertas metafísicas sobre a saúde, são porque não conseguimos nos expressar direito.

Com isso veio também a crise financeira do casal.

Por muitas vezes, enquanto acamada, Maria se pegava pensando em Alfredo Passos, visualizando sua figura graciosa parada em frente à janela daquele quarto entristecido, olhando para ela, estirada na cama, parecendo estar entre a vida e a morte. Então ele atravessava a parede com o poder do espírito e chegava até ela, curvando-se e beijando-a sem precisar forçar um beijo, momento que a transportava para um lugar cujas cores eram de uma intensidade jamais vista. Havia brisa, uma brisa gostosa que desmanchava seus cabelos, fazendo-os dançar em torno de suas cabeças.

Ela então, sentindo o ritmo de sua respiração alterado, perguntava a ele:

"Que lugar é esse?"

"Um lugar chamado amor, Maria..."

A intensidade da sua voz a impressionava.

Ela deu um passo para trás, e mais um, e outro e então despencou no que parecia ser um abismo. Ela gritou, desesperada, e o eco da própria voz feriu seus tímpanos. Quando deu por si, estava noutro local, um todo acinzentado, frio, tão frio que a fez se abraçar e gemer.

"Alfredo!", gritou ela. "Não me deixe aqui, por favor!"

Feito mágica ele reapareceu e caminhou em sua direção. Tomou-a nos braços e a beijou como se o beijo tivesse o poder de substituir o cinza do lugar por cores mais alegres e cintilantes.

Os dois permaneceram ali, abraçados, até ela se desvencilhar de seus braços e olhar, aflita, para tudo mais a sua volta. De repente, estava rígida, com as duas mãos apertadas contra a boca, olhando para baixo. O quadro da infelicidade e do desespero em pessoa.

"Por que não me olha direto nos olhos?", perguntou ele, implorando por seu olhar.

Ela estremeceu e murmurou:

"Porque não tenho coragem."

"Porque esconde algo."

"Não!"

"Sim e você sabe muito bem o que é. Esconde de si mesma."

"Não, Alfredo..."

"É verdade e você sabe que é a mais pura verdade."

Ela recuou um passo, depois outro e mais outro. Ele a seguiu.

"Maria", disse enfrentando o seu olhar tomado de desespero. "Não fuja de si. Não fuja de nós, por favor."

"Alfredo, por favor."

"Maria..."

Ele finalmente conseguiu alcançá-la novamente e envolvê-la em seus braços.

"Está tudo bem, tudo bem...", tranquilizou-a.

Ela finalmente ousou encará-lo e quando o fez, uma coragem surpreendente a fez ser honesta consigo mesma e com o homem a sua frente:

"Alfredo..." e quase sem voz ela completou: "Eu o amo... Só agora posso ver o quanto eu o amo!".

Ele a abraçou mais forte e tudo mais em torno dos dois se tornou mais vivo e colorido. O sono ficou mais reconfortante a seguir, podendo dormir em paz como há tempos não fazia.

Ao despertar no dia seguinte, Maria aguardou ansiosamente por uma oportunidade de ir falar com Alfredo a sós. Somente quando Vladimir partiu para fazer as compras no mercado é que ela pôde, finalmente, realizar o seu intento. Arrumou-se impecavelmente e partiu em sua busca. Ao vê-la, rente ao muro dos fundos da casa, o rosto dele se transformou:

– Maria?! Que bom revê-la. Estava preocupado. Soube que adoeceu.

Ela o interrompeu, parecendo carente de urgência:
– Sonhei com você esta noite.
– Mesmo?!
– Sim.
Ele sorriu, um sorriso benevolente e superior.
– E foi bom?
– Foi.
Houve uma pausa até ele perguntar:
– E quanto a nós? O nosso amor? Tomou alguma decisão?
– Sim.

Foi então que ela avistou Vladimir vindo pelo outro lado da rua, olhando na sua direção. Tinha um leve sorriso nos lábios.

– Preciso ir, desculpe-me pela pressa... Adeus!

Alfredo ia impedi-la quando também avistou Vladimir se aproximando. Só então compreendeu o porquê da estranhíssima reação da mulher que tanto amava. Naquele exato momento sentiu vontade, mais uma vez, de falar com Vladimir, contar-lhe tudo o que estava se passando entre os dois para que pudessem finalmente ficar juntos. Temeu, porém, que a revelação, feita de forma tão abrupta, o fizesse, por pirraça e ego ferido, recusar-se a dar a separação a esposa. O melhor mesmo era se conter diante do impulso e esperar que as coisas se revelassem de outra forma.

Assim que Vladimir encontrou Maria na casa, perguntou, olhando desafiadoramente para ela:

– Maria, o que você estava fazendo ao lado daquele sujeito?

Maria, embaraçada, respondeu:

– É o nosso vizinho...

– Eu sei! Um sujeito bastante estranho. Ele estava, por acaso, dando em cima de você?

– Não, é lógico que não, Vladimir! Que ideia!

– Acho bom, senão ele vai sentir os meus punhos na fuça dele! – E sentindo-se novamente irritado com o que viu, ele completou: – Não quero mais vê-la perto dele, ouviu? Se eu voltar a vê-los juntos...

– Isso não vai mais acontecer, Vladimir. Só não se esqueça de que sou uma figura pública, não posso tratar grosseiramente as pessoas, sejam elas homens ou mulheres. Se eu fizer, logo serei conhecida por todos como uma cantora esnobe e antipática.

– Nisso você tem razão. – Ele mordeu os lábios, pensativo. – Mas desse vizinho quero você distante, ouviu? Quilômetros de distância. Não me simpatizo com ele nem um pouco.

Quando Alfredo Passos percebeu que não adiantaria mesmo insistir com Maria para que ficassem juntos, que para ela, manter um lar impecável para sua filha, um convívio com o pai da menina, ainda que superficial, era mais importante que o amor dos dois, ele decidiu deixá-la em paz.

– Vou-me embora, Maria – disse ele quando oportuno. – Tenho família na Europa, alguns bens de herança. Mudar-me-ei para lá. É o melhor que tenho a fazer por nós.

– Não queria que fosse.

– Se eu ficar, será somente para lutar contra a tristeza e o desespero por amá-la como amo. Você quer que eu sofra? Acha justo que eu viva assim?

– Não, é claro que não.

– Então, o melhor mesmo a se fazer, é seguir o meu caminho. O que não quer dizer que deixarei de amá-la, amá-la totalmente.

– Se tivéssemos nos conhecido antes, bem antes... Se a vida nos tivesse sido favorável...

– Mas não foi, o que há de se fazer?

– Quando você parte?

E ele lhe forneceu os dados.

Depois de muito refletir se deveria ou não ir até o aeroporto Santos Dumont, despedir-se de Alfredo, Maria acabou cedendo.

— Eu preciso sair — disse ela, sem conseguir esconder a aflição de Vladimir.

— Sair, a uma hora dessas? Aconteceu alguma coisa?

— Esqueci que hoje eu deveria ir a uma reunião no estúdio para apurarmos alguns detalhes sobre o meu próximo LP. Por pouco não me esqueço.

Ele a olhou mais atentamente e disse, estudando bem o seu semblante:

— Você está esquisita...

— Vou rapidinho, volto já!

— Tem certeza de que está tudo bem?

— Está, sim! Não me demoro!

Assim que ela entrou no carro, Maria reviu em memória o dia em que o pai partiu de sua casa, fazendo uso também de uma mentira, para nunca mais voltar. A lembrança gelou-lhe a alma. Ainda que trêmula, ela tirou o veículo da garagem e partiu, procurando se acalmar durante o trajeto.

— Vai dar tudo certo, Maria... Tudo certo. Acalme-se!

Assim que chegou ao aeroporto Santos Dumont, procurou imediatamente pelo local onde os passageiros aguardavam seu voo. Não demorou muito para avistar Alfredo Passos em pé, com os olhos perdidos no nada. Aproximou-se dele com cautela e aguardou ser notada. Quando ele a percebeu, seu rosto se transformou, mas a surpreendente alegria logo cedeu lugar à apreensão.

— Se você veio atrás de mim somente para se despedir, afaste-se — argumentou ele, convicto.

— E-eu... — o queixo dela tremeu, tomado de forte emoção, enquanto seus olhos se vertiam em lágrimas.

— Se veio para partir comigo ou me pedir para ficar... — continuou ele, seriamente.

Ela levou quase um minuto para responder:

— Não, Alfredo... Vim mesmo para me despedir de você.

O rosto dele se tornou ainda mais grave:

– Eu ainda tinha esperanças de que... Você sabe...
Ela abaixou os olhos, escurecendo-se toda de tristeza.
– Ele então lhe tocou a face, fazendo com que ela voltasse novamente a encará-lo com seus olhos pretos, lindos e inundados de tristeza naquele instante. Abrandando a voz, ele lhe foi sincero mais uma vez:
– Não se esqueça jamais do quanto lhe sou grato. E do quanto eu a amo.
– Eu sei. Pena que nos conhecemos em ocasião tão inoportuna para vivermos o nosso amor.
– Sim, é uma pena.
– Se estivesse no meu lugar, talvez pudesse me compreender melhor. Só mesmo na pele de uma mãe poderia compreender os sacrifícios que ela é capaz de fazer por um filho, por toda a prole.
Ele beijou o dorso das mãos dela, enquanto ela, com emoção lhe desejou o melhor:
– Vá com Deus, Alfredo. Que o Deus o proteja.
– Vou também com a lembrança do muito e do pouco que vivi ao seu lado, Maria. Adeus.
– Adeus...
Sem mais, ela se afastou e, resoluta, voltou para o estacionamento onde havia deixado seu carro. Seguiu todo o trajeto de volta a sua casa, chorando sem parar.
– Na vida nunca é tudo... – dizia ela para si, tentando se consolar com palavras. – Faço isso por minha adorada Gláucia, pois sei que ela também seria capaz de se sacrificar por mim, sua mãe, que tanto a ama.

Antes de entrar em casa, Maria enxugou as lágrimas, respirou fundo e tentou parecer natural.
– Maria? – perguntou Vladimir, sentado na poltrona da sala com um drinque na mão.
– Olá e Gláucia, onde está?
– Acabei de pô-la na cama.
– Que bom!
– Como foi o ensaio?
– B-bem... Herivelto Martins e Mario Reis estavam presentes...

Fizeram uma música linda para o meu próximo álbum. Bem, vou trocar de roupa e me deitar.

Assim que ela deu um passo, a voz dele voltou a soar no recinto:

– Quem é ele, Maria?

Ela se arrepiou inteira.

– Ele?...

– Ele. Você sabe bem de quem estou falando.

– O compositor que lhe falei?

– Não, Maria. O homem com que se encontrou esta noite no aeroporto Santos Dumond.

Ela voltou-se para ele como um raio.

– Aeroporto?!

– Eu a vi lá. Vi você e ele de longe... Conversando...

Ela ficou temporariamente sem palavras.

– V-você e ele... – perguntou Vladimir a seguir, ainda que receoso da resposta que pudesse obter.

– Não, nunca! – respondeu ela, aflita. – E você, por acaso...

– Nunca, também, porque a amo, Maria. Nunca escondi isso de você! Sempre lhe fui fiel e sincero.

– Sim, você nunca me escondeu...

As lágrimas rolavam pela face dos dois.

– Posso não ser o melhor homem do mundo... O melhor marido do mundo, mas sou aquele que realmente a ama, infinitamente.

Ela se sentiu tocada novamente por suas palavras. Tentou dizer mais alguma coisa e não conseguiu, então ele disse por ela:

– Dizem que numa relação, um gosta sempre bem mais do outro, acho que no nosso caso sou eu quem gosta mais de você.

E ela não podia contestar aquilo porque era verdade, a mais pura verdade. Ele a amava mais do que ela a ele. Pelas aparências ao menos se acreditava nisso. Estaria ela errada em relação a ele?

Capítulo 22

Entre altos e baixos, o casal Maria dos Reis e Vladimir Abujamra continuou junto, especialmente pela filha que tanto adoravam. Isso, no entanto, não impediu Vladimir de voltar a apostar em jogos de azar clandestinos, uma vez que a jogatina no Brasil havia se tornado ilegal desde 1946. Não o fez também deixar de consumir bebida alcoólica em excesso ou arranjar um emprego devido. Certa noite, ao chegar a sua casa, trançando as pernas, encontrou a esposa, aguardando por ele na sala de estar.

— Maria?! — ele olhou para ela, surpreso. — Hoje não era seu dia de cantar no Morro da Urca?

— Era — respondeu ela, olhando-o com desaprovação. — Como você não chegou para ficar com a nossa pequena, eu não fui. Não poderia deixá-la sozinha.

— É mesmo? — respondeu ele com voz embriagada e um soluço.

— O que houve, Vladimir? Por que bebeu desse jeito?

Outro soluço enquanto ele enfrentava o seu olhar com um sorriso sarcástico e cínico.

— Bebi?

Mal pronunciou a palavra e ele se jogou no sofá, indo para cima dela, meloso, querendo beijá-la.

— Afaste-se de mim, seu bafo de cachaça está insuportável.

— Ui!

Ele riu.

— Larga de frescura, Maria, vai...

Ela respirou fundo e disse:

— Você é mesmo um irresponsável...

— Eu? Só por que bebi um bocadinho além da conta? Ah, Maria, não seja carola, por favor. Um homem tem de beber vez ou outra, divertir-se também. Aqui em casa é só você que se diverte, já reparou?

— Eu?

— Sim, frequentando noites badaladas, conhecendo gente interessante.

— É o meu trabalho que me permite isso, Vladimir. Eu só frequento esses lugares porque dependo deles pro meu sustento. Alguém nessa casa tem de trabalhar, já que você...

— Lá vem você de novo com esse papo carola. Vira o disco, Maria!

— Quando é que você vai realmente tomar uma atitude na sua vida, Vladimir?

— O dia em que eu ganhar na loteria! Já lhe disse isso inúmeras vezes. Eta memória fraca a sua.

— Você... Deixa pra lá. Preciso ir, vou chegar atrasada, mas... Se bem que não posso deixar a Gláucia com você nesse estado.

— Já estou ótimo, belezoca, pode ir sem se preocupar. Vou tomar um banho gelado e fico novo num instante.

— Tem certeza?

— Eu amo minha filha tal e qual você a ama. Acha realmente que eu deixaria que alguma coisa de errado acontecesse com ela? Vá cantar, solte a voz, e encante o público. Isso é o que você sabe fazer de melhor da sua vida.

Maria refletiu por alguns instantes e afirmou:

— Se você for irresponsável com a nossa filha, eu juro que...

Ele a agarrou tão rápido que ela não teve tempo de escapar dele. Rente a sua boca, exalando o forte cheiro da bebida, Vladimir Abujamra, meloso como nunca, voltou a declarar todo o seu amor por ela:

— Eu amo você, Maria... Nunca se esqueça disso, eu a amo, muito!

E forçou um beijo que ela repeliu do começo ao fim. O encanto pelo marido que nunca fora supremo, voltava a desmoronar como uma avalanche. Pela primeira vez ela se perguntava se era justo manter-se ao lado de um homem como Vladimir, por causa da filha. Ainda mais depois de ter conhecido um sujeito como Alfredo, que lhe parecia ser capaz de mover céus e terras por ela.

Naquela noite, como uma artista realmente profissional, Maria dos Reis se apresentou magnificamente, como sempre, procurando ocultar de todos o que oprimia o seu coração.

Dias depois, quis ir ao Centro Espírita na companhia de Cândida, local que ambas passaram a frequentar assiduamente nos últimos anos, por se identificarem com a doutrina. Um lugar muito humilde, num bairro simples da cidade, mas repleto de pessoas cristãs e entidades benéficas para o crescimento espiritual de cada indivíduo. Ali, Maria pediu aos espíritos que abençoavam aquela casa, que protegessem Alfredo Passos, aonde quer que ele se encontrasse e o ajudassem a encontrar novamente a felicidade ao lado de uma outra mulher.

Ao vê-la chorando, Cândida foi sincera:

– Não queria vê-la assim, Maria... Triste...

– Não estou triste.

– A quem você quer enganar, minha amiga? A mim não engana. Depois de ter conhecido o Alfredo, ter se apaixonado por ele tal e qual ele por você, você se tornou uma mulher triste, que se esconde da tristeza por trás do glamour de uma cantora brilhante no palco e na carreira.

– Cada um tem sua cruz para carregar, não é o que dizem?

– É, mas...

– Fiz o que era certo, Cândida. Permanecer no meu casamento, na alegria e na tristeza, na saúde e na doença, amando e respeito meu marido, pelo bem da minha adorada Gláucia.

– Só espero que Vladimir também siga a regra do respeito.

– Ainda que não, para mim não importa. O que me importa, mesmo, é fazer com que Gláucia cresça num lar em que seus pais estão juntos, amando-a e a educando com todo afeto.

– Nós, mães, pelos filhos, somos mesmo capazes de fazer qualquer sacrifício, não?

– Sim. Por um filho uma mãe é capaz de tudo.

E no decorrer do tempo, Vladimir continuou se excedendo na bebida, mais vezes do que o habitual e Maria, muitas vezes, não percebia, porque ele se embriagava quando ela estava longe de casa, nas suas apresentações admiráveis, aplaudidas por grandes plateias. Quando voltava para casa, ele já estava dormindo, de banho tomado e dente escovado, para ela não perceber seus excessos.

Chegou o dia em que Gláucia, já com 11 anos de idade, fazia sua tarefa da escola em seu quarto, quando ouviu o pai dar um urro de alegria que a fez pular da cadeira tamanho o susto.
– Papai, o que houve?
– Gláucia, minha querida! Eu ganhei! Ganhei!
E ele deu um pulo que fez com que os móveis balançassem, uma vez que o assoalho era de tábuas por sobre o sótão.
– Na loteria, jura?
– Não, filha. Na loteria ainda não, mas no jogo do bicho! Já é um grande começo. Sinal de que minha sorte está mudando.
Ele agachou-se diante da menina e mirando seus olhinhos bonitos, acrescentou:
– Nossa vida vai começar a mudar a partir de agora, minha querida. Nós seremos ricos, muito ricos! Tão ricos que suas amiguinhas vão morrer de inveja de você.
– Jura, papai?
– Nossa casa terá uma piscina enorme! Uma, não, duas, três! Uma no meio da sala.
– No meio da sala?
– É, filha! E teremos um chalé nas montanhas... Uma casa de campo e uma fazenda gigantesca. E acho até que um castelo na Europa.
– Na Europa?
– Sim! Lá tem muitos!
– Onde vivem princesas e reis?
– Sim, filha, e você será realmente uma princesinha.
Os olhos da menina brilharam.
O pai então foi até a vitrola, pôs um dos LPs de Maria para tocar, voltou-se para a menina e, com uma reverência, disse:
– A senhorita me acompanha nesta dança?
Sorrindo, Gláucia aceitou o convite e assim os dois dançaram uma valsa improvisada pela sala que, de repente, para a menina e também para Vladimir, tornara-se um grande salão da realeza.
Quando Maria chegou, Gláucia estava ansiosa para lhe falar:
– Mamãe, o papai tem uma novidade!

– Conta você mesma para sua mãe, Gláucia.
A menina muito orgulhosa explicou:
– O papai ganhou no jogo do bicho!
– No... – balbuciou Maria, lançando uma olhadela para Vladimir.
– Não é maravilhoso? – continuou a garotinha, entusiasmada.
– Se é. É, sim... – balbuciou Maria sem saber ao certo se deveria ou não se alegrar por aquilo.
– E com esse dinheiro fomos dar um passeio por Copacabana onde tomamos sorvete... – orgulhou-se Vladimir do feito.
– Que maravilha, filha! – elogiou Maria. – E a tarefa de hoje, você fez?
– Não ainda, mamãe, pois ficamos o dia todo fora.
– Mas...
– Larga de ser carola, Maria – interveio Vladimir em tom reprovador. – Hoje é um dia especial, carecia de comemoração! Depois ela se vira com a bendita tarefa.
– É que escola e nossas responsabilidades devem vir sempre antes da diversão.
– Não dê ouvidos a sua mãe, Gláucia, ela é muito careta.
Acreditando que a sorte estava a seu favor, Vladimir decidiu apostar parte do que ganhou no jogo no dia seguinte e na loteria. Visto que não ganhou, repetiu o feito nos dias seguintes, até perder tudo o que havia ganhado, e mais o dinheiro da esposa que pegara às escondidas para fazer novas apostas.
– E então, papai, ganhou? – perguntou Gláucia, assim que o pai voltou da rua para consultar o resultado.
– Não, filha, ainda não, e sabe por quê? Porque Vladimir Abujamra nasceu para ganhar grandes somas e não essa merreca que o jogo do bicho paga como prêmio. Mas eu chego lá, você vai ver. E quando esse dia chegar, Gláucia, prepare-se, porque nossa vida vai ser supimpa.
E a menina abraçou o pai, feliz, acreditando piamente de que aquilo realmente um dia aconteceria em suas vidas.

Quando Maria foi convidada para fazer uma apresentação durante um almoço beneficente, Gláucia teve novamente a oportunidade de assistir a mãe ao vivo, num palco e admirar seu talento.

– O meu show de hoje é dedicado a uma garotinha muito bonitinha, chamada Gláucia que também veio me prestigiar. Estou falando da minha filha!

E de cima do palco, Maria apontou para a menina sentada ao lado do pai, e quando todos os olhos se voltaram para ela, Gláucia se sentiu a garota mais importante do mundo.

Na tarde daquele mesmo dia, o casal e a filha seguiram para a casa de Ofélia que fizera a sobremesa predileta da menina.

– Chegou a menina mais linda do Rio de Janeiro! – exclamou Ofélia, feliz por rever a neta.

E as duas se abraçaram fortemente. A seguir foi a vez de Augusta Bonini saudar com alegria a pequenina.

– E minha querida, como vai?

Gláucia retribuiu o beijo caloroso que ganhou daquela que considerava sua segunda avó e disse:

– Tia Augusta, a senhora me ensina de novo a fazer chapéu com o jornal? Esqueci como é que se faz.

– Ensino, sim, querida.

A seguir Gláucia beijou Jonas que brincou com suas Marias-chiquinhas.

Foi mais uma tarde feliz em família. Ao voltarem para casa, Gláucia, sentada no banco traseiro do carro, perguntou:

– O tio Jonas, ele nunca vai sair daquela cadeira?

– Não, filha. Tentamos todos os tratamentos possíveis para que ele melhorasse, mas sem êxito – foi Maria quem respondeu. – Uma pena, pobrezinho. Alguns nascem mesmo para sofrer.

– Talvez ele não sofra tanto quanto você pensa, Maria – interveio Vladimir.

– Como não?

– Ele nunca soube o que é andar e só sentimos falta do que conhecemos. Do que tivemos a oportunidade de conhecer.

– É, nesse ponto você tem razão.

A menina opinou:

– Ele me parece mesmo sempre muito bem.

– Sim, Gláucia – concordou Maria –, mas não se esqueça de que, muitas vezes, as aparências enganam. Uma pessoa nunca revela

239

totalmente o que sente.

E Vladimir teve a impressão de que aquilo fora uma indireta para ele. Uma indireta muito direta na verdade e, por medo de aprofundar o assunto, fingiu-se de besta mais uma vez.

Nos anos que se seguiram, Gláucia continuou crescendo, ouvindo o pai dizer que muito em breve ele haveria de ganhar na loteria e ele falava aquilo com tanta eloquência que a menina acreditava nele piamente. Mesmo assim ela se mantinha estudando com afinco apesar de Vladimir lembrá-la constantemente de que não precisava. Logo que fossem ricos, ela jamais precisaria trabalhar. Seus conselhos revoltavam Maria que repreendia o marido, lembrando que aquilo não era o correto de se dizer a uma criança. Não podia fazê-la contar com algo que não tinha certeza se um dia teria nas mãos. Vladimir se esquivava das acusações, desdenhando os comentários da esposa, assoviando ardido uma de suas canções favoritas só para lhe encobrir a voz.

TERCEIRA FASE

Capítulo 1

Brasil, 1953

Cândida chegou das compras e encontrou Andressa, com 15 anos nessa data, aguardando por ela.

– Andressa, filha!

A mãe foi até ela e a beijou.

– Já terminou a lição de casa?

– Já sim, mamãe. Então vim aqui ouvir um pouquinho de rádio. Agorinha mesmo estava tocando uma canção nova da Dalva de Oliveira. Lindíssima.

– Ela é sempre maravilhosa.

– E tem uma nova também da Emilinha, pelo menos acho que é nova. Nunca tinha ouvido.

– É mesmo?

– Como é, você se lembra?

– Um pedacinho: "Volta querido e vem outra vez ouvir os bandolins que tocam em serenata a mesma melodia que embalou o nosso sonho bom, o nosso sonho de amor...".

– Essa eu também nunca ouvi. Gosto muito da "Chiquita Bacana" que continua tocando sem parar. Pena que as rádios não toquem todas as faixas dos LPs desses grandes artistas, há sempre canções lindíssimas que só quem compra os discos tem o privilégio de ouvir.

– Verdade.

A mãe prestou maior atenção à menina e perguntou:

– O que foi? Seus olhinhos parecem ansiosos para me dizer algo.

– Queria lhe falar sim, mamãe.

– Ah, é? – a mãe se sentou junto à filha no sofá e disse: – Sou toda ouvidos. O que há?

A adolescente abaixou o rádio e disse:

— Preciso mesmo dizer?

Cândida corou.

— A senhora me prometeu que quando eu fosse maior diria quem é meu pai.

— De novo com essa história, Andressa?

— Mas a senhora me prometeu...

— Esqueça isso, filha! Por favor. Dói demais em mim falar a respeito. Só disse que lhe falaria a respeito, quando atingisse a maioridade, para que me desse sossego na época.

— Quer dizer que a senhora mentiu para mim?

— Foi uma mentira necessária, você era muito menina na época. Não ficaria bem para mim lhe contar toda a verdade. Compreende agora? Certas coisas não se falam para uma criança.

— Mas eu mereço saber quem é o meu pai.

Cândida bufou:

— Está bem... A verdade vai doer em você, atingi-la como um soco na face, mas... se você deseja tanto saber quem é seu pai, eu lhe direi.

Cândida tomou ar e foi em frente:

— Seu pai era um ferroviário, um jovem ferroviário que chegara no trem das 5 e partiu no mesmo horário do trem do dia seguinte. Eu era um tanto quanto inocente na época para saber o que ele realmente pretendia ao me flertar. Mas saiba, Andressa, que jamais, por momento algum, eu me arrependi de ter ficado grávida de você. Se aconteceu, é porque o destino quis assim. Tanto quis que você nascesse que peitei meu pai que, ao saber que eu estava grávida, me expulsou de casa no meio da noite.

— Seu pai?

— Sim. Mas eu a quis sob qualquer circunstância. Nessa noite fui acolhida no que viria a ser a *zona* da cidade. Lugar onde mulheres vendem o corpo para satisfazer os homens. Ali eu trabalhei como doméstica até você nascer e eu me recuperar do parto. Quando descobri que toda cidade falava mal de mim, desrespeitando a minha pessoa e o meu destino cruel, necessitada de dinheiro para levá-la para uma cidade melhor, para lhe dar o melhor, uma vida mais digna, eu também me prostituí.

— A senhora...

— Sim e não me recrimine pelo que fiz, Andressa. Só mesmo passando pelo que passei é que poderia me compreender verdadeiramente. Você é ainda muito jovem para entender que a vida nem sempre sorri para todos.

— E seus pais?

— Nunca mais os vi. Apenas falo com minha mãe, de vez em quando, ao telefone, para que não se desespere por mim.

— E seu pai?

— Meu pai deixou bem claro na noite em que me expulsou de casa que nunca mais queria me ver. Que daquele dia em diante não tinha mais filha.

— E será que ele nunca se arrependeu do que lhe fez e disse?

— Não, filha.

— Mas a senhora procurou saber?

— Sim, por meio das conversas que mantive com sua avó por telefone, ao longo dos anos.

— Eu sinto muito, mamãe.

— Há mais um detalhe, minha querida. Adamastor eu conheci no bordel do qual passei a fazer parte desde que me mudei para o Rio de Janeiro e ele, bem... Foi lá que nos apaixonamos um pelo outro.

— Quer dizer...

— Nem por um momento ele deixou de me amar por saber do meu passado. Seu coração foi tão benevolente que foi capaz de me aceitar por inteira...

Adamastor que chegara há pouco e ouvira parte da conversa, entrou na sala, dizendo:

— Desculpem-me por interromper, mas... Andressa gostaria de lhe dizer que sua mãe e eu nos apaixonamos, sim! Ela é uma mulher maravilhosa, um ser humano maravilhoso o que me enche de admiração. O maior erro de todos é julgar uma cortesã, ignorando o seu passado. Todas têm um que as levou a ser quem são. Muitos esquecem também que elas têm família e sentimentos, um coração pulsante no peito tal e qual o de todos. Um coração que se agita e sofre diante das circunstâncias da vida. Esta é a grande verdade que todos ignoram. Os mais privilegiados, financeiramente, são os que mais julgam o próximo, esquecendo-se de levar em conta o fato de que muitos de seus semelhantes não tiveram a mesma sorte profissional que eles, tampouco pais que puderam lhes ensinar preciosas lições de vida. Esquecem isso, esquecem completamente e, assim, julgam todos, equivocadamente. Quantos e quantos dentre nós não somos filhos de pais que gastavam a maior parte do seu tempo, trabalhando, sem parar, para sustentarem suas famílias e quando voltavam para casa, estavam cansados demais para ensinar algo de bom para os seus filhos? Inclusive, muitos não ensinavam por não saberem o que ensinar. Também não tiveram bons ensinamentos de seus pais que também não tiveram dos pais deles e assim por diante. Não se pode ensinar bons costumes quando não se aprendeu.

Quantos não são filhos de lares desestruturados em que tudo que se ouvia, dia e noite, noite e dia, eram pais, discutindo um com o outro, sem ter estrutura ou conhecer métodos que pudessem ajudar ambos a se relacionarem melhor. Quantos e quantos, hein?

Julgar o outro é fácil, mas quando se levam em conta esses pequenos e importantes detalhes é que se percebe o quanto julgamos errado o nosso semelhante. E muitas vezes a nós mesmos, exigindo de nós comportamentos ou estrutura que ainda não tivemos condições e oportunidades de desenvolver.

– O senhor tem razão, toda razão – concordou Andressa, sabiamente.

– E sua conscientização a respeito faz de você uma pessoa melhor, minha querida, pode acreditar!

Ele foi até a enteada e a beijou carinhosamente na testa. Cândida aproveitou o momento para opinar:

– Só lhe peço, filha, do fundo do meu coração, que ninguém dos seus conhecidos saiba do meu passado. Do nosso passado. Muitas pessoas pertencentes a alta, média ou baixa classe social, não perdoam a mulheres como eu.

– Pode contar comigo, mamãe. Jamais falaria algo que a prejudicasse. Tudo que afetá-la negativamente vai me afetar também. É como um dominó.

– É isso mesmo, Andressa. Sou muito grata pela sua compreensão. Às vezes é preciso omitir certos fatos para que não sejamos massacrados pela sociedade que, na maioria das vezes, só sabe julgar sem levar em conta tudo o que Adamastor acabou de lhe dizer. Por não quererem olhar para o próprio umbigo, porque todos têm um, e procuram escondê-lo a todo custo.

Andressa deu um beijo na mãe e outro no pai de coração e disse:

– Somos uma família unida e vocês são os melhores pais do mundo. Obrigada por existirem.

E Cândida e Adamastor responderam juntamente:

– Obrigada você, também, por existir, Andressa. Muito obrigado, mesmo!

E Adamastor completou:

– Porque ao seu lado, nossa vida tem muito mais alegrias do que tristezas. Maior satisfação do que insatisfação. Um amor ainda maior do que tudo. E é tão bom reconhecer isso, digo, tirar cinco, dez minutinhos por dia para reconhecer quem na vida da gente merece ouvir um "Obrigado por existir!".

E a jovem apreciou mais uma vez as palavras daquele que se tornou seu pai de coração. Foi na escola que Andressa conheceu Cristiano Vargas, filho de um dos homens mais endinheirados do estado do Rio de Janeiro, cuja alma era capaz de aceitar todos os deslizes já cometidos por aqueles que lutavam para viver dignamente. Era o sogro ideal para uma jovem cujo coração também só guardava bondade. A paixão entre os dois desabrochou com a primavera daquele ano iluminado tão lindamente pelos raios do sol primaveril. O namoro dos dois deixou Cândida felicíssima, e logo causou bochicho entre as socialites, especialmente Gerusa Figueiró Barreto.

Capítulo 2

1955

Aos 15 anos, Gláucia se tornou uma moça lindíssima, muito semelhante fisicamente com a mãe.

Foi num dia, durante um passeio com as amigas pela calçada da praia de Copacabana, que ela reencontrou o garoto que um dia, no passado, acertara-lhe sem querer uma bola de plástico. Ele também havia se tornado um rapagão; ainda que tivesse três anos a mais do que ela, ambos pareciam ter a mesma idade.

– Oi – disse ele simplesmente. – De onde é mesmo que eu a conheço?

– Oi – respondeu ela e dando de ombros, completou: – Daqui da praia, talvez?

– Talvez... Meu nome é Jorge, mas pode me chamar de Jorginho... Jorginho Figueiró Barreto.

– Olá, meu nome Gláucia dos Reis Abujamra.

E foi assim que os dois se conheceram melhor e começaram a namorar. Ela chegou, sim, a comentar que era filha de uma cantora famosa, mas ele pouco deu atenção ao fato. Ao lado dela, diante de seus olhos lindos, nada mais tinha importância para o rapaz.

Ao saber do namoro, especialmente quem era o rapaz com que a filha estava namorando, Vladimir deu pulos de alegria. Maria, ao questioná-lo o porquê de tanta euforia, ouviu:

– Estou assim tão feliz, feliz, feliz, Maria, porque o namorado de nossa filha é nada mais, nada menos do que Jorginho Figueiró Barreto, um dos maiores partidos do Rio de Janeiro.

– É mesmo?

– Sim, meu amor. Casando-se com ele, nossa Gláucia estará feita na vida. É o mesmo que acertar na loteria, sozinha!

247

– E dinheiro é tudo, Vladimir?

– Não é tudo, mas ajuda a melhorar tudo mais a nossa volta.

– Você deveria então ter pensando duas, três vezes antes de ter se casado comigo. Uma cantora que praticamente não tinha onde cair morta na época.

– Minha querida, eu soube desde o primeiro instante em que a vi que você seria famosa e que a fama lhe traria fortuna.

– Fortuna?

– Se não fortuna, uma boa soma de dinheiro!

– Quer dizer então que você se casou comigo por isso... Porque me viu prosperando no futuro?

– Que nada. Foi porque eu a amei de verdade, desde o primeiro instante em que a vi.

Maria continuou duvidando que aquilo fosse verdade. Para ela, Vladimir havia mesmo se interessado, por ter percebido que ela poderia vir a sustentá-lo pelo resto da vida, permitindo assim que ele continuasse levando sua vida de *bon-vivant.*

Ao saberem da grande novidade, Ofélia e Augusta ficaram curiosas para conhecerem o namorado de Gláucia.

– Ele é bonito? – perguntou Ofélia, abraçando carinhosamente a neta.

– É bonito, sim, vovó.

– Vou fazer um almoço para ele – prontificou-se Ofélia.

– Ele é meio tímido, vovó... – explicou Gláucia, delicadamente. – Eu mesma ainda não conheci nenhum membro da família dele. É tudo tão novo...

– Está bem, querida... Quando achar que chegou o momento, traga o rapaz para eu e Augusta o conhecermos.

A próxima a saber da grande novidade foi Andressa.

– Gláucia, que notícia mais maravilhosa! – empolgou-se Andressa. – Parabéns!

Quando Cândida soube do namoro de Gláucia com Jorginho Figueiró Barreto, reagiu estranhamente diante da notícia.

– O que foi, mamãe? – assustou-se Andressa. – Parece até que a senhora não gostou da ideia?

— Gostei sim, filha. E torço pela felicidade da Gláucia, é que...

— O que é?

— É a mãe do rapaz que me preocupa.

— A mãe? Sim, o nome dela é Gerusa Figueiró Barreto, uma das mulheres mais influentes da alta sociedade carioca. Já tivemos oportunidade de conhecê-la no clube que frequentamos.

— Ah, sim, agora me lembro.

— Pois bem, filha, ela não é fácil. Pelo pouco que observei, eu diria que ela pode vir a ser a pior sogra que uma mulher pode ter na vida. Espero estar enganada. Para o bem de Gláucia e da Maria que tanto estimo. Pois quando um filho sofre, uma mãe sofre em dobro.

E Cândida cruzou os dedos, elevando seus pensamentos a Deus.

Enquanto isso, Jorginho Figueiró Barreto dividia com seus melhores amigos as alegrias de estar namorando Gláucia Abujamra.

— Pelo visto você está mesmo amarradão nessa Gláucia, hein?

— Estou mesmo é apaixonado por ela, meu amigo. E isso me preocupa.

— Preocupa? Por que deveria se preocupar se ela também está amarradona em você, meu caro? Está ou não está?

— Está sim. O problema é minha família, minha mãe especificamente. Não sei como ela vai reagir ao meu namoro com a Gláucia. A Gláucia não faz parte do mundo de luxo e riqueza a que pertenço e, isso, para minha mãe, em especial, pode vir a ser um grande problema.

— Mas se você está apaixonado por ela... Disposto a tudo por ela, sua mãe vai ter de aceitar seu namoro, não?

— Espero mesmo que sim.

— Epa! Há quanto tempo vocês estão namorando? Três meses e você ainda não contou nada aos seus pais?

— Não. Deixei o namoro se firmar primeiro para depois apresentar a Gláucia a todos.

— Tá certo. Só que o tempo está passando e, hora menos hora, você vai ter de apresentar a garota a sua família.

— Eu sei, não me deixe ansioso.

– Se você realmente está interessado nessa garota deve lutar por esse amor. Eu pelo menos lutaria. Porque verdade seja dita: ninguém pode determinar o que nos faz feliz se não nós mesmos, não acha?
– Sim. Sem dúvida.

Meses depois, Gerusa Figueiró Barreto, mulher de porte austero, nos seus quarenta e poucos anos de idade, seguia de carro, guiado por seu chofer, pela Avenida Atlântica em frente à praia de Copacabana, quando avistou o filho no calçadão de mãos dadas com Gláucia dos Reis Abujamra. Imediatamente mandou o motorista parar o veículo.
– O que é isso? – exclamou, contrariada. – Jorginho, meu filho, de namorico, sem me dizer nada. Ah, hoje ele não me escapa. Quero saber tudinho sobre essa garota.
Por isso ela o aguardou voltar para casa, ansiosa para lhe falar.
– Jorge Figueiró Barreto – começou ela, articulando precisamente cada sílaba e cada vogal.
– Mamãe?!
– Precisamos conversar.
– Pelo tom da senhora percebo que o assunto é sério, o que foi?
– A garota com quem você estava hoje à tarde, de mãos dadas, na praia, quem é ela?
– Ah! É a Gláucia.
– E quem é essa Gláucia?
– Estamos engatando um namoro.
– Engatando?
– Sim!
– E por que está demorando para trazê-la aqui?
– Para ver se realmente íamos combinar e... Também fiquei com medo de que ela se assustasse com a senhora e desistisse de mim.
– É da sua escola? Filha de algum dos nossos amigos?
– Não!
– Quem é ela, então? Quem são seus pais e de onde a conhece?
– Da praia.
– Da praia? Você está saindo com uma garota que conheceu na praia?

– Ora, mamãe, aconteceu!

– Aconteceu?! Você tem de prezar o nome de sua família. De sua estirpe.

– Não exagere, mamãe. Gláucia é boa moça. Estou *caidaço* por ela.

– *Caidaço?!* Jorge, meu filho, estou desconhecendo-o. E os pais dela quem são? Algum empresário?

– Não sei.

– Não sabe?! Como você se envolve com uma garota de cujos pais nada sabe?

– É preciso?

– É lógico que sim! Mas se você não tem capacidade para descobrir, traga essa... mocinha aqui. Eu obterei as informações desejadas. Há quanto tempo vocês estão se encontrando?

Ele desconversou.

– Jorge Figueiró Barreto eu lhe fiz uma pergunta!

– Há quase um ano.

– Um ano?! E você me escondeu isso durante todo esse tempo? Seu pai sabia? Sua irmã?

– Ninguém. A Gláucia é simples e tive medo de que o meu estilo de vida, o nosso estilo de vida a fizesse desistir de mim. E bem, mãe, eu estou realmente apaixonado por ela e ela por mim e...

– Traga essa moça aqui, o mais rápido possível!

– Está bem, se é assim que a senhora quer, farei. Só não vá assustá-la, por favor.

– Se ela se assustar comigo é porque não está a sua altura nem da nossa família.

– *Pegue leve* com ela, mamãe. A Gláucia é uma moça muito simples e sincera, não é como as outras, espertinhas e cheias de segunda intenção.

– Está bem.

O dia de Gláucia conhecer Gerusa finalmente chegou e quando a jovem se viu diante da mulher, examinando de cima a baixo sua figura singela e acanhada, gelou.

– Sente-se! – ordenou Gerusa sem muita simpatia.

Assim fez a moça, crispando as mãos e voltando os olhos, a todo momento, para Jorginho que procurava acalmá-la por meio de um olhar afetuoso e apaixonado.

– Jorge, meu filho, queira nos deixar a sós, por favor.

– Mas mamãe.
– Jorginho...
A simples subida de tom fez com que o rapaz atendesse prontamente ao pedido da mãe e deixasse Gláucia ainda mais apavorada diante da mulher.
– Bonita a sua casa – comentou Gláucia a fim de quebrar o gelo.
– Bonita, sim, mas vamos falar do que interessa. Quem são seus pais? O que fazem? Onde você estuda? Realmente estuda? Quais são seus planos para o futuro... O que pretende com o meu filho?
Gláucia avermelhou-se por inteira.
– Bem...
– Estou esperando.
– Bem... Eu conheci o Jorginho...
E Gláucia lhe contou os detalhes.
– Agora fale-me de seus pais, quem são, onde vivem, o que fazem?
– Bem, minha mãe a senhora já deve ter ouvido falar dela.
– Já? É do meu convívio social? Frequenta o mesmo clube que o nosso? Fiquei interessada.
– Não, acho que não.
– Como posso conhecê-la, então?
– É que ela é bem famosa.
– Famosa?
– Sim. É uma das cantoras de rádio mais populares do Brasil. Sou filha de Maria dos Reis. Com certeza já ouviu falar, não?
Os olhos de Gerusa se arregalaram impressionantemente.
– V-você é filha de Maria dos Reis?...
– Sim, a senhora com certeza já ouviu falar dela, não?
Gerusa a interrompeu bruscamente:
– E seu pai faz o quê?
Essa foi a pergunta mais difícil para Gláucia responder. Por vergonha de realmente dizer o que o pai fazia, acabou mentindo:
– Meu pai vive de alguns imóveis alugados.
– Deus meu... – suspirou Gerusa, contrariada. – O que deu no meu filho?
– O que foi que a senhora disse?
– Nada, não.
Nisso, a porta se abriu, e Jorginho reapareceu, acompanhado do pai.

— Jorginho me disse que sua namorada estava aqui, fiz questão de vir conhecê-la — disse Anselmo, aparentemente muito gentil.

Gláucia levantou-se no mesmo instante e diante dos olhos de admiração do dono da casa, corou.

— Meu Jorge fez uma ótima escolha — elogiou Anselmo Barreto. — Você é mesmo uma jovem encantadora.

Assim que Jorge levou Gláucia para conhecer o resto da casa, Gerusa fechou a porta da sala e desabafou:

— Anselmo, sabe de quem ela é filha? De Maria dos Reis!

— Maria dos Reis? É do nosso meio?

— Não, seu bobo, Maria dos Reis é aquela cantora que vem fazendo um tremendo sucesso já um bom tempo.

— Ah, sim... Dona de uma voz sem igual.

— Que se lasque ela e a voz dela. O que me chocou mais não foi o fato de a moça ser filha de uma cantora que é o mesmo que prostituta para nós. É o fato de o nosso Jorginho ter se interessado por uma... umazinha como essa aí.

Anselmo fechou o cenho, coçando atrás da nuca como sempre fazia quando algo o preocupava.

— Isso não pode ficar assim. Não pode! — irritou-se Gerusa ainda mais. — Com tanta jovem de classe e berço para o nosso filho se interessar, ele foi gostar justamente de uma... filha de cantora de rádio, de bordel... onde já se viu? Essa relação tem de acabar, antes que o nosso meio fique sabendo.

— Você está certa, Gerusa. Não ficará nada bem para nós, ter um filho casado com a filha de uma cantora...

— Por isso você tem de me ajudar, Anselmo. Temos de mandar o nosso filho para o exterior, para fazer um curso por lá, o quanto antes. Não é de avião que ele gosta? Pois bem, que ele vá estudar na melhor escola de aviação que houver nos Estados Unidos.

E a proposta foi feita ao rapaz assim que ele voltou para casa, depois de ter levado Gláucia para a casa dela.

— E quanto a Gláucia, vocês nada me disseram a seu respeito? — quis saber Jorginho com certa empolgação. — Gostaram dela?

Gerusa piscou para o marido e falou, pelos dois:

— Sim, meu querido, uma jovem encantadora. Mas é tão jovem quanto você, por isso você pode ir estudar nos Estados Unidos como quer, tirar seu brevê e quando voltar, aí, sim, estarão na idade de aprofundar os laços.

— A senhora acha, é?

253

– Se ela quer o seu bem, meu amor, há de esperar por você.
– Hum... – ele coçou a nuca tal e qual fazia o pai. – Vou falar com ela a respeito.

E assim ele fez e Gláucia aceitou manter o namoro dos dois a distância, enquanto ele estivesse nos Estados Unidos, frequentando o curso de aviação.

– Prometo que virei em todas as férias e passarei cada dia e cada segundo ao seu lado – jurou ele.
– Promete, mesmo?
– É lógico que prometo.

E um beijo selou o pacto.

Gerusa e o marido mal cabiam em si de felicidade quando o filho chegou contando que finalmente faria o que eles estavam dispostos a bancar.

Ao saber da notícia, Maria estranhou de imediato:
– E você vai conseguir aguardar por ele todo esse tempo, Gláucia?
– Sim, mamãe, porque o amo, sou louca pelo Jorge.
– Vocês ficarão longe um do outro por um bocado de tempo, não?
– Não importa, desde que ele se realize, para mim é o que conta.
– Isso que é amor, hein?

E Maria abraçou a filha e lhe beijou a testa.
– Gláucia, minha adorada, eu a amo tanto.
– Eu também a amo, mamãe.

Quando Cândida soube da decisão de Jorge F. B., sentiu-se mais aliviada, porque acreditou que a distância entre o jovem casal os separaria, evitando transtornos futuros para Gláucia a quem queria bem como a uma filha.

Nos quatro meses que se estenderem, Jorge Figueiró Barreto e Gláucia dos Reis Abujamra trocaram cartas e alguns telefonemas enquanto o rapaz cursava a melhor escola de aviação nos Estados Unidos. Quando ele voltou de férias, ambos mal se continham de saudade um do outro. Gerusa, por sua vez, decepcionou-se com o reencontro do casal; para ela, o filho se encantaria por uma americana qualquer e se esqueceria da moça o mais rápido possível.

— Mamãe, papai — anunciou o rapaz, logo na primeira noite em que jantaram juntos. — Não vou mais cursar a escola de aviação.

— O quê?!

A notícia foi tão impactante que Gerusa, por pouco, não se engasgou com o que comia.

— É isso mesmo. Nesses quatro meses estudando por lá, percebi que a aviação não tem nada a ver comigo. Foi um sonho de criança, um sonho de adolescente, sei lá, portanto...

— Quer dizer que vamos perder todo o investimento que fizemos em você nesses últimos meses?

— Eu sinto muito. Acho que todo mundo tem o direito de tentar, errar e mudar de ideia, não acham?

— Mas Jorginho, meu filho, a aviação lhe permitiria ter um futuro brilhante.

— O futuro brilhante para mim, segundo vocês me disseram desde criança, seria ao lado do meu pai, administrando a empresa da família, não?

— Sim, mas...

— Vocês mudaram de ideia? Se mudaram, está provado que as pessoas realmente mudam de ideia.

— Mas...

— Nem mas nem meio mas. O que eu quero mesmo é me casar com a Gláucia e...

— Casar?! Você é ainda um adolescente e ela uma garota.

— Adolescente, vírgula. Já tenho quase 20 anos. Além do mais quero ter filhos logo para que eu possa desfrutar a vida ao lado deles enquanto sou moço! Não quero ser um velho quando meus filhos forem adolescentes.

Marido e esposa se entreolharam, a decisão do rapaz os deixara temporariamente sem rumo.

Capítulo 3

Gerusa F. B. mal dormiu naquela noite, tamanho o desespero para encontrar uma solução em relação ao futuro de seu filho. Sabendo que se proibisse o namoro dos dois, poria o rapaz contra ela, teria de agir com muita cautela para separá-lo da jovem por quem ele se dizia tão apaixonado.

Depois de conseguir o endereço da Gláucia, Gerusa foi até o local examinar a casa onde ela residia com os pais. Pela janela entreaberta do carro, com desagrado ela comentou consigo mesma:

– Casinha de quinta categoria, bairro de pobre... Onde meu filho estava com a cabeça quando se interessou por essa...? Foi insolação, só pode. Mas isso não vai ficar assim, de jeito algum.

Na manhã do dia seguinte, a copeira tentou, mais uma vez, ser gentil com a patroa na esperança de alegrá-la:

– Dona Gerusa, acho que vai chover.

Gerusa enviesou o cenho de tal forma que seu rosto tornou-se assustador. A funcionária, muito sem graça, tentou mais uma vez quebrar o gelo:

– Chuva é sempre bom, a senhora não acha?

A patroa relanceou os olhos para o céu e finalmente disse, irritada:

– Chuvas só servem para estragar os dias... Deixá-los piores do que já são normalmente.

A empregada achou melhor não dizer mais nada. Como dizia sua mãe: em boca fechada não entra mosquito. Pelas horas que se seguiram, Gerusa Figueiró Barreto procurou desesperadamente por uma solução para o seu martírio. Quando finalmente encontrou, voltou à copa, transparecendo mais calma e empolgação com a vida.

O relógio marcava 15 horas quando a campainha da casa tocou e o rosto simpático e amável da governanta apareceu à porta para anunciar a chegada de Gláucia dos Reis.

Quando a jovem entrou na casa, Gerusa já se encontrava sentada no confortável sofá de sua aconchegante sala de estar. Convidou-a para sentar e ela mesma fez questão de lhe servir um refresco.

– Obrigada – agradeceu a moça.

– Minha querida, chamei-a aqui para lhe fazer uma proposta irrecusável.

– Proposta? – os olhos de Gláucia se abriram um pouco mais.

– Sim, uma proposta genial! Que tal ir estudar na Europa, numa das melhores faculdades de lá, com tudo pago por mim?

– Estudar.. Europa...

– Sim, minha querida, e com tudo pago.

– Mas...

– Passando um tempo por lá, você vai amadurecer muito mais como pessoa e, intelectualmente. Não se ofenda com o que vou lhe dizer, mas, minha família faz parte da alta sociedade carioca e, bem, você não. Você é filha de uma cantora que para nós é vista como uma... mulher da vida.

– A senhora quer dizer...

– Querida, quantas escolas já recusaram você por ser filha de uma cantora?

Gláucia suspirou e mordeu os lábios, sem graça.

– Você sabe bem do que estou falando. A alta sociedade não aceita os artistas como parte dela.

– Mas...

– O Jorginho não tem coragem de lhe dizer nada disso, porque a ama, e não quer ofendê-la, mas, eu digo por ele. É importante que você saiba. Uma vez se casando com ele, entrando para a minha família e, consequentemente, para a alta sociedade da qual fazemos parte, você terá de ser mais culta e viajada, se não for, será rechaçada e ridicularizada por todos, o que causará grande transtorno ao Jorge que adora viver em sociedade. É lógico que ele adora, nasceu nesse meio, não sabe viver noutro. Você, por causa da profissão da sua mãe, foi obrigada a estudar em colégios de classe média...

— Não eram tão ruins...

— Também não eram os melhores, onde somente a nata da sociedade estuda. Ninguém vai perdoar-lhe por isso. Mas se você, preste bem atenção ao que vou lhe dizer, passar pelo menos um ano na Europa, sua vida terá outro significado. Se você ama realmente o meu filho, aceite minha proposta.

— A senhora acha mesmo?

— Se acho? Por favor...

— O Jorginho já está sabendo... O que ele acha dessa ideia?

— Ele ainda não sabe e gostaria que não lhe dissesse nada, senão vai me repreender por eu ter sido sincera com você. Só fui porque a estimo muito, não quero vê-la sofrendo depois. Isso será um segredo nosso. Posso contar com você?

— Bem, eu preciso pensar... Conversar com meus pais a respeito.

— Eles podem se opor a essa ideia porque são pais e, como a maioria, adoram manter os filhos grudados a eles. Mas os filhos devem ser criados para o mundo; a certa altura, é preciso deixá-los bater asas para alçarem outros voos.

— Sei...

— Você quer ou não quer ficar com meu filho?

— É lógico que eu quero. Eu o amo, o adoro!

— Então, minha querida... Não há o que pensar. É pegar a minha proposta, o avião e...

— Vou falar com meus pais esta noite.

— Seja rápida.

Naquela mesma noite Gláucia contou aos pais a respeito da proposta de Gerusa Figueiró Barreto.

— Ela disse isso mesmo? – espantou-se Maria.

— Disse, sim, mamãe, e eu me sinto até constrangida em falar a respeito.

Vladimir opinou no mesmo instante:

— Ela está certa, Maria. A alta sociedade é exatamente do jeito que essa senhora descreveu.

— Eu sei, mas...

— Mamãe é a minha felicidade que está em jogo.

— Eu sei, Gláucia, mas...

Vladimir voltou a opinar:

— Por mim, eu acho que você deve aceitar a proposta dessa senhora. É uma oportunidade única a meu ver.

— Obrigada, papai.

Maria, sem saber ao certo se deveria, acabou concordando também. No entanto, quando Jorginho ficou sabendo da notícia, revoltou-se no mesmo instante:

— Se você for, Gláucia, eu vou com você!

— Iria mesmo?

— Seria maravilhoso nós dois na Europa, em Veneza...

Quando Gerusa soube da decisão do filho, de raiva quase subiu pelas paredes.

— Mas, Jorginho, você disse que iria se dedicar a nossa empresa.

— Um ano na Europa não vai atrapalhar meus planos, vai? Além do mais, terei o resto da vida para ficar trabalhando... Juventude é uma só, não volta.

Gerusa emudeceu. Transtornada desde então, viu-se novamente desesperada por encontrar uma forma de separar o filho da jovem que vinha revirando sua cabeça e a vida de todos ali. Quando percebeu que não havia outra saída, decidiu novamente conversar com Gláucia a sós.

— Gláucia, vou ser bem direta com você novamente. Eu e meu marido só consentiremos que se case com o nosso filho se você, decididamente fizer o que ordenarmos. Você vai ter de escolher entre seus pais e a nossa família. Não quero, não aceito e não permitirei que venham até esta casa sequer para o seu noivado. Está me entendendo? Seu pai, além de não fazer nada da vida, é sustentado por sua mãe e, sua mãe, além de ser uma cantora, o que é muito malvisto para nós, apresenta-se em bordéis de luxo espalhados pela cidade...

— Bordéis?!

— Sim. Você nunca soube disso? Consta, inclusive, que seus pais se conheceram num deles. Pelo seu estado, percebo que isso lhe é uma grande novidade, não é mesmo? Pois bem, como é que vou apresentar sua mãe e seu pai a minha gente? Gente de berço e categoria, gente de moral e dignidade? Repito a pergunta: Como? Está me entendendo?

— Estou sim, senhora.

— Então, o que me diz? É pegar ou largar.

Obviamente que Gláucia aceitou as condições impostas pela mulher, porque tudo o que mais queria na vida, era se casar com Jorginho Figueiró Barreto. Desde então, voltou para casa, sentindo, veladamente, extrema vergonha de seus pais.

— Gláucia, está tudo bem com você? — indagou Vladimir, ao ver a filha, chegando cabisbaixa.

— Sim... sim... Estou apenas um pouco cansada.

— Filha, hoje consegui novamente marcar 12 pontos na loteria. Por pouco que não ganho o prêmio. Mas o dia está chegando, e quando chegar...

— Papai e se esse dia nunca chegar?

— Você está falando que nem a sua mãe. É claro que vai chegar! Tem de se acreditar nisso.

— Bem, eu vou tomar banho.

Ela já ia saindo da sala quando voltou e perguntou, mirando com certa insegurança os olhos do pai:

— Onde foi mesmo que o senhor conheceu a mamãe?

— Ora, Gláucia, por que essa pergunta agora?

— Curiosidade apenas.

— Já lhe dissemos, num dos shows de sua mãe.

— Mas onde exatamente?

Vladimir recuou o rosto, olhando-a com certa curiosidade.

— Por que tanto interesse?

— Porque quero saber, ora? Não posso? Foi num bordel, não foi?

— Bem, sim...

— Então é mesmo verdade...

— O que é verdade, Gláucia?

— Que a mamãe se apresenta em bordéis?

— Sim. Pensei que soubesse.

— Não, eu não fazia ideia. Se me dissessem, duvidaria que fosse verdade. Afinal, esses lugares não combinam com a mamãe.

— Todo artista deve se apresentar onde tem púbico, isso se quiser sobreviver, entende?

— Sim, acho que sim.

Naquela noite, quando Maria chegou a casa, de madrugada, de mais uma de suas apresentações, Vladimir contou a ela a respeito das perguntas que Gláucia havia lhe feito.

– Que estranho ela querer saber disso agora...

– Cedo ou tarde ela iria querer apurar os fatos, não acha?

– Acho mesmo que alguém andou pondo minhoca na cabeça dela. Vou conversar a respeito amanhã sem falta.

E assim fez Maria.

– Eu também não me senti bem, ao saber que teria de cantar num bordel, mas eu precisava de dinheiro, filha. O homem que me trouxe para o Rio, para me apresentar a uma gravadora, exigia isso de mim e bem... No bordel, diferente do que pensei, conheci gente maravilhosa e acabei tirando o preconceito de lado. Quando sua avó soube que eu cantava num local desses, também reagiu mal. Mas foi com o dinheiro de muitas apresentações que fiz ali que pude melhorar a vida de todos nós. Compreende?

– Sim, acho que sim.

– Meu pai me abandonou juntamente com o seu tio e sua avó muito cedo... Ficamos na pior e sua avó foi faxineira durante muitos anos e nunca se sentiu diminuída por isso, porque trabalho é trabalho, entende?

– Hum-hum...

Pelo resto daquele dia, Gláucia ficou a pensar em tudo o que descobriu sobre a mãe e o que Gerusa havia lhe dito.

Ao encontrar Andressa Moniz Alencastro, Gláucia desabafou com ela. Contou-lhe tudo o que havia descoberto sobre seus pais.

– Entende a minha situação, Andressa? Meus pais vão passar vergonha diante da família do Jorge e dos amigos deles.

– Mas seus pais não vão conviver com essa gente, diariamente. Encontros ocorrerão, com certeza, mas esporadicamente.

– Mesmo assim... E quando me perguntarem sobre a minha mãe, se ela realmente canta em bordéis? Que vergonha vai ser para mim. Onde já se viu cantar num... Só de saber que meus pais se conheceram num desses, sinto-me envergonhada. Nem meus filhos eu vou querer que saibam dessa história.

– Calma, Gláucia, você está muito nervosa.

– E não é para estar? Tenho até medo de que o Jorginho desista de mim se souber o que há por trás da vida da minha mãe e do meu pai. Um homem que vive a sonhar com o dia em que vai ganhar na loteria, um dia que nunca chega e acho que nunca vai chegar. Que vive sustentado pela minha mãe... É vergonhoso demais...

– Calma.

Naquele mesmo dia, Andressa contou à mãe o que se passava com a amiga.

– Você, por acaso, contou a ela a meu respeito?... – perguntou Cândida com certa apreensão.

– Eu queria ter contado, mamãe. Dito a ela que mesmo sabendo do passado da senhora, eu continuei sentindo orgulho de ser sua filha. Só não fiz porque isso poderia piorar ainda mais a cabeça da Gláucia.

– Fez bem em se manter calada, filha. Obrigada.

– Nossa, se a Gláucia souber que a senhora e a Dona Maria se conheceram no bordel mais luxuoso do Rio de Janeiro, ela vai pirar. Nunca mais vai me olhar na cara.

– Eu sei, filha. E sinto que vem chumbo-grosso por aí, e para cima da Maria que sempre fez de tudo por aquela menina.

Diante do comportamento arredio da filha, Maria decidiu ter uma palavra com Cândida.

– Sinto Gláucia cada vez mais distante de mim e do Vladimir... – admitiu ela, tristonha. – Tenho a impressão de que ela está se transformando numa outra pessoa. Uma estranha para nós.

– Isso só pode ser influência daquela mulher.

– O que foi que você disse? – impressionou-se Maria um tanto distraída.

– Estou falando da mãe do rapaz com que Gláucia está namorando – respondeu Cândida, apressada. – O nome dela é Gerusa Figueiró Barreto. Ela não é fácil. Tive a oportunidade de conhecê-la no clube...

– Será que ela seria capaz de jogar minha filha, minha própria filha contra mim? Contra os próprios pais?

– Atrevo-me a dizer que Gerusa é capaz de tudo em nome da moral e dos bons costumes que ela acredita serem o certo para manter uma sociedade sadia para todos. É o tipo de mulher que não perdoa a ninguém que veio de baixo, que teve uma origem humilde, que venceu na vida por mérito próprio. Não perdoa a ninguém também que cometeu um lapso na vida e se redimiu, que teve um passado como o meu ou o de muitas outras mulheres. Para ela só prestam aqueles que têm nome e sobrenome respeitado ao longo de gerações, influentes na sociedade.

– Eu vou falar com ela. Preciso tirar isso a limpo.

– Vá, mas não se ofenda com o que ela lhe disser. Porque ela é bem capaz de destruí-la com ofensas.

Assim fez Maria. Ao chegar à mansão e anunciar seu nome, foi levada imediatamente até a dona da casa que a conduziu através de uma porta envidraçada até sua suntuosa sala de estar.

– Sinto-me mais à vontade nesta sala – disse Gerusa em tom cordial e, sem rodeios, acrescentou: – Desculpe-me, por ir direto ao assunto, mas é que tenho lá meus compromissos e, bem... O que a traz aqui?

Maria se explicou e Gerusa, muito diretamente, respondeu:

– Não me agrada nem um pouco o namoro entre meu filho e sua filha. Quando digo que não me agrada, na verdade estou sendo polida. Meu filho tinha tantas garotas lindas e de boa família, o melhor que a nata carioca pode oferecer a um jovem bonito e rico como ele e ele foi gostar justamente da sua filha.

– Minha filha é uma moça bonita.

– É sim, não nego, mas... não tem berço e sem berço...

– Mas é uma moça digna, de respeito e...

– Nada disso vale tanto quanto um sobrenome de peso na nossa sociedade. Além do mais é filha de uma... Engasgo até para pronunciar a palavra. Uma cantora...

– E qual o problema de eu ser uma cantora?

– Não seja cínica... Todos sabem que uma cantora, uma artista, um circense não passam de pessoas vulgares, alcoólatras e drogadas... Uma cantora, na nossa sociedade é vista tal qual uma prostituta porque no fundo leva mesmo uma vida de prostituta.

– A senhora não sabe o que diz...

– A senhora vai se defender, eu sei, mas continuará sendo vista por todos como uma coquete.

Empinando o rosto para frente e mirando os olhos de Maria, com fria superioridade, Gerusa F. B. acrescentou: – Ainda mais se canta em prostíbulos...

– Eu não nasci rica, preciso defender o meu dinheiro.

– Está certo, é melhor do que roubar. O único equívoco aqui é sua filha ter se interessado pelo meu filho da mesma forma que ele por ela. Isso é o que está errado.

– Os dois se amam.

– Se amam nada. Frescura de adolescente. Por isso cheguei a

propor a sua filha uma viagem para o exterior onde pudesse estudar numa bela escola e, bem, ela aceitou, o que revela ter bom senso. Infelizmente meus planos se foram por água abaixo, quando meu filho quis ir junto com ela e meu objetivo era separar os dois. Dar um basta nesta sandice.

– Quer dizer que a proposta tão amável da senhora era para separá-los?

– Sim, óbvio que sim! Esse namoro tem de terminar. Não pode continuar. Cheguei até mesmo, em comum acordo com o meu marido, a mandar meu filho para os Estados Unidos, onde ele cursaria a escola de aviação, pela qual demonstrava ter tanto interesse, na esperança de que ele se esquecesse de sua filha, enquanto estivesse longe dela... Infelizmente ele não se simpatizou com o curso e acabou voltando, o que foi uma pena, uma tremenda pena.

– Eu jamais faria isso, separar quem se ama.

– Ah tá! Nem por uma bela quantia?

– Eu não sou rica, trabalho para me sustentar, mas jamais aceitaria algo do tipo.

– Pense bem, vida de cantora não dura para sempre. A era dourada do rádio um dia acaba, como tudo. E aí, vai se sustentar como? Prostituição? Acho que já vai estar bem velhinha para isso...

– A senhora é uma mulher...

– Sincera, sensata, direta, franca? Tenho de ser.

Maria abaixou a cabeça para esconder as lágrimas que começavam a riscar sua face.

– É melhor a senhora ir e pôr algum juízo na cabeça da sua filha, para que se afaste, de uma vez por todas, do meu Jorge.

– Minha filha não é um monstro.

– Não é, mesmo assim não serve para o meu filho.

Maria achou melhor não dizer mais nada, partiu cabisbaixa, sentindo-se humilhada como nunca fora em toda vida. Chegou em sua casa, decidida a não interferir na relação de Gláucia com Jorge, tampouco contar-lhe o que se passara entre ela e a futura sogra naquela tarde.

Capítulo 4

Na casa de Maria, dias depois, o telefone tocou e foi a própria Maria que o atendeu:

– Alô. Cândida, como vai? Já estava de saída para o show.

– Show? – espantou-se Cândida do outro lado da linha. – Quer dizer que você não vai ao noivado?

– Noivado?! De quem?

– Foi o que eu suspeitei e não quis acreditar.

– Cândida, do que você está falando? Endoidou?

– Estou falando do noivado de sua filha com Jorginho Figueiró Barreto. É hoje, na casa da família.

– Impossível. Gláucia teria me dito.

– Juro por tudo que há de mais sagrado que eu não queria ter sido a pessoa a lhe dar essa triste notícia. Foi Andressa quem me contou. Ela foi convidada.

– Deve haver algum mal-entendido... Gláucia não ficaria noiva sem nos convidar. A mãe e o pai dela...

– Infelizmente ela fez, Maria, e penso que a culpa é da mãe do rapaz. Eu a preveni: aquela mulher é terrível.

– Mesmo assim... Somos os pais dela.

– Bem... O que pretende fazer?

– Eu não sei, Cândida, juro que não sei.

– Onde está o Vladimir?

– Na jogatina de sempre.

Houve uma pausa até Maria ceder à vontade latejante que ecoava em seu interior:

– Eu vou até lá, Cândida. Preciso ver com os meus próprios olhos.

— Eu a levo.
— Passo aí, aguarde-me.

Uma hora depois o carro dirigido por Cândida Moniz parava em frente à mansão dos Figueiró Barreto. Cândida, por frequentar a casa em comemorações diversas, explicou ao segurança que já a conhecia, que Maria era a mãe da noiva e chegara atrasada para o noivado. Que a deixasse entrar o mais rápido possível para que não atrasasse ainda mais a cerimônia. O homem consentiu e foi assim que Maria invadiu o noivado.

— Gláucia...– chamou ela com voz trêmula assim que se aproximou dela.

A jovem virou-se para trás, como um raio, assustada.

— Você não fez isso comigo, filha... – continuou Maria com voz despedaçada. – Comigo e com o seu pai.

O queixo da mocinha tremeu de tensão tanto quanto o da mulher que lhe deu a vida.

— Sou sua mãe, Gláucia... Dei-lhe a vida e...

Gerusa apareceu naquele instante e pegando no braço de Maria, falou, baixinho:

— Vamos para a outra sala, aqui não é lugar para baixarias.

Maria, delicada e polida como sempre, deixou-se ser conduzida até o local. Quando lá, Gerusa fechou a porta, assim que Gláucia entrou. O clima pesou, a seguir.

— Mãe... – tentou dizer Gláucia, mas não foi além disso, Gerusa a impediu:

— Eu respondo por você, Gláucia.

Ela enfrentou novamente o olhar de Maria e disse:

— A ideia de fazer o noivado sem a sua presença e a de seu marido, foi minha. Toda minha! Nem meu filho sabe que eu decidi deixar a senhora e seu marido de fora dessa data.

— Por quê?

— A senhora ainda me pergunta por quê? Não se faça de simplória, sei que não é. Já lhe apresentei meus motivos quando esteve aqui naquela tarde. Pedi a senhora também que afastasse sua filha do meu filho, visto que não conseguiu, nem eu, aceitei o casamento dos dois, mediante as minhas condições.

— Que condições são essas? Posso saber? – Maria perguntou humildemente.

— Quero que Gláucia perca qualquer vínculo com a senhora e com o seu marido. Vínculos que podem destruir a vida dela e dos filhos que tiver, pelo resto de suas vidas. Se Gláucia quer realmente se casar com o meu filho, entrar para o seio da família Barreto, que apague qualquer ligação com seu passado indecente, o passado que a senhora lhe deu.

— Minha filha não faria isso, ela me adora. Adora também seu pai.

— Ela os adorava até conhecer meu Jorginho. Agora ela gosta dele, ele gosta dela, querem se casar e bem, os pais já não são mais prioridade na vida dela. Jorginho é que é! Por isso ela aceitou, de bom grado, as minhas imposições. Será assim e ponto final. Nunca mais ela haverá de ter ligação com a senhora e seu marido. Tampouco vocês devem procurá-la. Compreendeu?

Maria ainda mais horrorizada, voltou-se para a filha:

— Você realmente aceitou as exigências dessa mulher, Gláucia?

— Mãe...

Gerusa novamente interrompeu a jovem:

— Estou propondo a sua filha uma vida digna, no meio da nata da sociedade carioca, algo que muitas pessoas dariam a vida para tomar parte.

Maria dirigiu-se novamente a filha:

— Quer dizer que você prefere tomar parte da alta sociedade a ter seus pais presentes num dos dias mais importantes da sua vida?

Gerusa mais uma vez respondeu pela moça:

— A Gláucia já entendeu o vexame que é ser filha de uma cantora de rádio. É um vexame, sim! Negar para quê?

Maria engoliu em seco e Gerusa continuou, impiedosa.

— A senhora deveria me agradecer de joelhos pelo que estou fazendo por sua filha. Tudo para que ela possa viver uma vida que a senhora nunca poderá lhe dar. Uma vida de luxo, digna, no meio de pessoas que realmente valem a pena conhecer ao longo da vida. Pense, reflita, a senhora é uma mulher inteligente, vai perceber que o melhor que se tem a fazer por sua garota, se a ama tanto, é se afastar dela de uma vez por todas, deixando-a livre para viver ao lado de quem ela tanto quer construir uma família. É um sacrifício válido, não acha? Trocar os pais por uma vida nas altas rodas, cercada de tudo que o dinheiro pode comprar e um nome pode zelar.

Dessa vez Maria teve coragem de peitar a dona da casa:

— A senhora acha mesmo que é só isso que importa...

A resposta de Gerusa soou rápida e precisa:

— Na nossa sociedade, sim!

Maria mordeu os lábios, fechou os olhos e inspirou o ar. Disse:

— Talvez a senhora esteja certa.

— É lógico que estou certa. Estou dando a chance a Gláucia de entrar na sociedade carioca, apagar seu passado de vez, e ser feliz como deve. Sabe quantas mães gostariam de ter sua filha, casando-se com o meu filho, tendo a oportunidade de entrar para a sociedade, ser uma Figueiró Barreto? Sabe quantas?

Maria continuou sem palavras.

— A senhora, como cantora, vai passar... Logo será esquecida como todas são ao longo do tempo. Daqui a pouco, daqui a bem pouco tempo, a senhora será um nome no meio de tantos outros que se projetaram e caíram no esquecimento. Será considerada até mesmo por seus fãs como velha e decadente. E as novas gerações dirão: "Essa aí já não dá mais. Acabou! Morreu!".

Ela riu:

— Estou dizendo alguma mentira? Estou?

Ela fez uma pausa antes de prosseguir, ainda mais ácida:

— E então a senhora vai começar a mendigar por trabalho, por um lugar para cantar e vai conseguir no mínimo um circo, desses bem chinfrins, no fim do mundo, onde vão pagar uma merreca pelo seu talento, além dos quilômetros e quilômetros de viagem num ônibus desconfortável que terá de enfrentar para chegar lá.

— Isso não é verdade, meus fãs me adoram.

— Adoram hoje, amanhã, duvido. Todos adoram os ídolos musicais até se interessarem por outro ou terem algo melhor para fazerem de suas vidas. Sei que não é estúpida. Sabe muito bem que o que lhe digo é a mais pura verdade. Se não me acredita, vá conversar com ídolos decadentes e eles confirmarão palavra por palavra do que afirmo.

Maria mordeu ainda mais os lábios.

— Agora, sua filha, casando-se com meu Jorge, terá um futuro brilhante e perpétuo. Longe de ser passageiro, como o seu de cantora. Por isso, acho que minha proposta a Gláucia, vale muito mais a pena do que se mantiver ao seu lado e de seu marido. Não acha?

Voltando-se para a filha, completou:

— Se é isso mesmo o que você quer, Gláucia. Se é dessa forma que você acha realmente que será feliz... Então que seja feita a sua vontade. Eu e seu pai não vamos mais interferir na sua vida. Ainda que ele sofra muito, ao saber do que você foi capaz de fazer para nos afastar do seu noivado.

Gerusa novamente ousou responder pela adolescente:

— É bom que ele se decepcione já, assim não vai se chatear tanto no dia do casamento.

As palavras, ditas com tanta propriedade, atingiram novamente Maria em cheio.

— Casamento?!

— É sim, senhora. Não quero vocês lá. Não só lá, como depois, na vida do casal. Esta é a minha condição para que eu e meu marido consintamos com o casamento dos dois.

— Gláucia, você também aceitou essa condição?

— Eu amo o Jorginho, mamãe...

— E a mim e seu pai?

Os lábios da jovem tremeram e quase sem voz ela respondeu:

— Ponha-se no meu lugar, mamãe. Por amor, por um grande amor, a senhora não seria capaz de...?

— Um grande amor... — balbuciou Maria, recordando naquele instante de tudo o que disse a Alfredo Passos.

Gerusa voltou a falar:

— Temos um noivado em andamento na casa, a senhora precisa ir.

Sem mais, Gerusa indicou à Maria a porta em arco que dava para o jardim adjacente, por onde ela poderia deixar a casa sem ter de passar novamente por entre os convidados. Ao sair, Gláucia chamou por ela:

— Mamãe...

Maria travou o passo e sem olhar para atrás respondeu:

— Não diz mais nada, Gláucia...

— Eu amo o Jorginho... Eu só quero ser feliz com ele...

— Então seja... Que assim seja!

— Desculpa, mas...

— Não diz mais nada não. Dói menos.

Assim que Maria se foi, Gerusa aproximou-se da futura nora,

ergueu seu queixo com a ponta do seu dedo indicador e disse, firmemente:

– Um dia vai me agradecer ainda mais pelo que lhe estou fazendo. Especialmente quando tiver seus filhos e perceber a dádiva que foi ocultar deles que a avó foi uma cantora de rádio, de bordel e de outros lugares indecorosos. Porque nessa sociedade, Gláucia, ninguém perdoa uma profissão como essa. Ninguém.

– A senhora tem razão, Dona Gerusa... Eu mesma sofri um bocado por ser filha dela. Não pude estudar no melhor colégio da cidade, tampouco frequentar certos clubes e ter certos amigos.

– Eu sei e que bom que você me entende. Agora vamos voltar para sala.

Assim que lá chegaram, Jorge Figueiró Barreto perguntou:
– Onde está sua mãe? O que houve?
Gerusa novamente respondeu pela noiva do rapaz:
– Jorge, meu filho, depois falamos sobre isso. Agora é hora de festa e celebração pelo noivado de vocês.

Ela beijou o rosto do moço, deu-lhe um tapinha na bochecha, sorriu e o encaminhou novamente para o lado de Gláucia que se viu feliz novamente por estar ao lado de quem tanto amava.

Maria não sabe como chegou à calçada. Quando lá, o porteiro perguntou-lhe, amavelmente:
– A senhora quer que eu chame um táxi?
– Não é preciso. Estou de carro.
– A senhora não me parece nada bem... Não seria aconselhável dirigir.
– Estou com uma amiga, obrigada.

Maria sequer viu como chegou até o veículo, foi como se tivesse sido privada de seus sentidos durante o pequeno trajeto até ele.

– Como foi lá? – perguntou Cândida, arrependendo-se no mesmo instante: – Que pergunta mais tola a minha, pelo se estado é evidente que nada saiu como esperado.

E pelo caminho Maria relatou à amiga tudo o que se passou dentro da mansão e as palavras ácidas e assustadoras que Gerusa Figueiró Barreto usou para expressar toda sua indignação diante do fato de sua futura nora ser filha de uma cantora.

– Essa mulher é mesmo de uma indelicadeza... e ainda se julga fina. Como pode?
– Mas ela está certa, Cândida. A sociedade é mesmo assim, do

jeitinho que ela descreveu.

— Infelizmente. E receio que não vá mudar tão cedo. Até hoje implicam com mulheres que dirigem.

Com Vladimir, naquela mesma noite, assim que ele chegou a casa, Maria desabafou:

— Acabou!

— Acabou? O quê?

— Nossa vida ao lado da nossa filha.

— Do que você está falando, Maria?

Ela resumiu os últimos acontecimentos e ao término, Vladimir lhe apresentou uma opinião completamente diferente da que ela esperava.

— Ora, Maria, você ainda não percebeu que Gláucia aceitou as condições dessa mulher, somente por ora?

— Por ora?

— É, Maria, sente-se aqui e me ouça. Ela fará o joguinho da sogra até fisgar o rapaz, depois... Com o tempo tudo vai voltar ao normal, você vai ver.

— Não sei não, Vladimir. Ela me pareceu bastante determinada a nos ignorar doravante. Viver terminantemente com aquela família como se fosse parte dela. Do mesmo sangue, como se tivesse nascido dali.

— E que mal há nisso, Maria? Querer o melhor para si e os seus. Ponha-se no lugar dela.

— Eu jamais trocaria meus pais por uma vida de status, ainda que meu pai fosse quem fosse! Eu devo minha existência a eles e sempre lhes serei grata.

— Você é você, Maria, a Gláucia é a Gláucia. Cada uma é uma. Não a recrimine por querer um futuro ainda melhor do que pudemos dar a ela. Maria, meu amor, ouça-me, perdoe a Gláucia por ter decidido agir como agiu. Eu ainda acredito que ela vai voltar atrás depois do casamento.

— Você acha mesmo?

— Sim, meu amor. É lógico que sim.

Ele a abraçou e ela, entre seus braços, desabafou novamente:

— Sinto-me apunhalada pelo destino, sabe? Tomada de ingratidão.

— Não se ponha para baixo. Isso vai passar, tudo passa...

Capítulo 5

Gláucia não dormiu na casa dos pais aquela noite, nem da do dia seguinte. Mandou um recado por meio do chofer da família Figueiró Barreto, que ficaria hospedada na casa da sogra pelos dias subsequentes. Apareceu novamente ali, apenas para apanhar suas coisas, pois doravante iria morar naquela casa, num quarto de visitas, até a data do casamento.

– Mas Gláucia... – tentou intervir Maria. – Você não vai! Isso não é certo, sou sua mãe!

Vladimir interveio:

– Ela vai sim, Maria! Casar-se com um rapaz como o Jorginho Figueiró Barreto é como ganhar na loteria, o que eu tanto sonho fazer.

E pegando as malas para ajudar a filha, ele se encaminhou para o carro e quando lá fora, Gláucia lhe agradeceu:

– Não é preciso, papai. O chofer de Dona Gerusa está me aguardando. Adeus.

– Adeus, filha. E me desculpe por qualquer coisa. Seja feliz!

Nesse momento, Vladimir se sentiu um nada, mas não deixou transparecer suas emoções; se o fizesse, sentir-se-ia ainda pior. Permaneceu diante do pequeno canteiro que havia em frente a casa onde morava, assistindo ao carro possante dos Figueiró Barreto, levar embora sua filha que tanto adorava.

Quando Ofélia e Augusta souberam de tudo o que aconteceu, Ofélia precisou tomar um calmante, tamanha a revolta.

– Calma, mamãe!

– Gláucia foi muito ingrata com você, filha. Justo com você, mãe dela.

– Eu já lhe perdoei.

– Perdoou que nada, Maria. Você sempre me disse que adoraria ver sua filha, entrando na igreja, com você cantando Ave Maria.

– Mas nem tudo é como a gente quer, mamãe.

– Por essa eu não esperava! Juro que não! A Gláucia me decepcionou terrivelmente.

Silêncio temporário.

– E para quando é o casamento, Maria?

– Ela não vai nos convidar, mamãe. É a condição que sua futura sogra lhe impôs.

– Não vai nos convidar? Isso já é demais! Você não pode aceitar isso, Maria. Não pode, filha!

– Mamãe...

– Nós iremos a esse casamento, queira a sogra ou não! Iremos, sim!

– Mamãe...

– É o mínimo que nós devemos fazer diante desta afronta!

– Mamãe...

– Você que se arrume bem bonita porque nós iremos a esse casamento. Faça chuva ou faça sol, estaremos lá!

Assim que chegou a casa, Maria contou a Vladimir as últimas e ele, muito solícito, prontificou-se a levar todos à cerimônia quando acontecesse.

– Sua mãe tem razão, Maria – disse ele, com forjada alegria –, pelo menos ao casamento, ainda que não fiquemos no altar, precisamos ir. Merecemos ir!

As palavras dele tocaram a esposa, fazendo com que se sentisse menos pior com tudo aquilo.

No dia do casamento, todos se arrumaram da melhor forma possível e se acomodaram no carro, com muito cuidado para não amassarem suas vestes. Especialmente as mulheres.

O veículo partiu enquanto Augusta, Ofélia e Maria trocavam ideias. Demorou quase vinte minutos até que Maria se desse conta de que não estavam seguindo pelo caminho certo.

– Vladimir, esse não é o caminho da igreja! Estamos indo para o Jardim Botânico, a Igreja de Nossa Senhora da Candelária fica no centro. Direção completamente oposta.

— Eu sei.

— Se sabe, o que estamos fazendo aqui, então?

Ele parou o carro no meio fio e respondeu:

— Vocês não irão ao casamento da Gláucia.

As três mulheres imediatamente ficaram surpresas e indignadas.

— Não! Como não?!

— Não vou deixar.

— Quem você pensa que é? — irritou-se Ofélia, erguendo a voz.

— Sou o pai dela e não vou deixar que vocês estraguem a sua felicidade.

Ofélia enervou-se ainda mais:

— Foi por sua culpa que ela cresceu mimada e sem caráter.

— Calma, mamãe — acudiu Maria, tentando apaziguar a situação.

Vladimir, sem se deixar intimidar, respondeu, rapidamente:

— A senhora pode me dizer o que quiser, Dona Ofélia, mas nenhuma de vocês irá pôr os pés naquela igreja hoje.

— Ela é minha neta! — esbravejou Ofélia, indignada.

— Que seja. De qualquer modo, a senhora não tem o direito de estragar a vida dela.

Ela suspirou e o clima pesou temporariamente.

— Vou levá-las de volta para casa — anunciou Vladimir, minutos depois.

— É melhor mesmo... — respondeu Ofélia, inconformada.

O casamento de Gláucia e Jorge Figueiró Barreto foi extraordinariamente puro luxo, com festa no Copacabana Palace e manchetes nas melhores colunas sociais do Rio dos anos cinquenta.

A lua de mel foi passada em Paris e quando voltaram, Gláucia ficou grávida, notícia que foi recebida com grande alegria pela família Barreto*. O casal foi morar numa das casas especialmente construídas

---

*Optamos por não detalhar os irmãos de Jorginho Figueiró Barreto, para não complicar a cabeça do leitor com tantos nomes e personagens. (Nota dos autores)

por Anselmo Barreto, para os filhos ocuparem depois de casados.

Como havia prometido à sogra, Gláucia nunca mais procurou os pais. Tudo aquilo que Vladimir supôs, não aconteceu. Jamais, por momento algum, ele pensou que a filha, depois de tudo que havia feito por ela, agiria daquela forma. Não com ele que seria capaz de dar a vida por ela.

Inconformada com a atitude daquela que tinha como neta, Augusta Bonini foi até a casa de Gláucia lhe falar.

– Dona Augusta? – espantou-se Gláucia, ao vê-la chegando.

– Olá, Gláucia. Precisamos conversar.

Gerusa que havia chegado há pouco, mediu a mulher de cima a baixo, avaliando seu vestido, seu cabelo e seu porte, sua aparência no geral. Assim que Gláucia e Augusta se fecharam na sala adjacente àquela, Augusta foi direto ao que vinha:

– Você está grávida e nem contou para nós, Gláucia? Especialmente para sua mãe, que tanto a ama? Que tanto lhe quer bem?

– Dona Augusta, eu tive de romper com meus pais, com todos vocês, para...

– Já sei bem por que. Sua mãe me contou tudo e estou aqui, para lhe dizer, francamente, que você não está agindo corretamente. Sua mãe é uma pessoa formidável. Sempre foi, desde menina. E não importa o que faça para sustentar sua família, ela continua merecendo todo o seu afeto.

– Dona Augusta...

– Você vai trocar o amor de uma mãe por uma casa bonita como essa? Por status? Por um sobrenome? Por matéria que não tem coração? É do coração que vem a força da vida, Gláucia. Do coração! Ouça-me, porque tenho bem mais tempo de vida do que você, bem mais experiência. Volte a ser aquela jovem bela e amorosa que tanto orgulho dava para seus pais. Antes que se arrependa. Não quero vê-la, sofrendo mais tarde de arrependimento.

A entrada de Gerusa na sala interrompeu as duas:

– A senhora já terminou? É porque eu e minha nora temos muito que fazer. Vamos comprar o enxoval do bebê e...

– Eu já estava mesmo de saída.

– Que bom!

– Só mais uma coisa, Gláucia, eu já fiz parte da sociedade, da alta sociedade da cidade em que nasci e residi por muito tempo. Não vale a pena trocar o amor de pais tão amorosos como os seus por ela. Acredite! A alta sociedade pode ser luxuosa e atraente, mas é tão fútil e artificial quanto qualquer...

– Acabou? – Gerusa a interrompeu e lhe indicando a porta, acrescentou: – Por ali, por favor...

Augusta voltou para casa, satisfeita com a visita que fizera a Gláucia, o alerta lhe havia sido dado, sua parte havia sido feita em prol do amor maior entre a filha e seus pais.

Ao saber da gravidez da filha, Maria se decepcionou mais uma vez com ela, por não tê-la procurado para lhe contar sobre tão grandioso acontecimento. Vladimir fingiu não se importar com o fato de a filha não ter lhe dito nada. Por dentro, no entanto, se sentiu tão ferido na alma quanto Maria. Só não permitiria que os outros percebessem sua dor, seria humilhante demais para ele.

Diante de Cândida, Maria chorou sua tristeza.

– A vida é mesmo injusta, muitas vezes – comentou Cândida enquanto procurava consolar a amiga. – Você sacrificou sua felicidade ao lado de Alfredo Passos por causa da Gláucia... Fez de tudo por ela.

– Eu sei, mas não julgue mal minha Gláucia, falta-lhe apenas mais personalidade. Eu e o Vladimir fomos pais muito permissivos. Este foi o nosso maior erro.

– Vocês apenas fizeram o que acharam que era o melhor. Como todos. Ninguém nunca faz o que é pior para si e para quem ama. Pelo menos assim penso eu.

– Pobre Vladimir... Está sofrendo horrores por causa dela. Gláucia é, sem dúvida, o que ele mais apreciava na vida. Sinto pena dele, por mais vagabundo e sonhador que seja, foi sempre um bom pai para a Gláucia. Não merecia ser tratado assim por ela.

Cândida se perguntou, naquele instante, se seria possível para alguém na face da Terra, viver sem dramas. Quantos e quantos já não haviam se feito a mesma pergunta cuja resposta permanecia um mistério.

A indiferença de Gláucia para com os pais acabou também afetando Maria de forma que ela jamais pensou que aconteceria. Por ter sido o fato de ser uma cantora, o motivo que a separou da filha, ela se voltou contra sua carreira, evitando, desde então, participar de shows e programas nas rádios, bem como gravar um novo álbum. Com isso, não tardou para que suas finanças voltassem a desmoronar, vertiginosamente.

Na data precisa, Gláucia deu à luz a um casal de gêmeos, que receberam o nome de Izabela e Leandro. Alegria total para a família, exceto para Maria e Vladimir que sequer foram avisados a respeito do nascimento das crianças.

Capítulo 6

Com o consentimento do marido, Gláucia decidiu chamar Andressa e Cristiano Vargas para serem os padrinhos de batismo dos gêmeos. Andressa e Cristiano haviam se casado nesse ínterim.

– Aceito, aceito sim! – respondeu Andressa, emocionada.

As duas se abraçaram, felizes e foi quando Andressa, perguntou:

– E quanto aos seus pais, Gláucia? Eles irão ao batizado, não?

– Andressa, nós já falamos a respeito disso.

– Mas são seus pais, Gláucia! São netos deles.

– Mesmo assim é melhor não misturar as coisas, não quero criar constrangimento para ninguém. Nem para a família do Jorge, nem para os meus pais. Entenda-me, por favor.

– Você acha mesmo certo viver como se seus pais não mais existissem?

– Faço isso para proteger meus filhos. Você faria o mesmo pelos seus, acredite.

Andressa concordou por ora, mas desde então ficou pensativa. Certa de que alguém tinha de abrir os olhos de Gláucia em relação aos pais. Num próximo encontro, Andressa decidiu ser esse alguém.

– Eu pensei muito a respeito de tudo que você alega como sendo motivo para se afastar de seus pais e cheguei à conclusão de que precisa conhecer a fundo a minha história, para saber que eu se não fosse certa da cabeça, teria muito mais motivos que você para me afastar de minha mãe e meu pai.

– Sua história? – assustou-se Gláucia. – Você está me deixando nervosa.

– Acalme-se, o que eu tenho a lhe revelar diz respeito a minha mãe e ao meu pai. Eles também se conheceram no mesmo bordel onde seus pais se conheceram.

— No mesmo bordel?!

— Sim.

— E o que os dois estavam fazendo lá, Andressa?

— Aí é que está, Gláucia. Minha mãe trabalhava lá.

— Trabalhava? No quê?

Andressa mordeu os lábios e foi com transparente insegurança que respondeu:

— Minha mãe era uma das prostitutas do local.

— O quê?!

— É isso mesmo o que você ouviu: minha mãe era uma prostituta e, antes que você a julgue, vou lhe contar como ela se tornou uma. Foi por minha causa.

— Você está doida? Imagine só, sua mãe...

E assim Andressa lhe revelou todo o passado, velado, de Cândida Moniz.

— Quer dizer que...

— Sim, Gláucia, e, mesmo assim, eu admiro minha mãe, sinto orgulho dela, a amo, infinitamente. E quanto ao meu pai, seja ele quem for, pois nunca tive a oportunidade de conhecê-lo, nem sei se está vivo. Também lhe quero bem.

Gláucia parecia em choque, mas Andressa não se deu conta do quanto ela estava perturbada com a revelação.

— Eu não lhe contei nada disso antes, por medo de que isso afetasse a nossa amizade, algo que para mim vale muito. E também para preservar minha mãe, porque na alta sociedade, da qual agora fazemos parte, eles não perdoam a uma mulher com o passado de minha mãe, ainda que ela tenha feito tudo o que fez para sustentar sozinha uma filha como eu.

Andressa tomou ar e concluiu:

— Por isso lhe digo, minha amiga. Eu teria muito mais motivos para sentir vergonha dos meus pais e, no entanto, amo-os de paixão. E o que é mais importante, ambos convivem com meu marido, meu sogro, todos, enfim que cercam tão ilustre família Vargas.

O assunto terminou e Gláucia prometeu à amiga, jamais revelar aquele segredo a ninguém.

Ao chegar em casa, ainda em choque pelo que descobrira, Gerusa estranhou o comportamento da nora e quis saber o que havia acontecido.

– Nada não, Dona Gerusa.

– Não minta para mim, Gláucia. Não sou trouxa.

– Estou apenas um pouco cansada. É que hoje soube de algo que me deixou sem chão. Refere-se a uma pessoa muito querida. Algo que...

– Gláucia, minha querida, eu e você somos como duas amigas, confidentes, esqueceu-se? Pode confiar em mim.

– É que, bem... Eu havia escolhido Andressa para ser a madrinha dos meus filhos e... Não a quero mais e não sei como dizer isso a ela.

– Ora, por quê? Andressa Alencastro Vargas é filha de um casal fabuloso. Esposa de um rapaz sem igual. Nora de um dos homens mais ricos do Rio de Janeiro. Ela e o marido serão perfeitos para serem os padrinhos dos nossos gêmeos queridos.

– Mas não é certo.

– O que não é certo, Gláucia?

– Eu não posso dizer. Não posso! Por favor, não me peça.

Sem mais, a moça foi tomar seu banho, deixando Gerusa com a pulga atrás da orelha. Deixaria a nora para conversar depois, no momento ela tinha outras prioridades.

Assim que Anselmo Barreto chegou a sua casa, Gerusa chamou-o para uma conversa séria:

– Anselmo, por que você me escondeu que o imóvel onde está situado o pior bordel do Rio de Janeiro, é de nossa propriedade?

– Como soube?

– Não importa. Responda simplesmente a minha pergunta.

– Se eu lhe dissesse, você não concordaria que fosse alugado para esses fins.

– Não, mesmo!

– A locação já vem desde a época em que meu pai administrava tudo. Além do mais, a proprietária paga o aluguel em dia, nunca atrasou e a quantia não é pouca.

— Pagava, porque amanhã mesmo você vai rescindir o contrato, antes que alguém da nossa classe social descubra uma barbaridade dessas.
— Gerusa, dinheiro é dinheiro, não importa de onde vem.
— Importa, sim! Neste caso, muito!

Visto que Gerusa não se aquietaria enquanto não atendesse as suas exigências, Anselmo Barreto decidiu acionar seu advogado, pedindo-lhe que enviasse uma carta à inquilina do imóvel, informando-a da rescisão do contrato.

A notícia causou grande impacto em Claudete Pimenta que, revoltada foi até o escritório que administrava o imóvel, tirar satisfações. Ao perceber que nada faria o proprietário voltar atrás, Claudete procurou por Cândida.

— Vim pedir sua ajuda, minha amiga – e lhe explicou seu drama.
— Minha vida é aquele bordel, Cândida, sempre foi! E tem as meninas, tal como você, no passado, precisam do pouco ou muito que ganham ali.
— O que posso fazer, Claudete?
— Você conhece o Anselmo Barreto que eu sei. Fale com ele. Por favor.
— Mas Claudete, se eu fizer tal coisa pode ser que suspeitem do meu passado e...
— Então peça para o Adamastor. Aí não levantará suspeita alguma.
— Bem, pensado. Tenho a certeza de que ele fará isso por você com bom grado.
— É um caso de vida ou morte, Cândida. Se não fosse, eu não a estaria aborrecendo com isso.
— Eu sei, minha querida. E vou ajudá-la porque me ajudou quando eu também mais precisei.
— Obrigada.

Assim fez Adamastor Alencastro o que deixou Gerusa perplexa com o seu pedido.
— Desculpe perguntar, mas... Por que você se preocupa tanto com essa gente? – quis saber ela.
— Porque a proprietária é uma velha conhecida...

– Conhecida? Ela também vem do Mato Grosso?

– Sim, senhora. É uma longa história, não gostaria de falar a respeito.

– Sim, sim, logicamente. Desculpe.

Adamastor partiu da mansão dos Figueiró Barreto, deixando Gerusa cismada com o seu pedido.

– Aí tem – murmurou, pensativa, mais para si mesma do que para o marido ao seu lado. – Algo não está me cheirando bem.

Desde então, decidiu investigar o passado do sujeito, mas o corre-corre diário acabou fazendo com que se esquecesse do que se prometeu.

Gláucia não teve coragem de encarar Andressa nos olhos para lhe dizer que havia mudado de ideia quanto ao convite que lhe fizera para ser madrinha de seus filhos. Por isso ligou para ela, alegando uma desculpa qualquer que a moça aceitou de prontidão, sem desconfiar da verdade.

Foi durante os preparativos para o batizado dos netos, que Gerusa ligou os fatos.

– Gláucia, minha querida. Você me disse aquele dia que não queria mais Andressa e Cristiano Vargas como padrinho de seus filhos, porque havia descoberto algo que a decepcionou muito. Esse algo tem a ver com o pai de Andressa, não é? Porque ele foi até em casa, pedir ao Anselmo que...

Gerusa resumiu o acontecido.

– Isso me leva a crer que ele esconde algo e você sabe o que é, por isso desistiu de ter Andressa como sua comadre.

Gláucia gelou.

– Conte-me o que descobriu, Gláucia. Não estou pedindo, estou mandando.

O tom austero da mulher assustou a moça novamente, a ponto de fazê-la se encolher toda.

– Diga, vamos! – insistiu Gerusa, deveras impaciente.

Diante da pressão, Gláucia acabou contando tudo à sogra.

– Quer dizer... – Gerusa estava transpassada. – Cândida, uma prostituta...

Logo ela se lembrou do quanto Cândida parecia ficar irritada toda vez que ela ou outras da sua estirpe falavam mal dos cantores, artistas e pederastas.

— Dona Gerusa, pelo amor de Deus — suplicou Gláucia, arrependendo-se amargamente de ter dado com a língua nos dentes. — Ninguém pode saber disso. Prometi a Andressa. Dei-lhe a minha palavra.

Gerusa sequer ouviu o pedido da nora, estava com a cabeça ocupada demais para, naquele instante, para se concentrar nela.

Foi durante um encontro com as amigas, na própria casa de Gerusa, que Cândida foi surpreendida pela mulher.

— Agora, Cândida, querida... — começou ela um tanto irônica. — Conte para todas nós, como foram seus anos no bordel mais luxuoso do Rio de Janeiro?

Cândida estremeceu a olhos vistos tanto quanto as demais mulheres ali presentes. Um burburinho se elevou a seguir, enquanto Gerusa, impiedosa como nunca elevou a voz:

— Sim, minhas queridas amigas, esta mulher foi uma das prostitutas do salão mais indecente do Rio de janeiro. Foi lá que ela conheceu Adamastor Alencastro Netto, que de fato tem posses e assumiu a filha que ela já tinha de pai desconhecido.

Diante de todos os olhos horrorizados voltados para ela, Cândida se fez clara:

— Sim, fui mesmo uma prostituta.

— Não posso acreditar... — murmurou uma das mulheres presentes.

— Já havia ouvido boatos, mas achei que era coisa de gente mal-intencionada e invejosa — comentou outra também horrorizada.

— Pois é... Onde há fumaça há fogo, não é o que dizem? — arrematou mais uma.

— E você me confirma isso assim com a maior naturalidade? — perguntou Gerusa, olhando enojada para Cândida Moniz que sem rodeios respondeu:

— Você achou mesmo que eu ia negar?

— Achei, achei sim, porque é vergonhoso.

— Vergonhoso para você, talvez... Para mim não, nunca foi! Sinto até orgulho de ter sido o que fui.

Os olhos dela se arregalaram.

– Foi lá, sim, no bordel onde eu trabalhei por quase dois anos, para sustentar a mim e a minha filha que conheci o Adamastor. E ele se apaixonou por mim e assumiu minha filha de livre e espontânea vontade.

Ela tomou ar, esforçando-se para não chorar e prosseguiu:

– Eu não tive um pai capaz de me acolher no momento em que eu mais precisei. Eu tive de me *virar* e...

Patrícia Nachtergaele levantou-se, como que impulsionada por uma mola e falou, em tom de desabafo:

– Não posso acreditar que estivemos o tempo todo, eu e tantas outras mulheres da sociedade convivendo com uma prostituta!

– Ex – corrigiu Cândida, rapidamente.

– Não importa! – bradou Patrícia Nachtergaele, irritada. – Uma vez prostituta, impura para sempre!

– Isso no seu conceito, minha querida.

– Patrícia está certa – interveio Gerusa. – Uma vez prostituta, impura para sempre! E você há de pagar por sua imoralidade no quinto dos infernos.

– Pois vocês todas lá estarão comigo, por serem esnobes, fúteis, preconceituosas e racistas. Além de burras, obviamente. Burras, sim. Porque só mesmo com uma cabeça de asno para acreditar que um sobrenome lhes dará regalias no Além, por ser um sobrenome respeitado na Terra. Um nome ou sobrenome nada mais são do que um nome e sobrenome. Não importa quão influentes sejam eles, todos acabarão do mesmo jeito, iguaizinhos àquele cujo nome e sobrenome nada valem nessa sociedade hipócrita e preconceituosa.

– Você não sabe o que é ter um sobrenome respeitado, porque nunca teve um – agitou-se Patrícia Nachtergaele.

– Não tive, mesmo. Ainda assim, todas vocês acabarão da mesma forma que eu que não tenho um sobrenome respeitado. Além do mais, quem eram os pais de vocês, seus avós, bisavós e tataravós? Gente simples que foi enriquecendo com o tempo. Eram tão humildes quanto os humildes que vocês tanto abominam. Reflitam a respeito.

Gerusa não mais se conteve, expulsou Cândida no mesmo instante:

— Fora daqui. Fora daqui sua...

Sem mais, Cândida apanhou sua bolsa e partiu, de cabeça erguida, corpo ereto, triunfante. Assim que saiu, Patrícia Nachtergaele comentou com profundo desagrado:

— Eu sempre ouvi falar que há homens que são fracos das ideias, mas não pensei que fosse verdade. Onde estava Adamastor Alencastro Netto com a cabeça para desposar uma prostituta e assumir a filha de um desconhecido? Onde?! Respondam-me!

E novo bochicho ecoou pelo recinto.

— Nós precisamos saber muito bem com quem andamos — comentou outra das mulheres presentes. — Por isso é bom se casar com pessoas só do nosso convívio social. Porque sabemos sua procedência.

— Sem dúvida — concordaram todas em uníssono. — É mais seguro.

— Daí porque devemos exigir que os nossos filhos se casem somente com gente do nosso meio — completou Patrícia Nachtergaele.

E novo bochicho se propagou pela sala. Gerusa estava satisfeita, feliz por ter desmascarado Cândida e a rebaixado na frente de todos. Só faltava agora pedir à gerência do clube que expulsasse a ela e ao marido do local.

Quando a fofoca chegou aos ouvidos de Cristiano Vargas e seu pai, a reação dos dois foi completamente diferente do que as maledicentes previram. Ambos apoiaram Andressa e sua mãe.

— Sou um homem bastante velho para saber que na vida nem sempre as coisas tomam o rumo que desejamos. E quando isso acontece, precisamos nos virar da forma que der, ainda que seja vista pela sociedade como indecente e imoral.

Essas foram as palavras de seu sogro.

Assim que pôde, Andressa correu para a casa da mãe para lhe pedir perdão.

— Filha, não há o que lhe perdoar. Não se culpe pelo mau-caratismo das pessoas.

— Mas eu confiei tanto na Gláucia, mamãe. Ela não podia ter feito o que fez.

– Cedo ou tarde alguém haveria de descobrir a verdade. Foi melhor assim, acredite. Não aguentava mais tomar parte daquele rol de amigas insuportáveis. Além do mais, só guardei segredo sobre o meu passado, por sua causa. Agora você já está casada e muito bem casada, por sinal, portanto...

– E o mais importante é que meu sogro e meu marido não se importam com o que a senhora foi, de onde vim, etc...

– Isso mostra que nem toda alta sociedade é feita de gente desprezível.

E a filha abraçou a mãe.

Ao pegar Gláucia de surpresa, em frente a sua casa, empurrando o carrinho do bebê, Andressa saltou do carro e lhe disse umas boas.

– Você me decepcionou muito, Gláucia. A mim e a minha mãe. Que pessoa mais sem coração e vulgar você se tornou. Hoje quem sente vergonha de ter sido sua amiga, sou eu! Eu!

Andressa já ia se retirando, quando Gláucia falou a toda voz:

– Eu sinto muito, Andressa! Mas eu não podia dar meus filhos para a filha de uma prostituta batizá-los. Seria um pecado, uma afronta a Deus. E pela vida eterna.

Andressa achou melhor não revidar, simplesmente entrou no carro e partiu, soltando lágrimas ao vento.

No batizado só estavam mesmo presentes, os que Gerusa F. B. considerava dignos de estarem na cerimônia. Até mesmo o padre fez questão de escolher ao seu agrado. Aquele que em sua opinião, também desprezava quem ela não aceitava no seio da sociedade.

Capítulo 7

A despedida de Claudete Pimenta do bordel que ergueu com a cara e a coragem foi algo triste de se ver. Depois de recolher todos os seus pertences, da mesma forma que todas as moças ali fizeram com os seus, Claudete transitou por cada cômodo, passando delicadamente a ponta do dedo indicador da mão direita pelas paredes, portas e janelas de cada local.

— Acabou! — suspirou. — Não é à toa que dizem que tudo tem seu começo, meio e fim.

Ela enxugou as lágrimas, respirou fundo e sem mais delongas, partiu, de cabeça erguida e passos concentrados para fora do lugar onde se despediu das moças que ainda estavam ali para lhe dar algum apoio.

— Querem um conselho? — disse ela. — Recomecem suas vidas de outra forma. Num outro local. Longe daqui... Nunca mais olhem para trás. Só para frente. Só para frente!

Abraços e beijos encerraram aquele momento transitório na vida de todas ali.

Ao chegar à casa de Cândida e Adamastor com suas coisas, Claudete perguntou ao casal:

— Vocês têm certeza de que realmente não vou atrapalhar a vida de vocês nesta casa? As pessoas logo vão saber que estou morando aqui e vão falar horrores de vocês.

Adamastor, gargalhando, respondeu:

— Como meu pai dizia: falem bem ou mal de mim, contanto que falem, maravilha!

Risos.

Cândida foi até a amiga e com sinceridade falou:

— Não me esqueço de quando cheguei ao Rio de Janeiro, com a minha Andressa nos braços e você me recebeu tão gentilmente.

– Era o mínimo que eu podia fazer por você nas condições em que se encontrava, Cândida.

– Pois bem, Claudete, minha amiga. Agora é você quem precisa de mim. É a minha vez de retribuir seu gesto carinhoso.

As duas se abraçaram, chorando uma no ombro da outra.

A notícia de que Claudete Pimenta havia ido morar na casa de Adamastor Alencastro Netto foi escândalo total na cidade do Rio de Janeiro, mas eles não estavam nem aí para o que falavam deles. Já haviam descoberto que o importante não é o que possam vir a falar de você e sim, o que os maledicentes pensam de si mesmos.

Dias depois, Claudete havia ido ao cemitério visitar o túmulo de Luciene Pereira, umas das jovens que trabalhou com ela no bordel e morrera na flor da idade por causa de uma misteriosa doença venérea. Era de hábito Claudete visitar o túmulo da jovem bem como de muitas outras que morreram ainda moças, acometidas do mesmo mal. Ela fazia uma oração, rente ao túmulo, quando foi surpreendida pelo burburinho de vozes femininas irritantes e estridentes. Gerusa Figueiró Barreto, Patrícia Nachtergaele e outras amigas também visitavam o local quando uma delas reconheceu a cafetina.

– Ora, ora, ora... – zombou Patrícia Nachtergaele – se não é a cafetina mor da cidade do Rio de Janeiro.

– Era, meu bem – adiantou-se Gerusa tão irônica quanto a amiga. – Seu bodel foi fechado e deve ser por isso que ela está aqui neste cemitério, certamente providenciando um túmulo para se enterrar.

As mulheres riram, impiedosamente.

– Pois saibam vocês – defendeu-se Claudete, impostando a voz. – Que é neste local ou outro semelhante que você e toda a sua laia vão acabar. Tal qual um mendigo, tal qual uma prostituta como eu. E vocês ainda se julgam superiores a mim, a um mendigo, a um sem nome? Vocês são patéticas.

Gerusa, atingindo o cume da impaciência, agachou e pegou uma pedra.

– Se você continuar a nos ofender, é pedra que você vai levar! Não uma, não duas, não três! Diversas.

Ao seu sinal, as demais mulheres ao seu lado se agacharam e também se muniram de pedras.

– Nós vamos aproveitar para lhe ensinar uma grande lição – bradou Patrícia Nachtergaele.

– Pois bem – conformou-se Claudete. – Cristo presenciou algo semelhante e foi capaz de defender uma prostituta quando a comunidade onde ela vivia quis apedrejá-la. Disse ele: "Quem não tiver pecado que atire a primeira pedra". Pois a mesma pergunta eu lhes faço.

– Você estava lá?– desafiou Gerusa, relutante. – Você viu?

O rosto de Claudete murchou como uma flor.

– Até eu, vivendo como vivo, tenho mais fé e respeito por Cristo do que vocês, um bando de mulheres que se julgam superiores as outras, por terem casa, piscina, carro, chofer e um marido que as sustenta.

– Cale sua boca! – berrou Patrícia Nachtergaele. – Você não tem o direito de falar assim conosco! Não tem sequer o direito de falar de Cristo, pronunciar seu nome. Você não passa de uma imoral, uma pecadora... Uma parasita da sociedade e dos bons costumes. Um cupim querendo destruir um móvel de madeira nobre.

Sem mais, as mulheres ali perderam de vez a compostura, revelando o lado bestial, provando, de uma vez por todas, sob o céu que abençoa a todos, que não são roupas, elegância, nomes e sobrenomes, status e poderio que tornam uma pessoa mais evoluída, humana e cristã.

Claudete tentou se defender com as mãos das pedras que eram arremessadas contra ela, especialmente contra o seu rosto, e quando uma acertou sua cabeça, ela perdeu os sentidos e desmaiou. Ninguém ali foi capaz de lhe estender a mão, deixar de lado as diferenças por solidariedade. Partiram, pé ante pé, suspirando, aliviadas, crentes de que haviam feito o que era certo. Dado uma merecida lição a quem tanto desgosto e vergonha trazia para a sociedade.

Foi o zelador e também coveiro do lugar que, minutos depois, ajudou Claudete a recobrar os sentidos e a encaminhou até a guarita onde lhe ofereceu um copo de água e lhe entregou pedaços de algodão e álcool para que ela limpasse as feridas abertas pelo impacto das pedras em seu corpo.

– Obrigada – agradeceu ela, entre lágrimas.

– De nada – respondeu o gentil senhor. – Você deveria procurar um pronto-socorro, o sangue não para de escorrer.

– Sim, seria bom.

Ele, que de longe havia presenciado tudo, observando mais atentamente Claudete, perguntou:

– A senhora é mesmo uma... prostituta?

– Sim, sou. Fui dona de um dos bordéis mais luxuosos do Rio do Janeiro, frequentado, inclusive, por muitos dos maridos daquelas que me atiraram pedras. Só que eu, Claudete Pimenta, não pedi a nenhum desses homens para irem ao meu bordel, foram porque quiseram, de livre e espontânea vontade. Se não fossem ao meu iriam a outro, se não tivesse nenhum, pegariam e pagariam por uma mulher de rua. É com eles que elas deveriam tirar satisfações, não comigo, nem com qualquer uma da minha laia. São os homens, são eles que não se contentam com uma só, que têm fascínio pela traição, pela aventura, pela loucura.

Ela suspirou e com tristeza acrescentou:

– Ah, sim, são eles: os homens. São assim por natureza. E quando a mulher de um deles se rebela, faz exatamente o que eles fazem, eles ficam loucos, enfurecidos, demoníacos. Sei bem, porque eu fui uma dessas esposas que amou loucamente seu marido, se entregou totalmente para ele, de corpo e alma, e jurou, perante o altar, que seria somente sua, pela vida toda, até que a morte os separasse. No entanto, fui trocada por outras e mais outras, provando que de nada adianta uma mulher se entregar totalmente ao seu homem amado, permitir que ele faça tudo o que desejar com ela na cama, porque, cedo ou tarde, ele vai sair com outra, é só ter a oportunidade e um lugar apropriado para.

Novo suspiro e ela prosseguiu, entre lágrimas que lhe riscavam a face:

– Essa foi a minha história... Um dia, cansada de tanto desgosto que vivia ao lado daquele que eu tanto amava, fui embora de casa para nunca mais voltar e decidi agradar os homens de outra forma. Eu sabia que estaria me condenando ao inferno, mas presumi que nada seria mais infernal do que amar loucamente um homem e me ver traída constantemente por ele. Sim, um inferno!

Ela suspirou e o senhor deu seu parecer:

– A vida é mesmo cheia de incompreensão... Mas saiba que eu nunca traí minha esposa. O que prometi diante do altar, cumpro até hoje, e hei de cumprir até o final da vida. O que prova que nem todos os homens são iguais...

– Nem toda alma...

– Sim, nem toda alma.

– E sua esposa deve ser muito feliz ao seu lado, não? O senhor também deve ser muito feliz ao lado dela, certo?

– Sim. Somos imensamente felizes e sou infinitamente grato a Deus por isso.

– Que a vida os conserve assim.

– E que a senhora fique em paz e encontre, finalmente, um sujeito que valha a pena, que a valorize como merece.

– Disso não estou bem certa se conseguirei, meu senhor. Penso, por muitas vezes, que cada um tem seu destino, o meu é: jamais encontrar um homem que se interesse somente por mim como tanto desejei que um dia fizesse. É o meu destino e o de muitas mulheres ricas ou pobres, feias ou bonitas.

O senhor virou-se para o filtro de barro, pegou um copo e ofereceu:

– Aceita mais água?
– Por favor. Obrigada.

E entre um gole e outro, Claudete, rindo, comentou:
– Que lugar mais lúgubre para se falar disso tudo, não?
– Ah, sim... – ele também riu.
– Agora, diga-me, como é trabalhar aqui? Um lugar tão triste, tão cinza, tão inóspito. É como se aqui nunca fosse primavera ou verão. Se eu tivesse de escolher entre trabalhar aqui e morar na sarjeta, acho que preferiria a sarjeta, pois, ali, tem bem mais vida do que aqui. Desculpe-me por falar assim, mas sinceridade é algo que...

– Não tem problema. Não me ofendi. Quando soube que precisavam de um coveiro neste cemitério, pensei o mesmo que a senhora, que não suportaria trabalhar num lugar tão triste. Mas eu precisava do emprego e bem, disse para mim mesmo: é só até eu encontrar algo melhor. Com o tempo fui me acostumando e descobrindo coisas aqui que me fizeram acabar agradecendo o destino por eu ter vindo parar aqui.

Ele mirou fundo os olhos dela e explicou:
– A morte não vive aqui!

Claudete, no mesmo instante se surpreendeu com aquelas palavras e o tom que o bom sujeito usou para pronunciá-las:
– Não! Como não?!

– As vibrações de uma pessoa morta são tão fortes quanto os de uma pessoa viva. Eu as sinto. E essa vibração acompanha os familiares até seu sepultamento e parte com eles assim que se vão.

– Muito interessante o que o senhor está me dizendo.

– Pois é. Quando contei a minha esposa, ela não me acreditou, então passou a me acompanhar nos fins de semana, quando de folga do seu trabalho, para comprovar o que eu dizia. Por isso falo que a morte não vive aqui. Aqui só resta mesmo o corpo silencioso e inexpressivo tal qual a terra ou o pó.

– Já houve certamente casos em que a família partiu do sepultamento e a vibração do morto permaneceu em torno do túmulo. Logo compreendi que isso acontecia, pela dificuldade que muitos espíritos têm de se desapegar da matéria, especialmente do corpo físico. Assim, eu passei a orar por esse espírito para que pudesse seguir, o que lhe cabia, para voltar a brilhar por entre as estrelas.

— E deu certo? Digo, a oração?

— Deu. A oração sempre surte efeito.

— Que bom saber.

— Sim, e toda vez que surte efeito causa um tremendo alívio no meu peito. E uma sensação gratificante, por poder ter ajudado alguém... ainda que esse alguém seja invisível aos meus olhos.

Claudete assentiu, emocionada.

O homem, um pouco mais sério, prosseguiu:

— Saiba a senhora que há muito mais a se zelar por aqui do que se pensa. Muita gente faz uso indevido do cemitério.

— Uso indevido? Como o quê, por exemplo?

— Atiram gatos aqui à noite.

— Gatos?

— Sim, costumam na barriga do bichano o nome de alguém para quem querem fazer mal e o colocam num saco fechado, para que a pessoa sofra tanto quanto o gato, ao morrer asfixiado.

— Que horror!

— Pois é.

— E tem muita gente que usa aqui para distribuir drogas ou se drogarem. Por isso temos de ficar atentos, para evitar tragédias.

— O senhor tem razão, toda razão.

Mais algumas palavras e Claudete se despediu do bom sujeito.

— Foi bom falar com a senhora.

— Digo-lhe o mesmo. O senhor foi muito generoso comigo. Só tenho a lhe agradecer e lhe desejar boa sorte e boa-venturança.

— Não se esqueça de passar num pronto-socorro, há um bem pertinho daqui.

— Farei. Obrigada. Ah, e antes que me esqueça, não se esqueça de manter o túmulo da minha amiga, limpinho... Aqui está um agrado.

— Não é preciso.

— É preciso, sim. Aceite, faço com muito gosto.

— Obrigado. Farei com muito gosto.

Claudete já ia partindo quando o coveiro/zelador perguntou:

— Sua amiga, a que está enterrada aqui, foi também uma...

— Sim, foi. Infelizmente morreu na flor da idade, pobrezinha. Não deveria. Só mesmo as mulheres de má índole é que deveriam morrer tão cedo. Más como aquelas que há pouco me atiraram as pedras pontiagudas. Não devo, porém, desejar mal a elas, se eu fizer estarei me rebaixando ao mesmo nível de caráter que possuem.

– A senhora tem razão. Deixe-as pensar que são diferentes porque têm nome e sobrenome respeitado pelas altas rodas, dinheiro, bens materiais e um marido... Um dia estarão todas aqui, ao lado de todos que condenaram e desprezaram. Apodrecendo da mesma forma que os pobres, aleijados, ignorantes, analfabetos, intelectuais e preconceituosos estão a apodrecer.

O homem fez um novo aceno e Claudete partiu.

Ao contar para Cândida, tudo o que lhe acontecera, Cândida e Adamastor ficaram horrorizados.

– São almas dignas de pena – comentou Adamastor, sensato. – Elas e todos aqueles que acreditam ser mais do que o outro por causa da roupa que vestem, da casa onde moram, do carro que possuem, do sobrenome que têm. Numa sociedade de valores invertidos isso pode até fazer diferença. Diante dos céus, não.

Claudete apreciou as palavras e agradeceu mais uma vez ao casal por estarem acolhendo-a ali. No dia seguinte, logo que o Centro que frequentava abriu, ela foi até lá se oferecer para trabalhar voluntariamente. Precisavam no momento de alguém que cuidasse da limpeza do local, que fizesse realmente ali uma boa faxina. Para espanto dos dirigentes do local, Claudete aceitou a oferta no mesmo instante. Para ela, fazer faxina não era nada vergonhoso e sim, um trabalho como outro qualquer. Desde então, ela também tomou parte dos trabalhos sociais que o Centro fazia para ajudar os necessitados. Uma entidade então lhe disse, por meio de um médium:

– Quando um ciclo da vida se fecha, outro se abre. Feliz daquele que abraça sua nova função. Não importa quem foi e o que fez no passado, o que importa é o que se pode fazer a partir de agora pelo próximo, pelo planeta, pelo universo em si.

E de fato Claudete terminara um ciclo de vida com o fechamento do bordel, e começava um novo, dedicando-se a obras assistenciais.

Muitas das moças que trabalharam no bordel também deram novos rumos as suas vidas. Partiram para o interior, dispostas a recomeçar de outra forma.

Foi num momento de intimidade entre Andressa e Claudete,

que certo dia, a moça aproveitou para lhe perguntar o que há muito desejava:

— Você foi sempre tão amiga da mamãe, Claudete e, bem... Eu gostaria de saber quem é meu pai, ela nunca lhe falou nada a respeito?

Claudete, por alguns segundos, se atrapalhou na resposta:

— Não. Tudo o que sei é o que certamente ela já lhe contou, Andressa.

— Tenho curiosidade de saber se ele ainda está vivo, para que eu pudesse vê-lo, conhecer seu rosto, ainda que não lhe revelasse quem sou.

— Eu a compreendo, mas compreendo também que ele já pode ter morrido a uma hora dessas...

— Segundo o Centro, não.

— Centro?!

— Sim. Eu perguntei a uma das entidades do local a respeito dele e, bem, o guia espiritual me afirmou que ele está vivo, sim, e que é um homem que sofre muito.

Claudete estremeceu.

— Se eu tivesse pelo menos uma pista, Claudete... Uma pista... — completou Andressa, esperançosa.

Enquanto Claudete se perguntava intimamente mais uma vez se Cândida estava certa em continuar escondendo a verdade da filha, a verdade que seria capaz de destruir mil lares.

Capítulo 8

Na aconchegante casa de Jorge e Gláucia Figueiró Barreto, o marido se achegou à esposa e disse, sem rodeios:
— Ouvi hoje na rádio a nova música de sua mãe.
— Minha mãe?! – espantou-se Gláucia, estremecendo de leve.
— Sim e achei maravilhosa. Você já a ouviu?
— Não, ainda não. Se ouvi não prestei atenção.
— Pois deveria, é uma canção belíssima. Uma das melhores que ela já gravou.
Gláucia fez que "sim" com a cabeça, sem olhar diretamente para os olhos do marido. Foi então que ele lhe falou, num tom muito diferente do que costumava usar:
— Você acha que está certo, Gláucia? Deixar seus pais sem conhecer os netos?
— Eles fazem parte de um mundo muito diferente do nosso, Jorge.
— Ainda assim são os avós dos nossos filhos. Deveríamos levá-los para eles conhecerem, não acha?
— Acho melhor não.
— Então poderíamos chamá-los para vir aqui em casa. Para um jantar ou um almoço conosco.
— Meus pais não combinam com a vida que levo agora, Jorge, por isso é melhor deixá-los longe de nós. Se os convidarmos uma vez para virem aqui, será o suficiente para que pensem que podem vir sempre que bem quiserem.
— E poderiam, não poderiam?
— Sua mãe nos mataria.
— Mas minha mãe não é a dona da razão, Gláucia.

— Pode não ser, mas ela está certa, certíssima em me aconselhar a me manter afastada dos meus pais, especialmente para o bem dos nossos filhos.

Gláucia lhe apresentou os motivos e Jorginho Figueiró Barreto achou melhor não prolongar o assunto. Assim que pôde, sem que a esposa ou sua mãe soubessem, com a ajuda das babás, ele levou os gêmeos para Maria e Vladimir conhecerem. Pediu, logicamente, as duas moças que o acompanharam, que não dissessem nada a ninguém sobre a visita que fizeram.

Maria e Vladimir mal podiam acreditar quando o viram chegando com os meninos, segurando um em cada braço.

— Jorge... Jorge Figueiró Barreto! — exclamou Vladimir, orgulhoso da presença do rapaz.

— Olá, Seu Vladimir, Dona Maria... Vim trazer seus netos para vocês conhecerem.

— Mas... — Maria imediatamente se rompeu em lágrimas e pegou um dos meninos. — É tão bonitinho, lembra você.

E Vladimir pegou o outro, também muito emocionado, e fez *tigu-tigu*.

— São adoráveis — elogiou Maria.

— São uns amores — concordou Jorge, orgulhoso. — Nunca pensei que a vinda de um filho, ainda mais de dois, ao mesmo tempo, pudesse me trazer tantas alegrias. Sinto-me tão diferente depois que eles nasceram...

— A paternidade realmente transforma um homem — opinou Vladimir, sem deixar de olhar ternamente para o neto em seus braços. — Quando Gláucia nasceu, meu Deus, foi incrível...

Ele não se aguentou mais, chorou feito criança.

— Por falar em Gláucia — perguntou Maria a seguir. — Onde está ela?

O moço, um tanto sem graça, respondeu:

— Infelizmente ela não pôde vir, mas numa próxima, com certeza, a trarei comigo.

Pelos olhos do rapaz e pelo tom que usou, Maria logo percebeu o que estava se passando.

— Ela não sabe que você veio, não é mesmo?

Ele mordeu os lábios sem saber o que dizer.

– É que ela anda envolvida com tanta coisa...
– Eu compreendo.

A fim de alegrar o ambiente, Jorge Figueiró Barreto mudou de assuntou:

– Ouvi a nova canção da senhora que está tocando nas rádios, achei simplesmente maravilhosa.

– Obrigada.

– Vai fazer muito sucesso.

– Assim espero, pois ultimamente está ficando cada vez mais difícil para um cantor da era de ouro da rádio emplacar um sucesso. Uns dizem que essa época estonteante está passando, chegando ao fim.

– Não diga isso. Algo tão maravilhoso assim não pode morrer.

– Num mundo onde tudo que nasce, morre, é de se esperar que esse grande marco da música popular brasileira chegue ao fim. Outros cantores virão, novos estilos de música nascerão. É natural que isso aconteça.

– Mas é uma pena, principalmente para a minha geração e muitas outras que cresceram embalados pelos grandiosos cantores da era dourada do rádio no Brasil.

Assim que Jorge Figueiró Barreto partiu com os filhos, Vladimir, realizado, esparramou-se no sofá.

– Meus netos, tão lindos... Me sinto mais feliz agora que sei que tudo entre nós vai voltar a ser como era.

– Tudo? – espantou-se Maria. – Entre nós, quem, Vladimir?

– Entre nós e nossa filha, Maria.

– Ora, Vladimir, você não ouviu o que ele disse?

– Ouvi, sim, não sou surdo. Disse que nossa adorável Gláucia anda muito ocupada e...

– É mentira! Você não percebeu? Ele trouxe os gêmeos aqui para que os conhecêssemos sem que ela soubesse. Tudo entre nós nunca mais voltará a ser o mesmo, Vladimir, entenda isso.

– Voltará sim, Maria. É uma questão de tempo.

E silenciosamente ele acrescentou só para si: o tempo necessário de eu ganhar na loteria a soma que me fará milionário. Foi como se Maria pudesse ter lido seus pensamentos, pois soube o que ele pensou e, novamente sentiu pena dele, por acreditar na sorte que mais parecia fugir de suas mãos tal como o diabo foge da cruz.

Foi no Centro, com um dos dirigentes, médium cercado de espíritos influentes do bem, que Maria encontrou algum conforto para a tristeza que vinha devastando seu interior nos últimos tempos.

– A felicidade... – desabafou ela, entre lágrimas. – Ando procurando saber onde foi que a perdi. Mesmo com tantas pessoas me adorando como cantora, não consigo ser feliz totalmente.

– Acho que ninguém pode ser feliz totalmente, Maria. Há sempre um "porém", um "senão", um "mas...". Isso não quer dizer que a vida não valha a pena. Vale, sim, e muito! Tanto para aprendermos que podemos ser mais fortes do que a dor que sentimos pela morte de alguém que tanto amamos, quanto para descobrirmos que podemos reparar nossos erros cometidos com a força da alma. Para descobrirmos, também, que podemos dar a volta por cima diante das intempéries da vida.

É pelas tristezas, amarguras e decepções que vivemos ao longo da vida, que podemos compreender que somos mais capazes do que pensamos para no final de cada etapa vencida, dizermos a nós mesmos: obrigado por existir! Graças a minha capacidade e potencial humano, superei e venci obstáculos, evoluí, tornei-me um ser mais amoroso e capaz.

– Obrigado por existir?...

– Sim, Maria: obrigado por existir! Dizemos isso para nós quando reconhecemos nossas capacidades e também para os outros que nos dão amor, afeto e ternura. Que nos auxiliam, de algum modo, abrindo portas e janelas da alma e do coração para nos acolher e, juntamente, seguirmos pela estrada da vida.

– Obrigado por existir... Alguém me disse isso certa vez e, na ocasião, não me dei conta do quanto essa frase, tão pequenina, significava tanto.

– Sim, minha querida, seu significado é gigantesco.

– Só agora percebo.

– Pelo visto, quem lhe disse isso foi uma pessoa muito especial em sua vida, hein?

– Foi sim e, acabou sendo mais tarde, um grande amor. Um amor impossível como muitos que acontecem.

– Vocês nunca mais se viram?
– Não. Ele partiu para o exterior e, desde então, perdemos contato.
– Desculpe a pergunta, mas... Vocês se conheceram antes do seu casamento com o seu marido ou...
– Depois, ou melhor, durante. E foi da forma mais inusitada que poderia ter acontecido. Numa tarde, enquanto eu estendia roupas no varal, cantarolando, hábito que tenho desde menina, minha cantoria alcançou seus ouvidos e o impediu de atentar contra a própria vida. Ele era meu vizinho. Havia voltado para sua casa, após longo período morando noutra cidade.
– Quer dizer que ele ia se matar?!
– Sim. Estava desgostoso demais com a vida e, bem... Meu canto o despertou dessa loucura. A fim de saber quem era a dona daquela voz, ele veio até mim. Foi assim que nos conhecemos.
– Que dom mais maravilhoso o seu, querida. Capaz até de salvar uma vida ou muitas mais por aí, através das ondas do rádio ou por meio dos seus LPs, tocando nas vitrolas.
– O senhor acha?
– Vai me dizer que você nunca se conscientizou a respeito do dom maravilhoso que tem? É fantástico, uma bênção, uma dádiva.
– Mas...
– Agradeça-lhe também por existir em você. Pelo que sei, foi por causa do seu talento para a cantoria que você pôde dar uma vida mais digna para sua mãe e seu irmão. Para si mesma e sua filha.
– Sim.
– Está vendo? Seu dom para cantar é mesmo uma dádiva. Agradeça e parabenize-se. E logicamente a Deus.
– Mas meu dom também me afastou de minha filha e me fez me arrepender de ter me tornado uma cantora.
– Não foi seu dom, minha querida, foram os valores de uma sociedade hipócrita que distanciaram vocês duas. Hipócrita, sim, pois eles próprios se alegram com os discos daqueles que discriminam. Eles próprios, no caso, os casados é que frequentam muitos bordéis espalhados pelo Rio e Brasil afora.
– Mas eles não veem esse lado.
– Eles fingem não ver, porque o que importa para a maioria dessa

classe são as aparências. E não há ditado mais perfeito do que aquele que diz: "As aparências enganam".

Ele refletiu e acrescentou:

— Maria, nunca se revolte contra o dom que Deus lhe deu, agradeça-Lhe sempre por tudo que Ele fez por você.

— Entendo... Confesso que jamais havia me dado conta do quanto minha voz e meu dom para cantar fizeram por mim.

— Sim, muito.

— Por causa da minha filha, acabei me voltando contra a minha arte, o que me deprimiu ainda mais. Primeiro porque cantar é minha vida, depois porque nada disso a trouxe de volta para mim.

— Então, querida, cante... cante muito! Os incomodados que se mudem. Porque a música faz bem a todos, pode transformar vidas como aconteceu com o cavalheiro que foi seu vizinho e muitos mais, tenho a absoluta certeza.

— Você tem razão. Boba eu querer me voltar contra o meu dom de cantar.

Assim, Maria decidiu voltar aos palcos e soltar novamente a voz, mas a era de ouro das cantoras de rádio, infelizmente, decaía rápido enquanto a televisão ia ganhando cada vez mais espaço e popularidade entre os brasileiros.

Apesar de toda fama que ela conseguiu e dos milhares de fãs que conquistou, as gravadoras já não tinham mais interesse em apostar num novo trabalho com Maria dos Reis, o que a deprimiu bastante. O máximo que ela conseguiu foi gravar um EP, com uma faixa inédita de um lado e outra repetida do outro. O mesmo acontecia com outras divas do rádio que, mesmo depois de glorioso e estupendo sucesso, perdiam espaço nas gravadoras e nas rádios.

Certo dia, um artista comentou:

— A vida para um artista é como uma roda gigante. Num dia se está no topo, noutras nas extremidades, muitas vezes embaixo até que o maquinário quebra e não tem mais conserto. A roda está fadada ao ferro velho para sempre.

Maria então passou a aceitar todo tipo de convite para ir cantar em circos, dos mais simples, aos mais luxuosos, evitando apenas os bordéis que tanto a traumatizaram. Chegava a passar horas num ônibus, entre idas e vindas dos locais.

O dinheiro, cada vez mais curto, a impossibilitava de fazer os reparos necessários em sua casa, algo que carecia de urgência. Para ganhar um trocado a mais, Maria levou a mãe, a madrinha e o irmão para morarem com ela e alugou a casa em que eles moravam. Com o dinheiro do aluguel, mais o que Dona Augusta recebia com a casa que alugava em Campinas, pretendiam pagar pelo menos as despesas básicas dos três.

– Filha... – disse Ofélia, certo dia. – Que vida mais ingrata a nossa, não? Depois de tudo o que fazemos, não podemos gozar de uma velhice em condições dignas. Ainda mais você que foi tão famosa.

– Pelo menos temos esta casa para nos abrigar, mamãe.

– Mas sua renda mensal está tão baixa. Até quando você vai continuar sendo contratada para cantar?

– Quando eu não puder mais cantar, eu me viro de outro jeito. Há sempre um, nem que seja lavar roupa para fora. O importante é continuar, mantendo-me digna como sempre.

– Agora, mais do que nunca, é que o seu marido deveria trabalhar. É o mínimo que poderia fazer em troca dos anos que você trabalhou como louca para sustentar todos. Gláucia já cresceu, não mora mais aqui, não há mais desculpa para ele não trabalhar.

– Não conte com o Vladimir, mamãe. Eu não conto mais, há muito tempo. Ele nunca há de trabalhar. Vai morrer acreditando que vai ganhar na loteria, ficando milionário da noite para o dia.

– É um vagabundo mesmo. Vagabundo e sonhador...

Maria não disse mais nada.

Ao saber da festa de aniversário dos netos, Vladimir seguiu para a mansão dos Figueiró Barreto onde ficou de longe, observando a festa, por entre as grades que protegiam o local. Logo um segurança o avistou e foi tirar satisfações. Vladimir partiu dali, afugentado de forma ríspida e indelicada. Ao chegar a sua casa, Maria percebeu de imediato que havia acontecido algo de errado com ele.

– Onde você estava, Vladimir?

– Saí por aí...

– Aconteceu alguma coisa?

– Não, nada não.

– Então por que não me olha nos olhos?

301

Ele riu, forçado, e tentou mudar de assunto.

– Você chegou chorando, chorando, sim, que eu vi.

– Foi nada, Maria. Foi apenas um cisco que entrou nos meus olhos.

– Nos dois, ao mesmo tempo?

– Está bem, eu estava chorando, sim, qual o problema? Homem também chora, sabia? Esse papo de que homem não chora é pura bobagem.

– Sei bem que homem chora, só queria saber por que você estava chorando.

– Sei lá, fiquei emocionado de repente.

– Seria porque hoje é o aniversário dos gêmeos?

– Ah, então você também se lembrou?

– É lógico que sim e soube, também, que está tendo uma festança para os dois na mansão dos Figueiró Barreto.

– Como soube?

– As colunas sociais deram a notícia.

Ele abaixou a cabeça e Maria arriscou um palpite.

– Você foi até lá, não foi? Pensou que se Gláucia o visse ou soubesse que estava no portão, permitiria sua entrada, não é mesmo? Pelo seu estado, já sei que foi isso mesmo o que aconteceu. Pra que se humilhar para aquela gente, Vladimir?

– Gláucia não tem culpa, Maria. Nunca a culpe por nada. Nossa Gláucia foi apenas vítima desse meu destino infeliz e sem sorte que tive. Se eu tivesse ganhado na loteria, tudo teria sido diferente.

– Não, Vladimir, não teria. Para aquela gente eu ainda continuaria sendo uma rameira por ter sido cantora e você, um novo rico, sem berço e sem sobrenome de requinte. Veja o que eles fizeram com a Cândida, e o Adamastor é um homem extremamente rico.

– Mas ela foi uma prostituta.

– E só porque foi, não tem direito de viver em sociedade, com o mesmo respeito que todos merecem ter? Aquela gente me enoja, isso sim. Eu trocaria todos eles por Cândida, que sempre foi minha amiga, uma mulher e tanto, posta na rua no meio da noite, grávida, e pelo próprio pai. Talvez, se tivéssemos sido mais autoritários com a Gláucia e não permissivos como fomos, ela teria nos respeitado mais. Teria agido dignamente conosco e, especialmente com você, que tanto se dedicou a ela; até mais do que eu, que vivi a vida toda, distante, por causa da minha carreira de cantora.

— Repito o que disse há pouco, Maria. Não culpe a nossa pequena. Ela não merece. Não, nunca! A única culpada nisso tudo foi a nossa falta de sorte, a minha, em especial.

Desse dia em diante, Vladimir passou a jogar na loteria com mais assiduidade, cada vez mais desesperado para fazer os treze pontos e poder mudar de vida, ser aceito, enfim, pelo mundo que a filha agora pertencia. Quanto mais aumentava sua ansiedade por ganhar o prêmio máximo, mais e mais sua saúde se fragilizava. Um dia, um enfarto fulminante o levou para o hospital e foi durante os exames que foi constatado uma doença terminal. A notícia pegou Maria totalmente desprevenida.

— Você vai contar a ele a verdade? — questionou Cândida, assim que Maria a pôs a par da triste notícia.

— Eu não sei... O que você faria?

— Também estou em dúvida. Agora, você tem de avisar a Gláucia. Ele é pai dela.

— Já pensei nisso.

— Então faça o que manda o seu coração, Maria.

E Maria fez o que devia, ligou para a casa da filha e como ela não estava, deixou o recado com a empregada. Os dias se passaram e visto que Gláucia não retornou a ligação, Maria acabou achando que ela não havia recebido o recado e, por isso, ligou novamente.

— Gláucia — falou Maria, diretamente. — Seu pai está muito doente...

— Eu sei — respondeu a moça sem nenhum laivo de compaixão. — Recebi o recado.

— Recebeu?! E não me retornou?

— O que a senhora espera que eu faça? Não posso ir ao hospital visitá-lo, hospitais são locais repletos de vírus, tenho filhos, não quero que peguem nada de ruim.

— Mas, Gláucia, seu pai...

— Mande-lhe lembranças. Quando ele estiver melhor eu o visitarei...

— Gláucia, seu pai está nas últimas.

— Ele é moço demais para morrer.

— Ouça bem o que lhe digo, Gláucia, se não vier agora, depois será tarde demais.

Sem esperar por uma resposta definitiva, Maria recolocou o fone no gancho e se escorou contra a parede, chorando, repentinamente, e convulsivamente.

Quando Cândida, Claudete, Ofélia e Augusta souberam da breve conversa entre Gláucia e Maria, arrepiaram-se de choque e decepção.

— Meu Deus, o que aconteceu com aquela menina? – horrorizou-se Augusta.

Ao que Cândida respondeu rapidamente:

— Gerusa Figueiró Barreto fez uma lavagem cerebral nela, coitadinha.

— Ninguém faz uma lavagem cerebral num espírito forte – opinou Maria, de acordo com o que vinha aprendendo no Centro Espírita que frequentava. – Gláucia é, infelizmente, o que chamam de espírito fraco.

— Não fique assim, Maria, ela há de cair em si, você vai ver – opinou Claudete, querendo muito acreditar no que dizia.

Andressa, ao saber do acontecido, prontificou-se a ir falar com Gláucia, mas Maria a desaconselhou no mesmo instante:

— Se for até lá, será humilhada novamente pela Gláucia e, especialmente, pela sogra dela, se estiver por lá. Além do mais, Gláucia é quem tem de procurá-la primeiramente, para lhe pedir perdão pelo que fez a sua mãe.

— Isso não pode estar acontecendo. Gláucia não pode ter se transformado numa moça insensível assim.

— As pessoas mudam, minha querida. Por dinheiro, muito mais!

— Eu e mamãe ficamos bem de vida e, mesmo assim, continuamos sendo as mesmas pessoas humanas de sempre.

— É o que eu disse para sua mãe outro dia: você e ela são espíritos fortes.

— Dona Maria, eu sinto muito. Que *barra* a senhora está passando.

— Mais uma dentre tantas que hei de superar, com a graça de Deus, você verá. Todos hão de ver!

Na próxima ida de Maria ao hospital, Vladimir, acamado e abatido, perguntou o que já não podia mais calar em seu coração:

— Cadê a Gláucia, por que ela ainda não veio me ver?

Maria achou melhor fazer uso da mentira, para evitar que ele se ferisse ainda mais, diante do que estava passando.

— Gláucia foi viajar, Vladimir, para o exterior, se não me engano. Não ficou sabendo do seu estado.

— Que pena! Preciso muito vê-la. Antes que...

— Não diga isso.

— Tenho de se realista, me sinto cada vez mais fraco.

— Vai passar...

Maria novamente se viu com muita pena do marido e revoltada, mais uma vez, com a insensibilidade da filha.

Horas depois, naquele mesmo dia, o melhor amigo de jogatina de Vladimir foi lhe fazer uma visita. Foi com ele que Vladimir pôde desabafar um pouco mais:

— Foi tudo culpa da minha falta de sorte, Silas... Se eu tivesse ganhado na loteria teria sido tudo diferente.

— Sorte, Vladimir?! Se tem um cara de sorte que conheço, é você, meu camarada. Casou-se com uma cantora querida por todas, prestigiadíssima, até no exterior. Foi sempre sustentado por ela, teve uma filha linda e sadia. A sorte sempre o acompanhou, você é que não se deu conta do fato. A sorte sempre esteve em você tanto quanto a pretensão de que, ganhando na loteria você realmente seria um homem de sorte. Para mim, meu caro, você já ganhou na loteria há muito, muito tempo atrás.

E o amigo tinha toda razão, mas Vladimir não reconhecia o fato, talvez jamais reconhecesse. Nem mesmo do outro lado da vida.

— Você poderia me fazer um favor? — pediu Vladimir a seguir. — Ligar para a casa da minha filha para saber se já voltaram do exterior? Anote o número.

O sujeito voltou meia hora depois dizendo que falara com a empregada e que Gláucia Figueiró Barreto se encontrava na casa. Quando lhe perguntou quando ela voltara de viagem, a funcionária respondeu que ela jamais estivera viajando nos últimos tempos.

– Quem foi que lhe disse que ela havia viajado? – perguntou o amigo a Vladimir.

– Foi a Maria... – respondeu ele, pensativo.

– Que estranho...

– Estranho que nada. Ela fez de propósito, para encobrir o fato de que ela não avisou nossa filha a respeito do meu estado de saúde.

– Por que ela faria isso?

– De raiva pelo que ela nos fez desde que ficou noiva de Jorge Figueiró Barreto.

– A Maria realmente faria uma coisa dessas?

– Nunca ouviu dizer que as mulheres são rancorosas?

– Bem...

Assim que Maria foi visitá-lo novamente no hospital, Vladimir lhe contou tudo o que havia descoberto a respeito de Gláucia e a conclusão que chegou por ela não ter ido visitá-lo até então. Diante da situação, Maria se viu forçada a lhe contar toda a verdade:

– Eu não quis lhe contar a verdade, antes, Vladimir, para não deprimi-lo, mas agora...

– E qual é a verdade, Maria?

– Preciso mesmo dizer? Será que no íntimo você já não sabe? Não está querendo se iludir porque dói demais?

– Maria, onde você está querendo chegar?

– Reflita bem, Vladimir. Foi Gláucia que não quis vir vê-lo. Por medo de ser contaminada por alguma virose e passar para os filhos...

– Então foi por causa dos filhos que ela não veio. Está explicado! – ele riu, respirando aliviado.

– Será mesmo, Vladimir?

– É lógico que foi, Maria!

Ele abaixou a cabeça, lançando o olhar para o nada. Maria novamente se sentiu penalizada diante do seu drama.

Enquanto isso, na casa de Gláucia, Gerusa aconselhava mais uma vez a nora, dominada por sua lábia:

– Não vá ver seu pai em hipótese alguma, Gláucia. Ele está usando a doença para ter uma aproximação de você e de seus filhos.

— A senhora acha?

— Pode apostar! Se for, além do mais, estará pondo em risco a saúde das suas crianças. Não existe pior lugar para se contaminar com uma doença transmissível do que num hospital.

E Gláucia assentiu mais uma vez, como um cordeirinho.

Quando os médicos informaram Maria que o quadro de saúde de Vladimir havia se agravado, que não havia mais nada a ser feito para reverter a situação, Maria passou a ficar mais tempo ao seu lado, no hospital, para lhe transmitir algum apoio num momento tão difícil como aquele. Foi então que ele tomou finalmente coragem de dizer a ela, algo que há dias ansiava dizer:

— Maria...

Sua voz estava tão fraca que mal podia ouvi-lo direito.

— Sim, Vladimir, o que é?

Ele procurou pela mão dela, entrelaçou a sua e com sinceridade falou:

— Estou morrendo, Maria, morrendo... Mas antes, eu preciso lhe pedir perdão. Perdão por eu ter atrasado a sua vida. Por ter sido um péssimo marido.

— Você foi o que foi, Vladimir... Apenas o que foi.

— Eu poderia ter sido melhor, bem melhor.

— Talvez...

— Mas de uma coisa você pode estar certa, eu a amei loucamente desde o primeiro instante em que a vi e a desejei como minha mulher e mãe dos meus filhos. Ah, sim, Maria eu a amei mais do que tudo.

Ela segurou firme a mão dele e a beijou, vertendo-se em lágrimas.

— Você me deu uma filha maravilhosa, sou eternamente grata a você por isso e por tudo mais que me propiciou. Sem você, cuidando dela todas as noites, eu não teria tido a chance de cantar na noite, sossegada. Obrigada por tudo, Vladimir. Obrigada por existir.

Com carinho ela lhe beijou a testa enquanto ele fechava os olhos, lacrimejantes e suspirava.

Quando os enfermeiros chegaram para trocá-lo, Maria aproveitou para ir à lanchonete do hospital, comer alguma coisinha. Antes de entrar no local, ficou a admirar o céu, por alguns minutos, enquanto repassava na memória tudo o que o marido havia lhe dito há pouco. Dito com tanta emoção e sinceridade.

Vladimir, de olhos fechados, relembrava os bons momentos que passara ao lado da esposa e da filha, recordava-se também das promessas que lhes fizera e nunca cumpriu. Quando a porta se abriu e uma rajada de vento invadiu o ambiente, balançando as cortinas sobre a janela, o agito o fez reabrir os olhos e sorrir diante da visita que o surpreendeu com a sua chegada.

– Gláucia, filha, você veio... – murmurou ele, emocionado. – Eu esperei tanto por você. Cheguei até a pensar que não viria... Venha, aproxime-se da cama, dê-me a mão. Não precisa me dizer nada, não. Sua presença já é o suficiente para matar um pouco da saudade que eu estava de você.

Ele suspirou e prosseguiu:

– Ah, filha, eu a amei desde o primeiro instante em que soube que nasceria. Desde o primeiro momento em que a vi, bebezinha, ainda manchadinha de sangue, linda... Sim, Gláucia, você era linda, simplesmente linda. A criança mais linda do planeta.

– Não exagere, papai...

– Não é exagero algum, é a mais pura verdade. Eu a amo tanto, tanto...

Ele levou a mão dela até onde sua boca pudesse alcançar seu dorso e a beijou.

– Ah, como eu estou feliz... Há muito, muito tempo que não me sentia tão feliz assim. Agora já posso morrer em paz. Seguir a luz, se houver realmente alguma para eu seguir.

– O senhor é ainda muito moço para morrer.

– Sou, mas me sinto velho e cansado, muito velho e cansado.

Minutos depois, Maria voltava ao quarto e se surpreendia, ao encontrar Vladimir, transparecendo mais serenidade e vitalidade.

– Agora eu já posso ir, Maria, Gláucia esteve aqui e voltou tudo as boas entre nós.

– Gláucia, aqui? Quando, a que horas? – surpreendeu-se Maria, voltando os olhos para a porta.

– Agora mesmo, ela acabou de sair.

— Mas eu não cruzei com ela pelo corredor... Tem certeza de que não sonhou?

— Não, era ela mesma. Em carne e osso. Pediu-me perdão por não ter vindo antes. E eu lhe perdoei, é claro. Que pai não perdoaria a sua filha?

Maria engoliu em seco, ainda acreditando que tudo o que o marido vivera há pouco com a filha não passara de simples projeção da sua mente.

Quando Vladimir desencarnou, ainda que já fosse esperado, Maria recebeu a notícia como um grande golpe. Cândida a confortou em seus braços.

— Ele não era mau, Cândida... — desabafou ela com a amiga. — No fundo eu o amava, pela filha que ele me deu, apesar das desilusões que tivemos com ela. Ele morreu pensando que Gláucia esteve aqui, sabe?

— E não esteve?

— Não. Foi tudo projeção da mente dele, por ser o que mais desejava nos seus últimos momentos de vida.

— Mas foi melhor assim, Maria. Acredite. Pelo menos ele morreu feliz por ter revisto a filha.

— Sim, mas...

— Mas...

— Ora, Cândida, você tal como eu, já estudamos um bocado sobre morte e espírito e sabemos que a vida não termina com a morte. Se não termina, cedo ou tarde, o espírito do Vladimir vai saber que a filha nunca foi vê-lo no hospital. Que tudo não passou de um delírio seu. Ele pode se revoltar com isso.

— Sim, mas...

— Não vai me dizer que você é mais uma daquelas pessoas que frequenta um Centro ou uma igreja, reza um bocado, mas no fundo não acredita em nada do que aprendem ali.

— Poxa, essa doeu.

Risos e Cândida completou:

— Ao contrário do Vladimir, duvido que meu pai desejasse me ver em seu leito de morte. Por isso digo que Gláucia teve um pai de ouro, apesar de ter sido um sonhador inveterado e preguiçoso para o trabalho.

— Trabalho? Ele nunca trabalhou.

Risos.

— Deixa eu bater na minha boca. Onde já se viu eu falar assim de quem acabou de morrer?

— Não foi por mal. Se o Vladimir realmente vive agora como espírito e ouviu o que você disse, ele há de perdoar-lhe.

O rosto de Cândida tornou-se sério então.

— E quanto a Gláucia, você vai...

— Não! Logo as rádios estarão dando a manchete da morte de meu marido e a imprensa escrita noticiará o mesmo amanhã, assim ela há de ficar sabendo. Se ela quiser ir ao velório e ao enterro do pai, que vá, de livre e espontânea vontade.

No sepultamento de Vladimir Abujamra estavam presentes alguns de seus amigos, no mais, a maioria dos presentes era composta pelos amigos e fãs de Maria dos Reis.

Quando Jorginho Figueiró Barreto leu a notícia no jornal, já era manhã do dia seguinte. Ao contar à esposa, Gláucia se recusou a acreditar.

— O quê? Não pode ser.

— Mas é, Gláucia. Está escrito aqui. Leia você mesma.

A moça leu, atentamente, e se horrorizou.

— Não posso acreditar que meu pai... tão moço tenha...

— Diz aí que ele já estava internado há semanas. Você não sabia?

— Sabia.

— Sabia e não foi vê-lo?

— Ora, Jorginho, por causa das crianças. Hospitais transmitem doenças, eu poderia pegar algo e transmitir a elas. Foi sua mãe quem me aconselhou...

— Mas ele era seu pai, Gláucia. Seu pai! Você tinha de ter ido de todo o jeito.

A moça engoliu em seco, assustada também no momento pela reação do marido.

Capítulo 9

Haviam se passado dois meses desde a morte de Vladimir Abujamra e numa ensolarada manhã primaveril, Jorge Figueiró Barreto decidiu novamente abordar um assunto com a esposa, um que há muito queria discutir a respeito:

— Penso que as crianças deveriam se aproximar de sua mãe, Gláucia. Ela já não está mais no auge. Já não canta onde cantava, que mal tem que nossos filhos entrem em contato com ela?

— Quando ela tiver caído totalmente no esquecimento aí, quem sabe...

— É isso que você deseja para sua mãe, Gláucia? Que ela caia no esquecimento, no ostracismo, depois de ter encantado gerações e mais gerações com sua voz e com o seu talento? Jamais pensei que chegaria a esse ponto, Gláucia. Jamais!

— É que...

— Não diga mais nada, é melhor.

Sem mais, ele deixou o aposento e seguiu para o jardim, para ficar com os filhos que acompanhados das babás brincavam ali. Gláucia sentiu um aperto no estômago, uma quentura estranha na nuca que a fez se dirigir até cozinha para beber algo para refrescar a garganta. Bebia um copo de suco de laranja quando avistou alguém do seu lado direito pelo canto do olho. A visão fez com que se virasse rapidamente na direção, pensando ser o marido e quando não viu ninguém, um frio súbito percorreu-lhe a alma.

— Jorge... — murmurou ela, voltando para a sala e foi quando novamente teve a impressão de que havia alguém ali, a sua direita. Só que dessa vez, ela observou quem era, antes de se virar, e o que

descobriu a fez soltar o copo que carregava e gritar. A empregada rapidamente correu até ela para saber o que havia acontecido:
— Dona Gláucia? O que houve?
Ela, trêmula e vermelha, respondeu:
— Nada, nada não. Apenas me assustei com o balanço das cortinas.
— Vou catar os cacos antes que alguém se machuque — adiantou-se a mulher, seguindo em direção da lavanderia e deixando Gláucia parada no mesmo lugar como que petrificada.
Novamente ela olhou para o local onde havia visto o que lhe pareceu ser seu pai. Então, concentrou-se na cortina que realmente balançava à brisa e preferiu acreditar que fora ela que a apavorara tanto.

Nos dias que se seguiram, a sensação de que estava sendo vigiada por olhos invisíveis se tornou cada vez mais forte para Gláucia Figueiró Barreto. Assustava-se constantemente e procurava disfarçar seus temores. Começava a sentir vergonha do que se passava consigo e procurava, a todo custo, esconder seus tormentos do marido que até então nada suspeitava de seus temores.

Nesse ínterim, Maria se dedicou mais à mãe, ao irmão e à madrinha na esperança também de acalentar seu coração sofrido diante dos últimos acontecimentos de sua vida.

Enquanto isso, Gláucia se via cada dia mais aflita e angustiada com a crescente sensação de que era vigiada por olhos invisíveis de alguém do outro mundo. Ela estava novamente na sala de sua casa, só, procurando se entreter com uma revista, quando avistou novamente a figura de um homem muito semelhante a seu pai, andando pelo jardim da casa. Imediatamente ela se levantou e seguiu para lá.
— Havia um homem aqui fora, não havia? Vocês não o viram?
As babás negaram com a cabeça.
— Como não?
E Gláucia correu atrás da empregada para lhe perguntar o mesmo.
— Um homem, aqui? A senhora quer dizer um estranho?

– Sim, sim, um estranho.

– Eu não vi.

O rosto de Gláucia murchou enquanto a mulher, muito delicadamente, tomou coragem de lhe dizer:

– Dona Gláucia, se a senhora me permite dizer... Eu aconselharia a senhora a visitar um Centro Espírita.

– Um Centro?

– Sim, senhora. Essas visões podem ser sinal de que a senhora está com a mediunidade aflorando.

– Mediunidade?! Não, isso não. Não tem cabimento.

– Antes de negar, procure maiores informações num Centro. Fará bem à senhora, acredite.

– Vou pensar no assunto. Obrigada.

Ao comentar com a sogra, Gerusa se opôs terminantemente à ideia.

– O que é isso, Gláucia? Onde já se viu você, uma mulher que faz parte agora da alta sociedade, católica de nascença, visitando um lugar desse tipo? Não tem cabimento. Não ouse pôr os pés um lugar desses, ouviu? Não quero me aborrecer com você.

– E quanto às visões, Dona Gerusa? Eu continuou vendo gente que ninguém mais vê.

– Impressão sua, meu anjo. Sinal de que está precisando fazer uma viagem bem gostosa ao lado de seu marido. Voltará novinha em folha.

Gláucia mais uma vez preferiu acreditar que a sogra estava certa.

Foram as empregadas que contaram a Jorginho a respeito dos achaques da patroa em relação ao que ela dizia ver e mais ninguém via. Logo, ele compreendeu que o que vinha atormentando a esposa, era, sem dúvida alguma, o remorso por não ter ido visitar o pai em seu leito de morte. Era o remorso coligado ao sentimento de culpa que lhe provocavam tais visões assustadoras.

Ela até então não havia comentado com ele, por ser, certamente, vergonhoso para ela, falar a respeito, admitir que se sentia culpada por não ter ido visitar o pai que tanto fez por ela.

— Gláucia, meu amor — falou Jorginho, certo dia, preparando-se para abordar o assunto delicado com a esposa. — Soube que anda tendo visões assustadoras...

— Quem lhe contou isso?! Foram as empregadas e as babás, não foram? Linguarudas.

— Meu amor, sou seu marido. Deve compartilhar seus temores comigo para que juntos possamos encontrar uma solução.

Ela abaixou os olhos, respirou fundo e finalmente se abriu:

— Você tem razão, meu amor. Estamos casados para compartilhar alegrias e tristezas, não é mesmo?

— Então...

— É meu pai, Jorginho... É ele que tenho visto perambulando pela casa. Chego até a me arrepiar só de falar nisso. Ui!

— Acalme-se!

— Tento e não consigo. O espírito dele me ronda, chateado por eu não ter atendido ao seu último desejo. É isso o que mais me apavora.

Ao sugerir a esposa que visitasse um Centro, na esperança de encontrar alguma ajuda para seus tormentos, Gláucia repudiou a sugestão do marido no mesmo instante:

— Além da sua mãe não aprovar, eu, bem... não me sentiria bem num lugar desses. Se algum conhecido me vir, logo fará fofoca de minha ida ao local. O que será extremamente vergonhoso para mim.

— Gláucia, você se preocupa muito com o que minha mãe vai pensar e com que os outros vão pensar. As pessoas não são perfeitas, apenas aparentam ser. Minha mãe também não é perfeita, se fosse não discriminaria aqueles que não tiveram a mesma sorte de nascer com sobrenomes requintados e influentes na sociedade.

— Sua mãe defende a alta sociedade porque sabe bem que sem ela não somos nada.

— Eu sei... Infelizmente isso é verdade.

— Então não me critique.

— O pior crítico, Gláucia, é você mesma consigo mesma.

E a moça voltou a olhar para o marido, com olhos arregalados, pensativa.

Dias depois, Maria recebeu um produtor de shows em sua casa.

Um cavalheiro empolgado e ansioso para lhe dar uma grande notícia.

– Você recebeu um convite para uma apresentação em Portugal, Maria!

– Jura?!

Maria ficou realmente feliz e surpresa, visto que se tornavam cada vez mais escassos os convites para shows com sua pessoa.

– E então, você vai? – perguntou o produtor, entusiasmado.

Só então Maria caiu em si. Havia a mãe, o irmão e Dona Augusta que ela não podia deixar sozinhos. As duas senhoras, na idade em que se encontravam, já não tinham mais condições de arcar com os afazeres da casa e em torno de Jonas, sozinhas. Desde que haviam se mudado para ali, era Maria quem comandava tudo e com uma mão de Vladimir, quando este ainda estava vivo.

– Maria é uma oportunidade única. Você tem de ir!

– Mas minha mãe, meu irmão e minha madrinha... Não posso deixá-los sozinhos e também não tenho como pagar para alguém cuidar deles. Estou financeiramente a zero. O resto de minhas economias, gastei no hospital com o meu marido.

– Por isso é importante que você faça esse show em Portugal, o qual pode lhe abrir portas por lá.

Ofélia voltou-se para filha e foi direta:

– Ele tem razão, Maria. Você tem de ir, sim! De qualquer forma.

– E quanto a vocês, mamãe?

O produtor sugeriu:

– Talvez consigamos alguém que os ajude voluntariamente. Tem sempre gente disposta a isso. Já sei, vou ver no Centro que frequento. Lá devemos conseguir alguém e de confiança.

– Está bem.

E assim ele fez.

O Centro Espírita que o produtor frequentava era o mesmo que a empregada da casa de Gláucia e Jorginho frequentavam. Por isso ela ficou sabendo da necessidade de Maria e tomou a liberdade de contar ao patrão que sempre lhe pareceu mais aberto a sugestões e solidário a todos.

Naquele mesmo dia, Jorginho contou a Gláucia o que descobriu por meio da empregada.

– Soube que sua mãe está precisando de alguém para ficar com sua avó, seu tio e sua madrinha... Parece que ela precisa viajar e não tem com quem deixá-los.

Ele tomou as mãos dela e a fez encará-lo, para que prestasse muita atenção ao que tinha de dizer:

– Gláucia esta aí uma ótima oportunidade para você agradar o espírito do seu pai. Talvez seja por isso que ele venha rodeando você. Para que vá ajudar sua mãe nessa hora tão necessitada.

– Eu? Como? Tenho meus filhos...

– Mas nós temos babás para cuidar deles.

– Não, eu não!

– Vou dar-lhe um tempo para refletir. Mas não demore muito, certas coisas carecem de urgência.

Receoso de que a esposa não tomasse uma decisão tão cedo, Jorginho Figueiró decidiu agir por conta própria. No dia seguinte, logo pela manhã, Jorge apareceu de surpresa na casa de Maria.

– Olá, Dona Maria, como vai?

– Jorge? Aconteceu alguma coisa com...

– Não, ela está bem e seus netos também. Vim porque soube que está precisando de alguém para ficar com sua mãe e seu irmão...

– Sim, é verdade.

– Pois bem, quero me pôr à disposição para qualquer eventualidade. Caso precisem ser levados para um hospital, em caso de uma emergência, a senhora sabe... E também levá-los para um passeio... Se ficarem fechados aqui até a senhora voltar, vão mofar.

Risos.

– Há muito que não saem. Não para longe. O máximo que faço é levá-los para dar umas voltas com a cadeira de rodas em torno do quarteirão. Não tenho mais carro... Minha situação financeira não é das melhores.

– Eu sinto muito.

– Mas agradeço imensamente a sua colaboração. Entre, tome um café comigo.

Ele aceitou e foi nesse instante que contou à sogra sobre as visões que vinham atormentando Gláucia nos últimos tempos. Maria ficou a se perguntar, desde então, se era realmente o espírito do pai que a filha estava vendo. Se fosse realmente, ele a procurou para revê-la, não para atormentá-la.

Assim que Jorginho partiu, Ofélia opinou:
– Bem feito pra Gláucia! Ela merece!
– Mamãe!
– Ora, Maria, Gláucia tem sido uma ingrata para com todos nós. Isso não é certo, nunca foi.
– Eu sei, mas não queria vê-la, sofrendo.
– Nenhuma mãe quer, filha... Mas aqui se faz aqui se paga, não é isso o que dizem?

Maria e Augusta, também presente no recinto, se entreolharam.

Assim que Claudete soube da necessidade de Maria, por intermédio de Cândida, as duas correram para sua casa.
– Maria! – exaltou-se Claudete. – Como é que você não me fala nada, quando está precisando de ajuda?
– Não quis aborrecê-la, Claudete. Sei que todos têm seus afazeres e...
– Querida, depois que fechei o bordel, tenho tido tempo de sobra para ajudar amigas como você. Faça essa viagem, eu cuidarei da sua mãe, do seu irmão e de Dona Augusta, numa boa.

Cândida falou a seguir:
– A Rosália, minha empregada, você sabe, pode também vir aqui dar uma ajeitadinha na casa. O que ela fará com muito gosto, pois é também sua fã, conhece todas as suas músicas na ponta da língua.
– Jura?! Que bom! Ficou feliz.
– O importante é que você não perca essa chance – arrematou Claudete, decidida.

E diante de tantos lhe prestando auxílio, Maria partiu para Portugal, sentindo-se mais segura e à vontade para cantar como um talentoso sabiá.
– Portugal... Europa... Quem diria que um dia eu sobrevoaria o Oceano Atlântico para cantar em terras tão distantes?

Do aeroporto até o hotel reservado para ela, Maria se deslumbrou com a beleza de Lisboa. Era definitivamente uma cidade aconchegante e carismática.

Na sua noite de estreia em Lisboa, Maria estava tão ansiosa quanto a primeira vez em que subiu num palco. Seu medo de desafinar, de não alcançar as notas mais agudas lhe apunhalavam a alma.

– Calma, minha querida, vai dar tudo certo. Não se preocupe – seu produtor tentou tranquilizá-la.

Finalmente estava tudo pronto para a grande noite. Ainda que achasse a casa de shows silenciosa demais, algo atípico, ela subiu ao palco e se preparou para mostrar todo o seu talento. Quando as cortinas se abriram, seu espanto foi total. Não havia ninguém na plateia a não ser um sujeito, sentado a certa distância do palco. O produtor foi até ela e disse:

– Ele pagou por um show inteiro, Maria, um show só para ele. Finja que o local está lotado, caso se sinta desconfortável em cantar para só uma pessoa só.

– Farei.

No repertório do show daquela noite, havia canções que consagraram Maria dos Reis e, também, muitas das que consagraram outras vozes da era de ouro do rádio no Brasil.

Ao cantar a primeira frase da canção "Carinhoso", Maria finalmente enxergou com mais clareza, o rosto daquele que assistia ao seu espetáculo com tanto interesse.

– Meu coração, não sei por que... – atrapalhou-se ela – bate feliz... quando...

Ela calou-se por definitivo. Mal podia acreditar que estava novamente de frente para Alfredo Passos.

– V-você... – balbuciou ela ao microfone.

Automaticamente, seus olhos umedeceram, e com voz trêmula devido a forte emoção ela prosseguiu. Na canção seguinte, já não havia mais o tremor na voz, só mesmo a alegria pelo reencontro com o homem que marcara tanto a sua vida.

Quando o show teve fim, ela desceu do palco e foi até ele.

– Que surpresa! – exclamou, ao se juntar a ele.

– Como vai, Maria?

– Quanto tempo...

– Anos... E sua voz continua magnífica.

– Obrigada.

– Aceita jantar comigo?
– Aceito, aceito sim.
Após se sentar à mesa e fazer os pedidos, Alfredo Passos voltou a admirar sua acompanhante. Disse:
– Você continua linda e perfeita como cantora e como mulher.
– Que nada!
– Não sou de mentir e, pelo visto, você continua tendo dificuldades para aceitar elogios. O que não deveria, afinal, é uma cantora que vive coberta deles.
Ela se avermelhou como de hábito.
– Você também continua conservado.
– São seus olhos.
– Pelo visto você também está com dificuldades para aceitar elogios, hein?
Risos.
– E sua vida, Maria? Como tem sido?
– Passei por períodos bem difíceis. Na verdade, ainda passo. Perdi meu marido, de uma forma muito triste, minha filha se afastou de nós por preconceito e minha fama desmoronou nos últimos anos.
– Sua fama?!
– Sim. Depois que minha filha se afastou de nós, por eu ser uma cantora o que na alta sociedade significa o mesmo que ser uma devassa ou prostituta, voltei-me contra minha arte e me afastei totalmente dela.
– Maria...
– Pois é. Quando me arrependi do que fiz, descobri a duras penas, que as cantoras de rádio já não são mais populares como antes, as novas gerações se interessam por outro tipo de música. O pior é que os meus gastos continuam os mesmos, se é que me entende?
– É claro que sim, minha querida.
– Por isso aceitei vir fazer esse show em Portugal. Precisava muito do dinheiro que me pagariam por ele.
– Que bom que pude ajudá-la.
– Muito! Obrigada.
– Saiba que você ainda tem a mim, Maria. Disso você pode estar certa.
– Obrigada. Suas palavras me comovem.

Houve uma pausa até ela acrescentar:

— Não foi fácil perder minha filha para um mundo que eu não podia lhe oferecer. O desprezo de uma filha para com a mãe é doloroso demais. Isso fez com que eu me apegasse ao Vladimir nos últimos tempos, por ele ser meu único elo com minha Gláucia.

Alfredo Passos tocou sua mão, por sobre a mesa, procurando lhe dar algum conforto. Maria então resumiu os últimos acontecimentos, envolvendo Gláucia e Vladimir.

— Que triste... Quer dizer que ela não foi ver o pai que tanto a adorava?

— Não, mesmo depois de tudo que ele fez por ela. Vladimir foi realmente um pai fenomenal para ela.

— Inacreditável. O pior é que isso acontece com muitas famílias. Os pais dão tudo pelos filhos e quando eles crescem, passam a ignorá-los ou usá-los quando lhes é conveniente para cuidar dos netos. Quando não lhes interessam mais, especialmente quando os netos já cresceram, os filhos passam a considerá-los um estorvo em suas vidas. É muita falta de consideração, respeito e gratidão. Porque as gerações novas só pensam nas novas e desprezam as velhas, esquecendo que sem as velhas, entre aspas, não haveria as novas. Por isso admiro os orientais, que valorizam seus antepassados, pois sem eles não seríamos nada, absolutamente nada nesta vida.

Ele molhou os lábios com um refresco e prosseguiu:

— Penso que o desprezo para com os mais velhos tende a piorar com o avanço dos anos.

— O futuro traz melhorias, mas infelizmente apaga da memória de todos muitos dos heróis por trás das novas conquistas. E é desprezo em cima de desprezo e assim caminha a humanidade.

Ele tomou ar, relaxou a musculatura e falou, sorrindo:

— Mas deixemos de lado, por hora, as injustiças que ladeiam este mundo para usufruirmos do nosso reencontro. Um reencontro tão ansiado, pelo menos da minha parte.

E Maria se avermelhou toda, novamente, provocando risos em Alfredo Passos.

— Agora diga-me, com sinceridade, onde estava você com a cabeça para pagar por um show meu, somente para você assistir?

— Na saudade, Maria. Na saudade que sinto de você e arde forte dentro de mim.

— Quer dizer então que você pagou...

— Calma aí, você ainda fará os shows. O de hoje foi apenas para nos reencontramos e podermos conversar mais à vontade. Os demais já estão praticamente com os ingressos esgotados. Será fenomenal e já estou fechando outros locais na Espanha, França e Suíça.

— Mas eu tenho minha mãe, meu irmão e minha madrinha... Se bem que eles ficaram em boa companhia.

— Sei que sim. E sei também que se você perguntar a eles se deve aceitar ou não fazer essa maratona de shows pela Europa, a resposta deles vai ser positiva na mesma hora.

— Sim, acho que você tem razão.

— Oportunidades são para serem apanhadas, não desperdiçadas.

E Maria novamente concordou com ele, sorrindo encantadoramente.

Os shows de Maria em Portugal foram fenomenais, sucesso absoluto de público e crítica. E os demais que aconteceriam nos países vizinhos, certamente seriam, também.

— Acho que nunca fui tão ovacionada como nas últimas semanas — desabafou ela com Alfredo.

— Que nada, os brasileiros já a ovacionaram muitas vezes.

— É verdade. É que fiquei por tanto tempo longe dos palcos que me esqueci de como é ser querida pelo público. Acho também que nunca ganhei tanto dinheiro assim. Tem certeza de que não me pagou a mais?

— Não, Maria, paguei o que você merece receber pelo seu talento, um preço justo. Ainda que lhe pague, acho que nunca pagarei suficientemente pelo que fez por mim.

Ela sorriu e foi então que ele, pela primeira vez, aproximou-se dela e a beijou. Um beijo terno e apaixonado.

Antes de seguirem para a Espanha, primeiro país onde Maria se apresentaria, Alfredo Passos a levou para conhecer o Piódão.

Capítulo 10

Enquanto isso, no Brasil, Gláucia se via cada vez mais atormentada pelas visões que tinha do pai.

– Não, pai, não! – gritou novamente, histérica.

– Calma, Gláucia – acudiu seu marido.

– É ele, Jorge, ele está aqui me assombrando, eu sinto.

– Não, Gláucia!

– Eu o vejo em toda parte. Em todo canto. Ele quer me levar para junto dele. Ele quer... – um novo grito irrompeu de sua garganta.

Imediatamente o moço, enlaçou a esposa e procurou acalmá-la.

– Gláucia, meu amor, olhe para mim, vamos! Olhe para mim, por favor.

Ela fez, com os olhos vertendo-se em lágrimas.

– Sou seu marido, Gláucia. Seu marido e não permitirei que nada nem ninguém lhe faça mal.

– Mas...

– Nem mas nem meio mas, Gláucia. Acalme-se!

Ela se soltou dos braços dele e levou as mãos à cabeça, num gesto desesperador.

– Eu não consigo! Não consigo. Quando me silencio eu ouço a voz dele, falando comigo, cantando para mim.

– Gláucia, meu amor, você precisa de ajuda. Assim você vai acabar...

– Enlouquecendo?!

– Eu não quis dizer...

– Mas eu vou mesmo acabar enlouquecendo por isso, Jorge.

– Venha cá, meu amor, venha.

322

Ela acabou cedendo e ele a abraçou, acariciando seus cabelos, beijando-lhe a nuca, procurando novamente acalmá-la.

Naquela noite foi preciso Gláucia fazer novamente uso de comprimidos para dormir, acompanhado de chá de camomila para acalmar os nervos. Na manhã seguinte, Jorge, com a ajuda da empregada, preparou um maravilhoso café da manhã em uma mesa com um lindo vaso repleto de rosas, para alegrar ainda mais o ambiente. A expressão de Gláucia era cadavérica.

– Venha cá, meu amor. Nada melhor do que um café da manhã deliciosa e farto para levantar o astral, acordar com pique total.

Ela esboçou um sorriso e se sentou à mesa.

– Este queijo mineiro está uma delícia e com goiabada, hummm... Muito bom!

Ele serviu a esposa, ainda que lhe parecesse indisposta a provar.

– Prove, por favor. Por mim e seus filhos.

Ela tentou, mas não comeu mais do que um pedacinho.

– Está ou não está uma delícia?

– Hum-hum.

A campainha da casa tocou a seguir e, para surpresa de Gláucia, era Andressa quem chegara.

– Eu a chamei aqui, Gláucia – explicou, Jorginho. – Vocês foram sempre grandes amigas, por isso, acho que Andressa pode ajudá-la muito diante do que vem passando.

– Andressa...

– Sim.

Jorge cumprimentou a recém-chegada e a fez se sentar à mesa.

– Vou deixá-las à vontade.

E saiu em seguida, acompanhada da empregada. Andressa, sem rodeios, falou:

– Gláucia, minha amiga, o que está havendo?

– Mesmo depois de tudo o que lhe fiz, você ainda me chama de amiga, Andressa?

– Você jamais deixou de ser minha amiga, Gláucia. Vivemos tantas coisas boas, juntas... Agora me diga, o que está acontecendo?

– Meu pai, Andressa, ele voltou para me assombrar.

— Seu pai?

— É, eu o vejo em toda parte, me assustando e me fazendo gritar.

— Se é mesmo o espírito do seu pai, Gláucia, ele só pode ter vindo vê-la por saudade.

— Não, Andressa! Não, mesmo!

— Ora, por que seu pai, ou melhor, o espírito do seu pai faria algo para prejudicá-la?

Gláucia baixou a voz, ao responder:

— Porque não fui vê-lo no hospital como eu deveria.

— Seu pai a amava tanto, Gláucia, perdoaria esse pormenor.

— Não, não perdoou. Eu sei, eu sinto, aqui "ó" — e ela levou a mão da amiga até seu coração. — Ele está disparado, note.

De fato estava, percebeu Andressa.

— Foi Dona Gerusa, foi ela quem me pediu para não ir ao hospital...

— Você sempre deu muita atenção a essa mulher, Gláucia... Espero que já tenha parado.

— O Jorge...

— O Jorge a ama, Gláucia. Preocupe-se em não perdê-lo por causa de sua sogra.

— Ah, meu Deus, e agora... Meu pai não vai mais me deixar em paz.

— Você deve ir ao Centro, o Centro que eu, sua mãe e minha mãe frequentamos.

— Não, isso não, se Dona Gerusa descobre.

— Lá vem você de novo se preocupando com essa mulher... Deixando-se dominar por ela. Gláucia, por favor...

— Ela pode tirar o Jorge de mim, ela tem poder para isso.

— Não, Gláucia.

— Tem sim, eu tenho medo, muito medo dela.

— Ela não precisa ficar sabendo.

— E se descobrir?

— Parece-me que você anda com muito mais medo dela do que do espírito do seu pai.

Gláucia se arrepiou.

Antes de deixar a casa, Andressa conversou em particular com

Jorginho.

— Ela está mal, muito mal, Jorge. O ideal seria levá-la a um Centro Espírita, mas ela...

— Ela?...

— Ela tem medo...

— Eu nunca estive num, acho que também teria.

— Não é do Centro que Gláucia tem medo...

Nisso ouviu-se um novo grito histérico vindo da casa.

— Foi a Gláucia!

E os dois correram para dentro. Gláucia estava encostada na parede, cobrindo os olhos com o dorso do braço, tremendo por inteira. Imediatamente Jorge a amparou e a levou para o quarto do casal onde a deitou na cama.

— Ela precisa de um médico, Andressa. Vou marcar uma consulta ainda hoje.

— Está bem, mas eu, de qualquer modo, pedirei por ela no Centro que frequento.

Ele nada respondeu.

Quando Andressa contou tudo a sua mãe, Cândida ficou penalizada.

— Pobre Gláucia, tão jovem e já sofrendo assim.

— A senhora tem de avisar a Dona Maria.

— Maria?

— É, mamãe, Gláucia precisa dela agora mais do que nunca.

— Maria está em Portugal, Andressa. Não pode voltar agora. Ela precisa do dinheiro que vai receber pelos shows que foi contratada.

— Mas, mamãe...

— Além do mais, quando a Maria estava inteiramente disponível, Gláucia a desprezou e a espezinhou. Foi horrível. Péssimo. Pelo que você me disse, Gláucia é ainda totalmente dominada pela insuportável e hipócrita da Gerusa Figueiró Barreto.

— A senhora acha então...

— De que nada vai adiantar trazer Maria para perto de Gláucia numa hora dessas. É capaz até de ela se recusar a receber a mãe, sua própria mãe, em sua casa, pelo medo que ainda sente de Gerusa Figueiró Barreto.

– Infelizmente.
– Vamos ao Centro orar por ela, é o melhor que podemos fazer nesse instante.
E assim fizeram mãe e filha.

Enquanto isso em Portugal, Maria e Alfredo Passos visitavam a aldeia do Piódão, situada numa encosta da Serra do Açor, cujas casas foram construídas com paredes de xisto, o teto coberto com lajes e portas e janelas de madeira pintadas de azul, um lugar que mais parecia um presépio vivo, tanto que recebera o apelido de "Aldeia Presépio", um lugar onde os habitantes dedicam-se, sobretudo, à agricultura (milho, batata, feijão, vinha), à criação de gado (ovelhas e cabras) e em alguns casos à apicultura. A flora é em grande parte constituída por castanheiros, oliveiras, pinheiros, urzes e giestas.

Dali, o casal partiu para a Espanha para dar início a série de shows que Maria faria pelos principais países europeus.

No Brasil, nesse ínterim, Gláucia continuava cada vez mais perturbada com as visões do seu pai, que parecia ter voltado do reino dos mortos para atormentá-la pelo desprezo com que o tratara nos seus últimos anos de vida. Passava boa parte das noites, em claro, e quando conseguia dormir, logo despertava assustada diante de qualquer barulhinho na madrugada. Era de dar pena.

Certa noite, ao despertar de um breve cochilo, Gláucia teve novamente a impressão de que o pai estava ali, no quarto, vigiando-a. Ao notar que o marido não estava na cama, ela imediatamente se levantou, vestiu o penhoar e deixou o cômodo, guiada somente pela luz do abajur que ficava aceso no corredor que levava ao hall que dava acesso à escadaria.

Ao ouvir passos, teve novamente a impressão de que era o pai quem vinha atrás dela, para levá-la com ele para o reino dos mortos. Quando chegou à ponta da escada, olhando para o local desprovido de luz suficiente para enxergar tudo com clareza, ela pensou que Jorge, que vinha subindo a escadaria, era o fantasma do pai e, num ato de desespero, empurrou-o tão repentinamente que o moço não teve tempo de se segurar no corrimão, perdeu o equilíbrio e rolou escada abaixo de forma desastrosa, fraturando a coluna.

Um grito agudo e histérico irrompeu da garganta de Gláucia, tão alto que acordou a babá que imediatamente correu para ver o que havia acontecido. Ao ver o patrão estirado aos pés da escada, desacordado, ela também deixou soltar um grito histérico.

— O que foi que eu fiz? — desesperou-se Gláucia, vertendo-se em lágrimas. — O que foi que eu fiz?! — gritou.

— Dona Gláucia, calma! — acudiu a mulher.

E novamente Gláucia gritou, histérica. — O que foi que eu fiz? O que foi que eu fiz?

Diante do alvoroço, a empregada também apareceu e ao ver o patrão naquelas condições, correu para o telefone, pedindo uma ambulância. Em seguida ligou para Gerusa F. B. como era aconselhada a fazer em caso de emergência.

Assim que a ambulância chegou ao hospital, Jorge Figueiró Barreto foi imediatamente examinado e medidas cabíveis foram tomadas pelos médicos.

Quando Gerusa e Anselmo chegaram ao local e souberam exatamente o que havia acontecido, Gerusa perdeu definitivamente a compostura. Agrediu Gláucia com palavras e, por pouco, não fez uso das mãos. Foi preciso Anselmo segurar a esposa antes que ela pulasse sobre a nora e a estapeasse.

— Gerusa, calma! — pediu-lhe o marido, tentando conter a fúria da mulher.

— Calma que nada! — retrucou Gerusa, enfurecida. — Essa doidivanas destruiu o meu filho!

— Gerusa!

E mirando os olhos de Gláucia, com os seus, espumando de raiva, Gerusa F. B. se fez clara e ríspida mais uma vez:

— Se meu filho morrer, eu acabo com a sua vida, sua louca! Acabo! Juro que sim!

Gláucia se encolheu toda, tremendo ainda mais do que já estava.

Horas depois o médico responsável pelo caso foi apresentar o diagnóstico para a família.

— E então, Doutor? — perguntou Gerusa, ansiosíssima. — Qual é a gravidade do meu filho? Qual é o verdadeiro estado clínico dele?

Não me esconda nada, por favor!

– Não é dos melhores, minha senhora. A fratura na coluna foi das piores... Ele pode ficar paraplégico.

– Quer dizer que ele pode nunca mais voltar a andar? – exaltou-se Gerusa, horrorizada.

– Infelizmente.

Gerusa voltou-se como um raio para o marido que a envolveu em seus braços e chorou com ela.

Gláucia, ao saber da notícia, perdeu de vez o equilíbrio. Voltou a tremer e a gemer tão esquisitamente que os médicos rapidamente lhe prescreveram um calmante.

Dias depois, quando nora e sogra novamente se reencontraram, Gláucia, cuja aparência dava pena de se ver, foi até a mulher e falou:

– Dona Gerusa, quero que me perdoe.

– Perdoar, você?

– Sim, foi sem querer. Eu andava... Ando tão atormentada por causa do meu pai...

– Seu pai está morto!

– Mas o espírito dele!

– Você está louca, completamente louca!

– É meu pai, Dona Gerusa, é ele quem está me deixando maluca.

– Maluca... Maluca é pouco para descrever o seu estado.

– Dona Gerusa, por favor...

– Você foi uma desgraça que nos aconteceu. Desde o princípio eu tentei evitar, a todo custo, a sua união com o meu filho. Foi como se eu soubesse que tudo acabaria mal.

A mulher chorou tanto quanto a nora ao seu lado. Foi assim até ela se conter, voltar-se para Gláucia e dizer:

– Desculpe... Acho que fui grosseira com você... Não é assim que uma sogra deve tratar sua nora.

Gláucia se sentiu menos pior diante dessas palavras.

– Eu já vou indo – anunciou Gerusa após dar um beijo em cada neto. – Amanhã passarei aqui para irmos juntas ao hospital.

– Está bem. Aguardarei pela senhora.

Gláucia passou mais uma noite em claro, enquanto a empregada e as babás ficaram de olho nela a pedido de Gerusa. No dia seguinte, por volta das duas da tarde, Gerusa cumpriu o prometido, voltou à casa da nora para levá-la ao hospital, só que dessa vez, sem o seu chofer habitual, ela própria dirigia o veículo. Usava um lenço em torno do cabelo armado com laquê e óculos escuros largos para que ninguém na rua a reconhecesse, uma vez que não pegava bem para uma mulher da alta sociedade dirigir um veículo.

Pelo caminho, Gláucia foi se desculpando mais uma vez por tudo que tinha acontecido, estava tão aturdida que nem prestou atenção ao trajeto.

– Chegamos! – exclamou Gerusa com certa impaciência.

– Mas aqui não é o hospital – observou Gláucia, olhando com curiosidade para o local.

– Não, mesmo. É um consultório médico, vim fazer um exame, acompanhe-me.

Sem pressentir o perigo, Gláucia seguiu a sogra e quando lá dentro, ela é quem foi examinada. Tratava-se de uma clínica particular para doentes mentais. Sem muito compreender o que estava se passando, o médico fechou-se com as duas recém-chegadas em seu consultório e começou uma conversa descontraída, a fim de deixar Gláucia mais à vontade e, quando percebeu que atingira o seu objetivo, pediu para examiná-la, com a desculpa de que era preciso diante dos temores que vinham assombrando sua pessoa nos últimos tempos. Num momento oportuno, ele aplicou-lhe uma injeção com sedativo que a fez adormecer quase que imediatamente.

Gerusa então voltou a respirar aliviada. Disse:

– Essa louca, ela acabou com a nossa vida! Destruiu todos. Que estúpida fui eu em ter permitido aquele casamento. Estúpida!

– A senhora pode ficar tranquila, com ela internada aqui, poderemos trabalhar melhor com os problemas que vem afetando sua nora.

– Doutor, ela é perigosa. Não se esqueça de todos os detalhes que lhe relatei no nosso encontro em particular. Quero que ela seja diagnosticada como louca, insana e perigosa para o convívio social, compreendeu? Quero essa mulher longe, bem longe do seio da minha família.

O médico fez sinal de compreensão e Gerusa finalmente partiu, sentindo-se mais aliviada.

E foi assim que Gláucia Abujamra Barreto foi internada numa clínica para doentes com distúrbios mentais, sem o conhecimento de ninguém, senão o de Gerusa Figueiró Barreto.

Com o marido, naquela noite, Gerusa se explicou:

– Ninguém pode saber onde está aquela doida, Anselmo. Se o nosso filho souber, vai querer tirá-la de lá e, isso, não pode acontecer, ele não pode mais voltar a conviver com uma louca como ela. Nem ele nem os nossos netos.

– Você tem toda razão, Gerusa. Do jeito que Gláucia andava, a loucura logo se tornará incurável.

E foi quase um pacto entre os dois: ocultar de todos, o destino que Gerusa deu à nora a quem sempre odiara e passara a odiar ainda mais, depois do trágico episódio com o filho.

Capítulo 11

A recuperação de Jorge Figueiró Barreto foi bem melhor do que esperavam os médicos. Logo ele recebeu alta e Gerusa o levou para se restabelecer em sua casa.

— Aqui, comigo e seu pai ao seu lado, você terá muito mais chances de se recuperar, meu querido.

Ao entrar na casa, sentado na cadeira de rodas, Jorge comentou:

— E saber que tantas vezes eu entrei por essa porta, correndo todo serelepe.

— Mas isso vai voltar a acontecer, meu filho! Vai sim, com a graça de Deus!

O pai beijou a testa do moço e sorriu. Meio minuto depois, Jorge queria saber da esposa e dos filhos.

— E quanto a Gláucia e as crianças?

— Eles continuarão na sua casa, mas virão vê-lo sempre que possível.

Ao rever os gêmeos, Jorge não pôde conter a emoção, chorou feito criança. Encheu os dois de beijos e mais beijos, comovendo todos os presentes.

— E quanto a Gláucia, ela não veio?

Gerusa adiantou-se em responder:

— Ela ainda não se sente segura para sair de casa, Jorginho. Mandou-lhe lembranças.

— Quero falar, preciso falar com ela, deve estar se sentindo péssima com tudo o que me aconteceu.

— Fique tranquilo...

— Vou ligar para ela, agora mesmo.

— Jorge — repreendeu-lhe o pai. — Ouça sua mãe. Dê um pouco

mais de tempo para sua esposa falar com você.

— O senhor tem razão, papai. Se ela me vir assim, numa cadeira de rodas, pode vir a enlouquecer.

E os pais do moço se entreolharam, falando-se pelo olhar.

Enquanto isso, Maria encantava a Europa com seus shows. Jamais poderia imaginar o que estava se passando com a filha no Brasil, um dos momentos mais terríveis de sua vida.

Quando não mais pôde ocultar do filho o paradeiro da esposa, Gerusa abriu o jogo com ele:

— Meu filho, depois da sua queda, sua esposa perdeu de vez a sanidade.

— Mesmo?!

— Sim e, por isso, fui obrigada a interná-la numa clínica...

— Que clínica?

— Uma de inteira confiança, Jorginho. Pode ficar tranquilo.

— Preciso ir vê-la.

— O médico proibiu visitas, ainda mais, suas. É por sua causa que Gláucia piorou, não se esqueça disso.

— Pobre Gláucia...

— Assim que tiver melhoras, o médico responsável por ela vai me avisar e, assim, as visitas serão liberadas.

— Avise-me, mamãe, por favor. Eu amo a Gláucia, a senhora sabe, além do mais, é mãe dos meus filhos e, bem...

— Tudo a seu tempo Jorge Figueiró Barreto... Tudo a seu tempo!

E o moço acatou o conselho da mãe.

Enquanto isso, Gláucia se mantinha sob efeito de fortes calmantes na clínica cujo nome e endereço somente Gerusa e pessoas da sua confiança tinham conhecimento.

No Centro, naquela noite, Cândida Moniz Alencastro e Andressa Alencastro Vargas pediram mais uma vez por Gláucia, na sua recuperação diante dos fatos que vinham atormentando tanto a sua pessoa. A gentil senhora que as atendeu explicou que a moça realmente estava necessitada de orações e que o mal que a afligia era bem maior do que suas amigas supunham. Cândida e Andressa voltaram para suas casas ainda mais preocupadas.

Devido ao grande sucesso dos shows de Maria em Portugal, ela foi convidada a fazer mais uma temporada em diversas casas de show no País. Foi entre um show e outro que ela e Alfredo Passos tiveram a oportunidade de visitar Fátima.
— Vem tanta gente de longe visitar este local – comentou ela.
— Movidos pela fé, Maria.
— A fé...
— Sim, a fé que está por trás de todos os avanços da humanidade.
Ambos a seguir, mergulharam numa oração silenciosa e sincera.
— Peço a Nossa Senhora de Fátima que ilumine o caminho de minha filha e de todos a quem quero bem – pediu Maria, baixinho. – Que ilumine também o caminho daqueles que não me querem bem, pois estou convencida de que se ficarem bem consigo mesmos, menos tempo terão para perturbar a minha vida.
Alfredo, achando graça de suas palavras, comentou:
— Bem pensado. É uma ótima forma de lidar com essas divergências.
— E não é?
Naquele mesmo dia, depois da visita, o casal foi almoçar no que seria uma cantina portuguesa, onde se serviram de um delicioso bacalhau do Porto, acompanhado do melhor vinho servido na região.
— Estupendo! – elogiou Alfredo o prato bem servido. E voltando seus olhos cheios de amor para Maria, confessou mais uma vez: – E devo tudo isso a você, Maria. Se não tivesse cruzado meu caminho, no dia mais insano de minha vida, eu não estaria aqui, na sua companhia, provando este delicioso prato.
— Você deve tudo isso a Deus, Alfredo. Afinal, é Ele quem comanda tudo e que, certamente, me levou até você quando mais precisava.
— Sem dúvida. Façamos um brinde ao Criador e ao nosso amor.
Ambos ergueram a taça, brindaram e a seguir dividiram um delicio-

so Pastel de Santa Clara, depois um de Belém, e a famosa Queijada de Sintra, doces tradicionais portugueses.

Noutras refeições, provaram os deliciosos Ovos Moles de Aveiro, Bola de Berlim, Torta de Azeitão, Queijada de Évora, dentre outros.

— Assim vou engordar uns dez quilos — brincou Maria, adorando tudo.

No Brasil, Claudete continuava cuidando amorosamente de Augusta, Ofélia e Jonas. Nunca pensaram que se divertiriam tanto, juntos. Jogavam baralho, dominó, entre outros passatempos. Nenhum deles poderia supor que acabariam unidos de forma tão surpreendente como agora.

Enquanto isso, na mansão dos Figueiró Barreto, Jorginho procurava entreter seu tempo, ouvindo seus discos favoritos, os dos grandes nomes da era de ouro do rádio. Mario Reis, Francisco Alves, Carmem e Aurora Miranda, entre outros.

— O que é isso, meu filho? — estranhou Gerusa, ao chegar a casa, ecoando música alta por todos os cômodos.

— O quê, o quê, mamãe?

— Esses discos, essa cantoria?

— Eles me ajudam a passar o tempo... E são lindos, não acha?

— Lindos?

— Sim, o melhor da música popular brasileira.

— O melhor? O melhor da música é música clássica. Não essas esgoeladas que pensam que cantam alguma coisa.

— Mas...

— Jorge, meu filho, não quero chegar à conclusão de que a queda afetou também a sua cabeça.

— Mamãe, o que é isso?

— É isso, sim! O que quer que eu pense, ao chegar em casa e encontrar meu filho ouvindo esses discos?

— São apenas discos... apenas música.

— Pois para mim não passam de lixo. Lixo! Há mais uma palavra para descrevê-los, mas me recuso a pronunciá-la, não cabe na boca de uma mulher fina como eu.

— A senhora parece estar com raiva de mim...

— Raiva, filho? Que mãe é capaz de sentir raiva de um filho? O que eu sinto por você é pena. Uma pena que chega a doer aqui, ó, bem no meu peito. Por ter visto você trocar uma vida linda e promissora por causa de uma moça molambenta como aquela que escolheu para ser sua esposa.

— Não fale assim da Gláucia, mamãe, por favor.

— Falo, falo, sim! E não ouse defendê-la. Porque você só está nessa cadeira de rodas por causa dela. Uma louca... Demente!

— Ela é mãe dos meus filhos.

— Infelizmente, Jorge. Infelizmente!

— Assim a senhora me fere.

— Mais do que ela já te feriu, meu filho?

— Foi sem querer.

— Sem querer?

— Ela andava perturbada por causa da morte do pai... Não fez por mal.

— Será mesmo, Jorge? Você, um moço rico, e morto a deixaria numa ótima condição financeira.

— Mas nada me pertence ainda, mamãe. Tudo ainda é do papai e da senhora.

— Ela pode não ter percebido isso. É jovem demais para entender essas coisas. De qualquer modo, se você tivesse morrido, como penso que ela planejou, ela entraria na justiça contra nós, exigindo direitos mesmo que não tivesse nenhum.

— Gláucia não seria capaz de tramar uma coisa dessas, mamãe. Ela tem bom coração, é moça direita.

— Isso é o que a cegueira da paixão quer fazer você acreditar. Você é tal como um cão que mesmo sendo chutado por seu dono, quando o vê, ainda abana o rabo de alegria.

O rapaz abaixou a cabeça, pensativo, desde então.

Enquanto isso, na clínica, Gláucia chorava sua aflição.

— E-eu o vi... o vi novamente.

— Quem Gláucia, de quem você está falando? — perguntava-lhe a enfermeira.

— Do meu pai. Ele esteve aqui, agora há pouco. Ele não me perdoa, não vai me perdoar. Nunca!

— Perdoar do quê, Gláucia?
— Não tenho coragem de lhe contar. Queria no fundo é esquecer tudo, apagar o passado, como se apaga com borracha, uma frase escrita a lápis. Esquecer, esquecer, esquecer... É só o que eu desejo.
— Calma, Gláucia, muita calma. Calma e paciência, tudo há de se resolver a seu tempo.
— Minha mãe... Minha mãe também deve estar contra mim. Com ódio de mim.
— Uma mãe não sente ódio de um filho, Gláucia.
— Sente, sim, eu sei. Tanto que ela nunca veio me visitar.
— Quer falar com ela? Eu posso tentar conseguir uma ligação para ela.
— Não! Não e não!

Na rádio começou a tocar uma das canções mais famosos de Maria dos Reis. Ao perceber que era uma canção da mãe, Gláucia se encolheu toda.

— É ela! — falou, estremecendo por inteira.
— Ela quem, Gláucia?
— Minha mãe!
— Onde?
— No rádio, cantando.
— Não, Gláucia, essa é Maria dos Reis, uma das cantoras mais adoradas do Brasil.
— É ela, minha mãe!
— Oh, Gláucia, querida...
— Estou dizendo a verdade. Maria dos Reis é minha mãe. Minha mãe!

E Dulcilaine olhou ainda com mais pena para a moça a sua frente.

Ao encontrar Otília, a colega de trabalho, Dulcilaine comentou:
— A paciente do quarto 17, coitada... Não anda mesmo nada bem. Agora está dizendo que é filha da Maria dos Reis.
— A cantora?! — surpreendeu-se Otília. — Nossa, adoro ela!
— Você acha que se fosse mesmo filha de Maria dos Reis, a própria Maria já não teria aparecido aqui para visitar a filha?
— Sei lá, esses artistas são todos malucos.

– São, mas... Maria dos Reis não me parece uma doidivanas.

– As aparências enganam, minha linda. Primeiro você precisa saber se Maria dos Reis teve filhos. Se é casada...

– É sim, ou melhor, foi, o marido morreu há alguns meses atrás. Li também que ela viajou para Portugal, para fazer uma turnê por lá. Algo assim.

– Agora fiquei cismada. Só falta a pobre da moça ser realmente filha da Maria e eu ter desdenhado suas palavras.

– Amanhã mesmo lhe trago a resposta. Tenho uma amiga que é fanática pela Maria dos Reis, daquelas que colecionam tudo que sai em jornal e revista. Ela deve saber se ela teve filhos, quantos e quais são os nomes deles.

– Faça isso, sim, por favor.

Quando Gerusa encontrou novamente o filho, sentado na cadeira de rodas, ouvindo com gosto os LPs da era de ouro dos grandes cantores do rádio, num acesso de fúria, ela foi até a vitrola, tirou o LP com tanta rispidez que o riscou com a agulha e, em seguida, quebrou-o ao meio com uma força sobrenatural.

A seguir, foi tirando os demais das capas e pisando e riscando um a um, com a ponta de uma rosa de prata que havia de enfeite sobre a mesa. Depois, rasgou cada capa, mesmo sob protestos de Jorge que assistia a tudo, horrorizado. Gerusa só parou quando o marido chegou e ao vê-la, segurou-a.

– Acalme-se, mulher! Acalme-se!

Ela tentou se livrar dos braços dele, como faz um animal enfurecido e explodiu:

– Não paro! Não paro, não!

– O que deu em você, Gerusa?

– Eu não suporto essa gente, e não vou permitir que entrem na minha casa de nenhuma forma.

– Gerusa...

Ao ver o filho na cadeira, rompendo-se em lágrimas e desespero, Anselmo Barreto foi até ele acalmá-lo.

– Está tudo bem, Jorginho... Acalme-se!

– Não, papai, não está! Há tempos que nada está bem para mim. Nada!

– Calma, meu filho. Calma!

O homem foi até o bar onde guardava as bebidas e serviu um cálice de vinho para o rapaz e uma para ele.

– Beba, ajudará a relaxar-se.

O filho, entre lágrimas, aceitou a sugestão do pai e quando secou o cálice, chorando novamente, desabafou:

– Eu só queria me distrair com a música... Música que tanto aprecio.

Gerusa voltou a se fazer presente no recinto:

– Já lhe disse que música é música clássica, orquestrada, regida lindamente pelas mãos de um maestro.

– Esses discos que a senhora quebrou também eram música.

– Música de gente mundana.

Prestando mais atenção à mãe, o moço inclinou-se para frente e perguntou, atento a sua reação:

– Por que a senhora tem tanta raiva dessas cantoras, minha mãe? Por quê?

– Porque são mundanas. E eu exijo, na minha casa, pelo menos, respeito!

– Se a senhora estivesse aqui, no meu lugar, largado nessa cadeira de rodas, talvez pudesse ver tudo com outros olhos. Aprenderia a apreciar a música pela qual sente tanta repulsa. Porque é difícil, mamãe, ter de ficar preso a essa cadeira, o dia todo, aguardando por melhoras que nem sei se terei.

Gerusa foi até ele e fuzilando-o com os olhos, perguntou, com raiva explícita em cada sílaba e cada vogal:

– E a culpa é minha, Jorge Figueiró Barreto? É minha?

E quando ele se encolheu todo, ela berrou:

– Responda! Sou eu a culpada por você estar numa cadeira de rodas? Sou eu?

A mulher acabou se rompendo em lágrimas.

– A única culpada pela sua desgraça e a minha e de toda nossa família é sua adorada esposa. Por causa dela você está aí, seu estúpido! E eu tentei avisá-lo, preveni-lo, impedi-lo de cometer a maior burrada da sua vida. Que outra realidade poderia trazer para esta casa, a filha de uma cantora de rádio, cassinos e prostíbulos? Pessoas que nascem em pecado e, vivem em pecado, só podem trazer desgraça para o seio de uma família de bem como a nossa. Só isso!

Antes que Gerusa estapeasse o moço, chorando de desespero e nervoso, trêmulo por inteiro, Anselmo F. B. guiou a esposa para longe dali. Assim que chegaram noutro cômodo, foi sincero e severo com ela:

— Você quer transformar a vida do nosso filho num inferno ainda pior, Gerusa? É isso?

— E você acha que eu não estou sofrendo tanto quanto ele, Anselmo?

— Gerusa, calma! Senão quem vai acabar pirando também será você.

— Desculpe. É que não suporto ver o nosso Jorge, nosso filho adorado, nessas condições. Saber que o preveni, tantas vezes, e mesmo assim ele não me deu atenção. Por causa de uma paixão, uma estúpida paixão de adolescente inconsequente.

— O mesmo tipo de paixão que nos uniu no passado, Gerusa. Não se esqueça disso.

As palavras dele surpreenderam-na.

— Sim, Gerusa, o mesmo tipo de paixão que nos uniu e uniu nossa filha ao marido dela e o nosso outro filho à esposa dele. Uniu também tantos outros casais. Sem ela, a paixão, não estaríamos aqui, nossos filhos não teriam nascido, nem os de outros casais. Por trás de tudo está a paixão, unindo casais. Ainda que seja malvista por muitos, é ela a grande responsável pelas uniões do mundo.

— Mas para viver toda paixão é preciso sempre fazer uso de um pouco de razão.

— Nem sempre se consegue, Gerusa. Dizem que cada um de nós nasce com mais habilidades do que o outro e eu acho que isso faz sentido. Alguns têm mesmo mais facilidade para lidar com certas coisas da vida do que outros. Tal como para lidar com a paixão, vivê-la com um pouco de razão. O que me faz pensar se não está certo quem diz que somos assim porque viemos de outras vidas. Porque a meu ver é a única resposta para explicar por que uns têm mais habilidades que os outros para certas coisas da vida.

Ela suspirou e voltou à postura de sempre.

— Não comece a divagar, Anselmo. Por favor. Vou tomar meu banho, está na hora. Vá ver se o nosso filho está precisando de al-

guma coisa.
— Está bem.
Quando o pai se uniu novamente ao filho, Jorginho compartilhou com ele seu drama:
— Minha mãe diz que sou eu o responsável por minha desgraça. Culpa a Gláucia pelo mesmo, sem perceber que foi ela própria quem afastou Gláucia do pai dela e, com isso, deixou-a neste estado lastimável dos últimos tempos. É isso mesmo, papai. É a culpa por ter se afastado do pai que está enlouquecendo Gláucia e que a fez, sem querer, naquela noite, empurrar-me escada abaixo, pensando ser o espírito do pai dela.
— Filho... Sua mãe só queria o melhor para você e seus filhos.
— Mas ela é culpada pelo que aconteceu a Gláucia e, consequentemente, comigo. Talvez ela já saiba disso e finge não saber. Porque sofrerá menos assim, mas que ela é responsável por nossa desgraça, ah isso ela é!

Horas depois, em Portugal, Maria acordava de um pesadelo com a filha.
— O que foi?
— Minha filha... Estava tendo um pesadelo horrível com ela.
— Foi apenas um pesadelo.
— Mas me pareceu tão real.
Alfredo Passos enlaçou a mulher amada e a fez deitar sua cabeça em seu peito.
— Ligue para ela para saber se está tudo bem assim que o dia amanhecer.
— Será que devo?
— É sua filha.
— Mas há muito que estamos de relações cortadas.
— Mesmo assim acho que deveria ligar.
— Sim, você tem razão. Ligo amanhã, assim que puder.
Todavia, em meio aos passeios que haviam programado para o dia seguinte, Maria acabou se esquecendo de ligar para Gláucia, como Alfredo havia lhe sugerido. Quando se lembrou, já era noite, enquanto que no Brasil, devido ao fuso horário, ia alta madrugada.
Maria terminou o dia se convencendo de que sua preocupação

com Gláucia era infundada. Além do mais, ela estava cercada de pessoas, qualquer coisa que precisasse, teria muitos com quem contar para socorrê-la.

Chegou o dia em que Jorginho não mais se conteve:
– Eu preciso ir ver a Gláucia.
– Assim, neste estado? – retrucou Gerusa, resoluta.
– A senhora fala como se eu fosse um inútil.
– E é quase um, sim, Jorginho. O que eu posso fazer? Quer que eu minta para você? Encha você de ilusões a respeito do seu estado de saúde? Só não se esqueça de que você está assim por culpa dela. Dela! E você ainda quer vê-la? Você deveria é desprezá-la, odiá-la, apagá-la da sua vida para sempre. Para sempre!
Anselmo Barreto, opinou:
– Sua mãe tem razão, filho. Ela faz isso para protegê-lo e também a seus filhos. Que exemplo eles vão ter, convivendo com uma mãe que por pouco não matou o pai deles? Uma mulher descontrolada...
– É apenas uma fase, papai. O senhor certamente já deve ter passado por um momento assim na vida.
– Jamais perdi o controle das minhas faculdades mentais, filho. Jamais!
Gerusa voltou a falar, transparecendo profundo pesar:
– Você nunca nos deu problema, Jorginho. Foi sempre um filho de ouro, mas depois de se encantar por aquela moça pôs tudo a perder.
– Não foi só encanto que me prendeu a Gláucia, mamãe. Foi amor. Eu a amo. Sou realmente apaixonado por ela e ela por mim.
– De que vale um amor que só serve para nos prejudicar?
– A senhora só me compreenderia se sentisse o mesmo amor que eu sinto.
A frase deixou tanto Gerusa quanto Anselmo sem graça.

Dias depois, na clínica para pacientes com distúrbio mental, Gláucia, depois de dias evitando engolir os calmantes que lhe eram prescritos, conseguiu, finalmente, ficar sóbria o suficiente para se levantar da cama e deixar o seu quarto, num momento oportuno para fugir do lugar. Infelizmente foi pega, antes de chegar à rua, pelo segurança do lugar.

– Eu não sou louca! Não sou! Solte-me! – esbravejou Gláucia, debatendo-se nos braços do sujeito.

– Não, não é. Nós sabemos disso – respondeu o homem, somente pelo propósito de acalmá-la. – A senhora está apenas se tratando aqui, recuperando-se de uma fase desagradável.

– Vocês não acreditam em mim – retrucou Gláucia no auge do desespero. – Estão sendo cínicos! Debochando de minhas palavras. Liguem para Dona Gerusa, por favor! Ela me internou aqui, chamem-na, urgentemente, preciso falar-lhe!

Com muito custo, os enfermeiros conseguiram levar a moça de volta para o seu quarto, onde lhe aplicaram algo na veia que a fez dormir quase que instantaneamente.

Quando voltou a si, ao ver-se amarrada ao leito, Gláucia chocou-se. Seus braços e tornozelos estavam atados à cama. Restou-lhe apenas gritar, histérica, até perder a voz.

Naquela mesma noite, após o jantar, quando Gerusa ficou novamente a sós com o filho, ela foi até a vitrola e colocou um de seus LPs de música clássica favorito para tocar.

– Ouça, Jorginho, deixe-se levar pela música. Sinta na alma o poder dela sobre a sua pessoa.

– Mãe...

– Ouça...

– Mãe, quero ir ver a Gláucia na clínica.

– Ouça...

– Mãe, estou falando!

Ela voltou-se para ele e, com a imponência de sempre, respondeu:

– Você irá assim que o médico liberar as visitas.

Naquela noite, no quarto do casal Figueiró Barreto, Anselmo voltou-se para a esposa e comentou:

– Gerusa, eu estava aqui pensando com os meus botões, se...

– Pensando o quê, Anselmo?

– Se na verdade...

– Desembucha, homem.

Ele respirou fundo e finalmente falou:

– Se não era mesmo o espírito do pai da Gláucia que ela via, perambulando pela casa dela com o nosso filho.

– Anselmo, você andou bebendo mais do que devia esta noite?

– Falo sério, Gerusa. Muito já se ouviu falar a respeito disso, digo, de espíritos que assombram um lugar... Filhos que têm visões de seus pais mortos...

– Fantasmas não existem, meu querido. Tudo isso é projeção da mente.

– Não sei não, Gerusa... No fundo eu acredito nessas coisas, sim! Para mim, faz total sentido a Gláucia estar vendo o fantasma do pai, afinal, ele morreu há pouco e ela sequer foi visitá-lo em seu leito de morte.

– Ela fez bem em não ter ido, Anselmo. Hospitais transmitem doenças e ela poderia repassar para os filhos.

– Ainda assim, penso que Gláucia está sofrendo mesmo é por ver o espírito do pai, não por estar fraca das ideias. Ou seja, aquela clínica em que você a internou, não é para ela.

– Anselmo, querido, acho melhor você dormir. Boa noite.

E Anselmo Barreto voltou a confabular com seus botões em profundo silêncio.

Capítulo 12

Quando o irmão de Jorginho levou-o ao clube para se divertir, todos os olhos do lugar se voltaram para ele na cadeira de rodas. Ele, um tanto sem graça, procurou sorrir para cada um. Foi então que ouviu, um dos frequentadores do lugar, comentando com outro.

– Dizem que talvez ele nunca mais volte a andar.
– É mesmo?
– Sim. Só estão lhe dando tempo suficiente para ir se acostumando a sua nova realidade.

E Jorginho preferiu não ter ouvido aquilo.

Semanas depois, Gerusa se preparava para viajar com o marido e os outros dois filhos para a Europa, onde passariam 50 dias, visitando os pontos mais bonitos do continente. Diante de Jorginho, ela falou, sem dó nem piedade:

– Agora você fica aí com os seu rebentos enquanto eu, seu pai, sua irmã e seu cunhado, seu irmão e sua cunhada, vamos nos esbaldar na Europa.

Ela se curvou sobre ele na cadeira e sem um pingo de compaixão, acrescentou:

– Eu lhe avisei, Jorge Figueiró Barreto. Eu lhe avisei que se casasse com aquela moça, sua vida seria uma desgraça, mas você não me ouviu! Não me ouviu. Agora sofra porque merece sofrer. Para pagar pelo seu erro, por não ter me ouvido.

O rapaz se segurou para não chorar na frente da mãe, ela não merecia vê-lo sofrendo ainda mais por tudo o que estava passando. Não lhe daria o gostinho de que triunfara realmente sobre ele.

Naquela mesma noite, os Figueiró Barreto tomaram um voo para seu tour pela Europa. Jorginho ficou sob os cuidados da governanta e de enfermeiros especialmente contratados para cuidar dele. Sempre que possível, os filhos que ficaram sob a guarda de responsáveis babás apareciam para vê-lo.

Quando Maria voltou para o Brasil, surpreendeu-se, ao saber que haviam saído matérias e mais matérias sobre o seu sucesso na Europa. Com sua chegada, muitas entrevistas com ela foram marcadas, convites para participar de filmes lhe foram feitos, além de outros para cantar em programas da TV brasileira que começava a se tornar cada vez mais popular no Brasil.

A gravadora finalmente se interessou em produzir um novo álbum dela e foi, então, que mais uma vez ela atingiu o sucesso com a canção "Sem você é só saudade".

Com o dinheiro feito na Europa, Maria reformou sua casa, comprou um novo carro e sabendo que a fama não duraria para sempre, fez alguns investimentos para garantir seu sustento no futuro. Agradeceu Claudete Pimenta por tudo o que fizera por ela e pelos seus naqueles quase seis meses longe do Brasil.

– Maria – respondeu Claudete, emotiva. – Fiz tudo com muito amor e faria novamente se precisar. Pode sempre contar comigo.

As duas se abraçaram, com forte emoção.

Foi então que Maria quis saber da filha.

– Nunca mais a vimos no clube, Maria – respondeu Cândida e Andressa reforçou:

– Comenta-se que o casamento dela com Jorginho não vai anda bem. Dizem que ele voltou para a casa da mãe, também porque fraturou a costela, se não me engano.

– Que pena, eles pareciam tão perfeitos um para o outro.

– Sim, mas nem sempre o que se vê, é.

– Verdade.

– Você não acha que deveria ir atrás dela? Ela pode estar precisando de você.

– Se estivesse, já teria sabido da minha volta pelos jornais e revistas e teria me procurado, não acham?

– Sim, mas, talvez...

– Diga.

– Talvez ela se sinta acanhada em fazer. Constrangida por tudo que fez a vocês e...

Maria refletiu por instante e ao emergir de suas reflexões, perguntou:

– Vocês acham mesmo que eu deveria procurá-la?

– O que dita o seu coração, Maria?

– Se eu fosse ouvir meu coração eu já teria morrido de saudades.

– Então vá vê-la – aconselhou Cândida, empolgada. – Não perca mais tempo, não se torture mais!

– Vocês têm razão, irei, irei sim, amanhã pela manhã.

Ao chegar a casa onde Gláucia e Jorge Figueiró Barreto residiam, Maria estranhou de imediato o silêncio do local. Tocou a campainha mesmo achando que os moradores não estavam. Logo foi atendida por uma empregada, uma nova, depois que a anterior se recusou a continuar trabalhando ali por causa dos maus tratos de Gerusa para com Gláucia.

– Pois não? – perguntou a mulher esquálida, medindo Maria de cima a baixo.

– Sou a mãe de Gláucia Barreto, ela está?

A mulher pareceu em dúvida quanto ao que responder.

– Talvez meu genro esteja, diga-lhe...

– Ele também não está. Nem ele nem sua filha.

– Compreendo. Eles demoram muito para voltar para casa?

A mulher enviesou o cenho, olhando mais atentamente para Maria e perguntou:

– A senhora ainda não soube?

– Soube? Do quê? Eles por acaso se separaram?

– Não exatamente.

Maria empertigou-se:

– Então me diga o que aconteceu, por favor.

– Mas se a senhora é a mãe da Dona Gláucia, como é que não está sabendo de nada?

– Porque estive fora, por quase seis meses no exterior.

A mulher, olhando mais atentamente para a visitante, estudando seus traços mais precisamente para tentar se lembrar de onde a co-

346

nhecia, perguntou:

— Não me lembro de já tê-la visto aqui na casa, mas seu rosto não me é estranho.

— Porque se trata de um rosto comum. Agora diga-me, o que houve e quando posso encontrar minha filha.

Maria começava a se sentir aflita diante da situação e, com a sensação crescente de que algo de ruim havia acontecido a Gláucia.

— Bem, a Dona Gláucia foi internada pela sogra...

— Internada, onde?

— Isso eu não sei não, senhora.

— Por que foi internada?

A mulher abaixou a voz como quem compartilha um segredo:

— Porque ela, ó... — ela girou o dedo indicador em torno do ouvido direito e completou: — endoidou.

— Endoidou?

— Sim. Passou a ver o pai em tudo quanto é lugar, pelo menos assim dizia ela. Isso foi deixando-a cada vez mais perturbada e aflita. Ela já não podia mais dormir direito, assustava-se com facilidade, gritando histericamente e assustando todos ao seu redor. A senhora acredita mesmo que os mortos podem assombrar os vivos, especialmente seus entes queridos?

Maria não respondeu, apenas engoliu em seco, chocada com a revelação.

— E foi por isso que ela foi internada?

— Sim. A patroa ficou tão mal da cabeça que, certa noite, ao acordar no meio da madrugada, deixou o quarto do casal em busca do marido e...

— O que houve, conte-me!

— Ele havia descido até a cozinha para tomar um copo de água e quando voltava, ao pisar no último degrau da escadaria que dava acesso ao hall, Dona Gláucia, assustada, empurrou-o, pensando tratar-se do fantasma do pai dela. O seu Jorge, coitado, rolou escada abaixo e acabou fraturando o fêmur e algumas costelas, só sei que está numa cadeira de rodas e corre o risco de nunca mais voltar a andar. Quando Dona Gláucia percebeu o que havia feito, ficou histérica e, desse dia em diante, nunca mais voltou a ser a mesma. Endoidou de vez.

— Que horror!

— Foi sim.
— Então, a Dona Gerusa a levou daqui para interná-la numa clinica para doidos.
— Onde?
— Isso eu não sei dizer não, senhora.
— Onde posso encontrar meu genro?
— Na casa dos pais dele.
— E as crianças?
— Estão lá também com as babás.
— Obrigada.

Ainda que em dúvida se deveria ou não voltar à mansão dos Figueiró Barreto, onde fora humilhada e jurou nunca mais pôr os pés, Maria se dirigiu para lá. Ainda que Gerusa a impedisse de conversar com o filho, ela não arredaria o pé dali, não antes saber onde Gláucia se encontrava. Visto que Gerusa havia viajado para a Europa com o marido e os filhos, sua entrada na casa foi bem aceita. Ao encontrar Jorge sentado em sua cadeira de rodas, parado diante de uma linda porta em arco, olhando para o jardim lá fora, Maria estremeceu. A cena era tocante demais.

— Dona Maria! – exclamou ele, ao vê-la.
— Jorge...
— Como vai? Tenho acompanhado a senhora pelos jornais.
— Então deve saber que fiquei fora do Brasil por quase seis meses.
— Sim, soube.
— Por isso não vim antes, não estava sabendo de nada do que aconteceu a você e a Gláucia.
— Foi uma fatalidade. A Gláucia, pobrezinha, passou a ter alucinações com o pai... Acho que de arrependimento por não ter ido visitá-lo no hospital como ele tanto deve ter desejado. Se bem que...
— Diga.
— Uma empregada me disse que o motivo pode ter sido outro. O espírito do pai, enraivecido por ela não ter ido vê-lo nas últimas, voltou para assombrá-la de tanta raiva que ficou dela.

Maria se arrepiou diante da possibilidade.

— Se bem que eu acho que um pai, bem, pai é pai, né? Ele não faria isso. Se voltou, foi para revê-la, simplesmente. Por saudade. Mas ela, com remorso pelo que fez, ou melhor, pelo que não fez por ele, acabou entendendo tudo errado. Qual das alternativas está certa? Bem, isso eu não sei.

— E tudo isso resultou na sua queda?

— Oh, sim, Dona Maria, mas foi sem querer. Apesar de minha mãe acreditar que Gláucia fez de propósito, só para se vir livre de mim e herdar a minha herança. — Ele riu. — Só minha mãe mesmo para pensar numa coisa dessas.

— Sim, sim...

— É que sogra e nora, a senhora sabe... Não se bicam direito.

Maria sorriu, um sorriso triste e perguntou:

— Onde é que Gláucia foi internada? Preciso vê-la.

— Aí é que está Dona Maria, eu não sei.

— Você não sabe? Como não sabe?

— Simplesmente não sei. Isso é coisa da minha mãe. Ela a internou e se recusou a me dizer onde. Só me garantiu que ela está sendo bem cuidada.

— Mas alguém daqui tem de saber.

— Já perguntei a todos e ninguém me diz. Afirmam que foi minha própria mãe quem dirigiu o carro no dia em que levou Gláucia para a clínica.

— Mas alguém tem de saber.

— O pior é que a minha mãe se encontra agora na Europa e só volta daqui a cinquenta dias.

— Eu não posso esperar por todo esse tempo. Gláucia pode estar muito necessitada de ajuda e amparo maternal.

— Sem dúvida. Tal como a senhora, eu também fiquei desesperado para encontrá-la, mas preso a esta cadeira, muito pouco pude fazer pelo meu objetivo.

— Eu o compreendo. O jeito vai ser pôr um anúncio nos jornais procurando por informações dela ou visitar todas as clínicas do gênero, espalhadas pela cidade até que eu a localize.

— Eu sinto muito por todo esse transtorno.

Maria suspirou e se deixou chorar. Jorge também derramou-e em lágrimas. Foi então que os gêmeos apareceram na sala, levados pelas babás. Ao vê-los, Maria derramou ainda mais lágrimas, dessa vez, porém, por uma emoção muito diferente. Abraçou e beijou as duas crianças, externando todo o seu amor de avó. Para alegrá-los cantou uma das canções favoritas das crianças do Brasil naquela época.

— Lá vai o meu trolinho, vai rodando de mansinho, pela estrada além... Upa, upa, upa... Cavalinho alazão. Ê ê ê não erre de caminho não!* (*Composição de Ary Barroso, 1940).

As crianças adoraram e pediram mais, o que fez Maria atender prontamente:

— Pula a fogueira Iaiá... Pula a fogueira Ioiô... Cuidado para não se queimar. Olha que a fogueira já queimou o meu amor (*Composição de João B. Filho)

E a seguir entoou mais uma, com sua linda voz:

— Capelinha de Melão é de São João... É de Cravo é de Rosa é de Manjericão...São João está dormindo...Não acorda não! Acordai, acordai, acordai, João! (*Composição de João de Barro)

O canto ajudou-a se acalmar um pouco diante da situação.

Ao final, tanto ela quanto Jorge estavam emocionados e depois da despedida, Maria partiu com a incumbência de encontrar a filha o mais urgentemente possível. Logo que pôde, Maria contou tudo o que descobriu a Cândida, Claudete e Andressa.

Foi Cândida quem opinou primeiramente:

— Se você puser uma nota no jornal, procurando pela Gláucia vai ser um bafafá só. Sabe como todos gostam de distorcer a realidade, ainda mais os jornais só para venderem mais. Vão dizer que sua filha está louca e outras coisas piores.

— Eu já havia pensado nisso enquanto vinha para cá. O que me resta a fazer então, minhas queridas?

— Vamos ter de procurar por todas as clínicas espalhadas pela cidade.

— Uma a uma?

— Sim e não acho que devam existir muitas do gênero. Eu ajudarei, Maria, fique tranquila.

— Oh, Cândida, você sempre tão boa para mim, compartilhando seu tempo com os meus problemas. Coisas que caberia somente a mim resolver.

— Amigas são para essas coisas, minha querida.

Ao chegar a sua casa, Maria contou tudo o que havia descoberto sobre Gláucia, para sua mãe e Dona Augusta.

– Pobre Gláucia – murmurou Augusta, penalizada.

– Foi castigo – opinou Ofélia, seriamente.

– Não diga isso, Ofélia – pediu Augusta, tentando, como sempre, pôr panos quentes sobre a situação.

– Mas foi, Augusta. Sei que dói demais dizer isso, mas é a realidade, o que se há de fazer?

– Nós vamos encontrá-la, mamãe – interveio Maria, esperançosa. – Vamos encontrá-la e, com a graça de Deus, ajudaremos a voltar a ser a moça linda que sempre foi. Afinal, ela tem dois filhos para criar.

– Sim, minha querida, é isso mesmo. É assim que se fala.

O próximo a saber de tudo foi Alfredo Passos que abraçou Maria e a encorajou a prosseguir diante de mais um revertério de sua vida. Quando chegou o momento de ela partir, para ir fazer o show daquela noite, Alfredo falou:

– Não vá cantar essa noite, Maria. Você não está bem.

– Eu tenho de ir, Alfredo. Cantando me sentirei menos aflita. A música sempre me acalma, ainda que todos os olhos estejam voltados para mim...

– Se você se sentirá melhor cantando, então vá, minha querida. Estarei na plateia, como sempre, lhe dando forças.

– Obrigada.

Naquela noite, porém, Maria não encontrou a paz que sempre acalmara seu coração por meio do canto. Não conseguiu tirar Gláucia do pensamento enquanto entoava as mais lindas canções que emocionaram todo público que lotou a casa de shows.

Ao cantar "Sorri", versão de João de Barro para a canção "Smile" de Charlie Chaplin, John Turner e Jeoffrey Parsons, Maria sentiu na pele o significado de cada palavra da canção:

Sorri quando a dor te torturar e a saudade atormentar
Os teus dias tristonhos, vazios...
Sorri quando tudo terminar
Quando nada mais restar
Do teu sonho encantador
Sorri quando o sol perder a luz e sentires uma cruz

Nos teus ombros cansados, doridos
Sorri, vai mentindo a tua dor e ao notar que tu sorris
Todo mundo irá supor que és feliz

Foi uma de suas interpretações mais marcantes já presenciada por todos.

Nesse ínterim, na tal clínica, Otília procurava Dulcilaine para lhe contar o que finalmente havia descoberto sobre Maria dos Reis.
– Lembra quando você me pediu para eu descobrir se Maria dos Reis tinha uma filha por meio da minha conhecida que é fanática por ela? Pois bem, com o corre-corre diário, acabei me esquecendo. Mas neste fim de semana, lembrei-me de perguntar a ela e, sim, Dulcilaine, Maria dos Reis teve mesmo uma filha. Uma única filha. E segundo a fã, o nome dela é Gláucia.
Dulcilaine ficou boquiaberta.
– Será que a moça chamada Gláucia, internada aqui, é mesmo a filha de Maria? Preciso descobrir.
– E você pode. Aqui está o endereço da casa da Maria dos Reis. Até isso essa minha conhecida conseguiu. Não é à toa que se diz ser sua fã número um.
E Dulcilaine ficou empertigada desde então.

Capítulo 13

Na manhã do dia seguinte o sol voltou a sorrir para Maria quando alguém tocou insistentemente a campainha de sua casa. Como ela e Alfredo haviam ido dormir tarde, demoraram para ir ver quem era.

– Dona Maria dos Reis? – disse a mulher em frente ao portão da casa.

– Pois não?

– Meu nome é Dulcilaine e bem, sou muito fã da senhora. Uma verdadeira fã.

– Obrigada.

– Percebo que estava dormindo, por isso vou ser breve.

– Sim.

– A senhora por acaso tem uma filha chamada Gláucia?

– Tenho sim. Por quê?

– Bem, é porque na clínica em que eu trabalho há uma moça chamada Gláucia que jura ser sua filha, mas ninguém lhe deu crédito porque, bem, a pobrezinha foi internada ali por estar completamente biruta. Lelé, entende?

– Aonde é essa clínica, me leve até lá, por favor!

– Levo, levo sim. Mas a senhora tem de jurar que não vai dizer a ninguém que vim procurá-la para lhe contar sobre a paciente.

– Tem minha palavra, fique tranquila. Vou me vestir adequadamente e partimos. É questão de minutos. Entre, por favor.

Alfredo que ouvira tudo da porta, prontificou-se no mesmo instante a ir com a esposa que acabou aceitando sua sugestão. Uma hora depois os três chegavam à porta da clínica em que Gerusa Figueiró Barreto havia internado a nora.

Voltando-se para Dulcilaine, Maria lhe garantiu:

– Nada vai lhe acontecer, fique tranquila. Se implicarem com você, digo que porei a boca no mundo. Sendo eu, uma mulher razoavelmente famosa, tenho mais acesso aos meios de comunicação; tudo o que eu disser por meio dela sobre essa clínica poderá acabar com a reputação dela.

– Que já não é boa.

– Não?!

– Não. Muitos familiares deixam seus parentes aqui por ser um lugar extremamente sigiloso, com o propósito real de escondê-los da sociedade, do meio social em que vivem, por sentirem vergonha deles.

– Vergonha? – espantou-se Alfredo.

– Sim. Prometem vir visitá-los, mas nunca aparecem. Mandam empregados trazerem alimentos, roupas, mas eles próprios nunca vêm.

– Não é de me espantar. Meu pai agiu da mesma forma com o meu irmão, por ele ter nascido com certa deficiência. Até o momento eu pensava que só existisse ele na face da Terra, capaz de rejeitar um filho por ser *especial*.

– Que nada, minha senhora. Há muitos, isso posso afirmar com propriedade.

– Vamos entrar.

– Vá a senhora na frente, diga que quer visitar a paciente do quarto 17 e, caso perguntem quem é: diga que é sua mãe. Eles vão se espantar, mas acho, não tenho certeza, que acabarão deixando a senhora entrar.

Assim fez Maria e para sua surpresa, sua visita foi negada.

– Mas eu sou a mãe dela.

– Mas ela não está em condições de receber ninguém, são ordens médicas.

– Ordens médicas ou de Dona Gerusa Figueiró Barreto?

A atendente perdeu o rebolado.

– Quero falar com o médico responsável pela clínica.

– Ele não se encontra.

– Eu aguardarei por ele.

– Ele não deve vir hoje.

– Não?! Como não? Que médico é esse que deixa seus pacientes nas mãos de simples enfermeiros?

Diante da dificuldade enfrentada por Maria, Alfredo se juntou a ela.

– Acho bom vocês deixarem *minha esposa* visitar sua filha, senão hoje mesmo isso aqui será interditado pelas autoridades.

Nisso, Dulcilaine uniu-se ao casal.

– Dora – disse ela, para atendente. – Sabe quem é essa mulher? É Maria dos Reis, uma das maiores cantoras do país.

– Maria dos Reis?

A mulher que já ouvira boatos de que Gláucia era sua filha, ficou ainda mais sem graça diante da situação.

– Dona Maria...

– Por favor, deixe-me ver minha filha. Ponha-se no meu lugar.

A moça, ainda abobada, respondeu:

– Dona Maria dos Reis, sou muito fã da senhora... Estou até trêmula.

– Agradeço o elogio e agora deixe-me entrar.

– Eu posso perder o emprego por causa disso.

– Se eu falar mal desse lugar nas rádios e nos jornais, ele será fechado e de qualquer modo vocês estarão no olho da rua.

Sem mais, a funcionária recuou, dando passagem para Maria que foi conduzida por Dulcilaine, até o quarto em que Gláucia estava internada.

Logo não se falava em outra coisa no recinto senão na presença de Maria dos Reis no local.

A mãe reteve Gláucia num abraço apertado. Abraço este que a fez ir relaxando aos poucos, com a sensação crescente de ser finalmente salva daquele lugar que tanto a deprimia.

Então, Gláucia se jogou aos pés de Maria e aos prantos, falou:

– Me perdoa, mamãe, por favor. Me perdoa!

– Perdoar, Gláucia?

– Pelo modo que a tratei nos últimos anos.

– É lógico que lhe perdoo, Gláucia.

– Não antes de me dizer, olhando nos meus olhos que me perdoa.

– Levante-se, Gláucia.

Com a ajuda da mãe, a filha ficou de pé e voltou a insistir:

– Perdão, mamãe. Perdão.

– Não há o que perdoar, Gláucia.

– Há sim. Eu fui uma estúpida, me deixando levar pelas palavras de Dona Gerusa. Uma otária.

– Filha...

– Mas eu amava o Jorge, mamãe, amava-o de paixão. Ainda o amo, sou louca por ele e temi, diante das ameaças de Dona Gerusa, que ele não se casasse comigo. Que ela impedisse o nosso casamento e o que eu mais queria da vida era ele, mãe. Ele! Entende?

– Entendo, filha. Foi por amor. Simplesmente por amor. Quem nessa vida já não lutou, errou e se sacrificou por amor?

As palavras tocaram tanto a moça quanto a própria Maria que também sacrificou o amor que sentia por Alfredo Passos em nome da filha que tanto amava.

– Gláucia, você precisa recomeçar a sua vida. E eu vou ajudá-la.

– Não sei se mereço, mamãe. O papai... Ela não me perdoa.

– Seu pai está morto, Gláucia. Morto!

– Mas o espírito dele vive a me assombrar. Eu juro, a senhora precisa acreditar em mim. Eu o vejo, quase a todo instante. É como se ele quisesse me dizer alguma coisa e quando move os lábios, meu medo é tanto que tapo os ouvidos e me desespero a gritar.

– Seu pai...

– Ele deve me odiar por eu não ter ido visitá-lo no hospital.

– Gláucia, esteja seu pai onde estiver, ele certamente lhe perdoou por tudo, pois compreendeu que você não foi ao hospital por causa dos seus filhos, por medo de pegar alguma doença ali e transmitir a eles.

– Foi o que Dona Gerusa me disse na ocasião e eu... Ah, mamãe eu fui tão estúpida em acreditar nela, pensei que ela queria o meu bem, e, no entanto, ela queria me ver longe do Jorge, longe! Queria mais é me ver morta. Disse que ia me levar ao hospital e me trouxe para este lugar horrível... Uma verdadeira prisão.

– Sim, filha, eu sei. Não vim antes, porque estava na Europa em turnê. Se eu soubesse de tudo, já teria retornado.

– Ah, mamãe...

E a mãe abraçou a filha mais uma vez, expressando todo o seu amor.

— Eu a amo tanto, Gláucia. Tanto... Agora vou levá-la para casa e vamos depois a um Centro Espírita onde você certamente encontrará um meio de se comunicar com seu pai, resolver de uma vez por todas esse mal-entendido.

— Jura?

— Sim, Gláucia. Eu juro.

Antes de deixarem a clínica, Gláucia olhou mais uma vez com tristeza e desespero para o lugar, arrepiando-se toda como se sentisse muito frio. Maria então aproximou-se de Dulcilaine e Otília e agradeceu a ambas, mais uma vez, pela ajuda.

— Obrigada, obrigada por ter tido a coragem de me procurar e me revelar o paradeiro de minha filha.

— Fiz o que fiz com muito gosto, Dona Maria, a senhora merece, por tudo de bom que nos proporciona.

— Que nada...

— É sim. A senhora com sua voz e suas canções já ajudou muitos corações partidos a não se perderem na loucura dos pensamentos suicidas.

— Será que minha música, minha voz é tão capaz de...

— É sim e por todos, em nome de todos que são fãs da senhora, eu lhe digo: obrigada pela senhora existir.

Maria não se aguentou, derramou-se em lágrimas e abraçou as duas mulheres que também choraram com ela. Quando no carro, Gláucia, já acomodada no assento do veículo, entre lágrimas falou:

— Quer dizer então que a senhora só chegou até mim por causa da sua música, mamãe?

— Foi sim, por causa dela e dos meus fãs...

— Fãs...

— Sim, filha, um artista só se torna um grande artista graças aos seus fãs.

— Oh, mamãe, eu nunca dei tanto valor a sua arte, jamais pensei que ela fosse capaz de...

— Acho que nem eu, Gláucia, pensei que ela fosse capaz de fazer tanto pelas pessoas, até mesmo para alguém ligado tão expressamente ao meu coração.

— Bendito o dia em que a senhora se tornou uma cantora. Bendito o dia!

– Mas filha, por causa da minha profissão de cantora é que Dona Gerusa causou tantos empecilhos para você e o Jorge.

– De que adiantou eu ficar do lado dela, contra os meus próprios pais, minha própria origem, se na hora em que mais precisei, ela me deu as costas? Chamou-me de louca. O que ela queria mesmo era me tirar da vida do Jorge para sempre.

– Chego à conclusão agora de que não importa qual fosse a profissão da senhora ou do papai, Dona Gerusa encontraria, de qualquer forma, obstáculos para impedir a nossa união. Penso que ela faria o mesmo com qualquer moça que o Jorge escolhesse. Para ela, Jorginho é dela, só dela, de mais ninguém, nem dele próprio.

A moça tomou ar, enxugou as lágrimas e sorriu:

– Quero tanto ver meus filhos, mamãe. É tão difícil ficar longe deles. Só agora entendo o que o papai passou longe de mim e a senhora também. Agora sei, na alma, a duras penas, o mal que fiz a vocês. Eu lhes fui muito injusta...

– Nós vamos dar a volta por cima, Gláucia. Você vai reaver seus filhos e vai voltar a se feliz ao lado deles e do seu marido.

– Deus a ouça, mamãe. Deus a ouça.

Pelo caminho até a casa, Maria contou à filha as últimas novidades em torno da sua vida. Sua turnê pela Europa, o reconhecimento do seu talento ao voltar pelo Brasil e seu reencontro com Alfredo Passos.

Antes de ir rever os filhos e o marido, Gláucia decidiu ir primeiramente à casa da mãe, para tomar um banho e também rever a avó, o tio e Dona Augusta. Diante de Ofélia e Augusta, Gláucia se ajoelhou e também lhes pediu perdão pela indiferença com que as tratou nos últimos anos.

– É claro que lhe perdoo, Gláucia – falou Ofélia, entre lágrimas. – O que mais me faz feliz é saber que você, filha, voltou as boas com sua mãe. Porque ela sempre fez tudo por você. Tudo por você.

– Quem nunca errou na vida que atire a primeira pedra – comentou Augusta Bonini a seguir.

Todos jantaram uma deliciosa canja de galinha feita pela própria Ofélia com a ajuda de Augusta. A seguir, receberam a visita de Cândida e Andressa.

– Andressa, minha amiga! – exclamou Gláucia, abraçando-a calorosamente. – Fui tão insensível com você... Insensível e estúpida.

– Gláucia, por favor. Minha amizade por você continua sendo a mesma, nunca deixou de ser. Eu sabia que um dia você despertaria do transe em que aquela mulher pavorosa lhe pôs.

– Eu tinha tanto medo de me rebelar contra ela, Andressa. Tanto medo...

– Eu sei, minha amiga. Por medo cometemos tantas bobagens.

E as duas se abraçaram novamente.

– Que bom que você ressurgiu de tudo isso mais forte, mais corajosa, mais você.

– E você, minha amiga, como anda? Seu marido, sua filha?

– Bem melhor agora depois de vê-la livre novamente.

Dali, Gláucia foi levada por Maria à mansão dos Figueiró Barreto.

– Jorginho – disse ela assim que entrou na sala.

O moço, surpreso com a sua chegada, sorriu de ponta a ponta, mal podendo acreditar no que via.

– Gláucia.

Ela se curvou sobre ele o beijou entre lágrimas.

– Ah, meu amor... Eu estava morta de saudades.

– E eu, então? Você é tudo para mim. Obrigado por existir.

Novamente eles se beijaram e só então as crianças foram levadas até a mãe que não sabia qual delas abraçava e beijava mais.

Somente quando os dois ficaram a sós, é que Gláucia pôde contar ao marido tudo o que lhe acontecera naqueles últimos meses. Jorginho, revoltado com a mãe, quis voltar para a casa do casal naquele mesmo instante. Qualquer coisa que o mantivesse longe da família, lhe era bem-vindo, pelo menos naquele momento. E assim eles voltaram para casa, para viverem uma nova etapa de vida.

Um dos integrantes da clínica, procurou um dos jornais mais sensacionalistas para contar tudo o que se passou com a filha de Maria dos Reis e logo a notícia virou manchete dos principais meios de comunicação da época. Enquanto isso, na Europa, Gerusa Figueiró Barreto sequer fazia ideia do que estava se passando com o seu nome no Rio de Janeiro.

Capítulo 14

Ao chegar ao Brasil, Gerusa soube, por intermédio de Patrícia Nachtergaele, as últimas fofocas envolvendo seu nome e sua família. A mulher teve explicitamente um chilique. Correu para a casa de Jorginho e entrou cuspindo pelas ventas.

– Vou pô-la para fora dessa casa, nem que seja arrastada pelos cabelos. Eu deveria ter feito isso desde a primeira vez em que pôs os pés na mansão em que vivo. Deveria também ter prendido meu filho num quarto para evitar toda a sua desgraça, a nossa desgraça.

– Eu sinto muito.

– Suma daqui!

– Não, mãe – soou a voz forte de Jorginho, entrando na sala. – Gláucia é minha esposa e ela fica! Além de minha esposa, ela é a mãe dos meus filhos. A senhora é quem deve sair e voltar aqui somente quando aprender a ter bons modos para se dirigir a uma pessoa como ela.

– Isso não vai ficar assim, Jorge. Eu lhe garanto que não. Vou entrar na justiça, pedindo a guarda dos meus netos. Não vou permitir que sejam criados por uma louca. Nem por você que não tem juízo algum, ainda mais depois da queda que sofreu e o condenou a viver nessa cadeira de rodas para o resto de sua vida. Por culpa dela, dessa que você tanto defende.

Ela tomou ar e acrescentou, explodindo de ódio:

– A mim é que você deveria defender. Aquela que o pôs no mundo e o criou com dignidade. Não essa...

Sem mais ela deixou a casa, pisando duro e logo no dia seguinte acionou advogados para obter a guarda dos netos.

Na noite do dia seguinte, Maria levou Gláucia ao Centro Espírita que frequentava para que pudesse, finalmente, resolver o problema com seu pai e se manter calma diante da ação que Gerusa moveu contra ela e o marido, para lhes tirar a guarda dos filhos. Depois de receber um *passe* foi convidada a fazer um tratamento espiritual que levaria alguns meses. O que ela aceitou com grande entusiasmo.

Foi durante esse processo que uma médium, para sua surpresa, psicografou uma carta de Vladimir que dizia:

Querida, Gláucia. Em momento algum eu quis assustá-la com as visitas que lhe fiz na casa em que vive com seu marido e seus filhos. Fui vê-la porque realmente estava morto de saudade, não poderia partir para o meu lugar de direito como espírito, sem antes revê-la. Não sabia que poderia me ver. Em momento algum eu quis atormentá-la ou assombrá-la, ou trazê-la para junto de mim. Sua missão na Terra ainda não terminou, ainda há muito para você fazer. Estarei deste plano torcendo por você. Fique com Deus. Nunca se esqueça de mim, pois eu nunca me esquecerei de você. Do pai que tanto a ama.
Vladimir Abujamra.

Com lágrimas nos olhos, ela muito emocionada declarou:
– Ele foi um pai maravilhoso para mim... Impossível me esquecer dele. Pena que meus filhos não poderão conhecê-lo.
– Um dia, no infinito, quem sabe... – sugeriu a médium.
– Sim, quem sabe.

Ao saber que Gláucia havia recebido uma carta de seu pai, Andressa também pediu a médium que tentasse se comunicar com seu pai, para saber se ele já havia desencarnado ou não. Tudo que a médium conseguiu descobrir, por meio dos seus guias de luz, foi que o pai da mocinha era um homem que sofria muito, calado e ainda permanecia no plano terrestre. Ao contar à mãe, Cândida, como sempre, procurou desconversar.

Dias depois, ao chegar à casa da mãe, Andressa foi recebida pela arrumadeira que lhe informou que Cândida havia saído para fazer compras e que não demoraria a voltar.

— Estou fazendo uma horinha até que eu possa ir buscar o meu filho na escolinha.
— Ah, sim, fique à vontade.
— Obrigada.
Nem bem a mulher deixou a sala, o telefone tocou.
— Eu atendo! – adiantou-se Andressa. – Alô.
— Alô – disse uma voz cansada do outro lado da linha.
— É da casa de Cândida Moniz?
— É sim, quem deseja?
— Diga a ela que é a mãe dela.
— A mãe...
— Alô...
— Ainda estou aqui... é que minha mãe saiu e...
— Sua mãe? Então você...
— Sim, eu sou sua neta.
A mulher do outro lado da linha emudeceu.
— Diga a ela que eu liguei. Que o pai dela, seu avô, está muito mal no hospital. Acho que ela, por ser filha, gostaria de saber.
— Sim, certamente. Numa hora dessas... Apesar de tudo o que houve entre os dois...
— Entre os dois?
— Sim, eu sei de toda história. Minha mãe nunca me escondeu nada.
— Desculpe-me, mas... Seu nome é Andressa, não é?
— É sim.
— O meu é Eleutéria.
— Muito prazer...
— Dê o recado a sua mãe, por favor.
— Só uma coisa. A senhora me responda se puder. Ele, digo, meu avô se arrependeu do que fez a minha mãe? De tê-la posto no meio da rua, com uma mão na frente e a outra atrás, só porque descobriu que ela estava grávida de mim?
— Minha querida, eu não sei exatamente o que sua mãe lhe contou, mas a história não é bem essa. Foi sua mãe quem deixou nossa casa de uma hora para outra, na calada da noite. Deixando-me desesperada, ansiosa por notícias dela e suas também. Notícias que só vim a receber dias depois.

Andressa desligou o telefone, pensativa, repassando na memória o que a avó acabara de lhe contar. Quando chegou a casa, Cândida surpreendeu-se, ao encontrar a filha, ali, aguardando por ela.

— Mamãe...

— Andressa, que surpresa mais agradável!

— A vovó ligou.

— Quem?

— Sua mãe, minha avó.

Cândida perdeu o chão.

— Ligou?!

— Foi bom falar com ela, sabe? Ela ligou para dizer que seu pai, meu avô, está internado no hospital. Seu estado de saúde não é nada bom. Ela achou que a senhora, como filha, gostaria de saber.

Cândida ficou temporariamente sem palavras.

— A senhora pretende vê-lo, não?

— E-eu?!

— Sim, afinal, ele é seu pai. Não importa o que tenha feito contra a senhora, continua sendo seu pai.

— Sim, é claro, você tem toda razão.

Cândida, ainda absorta, deixou-se sentar na pontinha do sofá.

— A senhora ainda se ressente com ele por ele tê-la posto no olho da rua ao saber que estava grávida de mim?

— E-eu... É que certos ressentimentos são tão difíceis de se apagar, filha...

Andressa continuou atenta ao rosto da mãe, incerta, temporariamente, se deveria ou não revelar o que descobriu. Por fim, optou pela verdade:

— A vovó me contou que o vovô jamais a expulsou da casa em que vocês viviam. Foi a senhora quem...

Cândida engoliu em seco.

— Ela não sabe o que diz.

— Ela me pareceu muito lúcida. Por que a senhora não me conta realmente o que aconteceu?

— Não há nada para contar, Andressa.

— Há sim, eu sinto, aqui no coração. Se não tivesse, a senhora não sustentaria a mentira, durante todos esses anos, de que fora seu pai quem a expulsou de sua casa por ter descoberto que a senhora

estava grávida de mim.
— Andressa...
— Seja qual for a verdade, minha mãe, eu não vou julgá-la, prometo que não! Se a senhora me disser que saiu de casa para ser prostituta, porque assim desejou, não foi por necessidade, eu vou entender.
— Não é nada disso!
— Então o que é? Seja sincera comigo, mamãe. Por favor!
Cândida levou as mãos aos cabelos num estado desesperador. Parecia, de repente, incerta quanto ao que fazer. Diante do estado da mãe, Andressa apressou-se em dizer:
— Desculpe-me, não queria deixá-la nervosa.
Novamente Cândida engoliu em seco.
— A senhora ficou assim também por causa do seu pai, não é mesmo? Deve ser muito difícil para a senhora saber que ele está à beira da morte, não?
— S-sim, filha, é isso mesmo.
A moça foi até a mãe e a abraçou.
— Já vou indo, já está na hora do Luquinha sair da escola.
— Vá sim, minha querida, e dê um beijo nele por mim.
— Será dado.
Cândida ficou a observar a filha, saindo da casa, pela janela da sala, enquanto o que ouvira há pouco voltou a perturbá-la.

Com Claudete, horas depois, ela desabafou. Claudete então lhe sugeriu mais uma vez:
— Conte a verdade a Andressa, Cândida. Ela merece saber.
— Ela vai ficar horrorizada. Eu preservei minha filha durante todos esses anos, longe da verdade para não feri-la, para poupá-la de um choque, um baque, um desgosto ainda maior. Saber que sua origem foi... Chego até a me arrepiar. Sinto até o meu coração palpitar...
— Cândida. Ponha-se no lugar dela, ela quer conhecer o pai.
— Será que você não entende, Claudete? É vergonhoso demais para mim sequer pensar no que me aconteceu. No modo que me aconteceu, em tudo que vivi. E o pior, será vergonhoso demais para ela.
Claudete novamente se sentiu penalizada pela amiga querida.

Naquela mesma noite, Andressa foi até a casa de Maria ter uma conversa em particular com ela. Depois de lhe expor seu drama, Maria opinou:

— Sua mãe não mentiria, Andressa.

— Começo a suspeitar que sim.

— Por quê?

— Antes eu pensava que era somente para eu não chegar até o meu pai, agora sei que é por algo mais, algo que ela não quer que eu descubra, referente a minha origem, ao seu passado.

— Conheço bem a Cândida, pelo que me parece, ela já perdoou o passado há muito, muito tempo.

— Será mesmo, Dona Maria?

E Maria dos Reis ficou em dúvida desde então.

Depois de muito refletir se deveria ou não ir até sua antiga cidade, onde nascera e crescera até os 17, 18 anos, visitar seu pai e sua mãe, Cândida Moniz acabou se decidindo por ir. Diante das circunstâncias, a mãe poderia estar realmente precisando dela.

Ao chegar a casa de onde um dia partiu por estar grávida, Cândida se recordou do momento em questão, um dos piores da sua vida. Ao lado da morada já não havia mais a mercearia que um dia existiu, o local havia sido posto abaixo e no seu lugar, fora construída uma casa de tijolos, há não mais que dez, oito anos antes.

Com a mão a tremer, Cândida tocou finalmente a campainha e, por mais que procurasse se acalmar, não conseguiu. Quando a mãe apareceu à porta, já com sessenta anos completos, demorou alguns segundos para reconhecer a filha.

— Pois não?

— Mamãe...

A mulher levou imediatamente a mão ao peito, boquiaberta, perdeu a fala.

— Cândida... minha filha...

Tão trêmula quanto Cândida, Dona Eleutéria abriu o portão e ao se ver diante da criatura que pôs no mundo, rompeu-se em lágrimas.

— Filha, querida... Que saudade, meu amor, que saudade...

E as duas se abraçaram e choraram no ombro uma da outra.

Depois de rever sua casa e tomar um banho para tirar o cansaço da viagem, Cândida sentou-se à mesa da cozinha para tomar um café com Eleutéria. Foi então que a mãe perguntou:

— Se você veio é porque lhe perdoou, não é mesmo, Cândida?

— Do que a senhora está falando, mamãe?

— Você sabe bem do que estou falando...

Cândida abaixou a cabeça e chorou.

— Eu sinto muito filha. Do fundo do meu coração, eu sinto muito — Eleutéria tentou consolá-la. — Mas o que eu poderia ter feito para ajudá-la, Cândida? Uma mulher como eu, que não sabia fazer nada da vida senão arrumar a casa. Que fora ensinada, desde garotinha, a se casar e depois de casada, manter a casa limpa, a roupa lavada e passada para o marido e... Eu não tinha como... Me perdoa, filha... Me perdoa?

— Oh, mamãe...

— Ele arruinou a sua vida, Cândida. Ele desgraçou o seu futuro brilhante ao lado de um homem de verdade...

— Mesmo assim eu consegui um homem maravilhoso, mamãe. O Adamastor tem tudo o que uma mulher pode desejar num homem. Sou muito feliz ao seu lado e acho que ele também é por ter se casado comigo. Depois de tudo que passei, a vida acabou me recompensando...

— Que bom, filha, que bom!

Houve uma pausa até a mãe perguntar à filha:

— Você quer realmente ir ao hospital, digo, vê-lo?

— Estou aqui por causa da senhora, mamãe. Para lhe dar apoio numa hora tão difícil como essa.

— Filha...

Nova pausa e Eleutéria acrescentou:

— Os médicos dizem que ele só está vivendo por causa dos aparelhos, se forem desligados...

— Ainda bem que existem os aparelhos...

— De qualquer modo, Cândida... Eu preciso fazer algo por ele, filha. Algo para libertá-lo do mal que lhe fez. Algo que purifique sua alma.

— Isso tudo cabe a Deus, mamãe.

— Onde estava Deus que não a protegeu de suas maldades, Cândida?

— Mamãe, não torne tudo pior. Sem Deus no coração...

— Mesmo assim, penso que eu deveria...

Eleutéria não terminou a frase. Num tom mais brando, a seguir, mudou completamente de assunto:

— Filha, você precisa descansar. Vou ajeitar o quarto que foi seu para que possa tirar um cochilo.

— Eu a ajudo.

E assim fizeram as duas, e quando Cândida se deitou, Eleutéria se viu novamente diante da filha adorada, só que em forma de criança. A filha a quem deu à luz e quis ter ao seu lado pela vida toda. Algo que nunca pôde realizar.

Ao despertar do cochilo, Cândida estranhou o silêncio da casa. Sobre a mesa da sala havia um bilhete:

"Fui até o hospital! Não devo me demorar!"

Súbito arrepio percorreu todo o corpo de Cândida nesse instante. Ao recordar-se das palavras da mãe, ditas há uma hora e meia atrás: "Os médicos dizem que ele só está vivendo por causa dos aparelhos, se forem desligados..." e o que ela disse a seguir: "Eu preciso fazer algo por ele, filha. Algo para libertá-lo do mal que lhe fez... Algo para purificar sua alma", Cândida estremeceu:

— Ela vai...

Imediatamente ela pegou sua bolsa e saiu apressada para a rua em busca de um carro de praça. Seu coração batia acelerado.

Tomou o veículo e pediu ao motorista que corresse para a Santa Casa da cidade o mais rápido possível. Chegando lá, saltou tão aflita do automóvel que nem sequer esperou pelo troco. Adentrou o hospital, dizendo que procurava o quarto onde estava internado seu pai.

— Rápido, por favor, é uma questão de urgência — suplicou ela ao atendente.

Ela abriu a porta do quarto, bem no momento em que a mãe desligava o aparelho que mantinha o marido vivo.

— Mamãe! — chamou Cândida, aflita.

Eleutéria não se moveu, manteve-se a mesma. Cândida foi até ela e ao tentar novamente ligar o aparelho, a mãe segurou seu braço:

— Não, filha. Deixe-o morrer.

— Não, mamãe!

— Ele foi horrível com você, Cândida, destruiu nossa união, nossa alegria, nossa paz... Portanto ele não merece viver... Há muito tempo que não merece.

— Se eu consentisse com a senhora, estaria consentindo com um assassinato.

— Não é um assassinato, Cândida. É uma punição. Pelo mal que ele lhe causou.

— Eu já lhe perdoei, mamãe. Por favor.

— Se tivesse mesmo lhe perdoado, você já teria me procurado há muito mais tempo.

— Mamãe...

— Deixe-o morrer, Cândida.

— E isso vai resolver alguma coisa, mamãe? O que está feito, está feito. Não há como consertar.

— Mas...

A mãe rompeu-se num choro agonizante e Cândida logo a amparou em seus braços e religou o botão do aparelho sem que ela percebesse. Voltaram então a sua lembrança, trechos de um passado distante, o qual tanto se esforçou para esquecer e nunca conseguiu por completo. Ela com 7, 8 anos de idade, sozinha em seu quarto, brincando com sua boneca favorita, quando o pai chegou ali e disse, sorrindo:

"Que boneca mais linda, Cândida!"

"O nome dela é Maria", respondeu ela, olhando com ternura para o homem que se tornou seu pai naquela encarnação.

"E você gosta de brincar com ela?"

"Gosto sim"

O homem levou a mão até a cabeça da filha e começou a acariciar seus cabelos.

"O papai também gosta de brincar, Cândida!"

"É mesmo?".

"Sim. Você quer brincar comigo?"

"Hum hum".

Essa fora a primeira vez em que ele molestou a menina, na segunda, Cândida perguntou pela mãe:

"Sua mãe saiu, vai demorar. Assim temos tempo suficiente para brincarmos à vontade... Eu e você..."

A menina olhou para ele com a doce ingenuidade de uma criança.

"Vem cá, vem... Aqui no colo do papai! Vem!".

E a menina, a princípio, atendia a todas as solicitações do pai, até que aquilo começou a deixá-la com arrepios e mal-estar.

"Não esquece, Cândida... Só eu e você é que sabemos das nossas brincadeiras! Ninguém mais pode saber, compreendeu?"

"Por quê?"

"Porque o papai não gosta que os outros saibam... E se você abrir a boca", o pai mostrou-lhe o cinto, provocando ainda mais arrepios na menina.

E assim Leonel Moniz abusava sexualmente da filha, toda vez que a esposa estava fora de casa. E no dia em que ela ia chegando e avistou a criança correndo, desesperada, pela calçada, Eleutéria pensou, equivocadamente, que a menina havia saído dos fundos da casa que dava para a marcenaria. Na verdade ela havia fugido das garras do pai por não querer fazer o que ele exigia dela. De tão aflita, a pequena Cândida foi atropelada e Leonel viu tudo o que aconteceu à filha, pela janela da sala de sua casa, e nada fez por ela, por receio que descobrissem o que ele fazia com a menina.

Então aceitou jogar a culpa no funcionário da marcenaria, o que por pouco não destruiu a vida do rapaz ao lado de Julieta, a jovem que tanto amava, e com quem já estava de casamento marcado. Sérgio Menendes, por pouco não cometeu suicídio, e Julieta Porto, por pouco não acabou infeliz pelo resto de sua vida.

Isso só não aconteceu, porque uma das vizinhas à casa do casal Moniz, suspeitou de Leonel e foi atrás de Julieta tentar convencer a moça de que tudo não passara mesmo de um mal-entendido. Evitou expor-lhe a verdade para proteger a pobre Cândida de qualquer revolta por parte de seu pai.

Tempos depois, a mesma vizinha, tentou abrir os olhos de Eleutéria a respeito do comportamento devasso do marido, mas Eleutéria não quis acreditar. Ela pensava conhecer o homem com quem se casou, completamente. E esse homem, para ela, seria incapaz de fazer indecências com uma criança, ainda mais sendo ela sua própria filha.

Quando Cândida viu o pai agredir fisicamente o jovem Sérgio Menendes, teve noção real do que ele poderia fazer com ela caso abrisse a boca, por isso, se manteve calada, aguentando tudo em silêncio. Quando maior, ao querer se rebelar contra o pai, ele mesmo a lembrou o quanto sua mãe sofreria, ao saber de tudo, o que resultaria na separação dos dois e, sendo Eleutéria uma simples dona de casa, com apenas o ensino primário, não teria no que trabalhar, o que seria necessário depois que se separasse dele e, assim, resultaria na sua mais completa miséria.

Ao perceber que o pai tinha razão, ela continuou se mantendo calada até que o pior aconteceu: ela estava grávida. Foi um choque, um baque, uma loucura. Com todo o ensinamento cristão, Cândida descartou de imediato a possibilidade de fazer um aborto. Quando contou a verdade a seus pais, ambos pensaram que ela havia engravidado de um rapaz, jamais das indecências que o pai a obrigava fazer quando a sós com ela, na casa. Nem ele pensou em tal possibilidade e, por isso, rebelou-se contra ela, por ciúmes de haver outro, além dele, usando seu corpo. Ele queria arrebentar o sujeito, mas jamais expulsá-la da casa.

Diante das circunstâncias, percebendo que não suportaria mais viver ali, tendo de encarar o pai, sendo obrigada a se deitar com ele, Cândida decidiu partir da casa, como fez, ao cair de uma madrugada fria do ano de 1937.

Não fora o pai que a expulsara de casa, isso foi invenção dela para encobrir o verdadeiro motivo. Não poderia ter o bebê ali, ao lado do pai que a atormentou por praticamente todos os anos em que viveu a seu lado e, certamente, continuaria abusando sexualmente de sua pessoa. Longe dele, ela educaria a criança que gerava em seu ventre, da melhor forma possível, jamais lhe revelando a sua verdadeira origem.

Cândida despertou de suas lembranças quando a mãe se desvencilhou dos seus braços, enxugou suas lágrimas e disse:

– A vizinha a casa ao lado da nossa, veio tentar me abrir os olhos... Dizer que era ele quem abusava de você e não o funcionário da marcenaria. Mas eu não quis acreditar. Não podia... Na época, eu pensava conhecer seu pai como a palma da minha mão. Eu expulsei a vizinha de casa, nunca mais me dirigi a ela e ela ainda me alertou:

"Você vai se arrepender, Eleutéria. Ajude sua filha, ela precisa de ajuda!"

Hoje percebo que não acreditei porque seria bem mais fácil agir dessa forma. Além do mais, eu amava tanto seu pai, que tudo que pudesse destruir a imagem de perfeição que eu havia criado na minha mente, em torno dele, eu afastava de mim. Quando comecei a encaixar as peças do que me parecia ser um quebra-cabeça, passei a odiá-lo e desprezá-lo. Eu sentia verdadeiro nojo dele, então, mas estava presa a ele pelo resto da minha vida, se quisesse me manter financeiramente. Este é o mal de toda mulher que é apenas dona de casa, que depende do salário do marido.

– Eu sinto muito, mamãe.

– Eu é que sinto muito, filha. Por ter me feito de cega e desentendida. Fui relapsa. Você precisava de ajuda. Eu via a aflição nos seus olhos, o desespero que havia por trás deles e eu me mantinha à parte de tudo, como uma tonta. Eu mereço o inferno, Cândida. Mereço apodrecer no inferno.

– Mamãe, a senhora já viveu num inferno.

– Foi mesmo. Tudo o que eu sonhei viver transformou-se num inferno.

Ela voltou os olhos para o marido, acamado, enxugou novamente os olhos e completou:

– Se eu vou para o inferno, Cândida, ele vai para onde? Tem de haver um lugar pior para canalhas como ele. – Eleutéria tomou ar e completou: – Vamos?

– Eu já vou. Quero ficar um pouquinho a sós com ele.

Cabisbaixa, Eleutéria deixou o quarto. Cândida Moniz voltou a olhar para o pai, estirado sobre a cama do hospital, perguntando-se, intimamente, se ainda sentia nojo dele por tudo que lhe fizera.

As pálpebras dele então se moveram e, com certa dificuldade, ele abriu os olhos. Ela se manteve em silêncio, olhando para ele atemorizada, da mesma forma que se sentia quando ele a levava para o quarto e se trancavam ali dentro. Os lábios dele então se moveram:

– Desligue... – suplicou com voz fraca e tristonha

– O quê? – Ela se curvou sobre ele, para poder ouvi-lo.

– Desligue... Acaba com isso de uma vez por todas, vamos!

Cândida respirou fundo e tentou dizer, o que de repente sentiu vontade:

– Pai...

Ele não reagiu à palavra e então ela repetiu um pouco mais alto:

— Papai...

As pálpebras dele tremeram.

— Sou eu, pai, Cândida...

As pupilas dele se moveram.

— Sou eu, Cândida... Sua filha...

As pálpebras dele se fecharam e logo uma lágrima escorreu pelo canto do olho direito.

— Eu... – continuou ela se esforçando ao máximo para se fazer audível. – Eu lhe perdoo, papai... Perdoo-lhe por tudo.

E novas lágrimas rolaram pela face do homem. Ao reabrir os olhos, ele a encarou e disse, com o último resquício de força que possuía:

— Adeus, Cândida... Adeus.

Não foi além disso, desencarnou a seguir.

Havia muito pouca gente no velório e no enterro de Leonel Moniz. Ao reconhecerem Cândida, muitos não sabiam como reagir diante de sua pessoa. Sabia-se na cidade que ela abandonara a casa dos pais para se tornar uma prostituta, ninguém ali fazia ideia do verdadeiro motivo por trás do que fez.

Foi então que a vizinha, aquela que sempre suspeitou de tudo, chamou Cândida numa sala ao lado e lhe disse:

— Eu tentei ajudar você, minha querida, juro que tentei. Orei, orei e orei para que seu drama tivesse fim, mas em casos como o seu, é preciso pôr a boca no mundo. Escancarar de vez a situação. Chamar autoridades competentes.

— A senhora não teve culpa...

— Ainda assim me sinto culpada por não ter procurado as autoridades.

— Não se sinta.

— O importante, Cândida, é que você deu a volta por cima, a vida a recompensou de algum modo.

— Sim, não tenho o que reclamar. Só tenho a agradecer.

— Que bom, você merece ser feliz. O fato de ser, significa que minhas preces foram ouvidas. Amém!

— Amém.

— Só mais um conselho, minha querida. Deixe ir embora tudo o que você viveu ao lado dele e a feriu tanto. Acabou! Não se torture mais por isso.

Cândida assentiu e quando a sós repetiu para si mesma: Ela está certa: deixe ir embora tudo o que você viveu ao lado dele e a feriu tanto. Acabou! Sim, acabou.

Foi então que uma voz mental ecoou, dizendo:

"Não, Cândida, não acabou! Andressa jamais vai se sentir completa sem saber quem é seu pai. Seu verdadeiro pai!".

E Cândida estremeceu diante do lembrete.

Ao voltarem para casa, Cândida ofereceu-se para preparar o jantar para a mãe.

— E agora, filha, o que será de mim?

— A senhora ainda pode contar comigo, para o que der e vier, esqueceu-se?

— Mas você tem sua vida, junto de seu marido e sua filha...

— Sim, mas isso não quer dizer que não posso cuidar da senhora. Acolhê-la em meu lar.

— Lar?

— Sim, a senhora não espera ficar morando aqui, sozinha, depois de tudo que aconteceu, espera?

— Sozinha, não, eu não gostaria, mas que destino melhor posso ter agora que seu pai...

— A senhora pode ir morar comigo no Rio de Janeiro, minha casa é grande, sobrou ainda mais espaço depois que Andressa se casou.

— Mas e seu marido?

— Adamastor tem um bom coração, há de aceitá-la, morando conosco com muito gosto. — Cândida riu. — Até rimou: conosco com muito gosto!

Conseguiu fazer com que a mãe risse com ela.

— Vamos jantar.

Assim, Eleutéria sentou-se à mesa e provou a deliciosa sopa com macarrãozinho, preparada com muito carinho pela filha.

— Está uma delícia.

— A da senhora é melhor.

— Que nada!

As duas se admiraram por instantes até que Eleutéria, voltando a adquirir um tom sério, observou:

— Só mais uma coisa, filha... O pai de sua filha, quem é?

Cândida não esperava pela pergunta, acabou se entregando pelo olhar.

373

– Não vá me dizer que...

– Esqueçamos tudo isso, mamãe.

– Filha, é horrível, é pavoroso, é imoral.

– Não mais falemos a respeito, mamãe; para nunca mais sofrermos por isso.

– E sua filha?

– Ela nada sabe nem nunca há de saber.

– Deus meu, como ele pôde?

– Ele nunca chegou a saber da verdade. Foi melhor assim.

– Que calamidade!

Cândida tocou o braço da mãe e, carinhosamente, pediu:

– Vamos apagar de vez nossos dramas vividos no passado, para o nosso bem e de todos a nossa volta.

– Eu vou tentar, filha.

– Isso, tente, por favor.

– Alguém mais sabe da verdade? Seu marido?

– Só Claudete, uma cortesã, dona do bordel onde fui trabalhar depois que me mudei para o Rio de Janeiro. Nela eu confio plenamente, guardou o segredo até hoje, há de guardar para sempre.

– Filha, como você foi forte para enfrentar tudo sozinha.

– Somos mais fortes do que pensamos, mamãe. Muito mais fortes! É isso o que a vida me ensinou. Ensinou e eu aprendi.

– Seu pai ganhará o inferno por tudo o que lhe fez.

– A senhora está novamente falando dele. Combinamos de nunca mais...

– É verdade, mas não sei se vou conseguir.

– O que prova que temos mesmo muita dificuldade para nos desvencilhar do que nos fez mal, da mesma forma que temos facilidade para esquecer do que nos fez bem e nos mantermos pensando no que nos fez bem.

E essa era uma verdade incontestável sobre o ser humano.

Capítulo 15

A audiência para decidir quem ficaria com a guarda dos filhos de Jorginho e Gláucia, estava prestes a acontecer. O advogado contratado por Gerusa, um dos melhores do Rio de Janeiro da época, entrara na justiça alegando que Gláucia tinha seriíssimos distúrbios psíquicos e Jorginho, por ter se tornado inválido, era incapaz de cuidar devidamente dos filhos, bem como sustentá-los.

Depois de Gerusa e Anselmo terem cortado a mesada que davam ao filho para se sustentar, depois de seu grave acidente, Maria dos Reis e Alfredo Passos passaram a ajudá-los financeiramente.

Depois de sofrer calado a tantas humilhações, Jorginho foi à casa dos pais ter uma conversa séria com ambos. Mas Gerusa e Anselmo se mantiveram irredutíveis quanto as suas exigências.

– Se é assim que vocês querem, assim será! – respondeu o moço, sem baixar a crista. – Só não se esqueçam de que eu ainda posso falar e o meu depoimento será de grande valia perante o juiz.

Sem mais ele deixou a casa.

No dia da audiência, Gerusa Figueiró Barreto simplesmente mandou chamar o filho a sua casa, com a falsa desculpa de que desistiria de tudo aquilo, só para prendê-lo, num momento oportuno, numa das salas, para que ele não pudesse depor a favor de Gláucia e dele próprio. Por mais que gritasse, ela não lhe deu atenção e exigiu dos funcionários que não o libertassem dali em hipótese alguma, caso quisessem continuar empregados.

Duas horas depois, a audiência começava com Gláucia, expondo toda a verdade.

– Eu reneguei minha mãe por preconceito. Por ela ser uma cantora de rádio, o que é visto por muitos, na nossa sociedade, como se fosse uma devassa. Reneguei meu pai também, por ser um sonhador, um homem que preferiu ser o dono da casa, enquanto sua esposa, devido à profissão que escolhera, trabalhava fora. Um pai que nunca me deixou faltar amor e bons ensinamentos, mas que não era perfeito tal como ninguém é.

O juiz aproveitou uma pausa dela para lhe perguntar:

– E o que isso tem a ver com o seu desequilíbrio mental?

– Eu explico. Quando meu pai adoeceu, o que ele mais queria na vida era que eu o visitasse no hospital e eu não fui, porque fui levada a acreditar que era melhor não ir, para não contrair alguma doença contagiosa que pudesse haver por lá e, com isso, contaminar meus filhos. Eu não esperava que ele fosse morrer, era tão moço, tão cheio de vida... Só depois fui compreender que foram minhas atitudes para com ele e com minha mãe que, possivelmente o levaram ao desgosto pela vida e do desgosto, à doença que o matou. Quando percebi o que havia feito, já era tarde demais para voltar atrás, fui tragada então por um profundo sentimento de culpa, remorso e tristeza que me fez ver meu pai constantemente pela minha casa e em outros lugares além dela.

– Você tinha visões?

– Sim. A psicologia explica que as visões eram provocadas pelo sentimento de culpa que me afligia a alma. No Centro Espírita onde fui procurar ajuda, acreditavam ser o espírito do meu próprio pai que vinha me visitar. Eu também pensei ser o espírito dele, desde o primeiro instante em que o vi, e acreditei que ele voltara por raiva, por eu ter desprezado e ignorado sua dor. Voltara para me torturar e me levar para junto dele no reino dos mortos. Tão pesada estava minha consciência que eu só conseguia pensar que ele me queria mal. Mas como o espírito do meu pai poderia me querer mal se fora sempre tão bom para mim? Se eu tivesse percebido isso antes, eu não teria passado por tudo o que passei.

Ela fez uma pausa, enxugou as lágrimas e prosseguiu:

– O medo e o sentimento de culpa foram me deixando cada vez mais perturbada. A princípio eu tive medo de contar para o meu marido, o que estava se passando comigo, por receio de que acabasse me achando louca... Depois, quando não podia mais suportar tudo sozinha, carente de um desabafo, expus a ele toda verdade.

– E como ele reagiu?

– Completamente diferente do que eu esperava. Ele me apoiou e se mostrou disposto a me ajudar a superar meus problemas e me incentivou a procurar ajuda.

Ela interrompeu-se novamente devido a forte emoção e se esforçou mais uma vez para conter o choro.

– Bem... – prosseguiu ela com voz tristonha. – Numa noite, acordei assustada e quando percebi que meu marido não estava presente, deixei o quarto à sua procura. O corredor que dava para o hall estava fracamente iluminado por um simples abajur e, portanto, eu não podia enxergar direito. Jorge, meu esposo, havia ido até a cozinha que fica no térreo e voltava para o quarto quando eu, tomada de apreensão e medo pelas aparições assustadoras de meu pai, pensei ser ele, e, num acesso de pânico, empurrei-o sem perceber que na verdade era meu marido que estava ali. Aconteceu tudo tão rapidamente que levei alguns minutos para compreender o que realmente havia feito. Foi lastimável, horrível e só serviu para piorar o meu sentimento de culpa. Quando o médico informou à família que o Jorge talvez não pudesse mais voltar a andar, eu, simplesmente, enlouqueci. Caí em profunda depressão e foi então que...

Ela parou, dirigiu os olhos para Gerusa que se mantinha olhando para ela com descaso e superioridade; respirou fundo e completou:

– Foi então que minha sogra, revoltada pelo que eu havia feito sem querer a seu filho, levou-me para uma clínica psiquiátrica, com a desculpa de que me levaria ao hospital para visitar o Jorge, e me internou ali. Ela já havia armado todo um esquema para me deixar ali como uma louca e imoral e eu sequer suspeitei de suas verdadeiras intenções para comigo.

Gerusa se moveu na cadeira, dizendo alto e bom som:

– Isso é um disparate!

O juiz falou:

– Senhora, por favor, contenha-se.

Gerusa bufou e Gláucia voltou a falar:

– Foi por medo da minha sogra que eu me afastei de meus pais, reneguei-os totalmente. Tive medo de que se não o fizesse, ela não me permitiria casar com seu filho, o homem que eu tanto amava. Dona Gerusa, inclusive, durante uma conversa particular comigo, deixou isso bem claro para mim: "você escolhe: o meu filho ou seus pais!". Essas foram as suas palavras.

Houve um novo burburinho entre os presentes, obrigando o juiz a bater o martelo:

– Prossiga.

– Eu não pude sequer procurar ajuda no Centro Espírita que eu frequentava porque ela me proibira de frequentar um. Não aceitava, de forma alguma, que um membro de sua família pertencesse a uma crença diferente da dela.

Novo burburinho.

– Silêncio – o juiz novamente bateu o martelo e pediu à ré que prosseguisse.

– Essa é a minha história, minha triste história... Por medo e preconceito eu acabei me afastando de meus pais, das minhas crenças espirituais e paguei caro por isso. Fui uma tola, uma estúpida, uma mulher sem personalidade. Minha mãe é a pessoa mais maravilhosa do mundo. Maravilhosa e talentosa. Ensinou-me a ter caráter e respeito para com o próximo, não importando raça, condição social ou crença religiosa. Minha mãe é realmente um exemplo a ser seguido e eu só tenho a dizer a ela, agora, na frente de todos vocês: obrigada por existir, mamãe. Muito obrigada.

A comoção no local foi total.

– Hoje – voltou a falar o juiz – a senhora se considera recuperada do que passou? Capaz de voltar a ser uma mãe dedicada a seus filhos e uma esposa exemplar?

– Sim. Com a graça de Deus, sim!

Novo burburinho se propagou pelo local.

Enquanto isso, na mansão dos Figueiró Barreto, a governanta da casa, que tanto queria bem a Jorginho, porque o vira crescer e se apegara a ele como uma segunda mãe, cansada de se calar diante das injustiças da patroa, soltou o moço da sala e correu com ele para um carro de praça que havia mandado chamar com o propósito de levá-lo urgentemente ao fórum para que ele pudesse exercer o seu direito de depor a seu favor e da esposa que tanto amava.

Após nova comoção entre os presentes, o juiz pediu a Gerusa Figueirá Barreto que depusesse.

— Dona Gerusa, o que a senhora tem a dizer em relação a todas as acusações feitas contra a senhora?

— Um absurdo.

— A senhora nega que...

— Nego, nego tudo! Tudo o que fiz foi para proteger minha família da indecência e da pouca vergonha. Atravessamos gerações e gerações, lutando pelo moral e pelos bons costumes, não é justo que todo o nosso empenho fosse destruído por gente que não tem um pingo de respeito pelo que é decente e moral.

— E quanto à clínica que a senhora levou sua nora para se tratar?

— É uma clínica de respeito. Sigilosa porque muitos familiares não querem expor seus parentes acometidos de doenças mentais. É um direito nosso. Eu tinha de tomar alguma providência quanto a essa moça. Meu filho estava internado no hospital, com ela sozinha com os filhos, meus netos, ela também poderia pôr a vida de ambos em risco.

Agora, eu sou errada por querer proteger duas crianças inocentes de uma mãe perturbada que foi capaz de empurrar o próprio marido, levando-o quase à morte?

Sou errada por querer preservar os bons costumes de uma família, proteger meus netos da indecência, para garantir-lhes um futuro melhor e respeitado na sociedade em que vivemos? É um erro querer o melhor para seus familiares? É um erro defender o que acredito como certo e moral? Um erro defender a religião de que faço parte desde que nasci, e que passou de geração para geração? É um erro? Diga-me. É? Acho que não.

O juiz pediu novamente silêncio e falou:

— Agora ouviremos o Senhor Jorge Figueiró Barreto.

O advogado de defesa foi até ele e explicou:

— Ele, infelizmente não compareceu.

O fato atingiu Gláucia em cheio, para ela o marido havia decido não apoiá-la por concordar no íntimo com sua mãe.

— Ele desistiu de mim — murmurou ela, tristonha.

Maria que estava sentada na fileira atrás dela, pôs a mão no ombro da filha para encorajá-la.

Foi então que a porta do local se abriu e ouviu-se um sonoro grito de homem:

– Esperem, por favor!

Todos se voltaram para lá e se surpreenderam, ao avistar um moço numa cadeira de rodas, adentrando o recinto.

– Eu vim depor – anunciou Jorge. – Houve um contratempo, por isso me atrasei. Peço desculpas a todos.

– O senhor é...

– Jorge Figueiró Barreto, o marido de Gláucia A. Barreto.

Assim que o recém-chegado se acomodou num local apropriado, o juiz concedeu-lhe a palavra.

– Senhor Figueiró Barreto, a palavra é toda sua nesse momento.

– Obrigado.

Antes de começar, Jorginho lançou um olhar para a esposa que o encarava, aguardando ansiosa por um olhar seu. Depois ele dirigiu outro a sua mãe que parecia fuzilá-lo com os olhos.

– Bem... – começou Jorginho Figueiró Barreto. – O que tenho a dizer, tudo o que tenho a dizer é em defesa da minha esposa Gláucia Abujamra Barreto. Tudo o que aconteceu entre nós foi totalmente sem querer. O sentimento de culpa por minha esposa ter se afastado do pai dela, deixou-a perturbada, algo que só o perdão a si mesma e a seu pai, ainda que noutro plano de vida, puderam curá-la; algo que ela conseguiu realizar com a ajuda dos dirigentes do Centro Espírita que frequenta. O mesmo nível de perdão que dei a ela, por ter me confundido com o espírito do pai na calada da noite e ter me empurrado escada abaixo, culminando na fratura que me deixou preso a esta cadeira de rodas. Algo que ainda não é definitivo, um milagre pode me fazer voltar a andar e eu, que nunca dei muita atenção aos milagres, não descarto a possibilidade de um em minha vida.

Ele fez uma pausa, enxugou os olhos e prosseguiu com voz embargada:

- Meritíssimo, o que deixou minha esposa transtornada nos últimos tempos foi o fato de ela ter se afastado dos pais dela, o que prova, na minha mais humilde opinião, que filhos, a não ser em caso extremo, não devem jamais se afastar de seus pais. Tirar de minha esposa a guarda dos nossos filhos, é romper um laço precioso que une pais e filhos, um elo tão necessário quanto o ar que respiramos para podermos viver. Portanto, isso não pode acontecer, especialmente pelo bem das minhas crianças. Eu tanto quero bem a minha esposa, como confio totalmente nela, que continuamos juntos. Eu jamais quis me separar dela, nem pretendo.

– Todavia vocês estão morando em casas separadas – argumentou o advogado de defesa.

– Até que ela se recuperasse totalmente e eu me sentisse um pouco mais apto à minha nova realidade. Mas o amor entre nós nunca deixou de existir, continua intacto.

As palavras do moço comoveram todos.

– Minha esposa é uma mulher digna – prosseguiu Jorginho emocionado. - Filha de uma mulher muito digna e grandiosa cuja arte é capaz de engrandecer a cultura brasileira e preencher os corações solitários ou expandir a alegria que há neles.

Fui obrigado também a permanecer longe de minha esposa, por imposição de minha mãe, ameaçando-me deixar sem um tostão, especialmente agora que me tornei um inválido. Achei melhor dar um tempo até que ela pusesse a raiva de lado e, assim, chegássemos a um acordo.

Novo burburinho entre os presentes.

O juiz pediu um tempo para a análise e quando voltou, meia hora depois, deu o veredicto tão esperado:

– A guarda dos filhos do casal, Gláucia e Jorge Figueiró Barreto, volta a ser de seus pais legítimos.

A euforia foi total, os fãs e amigos queridos de Maria dos Reis vibraram diante da notícia. Maria deu um pulo da cadeira e abraçou a filha.

– Nós conseguimos, filha. Conseguimos!

– Oh, mamãe, mamãe!

Lágrimas vieram aos olhos de todos.

– Justiça foi feita! Deus seja louvado!

Cândida foi a próxima a abraçar Maria, enquanto Andressa abraçava Gláucia, sua amiga querida.

Gerusa Figueiró Barreto se manteve no mesmo lugar, imóvel,

desprezando tudo e todos a sua volta. O marido foi até ela:

— Meu bem...

— Este mundo é mesmo feito de injustiças – reclamou ela. – Eu luto pela preservação do moral e dos bons costumes e o que recebo é isso...

— Foi melhor assim, Gerusa... Famílias devem se manter unidas.

— Nós nunca seremos unidos, Anselmo. Disso você pode estar certo. Nunca!

O casal Figueiró Barreto ia se retirando do local quando cruzaram com Gláucia, empurrando a cadeira de rodas com Jorginho sentado sobre ela. Gerusa não deixou por menos, aproveitou o momento para expressar, mais uma vez, toda a sua indignação em relação à moça:

— Eu tive de aceitar você, uma moça sem berço, filha de uma cantora vulgar de cabaré e lugares de quinta categoria, frequentadora de Centro Espírita... Alguém avesso a nossa estirpe, a nossa honra. Mas você venceu...

Gláucia, muito polidamente, respondeu:

— Isso não é uma competição, Dona Gerusa...

— Você é mesmo poderosa... – retrucou a mulher, desdenhando a defesa da nora. – Você foi capaz de fisgar meu filho e ainda pô-lo contra mim, a mãe que o gerou, cuja vida ele deve a mim. A mim!

Balançando negativamente a cabeça, ela completou com ódio e rancor ao mesmo tempo:

— Você é mesmo poderosa.

— Sou apenas uma mulher que deseja ser feliz como todo mundo, Dona Gerusa. Apenas isso.

A mulher novamente desdenhou suas palavras, mas antes que partisse, empinando o rosto como de hábito, Gláucia a segurou pelo antebraço e disse no seu tom mais ponderado:

— Nada do que aconteceu aqui vai fazer com que eu impeça a senhora de ver meus filhos, seus netos. Não, isso jamais! Eles adoram a senhora tanto quanto seu marido e, por isso, minha casa continuará de portas abertas para vocês nos visitarem...

Gerusa engoliu em seco, porque certamente não esperava por aquela reação da nora. Contudo, logo recuperou seus ares de superioridade e disse:

– Por você e por aquele renegado do meu filho, eu jamais poria novamente os pés na casa de vocês, mas pelos meus netos, sim, farei.

– Fará também pelo seu filho, Dona Gerusa. Afinal, ele é seu filho, o amor da sua vida, quem a senhora tanto adora e quer bem, que eu sei.

– Queria o melhor do mundo para o meu Jorge e ele preferiu você.

– Tudo bem.

– Tudo bem, não! Se você...

– Não vamos mais brigar, deixemos nossas diferenças para acertar num outro dia, noutra hora e noutro local. A senhora ama seu filho, ama seus netos, não gosta de mim, tudo bem, ninguém agrada todo mundo mesmo, é compreensível. Mas a vida é muito curta para nos separarmos de quem tanto amamos. Pense nisso, por favor. Vou repetir: a vida é muito curta para nos separarmos de quem tanto amamos.

Gerusa empinou o nariz, peitando Gláucia mais uma vez e, sem mais demora, partiu com o marido à sua cola.

– Ela nunca vai mudar! – admitiu Jorginho, olhando amorosamente para a esposa. – Mesmo você sendo boa para ela, perdoando-lhe por tudo que fez contra você e consequentemente contra mim e os nossos filhos, porque o que nos afeta, afeta a eles também, ela não mudará jamais.

– Nunca diga nunca, Jorge... Por trás de toda arrogância e frieza permanece um coração frágil e carente de afeto e amor.

Ela curvou-se sobre o marido e o beijou, feliz.

– Vamos pra casa – completou, pondo-se a empurrar a cadeira.

– Vamos! – exclamou ele também contente. - E dessa vez faremos realmente do nosso lar, um doce lar.

Ambos partiram do fórum, sentindo-se mais felizes e livres para enfrentar a vida com suas alegrias e tristezas.

Capítulo 16

O encontro de Eleutéria e Andressa foi um dos mais marcantes da vida das duas mulheres. Cristiano Vargas também gostou de conhecer a avó da esposa, tal qual o filho do casal, ao conhecer sua bisavó. Adamastor Alencastro também recebeu a senhora com muita alegria e simpatia, da mesma forma que fez Claudete.

Ao visitar o clube esporte do qual os Alencastro e Vargas faziam parte, Eleutéria ficou maravilhada com o lugar. Foi então que ela avistou Patrícia Nachtergaele e sua filha que, muito lhe chamou a atenção.

– Ela me parece tão conhecida – comentou com Andressa.

– Quem vovó? A mulher esnobe? O nome dela é Patrícia Nachtergaele... Uma chata, pedante.

– Não, minha querida, refiro-me à filha dela.

– A filha?! Mas de onde a senhora poderia conhecê-la?

– É, você tem razão. Não tem cabimento. Se eu nunca antes tirei meus pés de Bauru, como eu poderia já tê-la conhecido, não é mesmo?

– A não ser que ela já tenha estado na cidade.

– Pode ser...

– Ou ela lembra alguém, vovó. O rosto de uma garota que a senhora conheceu ou conhece.

– Também pode ser.

Eleutéria ficou cismada desde então, enquanto Patrícia Nachtergaele se incomodava cada vez mais com o olhar concentrado em sua filha.

Naquela noite, Cândida percebeu que a mãe andava preocupada

com alguma coisa.

— O que foi, mamãe? A tarde no clube não lhe foi agradável?

— É que...

Eleutéria lhe explicou o que viu e a deixou cismada.

— O rosto da garota lhe é familiar, mamãe, porque certamente deve lembrar o rosto de alguma garotinha que a senhora tanto conhece. Talvez eu mesma, quando meninota.

— Pensei nisso, também, Cândida. Mas a garota é fisicamente completamente diferente de você quando criança.

— Então esqueça isso.

— Sim, bobagem minha. Deve ser coisa da idade.

A filha abraçou a mãe e foram assistir a alguma coisa na TV.

Noutro fim de semana, foi Claudete quem levou Eleutéria até o clube para se encontrar com Andressa e passarem a tarde em sua companhia. Claudete estacionava o carro, quando Eleutéria avistou Patrícia Nachtergaele parada em frente do lugar, ao lado do marido e da filha.

— A menina — murmurou Eleutéria, sem se dar conta. — A tal que me recorda alguém...

Seu comentário chamou a atenção de Claudete para o casal com a filha.

— Dona Eleutéria, esses aí são gente muito metida. Daqueles que pensam que têm o rei na barriga, só porque têm dinheiro e pertencem a alta sociedade. Essa mulher aí, chegou até a me atirar pedras certa vez.

Eleutéria sequer ouviu o comentário de Claudete. Naquele instante, puxava mais uma vez pela memória, na esperança de descobrir por que o rosto da garota lhe era tão familiar.

Patrícia Nachtergaele então se despediu do marido que partiu com a filha de carro. A ricaça ainda acenava para a menina, que se mantinha de olhos atentos à mãe, pela janela do carro, quando Eleutéria exclamou:

— Já sei por que a menina me é familiar! Não é seu rosto e sim, o seu olhar. O mesmo que Cândida tinha no passado quando seu pai...

Claudete compreendeu no mesmo instante aonde a senhora a seu lado queria chegar. Isso fez com que ela imediatamente saltasse do veículo e fosse atrás de Patrícia Nachtergaele. Infelizmente, a ricaça já havia entrado no clube e Claudete, por não ser sócia, não pôde segui-la. Eleutéria então adentrou o lugar, andando apressada atrás da neta. Ao vê-la, foi direto ao assunto:

— Andressa, meu amor, preciso da sua ajuda urgentemente.

— Pois não, vovó, o que houve?

— Deixe seu filho com seu marido e venha.

Andressa atendeu prontamente ao seu pedido e, sem delongas, chegou até Patrícia Nachtergaele para lhe dizer:

— Preciso conversar com você em particular.

A socialite a estranhou.

— Diga!

— Não aqui. Siga-me, por favor!

— Fale aqui...

— Diz respeito a sua filha, é urgente.

— Minha filha?...

— Ouça-me, por favor — insistiu Eleutéria. — Para onde seu marido levou sua filha agora há pouco?

— Ora... Quem é a senhora?

— É minha avó — explicou Andressa, rapidamente. - Ouça, por favor, o que ela tem a lhe dizer.

Patrícia encarou Dona Eleutéria que prontamente explicou:

— Tenho fortes suspeitas de que seu marido está... molestando sua menina.

— O quê?! — exaltou-se a socialite. - A senhora enlouqueceu, por acaso? Está gagá, é?

— Tive um caso semelhante na minha família e, por isso, sei, pelos olhos da sua menina, que sua garota está...

— Recuso-me a ouvir...

Eleutéria falou ainda mais séria a seguir:

— Sua filha tem passado mal ultimamente? Acordado na noite, tendo dificuldades para dormir? Anda assustada?

— S-sim... de fato...

— Então, por favor, sigamos agora para o lugar onde seu marido e ela estão.

— Na nossa casa de veraneio em Paquetá. Mas isso não faz

sentido, não pode ser.

Ainda que relutante, Patrícia Nachtergaele deu ouvidos a Eleutéria que assim que reencontrou Claudete na calçada, explicou as últimas.

– Eu sei como chegar lá – adiantou-se Claudete, rapidamente.
– Eu levo vocês.

Só então a ricaça reconheceu Claudete e, no mesmo instante, chiou:

– Você! – exclamou, num tom enojado. – Vocês se conhecem? Como posso estar dando ouvidos a mulheres de tão baixo nível?

– Não importa isso agora, o que importa...
– Queira a senhora tirar as mãos de mim!

Claudete interveio:

– Não é hora para você ter chiliques, sua riquinha metida e mimada. É hora de você salvar a sua menina das mãos do pulha do seu marido.

– Vocês há de engolir cada palavra – esbravejou Patrícia N. recusando-se novamente a acreditar naquela suspeita. - Eu vou, vou sim, com vocês duas, para vê-las com cara de otárias diante de mim e do meu esposo.

– Não! – desafiou Claudete no mesmo instante. – Você está indo conosco, porque no íntimo está mesmo desconfiada de seu marido. Porque ele certamente vem saindo com sua filha, a sós, por muitas vezes, nos últimos tempos.

Patrícia Nachtergaele engoliu em seco e, sem mais, entrou no carro que partiu com Claudete ao volante. Ao chegarem a casa, o que tanto Patrícia Nachtergaele temia, aconteceu. De fato, o marido estava abusando da filha. Num ataque histérico ela o estapeou e gritou e cuspiu-lhe na face.

– Minha filha... Minha filha! – chorava Patrícia, abraçando desesperadamente sua menina. – Acabou, filha. Acabou! Mamãe está aqui. E nunca mais alguém vai ousar tocar um dedo em você, sem o seu consentimento.

Mãe e filha foram levadas, a seguir, diretamente para a casa onde moravam, por Claudete e Eleutéria que rapidamente trataram de dar um calmante as duas. Quando o marido apareceu, suas roupas já estavam nas malas, postas junto à porta, para que se tornasse mais fácil de ele levar tudo dali.

Quando Cândida soube de tudo, ela, imediatamente procurou confortar a mãe num abraço.

– Oh, mamãe...

- Eu finalmente tomei uma atitude. A atitude que eu deveria ter tomado em relação a você no passado. Incrível como as mães se recusam a acreditar em algo do tipo. Como elas relutam em aceitar o fato ainda que suspeitem do ato.

- O importante é que a senhora ajudou essa menina a se libertar de um pesadelo. Isso foi maravilhoso. Estou muito orgulhosa da senhora.

- Obrigada, filha... Eu também me sinto orgulhosa de mim agora.

Foi então que os olhos de Cândida encontraram os de Andressa, que se mantinha olhando para ela, pensativa, com a cabeça tomada de pensamentos em rodopio. Quando não mais conseguiu sustentar o seu olhar, a jovem deixou a sala e foi para o quintal da casa. Nesse momento ela já havia compreendido sua origem.

– Andressa, filha... – chamou Cândida indo atrás dela.

Ao encontrá-la, com o rosto todo riscado de lágrimas, a mãe abraçou a moça que, rapidamente retribuiu o abraço, agarrando-se a ela como se fosse o ar para sobreviver.

– Entende, agora, por que eu sempre quis preservá-la da verdade? – indagou Cândida, emocionada. - Mesmo assim, o que aconteceu, aconteceu, ponto final. O que importa nisso tudo é que você nasceu e está aqui do meu lado por todos esses anos para me dar só alegrias. Isso é o que importa. É o que importa na vida de qualquer ser humano.

– E quanto a ele, mamãe? – perguntou a filha tentando firmar a voz. – Segundo aprendemos no Espiritismo, ele só pode ter ido parar no vale dos suicidas, não?

– Eu não sei lhe responder com precisão, querida. Um dia, talvez, um dia, nós teremos a resposta, para essa e muitas outras perguntas mais.

E novamente mãe e filha se abraçaram, apertado.

Capítulo 17

Meses depois, acontecia uma grande festa na cidade em homenagem a Maria dos Reis. Foi Gláucia a pessoa escolhida para dar início a grande noite. Assim, ela subiu ao palco e com muita emoção anunciou:

– É com muito orgulho que eu apresento minha mãe, Maria dos Reis, uma das maiores cantoras da era do rádio no Brasil.

Maria caminhou até a filha, sob forte salva de palmas e urros, beijou-lhe a testa, enxugou-lhe as lágrimas e voltou-se para o público que novamente a surpreendeu com uma fervorosa salva de palmas e exclamações. Quando ela se posicionou de frente ao microfone, toda a plateia repetia a uma só voz: Maria, Maria, Maria!!!

Ela novamente sorriu e soltou a voz. A voz que lhe fora presenteada por Deus e cantou:

Proposta, foi a melhor de todas as propostas
Que eu podia te fazer, depois do mundo que você me deu e eu destruí
Proposta, só me restou essa proposta
Aguardo ainda tua resposta
Me dê uma chance pra eu refazer o mundo que você me deu e eu destruí
Está certo, quando você me quis por perto, eu fugi
Talvez por medo de amar demais, de te amar demais
Perder de novo a paz que as paixões sempre roubaram de mim...
Proposta, aceite, meu amor, essa proposta
Apague a dor, me dê uma chance outra vez, dessa vez, para sempre...

Novas salvas de palmas ecoaram pela casa de shows. Maria foi novamente ovacionada antes de começar a próxima canção.

O que é que há?
Você me parece uma ilha deserta e perdida
O que te perturba tanto?
Que te impede de voar comigo, por mundos distantes?
Por que mesmo livre você se aprisiona, tanto?
Por que mesmo amando, você se sente só?
Seu coração bate como uma fera presa numa armadilha, eu sinto...
Vejo tudo transpassar em seus olhos lindos,
olhos de tardes de domingo...
Por ele você fechou as portas do seu coração
Cobriu sua alma com o véu da solidão
Está certo quem diz que somos o nosso maior amigo e o nosso pior inimigo...

Ao término dessa canção, Maria falou:
— Nós cantores, não seríamos nada sem as letras das canções. Algo que muito pouca gente presta atenção e deveria, porque são letras lindas, verdadeiras poesias musicadas, com rimas excepcionais, verdadeiras obras de arte. Só tenho a agradecer aos que escrevem as letras das canções, poetas que deixam musicar suas próprias poesias para vibrar na voz de cantores e cantoras como eu.
Nova salva de palmas e Maria completou:
— Esta é uma noite muito especial para mim. Estou cercada de pessoas queridas, sem as quais a minha vida não teria o mínimo sentido. A cada uma delas só tenho a dizer: obrigada por você existir. Muito obrigada!
E Maria falava com total sinceridade, porque a vida sem aqueles que caminham ao nosso lado, não seria nem nunca será tão magnífica quanto é.
Dois anos depois, Maria dos Reis encerrou sua carreira de cantora com um show maravilhoso no Morro da Urca. Decidiu assim porque queria terminar cantando enquanto ainda tinha saúde para se apresentar linda e magnificamente.
Meses depois, Augusta Bonini desencarnou, causando grande tristeza em todos que passaram a amá-la como uma segunda mãe, uma segunda avó e até mesmo uma segunda bisavó.

Pouco tempo depois, foi a vez de Ofélia que morreu nos braços de Maria, lembrando-lhe de cuidar de Jonas até que também chegasse a sua hora. A perda da mãe e de Dona Augusta teve grande impacto sobre o moço que logo também desencarnou.

Angelina Gasparotto também morreu nesse período, amparada até o fim, por Gioconda Moreira. Ao saber do seu desencarne, Augusta, diretamente do Nosso Lar, fez questão de ir com os espíritos socorristas tentar resgatá-la do vale dos suicidas. Hélder, que também já se encontrava morando na mesma colônia, ao saber de sua intenção, espantou-se mais uma vez com a mulher:

— Você é mesmo uma mulher admirável, Augusta — elogiou ele. — Não guarda mesmo rancor de ninguém.

— Pra quê, Hélder, se todos nós acabamos, cedo ou tarde, juntos novamente? Melhor então aprender desde cedo a conviver de forma pacífica, não acha?

E novamente ele apreciou suas palavras.

Egidio de Castro (O descobridor de talentos), Eurípedes Beltrão (o dono da rádio da cidade que destacou Maria) e Darlene Moutinho (a prostituta que acolheu Cândida em sua casa) também faleceram durante esse tempo.

Sebastião dos Reis morreu na miséria, da pior forma, caído na sarjeta. Foi Jonas, que depois de ter recuperado suas forças em Nosso Lar, acompanhado de espíritos socorristas, foi socorrê-lo no vale dos suicidas.

Eleutéria Moniz viveu dez anos de alegria ao lado de Cândida, da neta e do bisneto. Quando partiu, já não levava consigo tanta amargura pelo que passou ao lado do marido.

Claudete Pimenta foi a próxima a desencarnar, certa de que havia feito de sua vida o melhor que pôde. Numa próxima, haveria de fazer ainda melhor, prometeu-se.

Ao crescer, Lucas Vargas, filho de Andressa e Cristiano Vargas começou a namorar a filha de Gláucia e Jorginho que, depois de um intenso tratamento espiritual, voltou a andar como antes da queda.

No casamento dos dois, na Candelária, Rio, Maria cantou mais uma vez, depois de anos ausente dos palcos, para a alegria da neta e dos que tanto admiravam seu talento. Sua voz ainda era impecável.

Gerusa, sentada ao lado do marido, comentou:

– Só me faltava essa. Ter de suportar essa mulher se esgoelando no casamento da minha neta.

– Cale a boca, mulher – cutucou-lhe Anselmo, voltando a apreciar a linda voz de Maria.

Gerusa Figueiró Barreto terminou seus últimos dias, esclerosada e rabugenta. Cantando ardida pela mansão, com sua voz desafinada, as músicas que tanto odiou. E ai de quem lhe pedisse para parar.

Quando Gioconda (a dona do humilde hotel na Lapa, onde Maria morou assim que se mudou para o Rio de Janeiro) desencarnou e pôde finalmente chegar ao Nosso Lar, Angelina já se encontrava por lá e ao vê-la, exclamou, abobada:

– Você, aqui, do meu lado, de novo? Ninguém merece!

E Gioconda riu e mesmo que Angelina não quisesse, abraçou-a até fazê-la relaxar em seus braços.

Cândida desencarnou quase dez anos após a morte de Adamastor, foi também um dia tristíssimo para Andressa e sua família, bem como para Maria que tanto lhe queria bem.

– Não há por que se amargurar – Maria lembrou Andressa. – Aprendemos que a vida continua após a morte e que lá estão também aqueles que já se foram há tempos.

E a moça abraçou Maria, grata por suas palavras.

Ao chegar ao Nosso Lar, depois de rever todos que já se encontravam vivendo ali há tempos, Cândida deu pela falta do pai.

– E ele, mamãe? – perguntou a Eleutéria. – Onde está ele?

Pelo rosto dela, Cândida logo soube que ele ainda não havia chegado ali mesmo depois de tantos anos do seu desencarne. Decidiu ela, então, ir ao vale dos suicidas, resgatá-lo, visto que nenhum dos espíritos responsáveis por aquilo haviam tido êxito até então.

Leonel Moniz estava lá, encolhido num canto qualquer, atormentado por almas que se recusavam a progredir na escala da evolução, que continuavam fazendo de sua existência uma grande lástima para Deus.

– Pai – disse Cândida ao se aproximar dele. – Papai...

Foi com muito custo que ele conseguiu novamente encará-la, depois de tantos anos.

Epílogo

Muitos anos depois, Maria se encontrava sentada ao lado de Alfredo Passos, na varanda de sua casa, no Rio dos idos anos setenta, época de ouro das discotecas pelo mundo. Alfredo voltou-se então para a esposa que tanto amava e perguntou o que há muito gostaria de saber:

– Meu amor, do que você mais sente falta em relação aos seus velhos tempos de cantora consagrada da era de ouro da rádio no Brasil?

Ela não preciso pensar para responder. A resposta saltou-lhe à língua quase que imediatamente:

– Depois de ter vivido cercada de fãs, ter sido o centro das atenções, é muito difícil não ser mais a querida de todos. Dá uma solidão danada, sabe? Um vazio imenso. É triste e solitário... O oposto, exatamente o oposto da alegria e da glória que o sucesso me deu como sendo Maria dos Reis, uma das maiores cantoras da era dourada da rádio brasileira.

– A maior no seu estilo.

– Talvez.

Ela sorriu:

– Tudo agora é só passado, e o que mais me entristece ainda é saber que depois de tudo o que fiz e vivi, tudo cairá no esquecimento. Serei apenas um nome na lembrança dos que possam vir a se interessar pela história da música popular no Brasil dessa época. Nada além disso.

– Infelizmente a vida é assim. Tudo acaba no esquecimento.

– É triste.

– Sim, muito.

– Então, o que se leva dessa vida? O quê?

– Nada além do presente, Maria. É só o presente que importa.

– Mesmo na velhice? Onde a vida parece não ter mais nada de bonito para nos oferecer?

– Ainda assim acredito que a vida nos reserva muitas oportunidades. Basta olharmos com mais atenção e noutra direção.

Novamente ela apreciou as palavras do marido e seu terno sorriso. Estendeu-se então, novamente, por um longo momento, um silêncio apreciativo entre os dois.

– Chega! – exclamou ela rompendo o silêncio. – Chega de me lamentar pelo que passou, pelo que não existe mais e pelos que já se foram. A vida ainda está aqui em mim, pulsante, e enquanto estiver, quero fazer dela o meu melhor show.

Alfredo Passos sorriu para ela que completou:

– A vida é um palco, já disse o poeta e, desse palco ninguém perde o direito de brilhar.

– É assim que se fala, Maria! – exclamou Alfredo, contagiado pela alegria da esposa.

E os dois se beijaram, felizes por se amarem como poucos.

Ao desencarnar, Maria dos Reis descobriu que sua missão de encantar todos com sua brilhante voz, não terminara com sua morte. Em Nosso Lar ela voltou a se apresentar, por diversas vezes, acompanhada também dos músicos brilhantes que ali se encontravam. Músicos, compositores, artistas e outros cantores e cantoras porque a vida não para e a arte, em qualquer ponto do Universo, sempre acrescenta algo a mais à vida.

As situações vividas pelos personagens e suas consequências foram todas, sem exceção, inspiradas em histórias reais. Histórias reunidas aqui, na esperança de melhorar o relacionamento de todos com o próximo e consigo mesmo.

Dedicatória

Este livro é dedicado carinhosamente aos cantores da era dourada do rádio no Brasil. Muitas das quais conheci por intermédio de minha mãe que também cantava maravilhosamente na juventude; e por meu pai que fora sempre um assíduo apreciador dos talentos dessa época.

As cantoras de rádio foram um marco da história do nosso país. Nomes consagrados como os de Carmem Miranda, Aurora Miranda, Aracy de Almeida, Aracy Cortes, Otília Amorim, Bidú Sayão, Dircinha Batista, Neide Martins, Carmen Costa, Marlene, Emilinha Borba, a fantástica Dalva de Oliveira, dentre outras, marcaram gerações com suas canções românticas e inesquecíveis marchinhas de carnaval. Foi sim uma época em que muitos julgavam as artistas prostitutas e, por isso, não mereciam tomar parte de uma sociedade conservadora. Falsamente conservadora, pois dos homens que lotavam os grandes bordéis da época muitos eram casados e da alta sociedade.

Aos grandes cantores da época, também se estende esta dedicatória, são eles: Silvio Caldas. Francisco Alves, Vicente Celestino, Orlando Silva, Carlos Galhardo, Mario Reis, dentre outros.

Ao querer saber mais sobre essa era, espantei-me ao descobrir o cantor Mário Reis, cujo nome muito se assemelha ao de Maria dos Reis, a personagem principal deste livro. Mais impressionante foi ouvir sua música e descobrir seu talento único e moderno de cantar para a época. Uns inclusive afirmam ter sido ele o precursor da bossa nova. Vale a pena conferir o talento de todos por meio do Youtube, na internet.

A arte de muitos pode sim, cair no esquecimento, aqui na Terra, mas a alma de um artista o acompanha onde quer que ele renasça ao longo da eternidade, podendo voltar a brilhar entre todos e para todos novamente, engrandecendo nossa existência.

Sobre o autor

Américo Simões, sob a orientação de seus amigos espirituais, vem transpondo para o papel adaptações de histórias vividas em algum lugar do tempo e espaço, na intenção de aprendermos com elas seus preciosos ensinamentos.

Autor de mais de sessenta livros, entre infanto-juvenis e romances, suas obras são sempre sucesso. Falam de vida real, amor e libertação do ser para uma vida melhor.

Projetos artísticos, culturais e filantrópicos bem como instituições de caridade são mantidos com a venda de suas obras que também possibilitam a existência de centenas e centenas de empregos, pois um simples livro leva prosperidade a muitos.

Seus romances de maior destaque são "Se não amássemos tanto assim", "Ninguém desvia o destino", "A outra face do amor", "Mulheres Fênix", "A vida sempre continua", "Deus nunca nos deixa sós", "Quando é inverno em nosso coração", a trilogia "Paixões", e o surpreendente "O que restou de nós dois", entre outros.

Sucessos Barbara

O bonito de cada romance são as surpresas que ele trás ao leitor a cada página, por isso, o resumo de cada obra a seguir conta apenas o essencial de cada história para que o leitor se mantenha surpreendido durante o tempo todo da leitura.

Pelo mesmo motivo, pedimos a todos que já leram nossos romances que nada revelem aos seus colegas, amigos e familiares as surpresas e emoções que terão ao longo da leitura.

Quem eu tanto amei

Ela poderia ter ficado ótima se tivesse conseguido esquecer o passado que tanto a traumatizara. Mas ela não tinha maturidade suficiente para esquecer tudo ou fingir que nada de tão grave havia lhe acontecido. Era preciso lhe dar mais tempo, tempo necessário para se tornar mais forte e superar de vez o que tanto a ferira e mudou para sempre o curso de sua vida.

Sem você, é só saudade

Alguns não conseguem superar a perda de um grande amor e, por essa razão, são capazes de ferir até mesmo quem tanto amam sem perceber que no fundo, estão ferindo a si mesmos.

Mesmo feridos é preciso prosseguir porque a vida não para. E nessa nova jornada, tão importante para todos, podemos aprender que somos bem mais fortes do que pensamos.

Por amor, somos mais fortes

Por meio do olhar ela tentou fazer sua mãe compreender seu desespero. Quando não conseguiu, fugiu de casa, mudou-se de cidade, na esperança de esquecer, por completo, seu passado assustador.

O destino a levou até um homem que pôde compreender suas amarguras e mudar o curso de sua história. Mas as feridas abertas no passado, não se cicatrizam facilmente, só mesmo com coragem podemos nos libertar do que tanto nos impede de sermos felizes totalmente.

SUCESSOS BARBARA

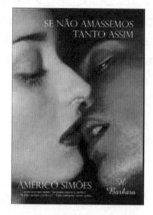
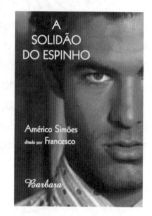

SUCESSOS DE AMÉRICO SIMÕES

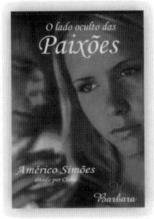

SUCESSOS DE AMÉRICO SIMÕES

Quando o Coração Escolhe

Seria tolice dizer que temos total poder sobre nossas escolhas, especialmente quando em relação ao amor. Nos apaixonamos muitas vezes sem sequer perceber e mesmo querendo lutar contra essa paixão somos rendidos pelo que dista o nosso coração. Nos resta então duas escolhas: aceitar o que o nosso coração escolhe ou ignorá-lo ainda que doa forte em nossa alma.

Foi isso que aprendi ao escrever o romance "Quando o coração escolhe", onde encontramos personagens que vivem o mesmo dilema que muitos já viveram diante do amor. Leitores e mais leitores me contam por meio de cartas ou e-mails a importância desse livro em suas vidas, o que me enche de emoção e gratidão por tê-lo publicado.

Suas verdades o tempo não apaga

No Brasil do Segundo Reinado, em meio às amarguras da escravidão, Thiago Amorim se revolta com o pai por acreditar que ele prefere Breno, o filho mais velho, do que ele.

O ciúme leva Thiago para o Rio de Janeiro onde conhece Melinda Florentis, moça de família nobre recém chegada da Europa. A ardente paixão entre os dois torna-se o centro das atenções da Cidade Maravilhosa. Tudo vai bem até que segredos vem a tona transformando a vida de todos.

"Suas verdades o tempo não apaga" é um dos romances mais elogiados por leitores de todas as idades. Retrata fielmente o Brasil do Segundo Reinado, com seus costumes da época e os horrores da escravidão.

Se Não Amássemos Tanto Assim

No Egito antigo, 3400 anos antes de Cristo, Hazem, filho do faraó e herdeiro do trono, se apaixona perdidamente por Nebseni, uma linda moça e exímia atriz.

Com a morte do pai, Hazem assume o trono e se casa com Nebseni que descobre mais tarde ser estéril. Para deixar um herdeiro, Hazen se vê forçado a se casar com uma segunda esposa para poder gerar a criança, algo tido como natural na época.

Assim ele escolhe Nofretiti, jovem apaixonada por ele desde menina e irmã de seu melhor amigo que aceita a proposta não só por amá-lo, mas também para destruir a mulher que ele tanto adora.

Mas pode alguém apagar do coração do outro quem ele tanto ama?

Se não amássemos tanto assim é um romance que surpreende todos, a cada página, impossível de se adivinhar os rumos que a história vai tomar, especialmente seu final avassalador.

A lágrima não é só de quem chora

Christopher Angel, pouco antes de partir para a guerra, conhece Anne Campbell, uma jovem linda e misteriosa, que se tornou muda depois de ter presenciado uma tragédia que abalou profundamente sua vida.

Os dois se apaixonam perdidamente e prometem se casar assim que a guerra tiver fim. Nos campos de batalha, Christopher conhece Benedict Simons que durante um bombardeio é atingido e antes de morrer implora a Christopher que ampare sua esposa e o filho que teve com ela.

É assim que Christopher Angel conhece Elizabeth Simons cujo destino também foi alterado de forma trágica pela a guerra estúpida e sanguinária.

A Lágrima não é só de quem chora é um romance sensível e emocionante do começo ao fim.

Vidas que nos completam

Com a morte de seus pais, Izabel parte da fazenda onde sempre morou desde menina para morar numa cidade grande. É ali que ela conhece Rodrigo Lessa, por quem se apaixona perdidamente, sem desconfiar que o rapaz é um velho conhecido seu de outra vida. Depois de muitas reviravoltas, Izabel recebe uma herança que pode transformar sua vida para melhor, e esse é apenas o começo do que reserva o futuro para ela.

Paixão Não se Apaga com a Dor

No verão londrino, Ludvine Leconte leva sua amiga Barbara Calandre para passar as férias na casa de seu pai, um homem apaixonado pelos filhos, viúvo e atormentado pela saudade da esposa morta ainda muito jovem.

O objetivo de Ludvine é aproximar Bárbara de Theodore, seu irmão, que está apaixonado pela moça.

O inesperado então acontece: seu pai vê em Barbara a esposa que perdeu no passado. Um jogo de sedução tem início e um duelo entre pai e filho começa.

De repente, um acidente muda a vida de todos, e um detetive é chamado porque se suspeita que não foi um acidente, foi intencional. Será mesmo?

Paixão Não se Apaga com a Dor fala das consequências graves de um amor possessivo, que cega e nos distancia da verdadeira essência do amor, capaz de nos orientar ao longo de nossas vidas e nos desprender de instintos bestiais.

Um romance, enfim, surpreendente e inesquecível para guardar para sempre no coração.

Só o coração pode entender

Bianca namorou por quase dez anos um rapaz que subitamente terminou o namoro com ela para se casar com outra em menos de oito meses. Receosa de ficar solteira para o resto da vida, a moça decide namorar qualquer outro moço que se interesse por ela mesmo que ela não se interesse por ele.

Tempos depois, circunstâncias adversas a levam para a casa dos tios no interior de São Paulo onde ela conhece um caipira que percebe suas verdadeiras intenções e passa a atazanar sua vida a ponto de ela querer vê-lo morto. O duelo entre os dois está, então, apenas começando...

Só o coração pode entender é um daqueles romances para se ler sempre que se está de baixo astral. Porque é divertido e altamente verdadeiro sem perder a doçura da vida interiorana.

Nenhum amor é em vão

Uma jovem inocente, nascida numa humilde fazenda do interior do Paraná, ao conhecer o filho do novo dono de uma das fazendas mais prósperas da região, um rapaz elegante e bonito, da alta sociedade, cercado de mulheres estudadas e ricas, se apaixona por ele.

A paixão transforma sua vida, deixa a tão fora da realidade que acaba aceitando sua proposta de casamento sem perceber que ambos fazem parte de mundos muito diferentes.

O que ela não sabe é que uma das prostitutas com quem ele se aventurou pela cidade, engravidou dele e decide fazê-lo arcar com suas responsabilidades por isso.

Em nenhum amor é em vão, vamos aprender que todo amor acontece em nossa vida por que só assim podemos evoluir e provar a nós mesmos até onde vai a nossa capacidade de amar e perdoar juntamente.

A Solidão do Espinho

A Solidão do Espinho é um dos livros mais comentados e elogiados pelos leitores porque é de fato surpreendente do começo ao fim. Um rapaz de extrema beleza é acusado de um crime hediondo e mesmo alegando inocência acaba sendo condenado à prisão perpétua. É lá que ele conhece uma jovem servente que acaba acreditando na sua inocência e se dispõe a ajudá-lo a fugir dali para reconstruir a sua vida.

O plano é posto em ação e surpresas virão a cada página, a cada emoção.

Por Entre as Flores do Perdão

No dia da formatura de segundo grau de sua filha Samantha, o Dr. Richard Johnson recebe uma ligação do hospital onde trabalha, solicitando sua presença para fazer uma operação de urgência numa paciente idosa que está entre a vida e a morte.

Como bom médico, Richard deixa para depois a surpresa que preparara para a filha e para a esposa para aquele dia tão especial e vai atender ao chamado de emergência. Algo que vai mudar a vida de todos, dar um rumo completamente diferente do esperado, ensinar-lhes lições árduas...

Por entre as flores do perdão fará o leitor sentir na pele o drama de cada personagem e se perguntar o que faria se estivesse no lugar de cada um. A cada página viverá fortes emoções e descobrirá, ao final, que só por entre as flores do perdão podemos mesmo nos libertar dos lapsos do destino e renascer para a vida e o amor.

Um romance vivido nos dias de hoje, surpreendentemente e revelador.

A outra face do amor

Verônica Linhares só conhecia a riqueza e o luxo. Não sabia o que era a pobreza tampouco fazia questão de conhecê-la. Tanto que jamais visitara as dependências dos empregados. Mas sua melhor amiga, Évora Soares era paupérrima e, mesmo assim, ela gostava dela, sempre gostou, sua condição financeira nunca prejudicou a amizade das duas como a própria Verônica pensou que aconteceria.

Quando Évora foi apresentar à amiga seu noivo, na esperança de que ela lhe conseguisse um emprego, ainda que de jardineiro na sua casa, Verônica olhou com grande interesse para o rapaz tímido e pobre que também não tinha, como se diz, onde cair morto. E foi a partir desse encontro que tudo mudou na vida dos três.

Prepare-se para viver fortes emoções com este romance favorito dos leitores.

Sem amor eu nada seria...

1937. Explode a segunda guerra mundial. Um alemão, nazista, para proteger Sarah, sua mulher amada, uma judia, dos campos de concentração nazista, esconde-a num convento, onde ela conhece Helena, uma freira grávida, que guarda segredo sobre o pai da criança.

Por se achar uma pecadora e imoral, Irmã Helena pede a Sarah que crie seu filho como se tivesse nascido dela própria. Diante do desespero da mulher, Sarah acaba aceitando o pedido.

Helena, achando-se indigna de continuar no convento, abandona o lugar. Entretanto, ao passar por um bairro judeu, saqueado pelos nazistas, com pilhas e mais pilhas de judeus brutalmente assassinados, ela ouve o choro de um bebê. Em busca do seu paradeiro, encontra a criança agasalhada no meio dos braços de uma judia morta a sangue frio. Helena pega a criança, a amamenta e a leva consigo porque acredita que Deus a fez salvar aquele menino para se redimir do seu pecado. Assim, ela cria a criança como se fosse seu filho, ao lado de sua mãe, uma católica fervorosa.

É assim que a criança judia acaba crescendo no catolicismo e o filho de Helena, no judaísmo. O tempo passa e o destino une todos, no futuro, para mostrar que somos irmãos, não importando raça, credo, condição financeira ou religião.

Ninguém desvia o destino

Heloise ama Álvaro. Os dois se casam, prometendo serem felizes até que a morte os separe.

Surge então algo inesperado.

Visões e pesadelos assustadores começam a perturbar Heloise.

Seriam um presságio?

Ou lembranças fragmentadas de uma outra vida? De fatos que marcaram profundamente sua alma?

Ninguém desvia o destino é uma história de tirar o fôlego do leitor do começo ao fim. Uma história emocionante e surpreendente. Onde o destino traçado pelos personagens em outras vidas resulta nas consequências de sua reencarnação atual.

Uma das abordagens mais significantes a respeito da Inquisição Católica, turbulento momento da história da humanidade, onde pessoas suspeitas de bruxaria eram queimadas vivas em fogueiras.

A vida sempre continua

Após a perda de um ente querido, Geórgia perde totalmente o interesse pela vida. Em meio à depressão, ela recebe uma carta, comunicando que sua tia Maila lhe deixara de herança, a casa no litoral onde vivera com o marido até o fim de seus dias.

Ainda que sem vontade, Geórgia se vê forçada a ir até o local para doar os pertences da tia e pôr a casa à venda. É assim que descobre algo surpreendente sobre a tia, faz novos amigos, ajuda muitos e descobre a razão por continuar existindo.

Inspirado numa história real, o romance "A vida sempre continua", leva o leitor a descobrir junto com a personagem principal da história, que há amigos espirituais, invisíveis aos nossos olhos, nos amparando constantemente.

Um romance emocionante e inesquecível.

Falso Brilhante

Marina está feliz por ter ganhado o concurso de Miss Brasil, o que certamente lhe abrirá muitas oportunidades. Beatriz sua irmã, não dispõe da mesma beleza da irmã, o que a deixa muito triste especialmente quando ouve comentários do tipo: "Como uma pode ser tão linda e a outra tão feia?".

O inesperado acontece quando Marina e Luciano seu namorado sofrem um acidente e a moça fica entre a vida e a morte, impossibilitando-a de participar do concurso de Missa Universo. Esse é apenas o começo desse romance comovente cujo final tem muito a nos fazer refletir sobre a vaidade e o desejo de vingança que muitas vezes apunha-la a alma de todos nós.

Nem que o mundo caia sobre mim

Ana Paula ficou grávida de um rapaz que acreditou que seus sentimentos por ela eram verdadeiros e recíprocos. Depois de ter o filho, desgostosa com a situação econômica do Brasil, Ana Paula parte para a Europa em busca do pai que há muito se mudou para lá e nunca mais quis saber da família. E em Paris que ela acaba conhecendo um moço, alguns anos mais velho do que ela, bem apessoado e com uma situação financeira estável que pode ajudá-la a melhorar de vida. Apesar de ela gostar dele, quase amá-lo, ela se afasta por ele não ter uma das pernas.

Nem que o mundo caia sobre mim fala de brasileiros tentando sobreviver num Brasil que constantemente vive altos e baixos em sua economia, onde o mais atingido nisso tudo é o pobre.

O que restou de nós dois

Alexandre, herdeiro do laboratório farmacêutico mais importante e próspero do mundo, ao completar a faculdade muda-se parar Nova York onde se transforma num dos empresários mais atuantes e revolucionários dos Estados Unidos. É ali que conhece Hefestião, um publicitário em ascensão de quem se torna grande amigo e vive o seu maior desafio, o que o leva para um mundo onde a dor e o amor muitas vezes nos confundem.

O pior acontece quando a irmã de Alexandre se apaixona por seu amigo, provocando-lhe ira, reforçando seu ódio por ela.

Somente para conceber um herdeiro, Alexandre se casa com Roxane, uma linda francesa, que nada suspeita de suas verdadeiras intenções.

Entrementes, Alexandre anseia por encontrar a cura para a AIDS, não por querer ajudar as pessoas, mas para marcar presença na história do mundo e lucrar a ponto de se tornar o homem mais rico do planeta.

Entre dores e amores acontece esta história de amor surpreendente e apaixonante, cujo desfecho revela que a maldade humana pode não ter limites, mas o mundo espiritual está atento, não tarda em interceder em nome do bem e da paz mundial.

Depois de tudo, ser feliz

Aos 15 anos de idade, Greta é vendida pelo pai para um homem casado que a deseja somente para aventuras.

Para salvar a jovem das garras desse indivíduo torpe, Sarina, irmã de Greta, parte atrás dele pouco antes de acontecer uma chacina no vilarejo onde mora.

Circunstâncias adversas acabam levando Greta ao vale dos leprosos onde ela conhece uma menininha e passa a orar por sua cura.

Quando Greta ouve falar de um homem ainda moço capaz de curar enfermidades tal como a cegueira ela decide ir atrás dele para lhe pedir que cure os moradores do vale dos leprosos. É quando ela conhece Jesus e homem que marcou para sempre a história da humanidade e até hoje perpetua milagres.

Amando em silêncio

Você acredita em destino?

A mulher que se tornou a grande paixão da minha vida me disse que havia sido o destino que nos unira e eu acreditei, até alguém suspeitar que fora ela quem arquitetara o nosso encontro. Não pode ser, se me amasse de verdade não teria feito o que complicou tanto as nossas vidas a ponto de destruir minha imagem perante a minha família.

Mas desde quando, todos que amam e se apaixonam intensamente jogam limpo quando o sua felicidade afetiva está em jogo? Verdade. Mesmo assim, continuei acreditando nela, pois para mim, ninguém tem o poder de manipular o destino.

Contanto, se o destino quis assim, o que estaria querendo nos ensinar obrigando-nos a viver amando em silêncio?

O doce amargo da inveja

A inveja pega? Pode destruir uma relação afetiva de sucesso? Provocar danos na alma? É isso que vamos descobrir no romance "O Doce Amargo da Inveja", vamos conhecer a família de Belinha, uma mulher que nunca desistiu da vida, mesmo nas piores circunstâncias e, por isso, teve êxito no amor, com o marido e os filhos, algo que incomodou profundamente os que acreditam que só podem ser felizes, destruindo a felicidade alheia.

Pessoas que não sabem que o amor, a paz, a sorte, a felicidade, tudo, enfim, que há de bom na vida e está para todos por igual, só depende da escolha certa de cada um para que se manifeste no seu dia a dia. É isso que podemos aprender, mergulhando neste romance de profundos ensinamentos para uma vida mais feliz, repleta de amor e bom humor e saúde física e espiritual.

Por um beijo eterno

Quando Cristal era menina, muitas foram as vezes em que ela sofreu bullying na escola. Não por estar acima do peso, ou ter sardas, ou o nariz maior que os padrões aceitos como "normais" pelas outras crianças, mas porque dizia ver e conversar com pessoas que ninguém mais via.

Foi preciso seus pais mudarem a menina de escola, para evitar as provocações das outras crianças, mas não tardou para que tudo recomeçasse outra vez. O que Cristal mais queria de todos a sua volta é que acreditassem nela quando dizia ver e ouvir pessoas. Foi uma vizinha, que suspeitou que o que a menina via, na verdade eram os espíritos dos mortos e tentou dizer isso a seus pais.

O tempo passou e Cristal procurou de todas as formas se afastar da sua mediunidade, ela queria ser uma garota normal como todas as outras, apenas isso! Por que nascera com esse dom desenvolvido e por que os espíritos a procuravam tanto, isso é o que ela mais ansiava saber.

Em "Por um beijo eterno", o leitor vai conhecer a fundo os dramas de uma jovem médium desde menina num mundo em que a mediunidade ainda é considerada pela maioria como uma farsa ou uma loucura.

Uma história comovente e ao mesmo tempo sinistra, de provocar arrepios e medo, mas importante para quem quer conhecer a fundo e se precaver da obsessão.

As duas faces de Eva

Eva Monteze é uma das cantoras pop mais famosas do Brasil. Logo após encerrar mais uma de suas bem sucedidas turnês pelo país, ela decide passar duas semanas, descansando na cidade onde passava as férias com seus pais e sua irmã, quando crianças.

Margot, uma de suas melhores amigas de infância, a hospeda em sua casa onde fará uma festa para comemorar não só o seu noivado tão desejado com o rapaz por quem está apaixonada, mas também a presença de Eva na cidade.

O que ninguém poderia prever era a morte inesperada de um dos convidados, causando pânico em todos, assim que se descobre que se tratou de um assassinato.

Segredos vêm à tona e mistérios se intensificam página à página desta fascinante história de suspense, paixão e traição.

Depois de ter você

Ele, um dos atores de Hollywood de maior evidência da atualidade. Ela uma mulher de cinquenta em poucos anos, desencantada com o marido, desesperada para voltar a ser feliz. Seus caminhos se cruzam num momento quase fatídico, alterando o rumo de suas vidas para sempre. O pior acontece quando ele ganha o Oscar de melhor ator e dedica o prêmio à mulher que mudou seu destino. Era segredo, ninguém mais poderia saber, apenas ele não sabia e, com isso, novamente seus destinos são alterados.

"Depois de ter você" é um romance que retrata de forma singela o desejo de muitas mulheres, com o tempo ignoradas pelo marido que tanto amam, longe dos filhos, criados com tanto carinho, ansiosas por uma vida novamente repleta de amor ao lado de um homem interessante e amoroso. Algo possível de se realizar?

Mulheres Fênix,

Em vez de ouvir o típico "eu te amo" de todo dia, Júlia ouviu: "eu quero me separar, nosso casamento acabou". A separação levou Júlia ao fundo do poço. Nem os filhos tão amados conseguiam fazê-la reagir. "Por que o meu casamento tinha de desmoronar? E agora, o que fazer da vida? Como voltar a ser feliz?"

Júlia queria obter as respostas para as mesmas perguntas que toda mulher casada faz, ao se separar. E ela as obtém de forma sobrenatural. Assim, renasce das cinzas e volta a brilhar com todo o esplendor de uma mulher Fênix.

Da mesma forma, Raquel encontra dentro de si a coragem para se divorciar de um homem que a agride fisicamente e lhe faz ameaças; Carla revoluciona sua vida, tornando-se mais feliz; Deusdete descobre que a terceira idade pode ser a melhor idade; e Sandra adquire a força necessária para ajudar sua filha especial a despertar o melhor de si.

Baseado em histórias reais, Mulheres Fênix retrata mulheres que saem do fundo do poço para começarem uma vida nova, sem mágoa, sem rancor, mais felizes e com mais amor.

Um romance ideal para todos que passam por uma profunda depressão por causa de uma separação, uma traição, um namoro ou um noivado rompido. Também para aqueles que não conseguem ser correspondidos no amor, sentem-se solitários, velhos e sem perspectivas de vida e precisam renascer no presente.

Um livro forte e real para deixar as mulheres mais fortes num mundo real.

Quando é inverno em nosso coração

Clara ama Raymond, o humilde jardineiro, mas, aos dezessete anos, seu pai a informa de que chegou a hora de apresentar-lhe Raphael Monie, o jovem para quem a havia prometido em casamento desde que era menininha.

Clara e Amanda, sua irmã querida, ficam arrasadas com a notícia. Por tomar as dores da irmã, Amanda deseja sem pudor algum que Raphael morra num acidente durante sua ida à mansão da família.

Entretanto, quando Amanda conhece Raphael Monie, ela se encanta por ele e deseja que tivesse sido ela a prometida em casamento e não Clara. Se assim tivesse sido, ela poderia se tornar uma das mulheres mais felizes do mundo. Poderia haver um revés do destino?, pergunta.

Quando é inverno em nosso coração é um dos livros mais elogiados da literatura espírita. Aborda a vida passada de cada um dos personagens, bem como as razões por terem sido unidos novamente na vida atual, para que o leitor compreenda o porquê reencarnamos ao lado das mesmas pessoas.

Deus nunca nos deixa sós

Deus nunca nos deixa sós conta a história de três mulheres ligadas pelas misteriosas mãos do destino: Teodora, Ivone e Conceição. Elas se conhecem num orfanato onde são deixadas quando ainda eram bebês, um lugar conduzido por freiras amorosas e dedicadas.

O tempo passa e Teodora, mocinha, se vê entre dois amores: um vendedor de algodão doce e um médico em ascensão que lhe possibilitará um futuro promissor. Qual escolher?

Ivone, por sua vez, sem fazer drama, opta por se casar por interesse para garantir um futuro bem longe da pobreza que tanto abomina.

Conceição, mais modesta, quer apenas ser feliz acima de tudo.

O tempo passa, elas se casam e se distanciam uma das outras, vindo a se reencontrarem muitos anos depois, porque Teodora acredita que ambas estão precisando dela urgentemente. Estariam de fato? Ou seria a própria Teodora quem necessitava desse reencontro e até então não se dera conta?

Deus nunca nos deixa sós é um romance de leitura envolvente que nos lembra que amor e a vida continuam, mesmo diante de circunstâncias mais extraordinárias que possam acontecer.

E o amor resistiu ao tempo

Agatha é uma garotinha muito esperta, que está sempre na companhia da mãe. É assim que as duas vão parar, sem querer, num orfanato onde reside Pietro, um garotinho que nasceu com uma deficiência física. Desde então, a mãe de Agatha não para de pensar no menino, levantando a hipótese, ainda que absurda, de que ele é seu sobrinho que morreu ainda recém-nascido. Ao comentar com a irmã, ela se trai pelo olhar e se torna evidente que a criança não morrera; ela e o marido a deixaram no orfanato e inventaram tudo aquilo. Tudo porque o menino havia nascido com uma deficiência física.

O romance "E o amor resistiu ao tempo" fala sobre a difícil arte de encarar as surpresas da vida, a dor da rejeição e os equívocos que cometemos em nome do ego e da vaidade desmedida que nos levam cedo ou tarde à solidão, num contexto geral.

Com uma narrativa surpreendente, o leitor encontra respostas para muitas das perguntas existencialistas que a maioria de nós faz ao longo da vida:

Por que cada um nasce com uma sorte diferente?

Por que nos apaixonamos por pessoas que nos parecem conhecidas de longa data, sem nunca termos estado juntos antes nesta vida?

Se há mesmo outras vidas, e se o amor pode triunfar, enfim, de forma mais lúcida e pacífica, após a morte.

Trilogia Paixões

Esta é para leitores que gostam de se emocionar com histórias fortes e comoventes, baseadas em fatos reais e muito atuais.

Paixões que ferem
1º livro da trilogia Paixões

Roberto Corridoni e Liberata Nunnari se conheceram a bordo do navio que trazia suas famílias para o Brasil em busca de prosperidade, uma vida mais farta e digna para todos. Jamais pensaram que essa mudança pudesse transformar seus destinos como aconteceu, despertando tanto paixão quanto ódio na mesma intensidade no coração de todos.

Todavia, por mais dissabores que tenham provado, o destino incumbiu-se de unir todos para se libertarem dos desagrados e excessos da paixão, encontrarem, enfim, a felicidade tão almejada.

O romance "Paixões que ferem", o primeiro livro da trilogia "Paixões", fala do poder do amor, unindo casais e mais casais para que cada um de nós nasça e renasça ao longo da vida. Fala também do desejo carnal que cega todos, muitas vezes sem medir as consequências, e do ciúme e frustração por querer um amor não correspondido.

O lado oculto das paixões
2º livro da trilogia Paixões

Nesta surpreendente e comovente história, o leitor conhecerá os rumos que os personagens do livro "Paixões que ferem" tiveram, as conquistas alcançadas, as feridas que conseguiram curar com reencontros e amor verdadeiro, provando que as paixões atravessam vidas, e são, para muitos, eternas.

Uma obra surpreendente e comovente, respondendo muitas das perguntas que fazemos em relação a nossa existência ao longo da vida.

Eternidade das paixões
3º e último livro da trilogia Paixões

Em Eternidade das paixões, continuação do livro "O lado oculto das paixões" o leitor vai se emocionar ainda mais com a saga das famílias Nunnari e Corridoni.

Numa nova encarnação Roberto reencontra Inaiá para uma nova

oportunidade de aprendizado no amor e no convívio a dois. Entretanto, quando nascem os filhos, Roberto acaba se esquecendo dos bons conselhos de sua mãe, voltando a ser novamente um homem severo e impiedoso, condenando-se a crescer espiritualmente pela dor que ele insiste em ser sua maior mentora.

Mais tarde, no Brasil da época do regime militar, todos que tomaram parte nessa história voltam a se reencontrar, para que juntos possam transpor obstáculos antigos, renovar o espírito, evoluir... Comprovar mais uma vez a eternidade das paixões.

Dívidas de amor

Quando seu príncipe amado a convidou para acompanhá-lo numa viagem, Darice se sentiu muito feliz. Uma viagem ao seu lado seria esplêndida como tudo mais que ele lhe propiciava. Ela não só esperava que um imprevisto fosse mudar radicalmente a vida dos dois, forçando cada um a conhecer o amor de uma forma completamente diferente do que pensaram existir, um sentimento muito além do egoísmo, do ciúme e do desejo carnal. Ela jamais pensou também que conheceria aquele cujo maior prazer era semear a maldade entre as pessoas, provocar tempestades na alma e no coração e, com isso, acumular dívidas e mais dívidas de amor. Mas a vida cobra, de todos, o pagamento dessas dívidas porque somente sem elas podemo-nos sentir livres, verdadeiramente felizes e cristãos.

Dívidas de amor é mais um surpreendente romance cheio de reviravoltas e preciosas, inesperadas e magníficas lições para o nosso crescimento espiritual.

O amigo que veio das estrelas
As aparências enganam
Amor incondicional

Mais infomações pelo site
www.barbaraeditora.com.br

visite o nosso site: www.barbaraeditora.com.br

Para adquirir um dos livros ou obter informações sobre os próximos lançamentos da Editora Barbara, visite nosso site:

www.barbaraeditora.com.br
E-mail: editorabarbara@gmail.com

ou escreva para:
BARBARA EDITORA
Rua Primeiro de Janeiro, 396 – 81
Vila Clementino – São Paulo – SP
CEP 04044-060
(11) 2615 8082

Contato c/ autor: americo.simoes@uol.com.br
Facebook: Américo Simões - Romances
Blog: http://americosimoes.blogspot.com.br